**战争事典** | 精选文库

# 战争中的武器
# 装备与战术

指文烽火工作室 —————— 著

吉林文史出版社
JILINWENSHICHUBANSHE

## 图书在版编目（CIP）数据

战争中的武器装备与战术 / 指文烽火工作室著. --
长春：吉林文史出版社, 2019.3
（战争事典精选文库）
ISBN 978-7-5472-6041-8

Ⅰ.①战… Ⅱ.①指… Ⅲ.①战争史－世界 Ⅳ.
①E19

中国版本图书馆CIP数据核字(2019)第047729号


ZHANZHENG SHIDIAN JINGXUAN WENKU:
ZHANZHENG ZHONG DE WUQI ZHUANGBEI YU ZHANSHU

## 战争事典精选文库：战争中的武器装备与战术

著 / 指文烽火工作室
责任编辑 / 吴枫　特约编辑 / 谭兵兵
装帧设计 / 杨静思
策划制作 / 指文图书　出版发行 / 吉林文史出版社
地址 / 长春市人民大街 4646 号　邮编 / 130021
电话 / 0431-86037503　传真 / 0431-86037589
印刷 / 重庆共创印务有限公司
版次 / 2019 年 4 月第 1 版　2019 年 4 月第 1 次印刷
开本 / 787mm×1092mm　1/16
印张 / 26　字数 / 407 千
书号 / ISBN 978-7-5472-6041-8
定价 / 119.80 元

# 目 录
## CONTENTS

# 目 录

## —— CONTENTS ——

# 卷首语

　　一直以来，中华民族都勇于反思、善于总结，有着悠久的修史传统：三千多年前的商代就设有专职史官，两千多年前的春秋更是出现了伟大的史学兼文学巨著《左传》。《左传》有言，"国之大事，在祀与戎"，战争贯穿了人类历史的始终，自古有之，从未间断。翻开世界历史，从远古时期到近现代，没有哪个时期是永久和平的，冲突与矛盾无处不在。可以说，人类历史就是一部战争史！

　　战争是一种十分极端与有效的手段，它的残酷在于：为迫使对方服从于自己的意志，不惜通过杀戮达成目的。正因为此，人类历史上的战争与征服运动从未停止，也不可能停止。克劳塞维茨说："战争史是最好的、最有权威、最能说服人的教师。"可见，了解战争不仅仅是军人的必修课，对普通人而言，也十分有必要。因为，只有深入了解战争，我们才能清楚地认识人类的过去，明白作为个体的我们该如何在人类这个族群中赢得生存的资本。

　　孙子说："兵者，国之大事，死生之地，存亡之道，不可不察也。"两千多年前孙武的这句话主要是说给统治阶层听的。随着信息技术发展以及传媒的变革，我们已经进入到自媒体时代，普通大众从来没有像今天这样，在文明发展、国家治理、军事战争、政治经济等社会重大问题上也能表达自己的意见，甚至能左右情势的发展。克罗奇说过，"一切历史都是当代史"。普通大众阅读历史，更多的不是为了解决当下的疑问吗？毕竟，我们自己就是当代历史的亲历者、见证者与推动者，战争也不例外！正所谓，民意推动战争。

　　战争虽然给百姓带来了无尽的苦难，但也造就了灿烂的兵学思想。回顾我国历史，历朝历代都涌现出了众多兵家，他们一面推动科技的快速发展，一面为后人留下了大量影响世界军事艺术的兵法著作。在这些人的影响下，古代科技绚烂夺目，以至于穷其一生研究中国古代科学与技术的李约瑟博士，留下了著名的李约瑟疑难：为什么如此先进的古代"科技"，没能产生近代科学？

近代以来，西方在军事研究方面更胜一筹，他们依托高度发达的科技和科研体系完整的大学，形成了良好的军事研究环境，从而产生了一大批军事历史学家。基于此，指文力图将西方优秀的战史研究成果介绍给读者，对于影响深远的名家名著，还直接通过购买版权的方式引进出版。目前，"战争事典"丛书已经出版了51本，第52本也即将上市；针对二战苏德战争的"东线文库"，现已推出格兰茨、埃里克森、卡雷尔等多位名家的巨作；同时，"西线文库"的出版工作也在有条不紊地进行中；此外，针对世界海战史以及舰船的"海洋文库"也在陆续推出；而针对欧洲古战的"战争艺术文库"，早已上市好几本了。这之中，"战争事典"无疑是极具代表性的作品。

2013年时指文策划创作"战争事典"的目的很单纯，旨在将古今中外的战争、军事历史学家的研究成果介绍给广大读者，使更多的朋友对战争，尤其是古代战争有所了解。六年来，有一百多位作者参与了我们的创作，其中大部分文章得到了读者朋友的好评与赞誉。

不过，"战争事典"虽专注于古代战争，但毕竟横跨中外、纵贯古今，题材范围十分广泛，是以前后出版周期长达六年，给部分对热门战争话题兴趣浓厚的读者造成了诸多不便。基于此，我们重新梳理了"战争事典"出版至今的两百多篇文章，选取其中质量、文笔俱佳者，按八个主题整理成：古希腊罗马时期的战争、欧洲中世纪时期的战争、欧洲文艺复兴时期的战争、日本战国时期的战争、战争中的武器装备与战术、中国大分裂时期的战争、中国唐宋时期的战争、中国明清时期的战争。

　　这套"战争事典精选文库"是"战争事典"的精华，虽然每个主题的内容体系不是很完备，但每篇文章都是经过读者、作者、编辑筛选的。希望广大读者朋友在赏阅的同时，能进一步参与到我们的创作中来，多给我们提意见，也欢迎有创作能力的读者朋友能给我们来稿，以期共同打造出更具阅读体验、更有思想内涵、更适合我们读者品味的军事历史作品。

指文烽火工作室

2019 年 3 月

# 吞金巨兽的竞赛

## 希腊化时代的巨型桨帆战舰兴衰史

作者 / 杨英杰

从公元前 323 年亚历山大死于巴比伦，到公元前 31 年屋大维在亚克兴角击败安东尼，近 300 年的时间里，地中海世界战火频仍。在那个被西方史学界称为"希腊化时代"的时期里，密集的马其顿长矛方阵、披坚执锐的具装骑兵和紧握短剑的罗马军团，往往为军事历史爱好者津津乐道。然而除了这些称霸陆地的强军劲旅外，在地中海的波涛中，还活跃着一批凶猛的"巨兽"——巨型桨帆战舰。它们在短暂但绚丽的一生中，作为这一时期衡量海上霸权的首要标准，同样留下了精彩纷呈的历史与传说。

有趣的是，这些巨型桨帆战舰大多诞生在寡头政治或君主制国家中，因而它们不仅具有军事意义，也成为统治者追求国家和个人声望的重要手段。在这种情况下，巨型桨帆战舰在地中海各国的建造，最终演变成了一场古典时代的造舰竞赛，大量的人力和财力被投入到海军建设这一无底洞来。许多巨型战舰的服役经历和技术细节甚至流传至今，我们也得益于这些历史记载和考古成果，从而揭开了这些古代海上巨兽的神秘面纱。

## 三列桨舰

在开始书写属于这些海上巨兽的篇章之前，我们有必要先回顾过去。在进入希腊化时代之前，海上力量的符号是经典的三列桨座战舰（Trieres，以下简称"三列桨舰"）。这种坚固、迅速而又威力强大的中型战舰，几乎是所有海军的首选。从赫拉克勒斯石柱，到尼罗河三角洲的内河支流，三列桨舰几乎在每个地方都留下了自己的印迹。

三列桨舰是一种有着古老历史的战舰，据说擅长航海的腓尼基人早在公元前 8 世纪就发明了这种战舰的原型，但也有人说是希腊城邦科林斯于公元前 7 世纪发明了这种战舰。在三列桨舰出现之前，地中海各国的主力战舰仍是三十桨船（Triakontor）和五十桨船（Pentekontor）。这些简陋的战舰，在风浪面前较为脆弱，自持力也不足，这些缺点使得这些战舰缺乏远程航海能力。而且这些战舰从结构上说也不够坚固，在战斗中十分脆弱易损。一系列制约因素，使得这些战舰更适合扮演运输船的角色。而对这些船型的改进，也仅限于不断增加其舰长、舰宽和搭载人数。

▲ 早在《荷马史诗》描述的那个时代，战士们就开始驾驶二十桨船，尝试进行跨海作战

在这些老式划桨船不断大型化的过程中，战舰在桨手的布置上逐渐有了革新。有人发现，只要在战舰上设置多层高度的桨座，就可以利用有限的空间搭载更多的桨手，换言之，这一改变为船只带来了更多的动力、更好的机动性和更强大的搭载能力。最早的三列桨舰就这样诞生了。早期的"三列桨"与我们熟悉的后来者存在很大的区别，更接近旧式的五十桨船：桨手直接坐在固定于船底的座椅上，没有真正意义上的桨手甲板，没有相对复杂的内部结构，它只是改良的划桨船。

但之后，三列桨舰不断被改进。到希波战争前夕，三列桨舰已经遍及地中海了。新型的三列桨舰变化很大，以至于我们很难把它与它的原型联系起来。在不同高度、倾斜布置的三层桨座上，总计 170 人左右的桨手每人划动一支单人桨，这些桨手的座椅固定在位于船底上方的真正意义的甲板上。如果以现代的船舶术语套用，我们或许该称三列桨舰是双层底结构。三列桨舰的尺寸也在不断扩大，水线长度

▲ 在迈锡尼时期广泛使用的三十桨船，它在三列桨舰出现后只能沦为侦察舰和通报舰

▲ 比三十桨船稍大的五十桨船，是三列桨舰出现之前的主要作战舰艇。撞角、多层桨手座椅等设计，首先在五十桨船上出现，并最终过渡成了更大型的三列桨舰。在三列桨舰时代，它也沦为了辅助舰艇

从旧式的约 75 英尺，上升到了新式的 115 英尺左右。这两个变化，使得新式三列桨舰拥有多达 170 名桨手、170 支船桨。新式三列桨舰更充沛的动力和大了近一倍的吨位，意味着工匠们可以精心加固战舰的结构，舰船龙骨和桨手甲板之间也有了更多的支撑结构，并显著增加了战舰抵抗风浪和撞击的能力。更加重要的是，由于战舰机动性的显著改良，撞角的作战效率明显提高了，这完全改变了地中海

世界的海战面貌。

在新式三列桨舰上，专职的陆战士兵依旧只有约20人，但几乎加倍的桨手数量和更大的长宽比，使得三列桨舰的机动性大有进步。现代学者根据记载和考古成果复原的三列桨舰，在由志愿者操作时，达到了9.7节的极限航速，比早期的五十桨船快了近2节，并能够通过桨手换班工作等手段，维持7.5节航速长达6个小时以上。在古代那些专职的熟练桨手和出色舰长的领导下，三列桨舰能够更灵活地进行各种机动，足以使撞击战术取代接舷跳帮，成为最高效的海战形式。

一次理想的撞击，应在目标的水线或水线以下发生。对三列桨舰及其他更轻型的舰体来说，一层薄薄的、往往不到2.5英寸厚的橡木船壳，在全速冲击的撞角面前，是一个再脆弱不过的目标。但发起一次完美的撞击却有着很高的要求，在风浪中高速航行的战舰，不可避免地有着横向和纵向的周期摇动，撞击角度的

▼ 桨帆战舰对锚地的要求较为宽松，一片能够避风的沙滩就足以停泊舰队。但这也使得停泊状态下的舰队在遭受突袭时极为脆弱。在皮洛斯附近的战斗中，斯巴达舰队就是在自己的泊地被雅典人突袭而损失惨重的

细微变化，就有可能导致撞击效果不佳。有时撞击深度过浅，会导致目标舰船逃过进水沉没的命运；有时撞击过深则不幸卡死在目标上，使得自己也成为一个动弹不得的靶子。这就代表舰长和桨手必须合作无间，才能够让高速行驶的战舰在最恰当的时机发起撞击。

因此，三列桨舰（包括所有以撞角为主要武器的桨帆战舰）对其操纵者有着极高的素质要求。尽管成为三列桨舰的桨手不必像一个重装步兵一样，有一整套昂贵的武器和护具，但把许多宝贵的时间用于脱产的训练仍是必不可少的。因此，获得一个熟练的桨手或许比招募一个战士更难。加之地中海的优秀水手群体有限，希腊人、腓尼基人和埃及人作为当时最好的水手来源，便成了追逐制海权首要控制的对象。

而在远离希腊本土的西西里，锡拉库萨人展现了他们截然不同的战术风格。在伯罗奔尼撒战争期间，锡拉库萨舰队和如日中天的雅典海军发生了正面较量。在锡拉库萨港区附近的狭窄水域中，雅典人在头几次交战里占据了上风。意识到很难与雅典桨手们比拼灵活的机动和撞击，锡拉库萨人对他们的战舰做了改进。他们对舰艇结构和撞角进行了额外的补强，这使锡拉库萨人不必费心攻击对方脆弱的侧舷，而可以设法从野蛮的正面交锋中，直接从舰首方向破坏敌舰。这种战法在随后的几次海战中取得了良好的效果，并使雅典舰队最终全军覆没。

从整支舰队的战术指挥和战役组织层面来看，运作一支舰队还要比指挥好一艘三列桨舰复杂得多。三列桨舰须要经常寻找泊地，然后拖上沙滩晒干以免木材腐烂，而在战舰底部涂上沥青或焦油则可以稍稍缓解这一进程。平时航行时，桨帆战舰使用风帆，但投入战斗前水手须要拆去风帆，完全依靠划桨机动。于是，在航渡过程中，舰队指挥官总是焦头烂额地考虑每天的避风港，并和地面上的将军一样头疼于征发补给的实施。进入战斗之后，低效的灯光信号和旗语，几乎是指挥官唯一的通信手段，因此战斗计划的制订往往在战前完成，进入战斗后指挥官很难随机应变。如何切实掌握旗下舰队，成了困扰所有指挥官的问题。根据作战目的和客观条件，多重横队、纵队和防御用途的空心圆阵都是海战中常见的阵型，在起伏的波浪中维持这些阵型是困难的，却又是舰队必须完成的任务。在海战中，不止一次地出现缺乏经验的一方在风浪中无法维持密集阵型，然后在友舰互相碰

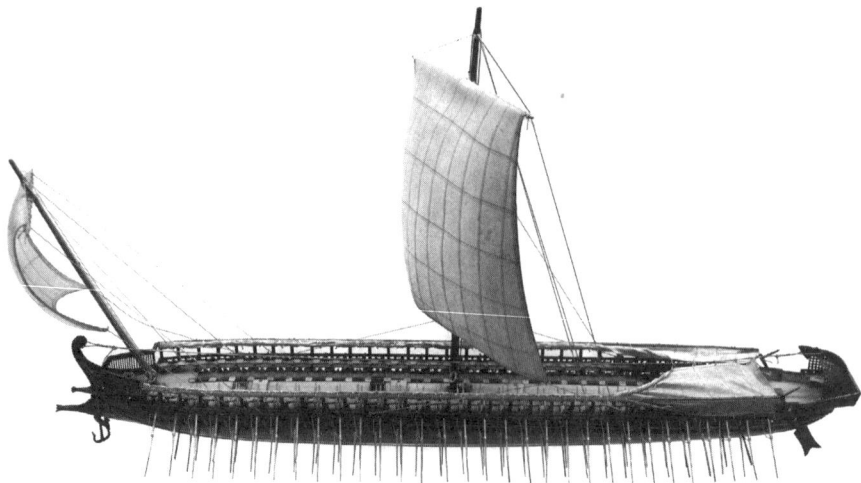

▲ 一艘没有铺设露天甲板的三列桨舰模型

▲ 技术发展对海军战略的影响是巨大的，只有在舰队能够搭载足够的兵员和补给时，利用海军优势打击敌人腹地才能成为现实。斯法克特里亚之战中，雅典人就是利用海上优势，在斯巴达的领土上获得了大胜

撞引发的混乱中，被敌军轻松击败的情形。

除了海战本身，三列桨舰也担负着许多其他方面的任务。所以为了能够应付各种各样的战术需要，当时的设计师们对三列桨舰做出了许多富有创造力的改进。

在希波战争和伯罗奔尼撒战争时期活跃的普通三列桨舰（譬如雅典人喜爱的"快速三列桨舰"[①]）的基础上，很多亚型被开发出来。

在那个时代，无论是波斯人还是希腊人，都时常面临进行海外军事行动的需求，这使得他们迫切需要一种兼具海战能力和运输能力的快速战舰。在西蒙领导的雅典海上帝国扩张时期，为了更好地执行海外作战任务，雅典人在快速三列桨舰的基础上铺设更大面积的甲板，用以搭载更多的陆军士兵。这在牺牲一些速度的同时，使战舰拥有了更出色的接舷战能力，并可以客串快速运兵舰的角色。也有人在相同的思路上走得更远，他们甚至撤去三列桨舰的最上排桨座，只保留下两层的108名桨手，于是甲板和上层桨座能够搭载的陆军士兵将超过100人。

在波斯远征希腊，或是雅典远征西西里的过程中，海外作战部队对骑兵的需求十分明显，而运输敏感的马匹要比普通士兵更加费力。为了解决这个问题，工匠们将三列桨舰改造成无武装的运输船。与运输人员的型号刚好相反，马匹运输舰去除了下两层桨手的位置和108名桨手，最上一层桨手仍旧提供动力。这两排桨手的空间被封闭起来，并纵向隔断成两个隔舱，总共可以安置30匹战马。在伯罗奔尼撒战争时期，雅典人便使用了这种快速马匹运输舰。在更早的希波战争中，波斯帝国为了在希腊本土发挥骑兵优势，据说投入了多达300艘的马匹运输舰。即使去除史料中的水分，波斯人为了运输骑兵消耗的物力仍是惊人的。

通过这些富有创造力的改进，三列桨舰及其变型舰几乎能够胜任全部的军事需求，成了古典时代最成功的桨帆战舰之一。但这样的垄断局面并没有能够永远持续下去。

## 巨舰的技术革命

早在三列桨舰力不从心，最终被完全取代的一个世纪以前，地中海上就已经开始出现大型化的战舰设计了。这些设计的逐渐成熟，最终促成了巨型桨帆战舰

---

[①] 一型搭载较少陆战士兵，追求机动性的三列桨舰。

的流行，以及各大海上势力之间的造舰竞赛。在所有这些大型化战舰中，最早出现并引领了这次"巨舰潮流"的，是来自锡拉库萨的五列桨座战舰（Pentereis 或 Quinquereme）。

就在希腊与波斯帝国打得如火如荼之际，其在西地中海的殖民成果——意大利南部和西西里岛上的各殖民城市，不断遭到了外来的军事威胁。大约在公元前 500 年，西地中海的商业霸主迦太基人，在西西里岛最西端建立了自己的殖民据点，并随之在此与不同的敌人进行了长达 3 个世纪的反复拉锯战。公元前 480 年，刚好就在希腊各邦的联合舰队大破波斯海军的同一天，西西里的希腊联军也在西西里岛北部的希梅拉（Himera）赢得了一场足以匹敌萨拉米斯之战的大胜。西西里岛的希腊各城邦击败了迦太基人，取得了决定性的胜利，使后者在接下来 70 年中都无力恢复在西西里岛上的扩张势头。

不过在公元前 5 世纪末期，伯罗奔尼撒战争和西西里岛上希腊城市的内战，使得迦太基人从过去的失败中恢复过来。在公元前 5 世纪的最后 10 年里，迦太基人在西西里岛上再度找到了机会。高歌猛进之下，他们夷平了希梅拉城以一雪前耻，并摧毁或洗劫了塞勒努斯（Selinus）、阿克拉加斯（Akragas）、杰拉（Gela）、卡马利纳（Camarina）等多个希腊城市。希腊人在西西里岛上岌岌可危的态势，直到锡拉库萨的一代枭雄狄奥尼索斯一世掌握权力，才算是画上了句号。

在西西里岛上的希腊城市中，最为强大的是科林斯和忒尼亚殖民者建立的锡拉库萨。在历次对抗迦太基的军事行动中，希腊联军往往由锡拉库萨人牵头组织，除了西西里岛上的各城邦公民军队外，他们还征召了大量的雇佣军对抗外

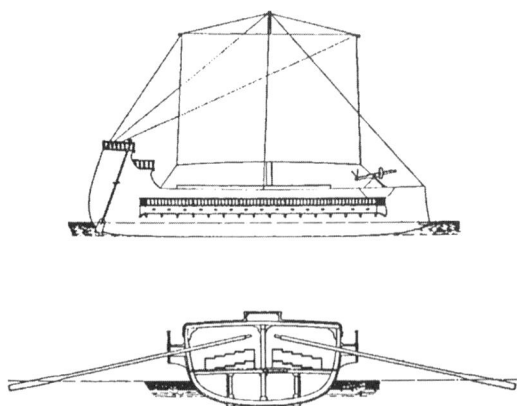

▲ 叙拉古—黎凡特式五列桨舰线图。最早出现在锡拉库萨的五列桨舰，是古典时代巨型桨帆战舰的真正直系祖先，它的投产运用，拉开了巨舰时代的帷幕

敌。在这些佣兵的队长中，狄奥尼索斯一世无疑是最具野心的。在公元前405年抵抗迦太基人的关键时刻，他设法把兵权掌控在手，并在民主政体的锡拉库萨发动政变。在经历了一系列的血腥斗争后，他成功掌握了权力，开始了他在锡拉库萨的寡头统治。

狄奥尼索斯一世即位后，立即开始运用他丰富的军事经验，对锡拉库萨的军政改弦易张。许多希腊世界最新的战术和技术发展，都被他运用到了自己的陆海军中。其中涉及海军的最重要决策，无疑是五列桨舰的投产。

新型的五列桨舰相比三列桨舰最大的区别，本质上仍是其"动力单元"，即船桨安置形式的不同。根据一种复原理论，这种五列桨舰的桨座，依旧是在同一层甲板上高低布置的五排座位，但是这五排桨手不再每人装备一只船桨，而是一起操作一支五人桨。新的船桨长度达到了52—60英尺，比起三列桨舰上约30英尺的单人桨长了近一倍。使用多人桨能更有效地利用空间部署船桨。更重要的是，多名桨手操作一支船桨时，只需少量经验丰富的桨手指挥其他人动作，这大大减少了舰队对高素质桨手的需求。五列舰的水线长度可能比三列桨舰更短，但水线宽度达到了21.5英尺，比三列桨舰大了约50%，排水量也从80吨左右上升到了140吨。更大的吨位代表更大的舰体空间，五列桨舰拥有多达300名桨手和50名其他舰员，还可以搭载大约120名陆战士兵。

新战舰在吨位上的增加以及长宽比的减小，不可避免地造成了机动性能的下滑。五列桨舰的最大航速只有6.4—7.2节，而转向、加减速等战术动作的完成也更加笨拙了。尽管更大的吨位使得五列桨舰的撞角更具威力，但发挥这一威力的难度却增加了。与五列桨舰在撞击战术中的表现下降相对的，是五列桨舰拥有了更多的接舷战士兵和更多的舰载装备。狄奥尼索斯一世的工程师们在五列桨舰上装备了大型弩炮，以及高耸的艉楼。从战术上说，五列桨舰的出现代表旧式的撞击战术逐渐被重视接舷战和火力战的新战术取代，这无疑与稍早进行的西西里战争不无关系。

最早的一批五列桨舰于公元前399年下水，并立即成了锡拉库萨海军引以自傲的王牌。然而，这种新发明并没有很快地传播开来。事实上，在公元前397年的卡塔纳（Catana）海战中，锡拉库萨舰队由于指挥不利，其五列桨舰中队并没有

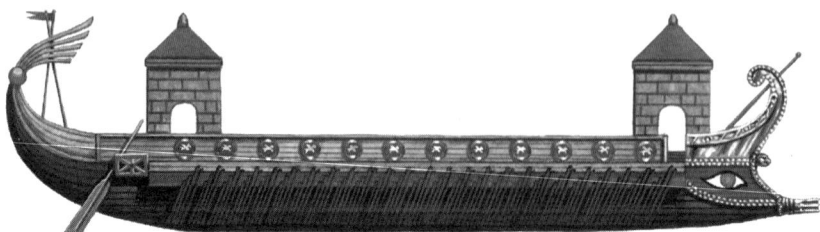

▲ 罗马四列桨舰。四列桨舰这一中型舰种作为三列桨舰的改进型和替代者是合适的，但是它并不能赶上战舰大型化的整体潮流，而当大型桨帆战舰被淘汰时，四列桨舰对于低强度的作战而言成本又太昂贵，这使它的定位相当尴尬

表现出过人的作战性能，并在与友军孤立后遭受了不小的战损。但时间将最终证明，桨帆战舰大型化是一个正确的技术选择。

在接下来的近一个世纪里，地中海上都没有再出现过把发展方向赌在大型战舰上的革新者。埃及人、希腊人和腓尼基人，其主力舰种依旧是三列桨舰基础上出现的各种改型。即使是锡拉库萨人自己，也无力以昂贵的五列桨舰完全代替三列桨舰。少量的大型战舰往往被作为拳头力量，在舰队中单独编组成一个分队。公元前4世纪中期，不知是否是被其主要对手的大型战舰所影响，迦太基人在三列桨舰基础上发明了四列桨座战舰（Tetreres 或 Quadrireme）。但从技术特点来说，四列桨舰仍旧更接近于旧式的三列桨舰。

尽管被罗马人视作一种大型战舰（major formae），但四列桨舰的尺寸仅仅稍大于三列桨舰，将其归类为中型舰船或许更为合适。它在每一侧拥有两排双人桨，有一种说法称，四列桨舰全舰拥有240名桨手，搭载40—50名陆战士兵，而根据罗马时期四列桨舰复原的结果，一艘四列桨舰仅有168名桨手。与三列桨舰一样，四列桨舰追求优秀的机动性能，因而尽管它大大增加了搭载士兵的数量，但本质上仍是一种以撞击战术，即"雅典—腓尼基战术"为指导思想的战舰。适中的成本、稍微提升的性能、符合传统的战术以及对熟练桨手更少的消耗，使四列桨舰一度成为地中海上最主流的战舰样式。在公元前4世纪中后期逐渐完成的海军换装中，雅典人、埃及人、迦太基人——刚好是整个地中海世界最优秀的三支海军——都选择四列桨舰作为新一代的海军主战装备，逐渐取代相似的三列桨舰。

因此在相当长一段时间内，还在追求战舰大型化的，只剩下固执的锡拉库萨人。在公元前370年和公元前344年左右，他们又先后两次建造了更大的六列桨座战舰（Hexeres），他们或许只是少量建造以作为舰队旗舰。对于这型战舰的技术细节，研究者们知之甚少，我们甚至无法猜测它的船桨安置方式。因此有三排双人桨、两排三人桨和单排六人桨的不同猜测，并在学界都存在各自的支持者。正如同三列桨舰刚出现时没有立刻代替旧战舰，直到希波战争才广为人知一样，大型桨帆战舰也急需一场大规模的战火考验，才能证明自己的价值。

所幸的是，公元前4世纪的地中海并不缺少战火的洗礼，马其顿对波斯帝国的征服，彻底颠覆了东地中海的海上局势。在对波斯发动征战之初，马其顿并没有像样的海上力量，马其顿远征军登陆小亚细亚还需要希腊城邦组成的联合舰队护航。但随着亚历山大在地面上的军事行动一帆风顺，小亚细亚沿岸、黎凡特和埃及相继落入他的手中，马其顿人已经掌握了东地中海最主要的几个造船基地和熟练桨手的来源。再搭配上马其顿人本身，这一或许是当时最出色的陆战士兵，亚历山大已经有足够的物质条件来组建一支自己的海军。

结束东方的军事行动后，亚历山大重新把目光投向西方，他把未来的征服目标定为迦太基人，并为此开始筹建自己的海军。根据库提乌斯的说法，这支新的舰队有着极为骇人的预计规模——亚历山大要求筹备700艘战舰所需的木材。普林尼则说这支舰队的主力，将是新设计的七列桨舰。尽管700艘的总数无疑是极度夸大的，但有关七列桨舰的记载，却具有很大的意义。或许，"700艘战舰"的船材是以老式三列桨舰的消耗来计算的，而一支规模合理但舰型放大的新舰队所需的材料大大增加，也就能解释这一匪夷所思的木材消耗量了。

亚历山大本人并非海军事务上的技术专家，但或许是封建君主好大喜功的倾向，使他在优先选择更大型的战舰的同时，阴差阳错地赶上了新的海军技术潮流。新式的七列桨舰，可能采取高低两排（3—4）船桨，或是从高到低三排（2—2—3）船桨的形式，这样高低部署多排多人桨的配置也成为此后更大号的桨帆战舰参考的基本样式。

与锡拉库萨人量产一定数量的五列桨舰，并建造更大型的战舰作为旗舰的习惯一样，亚历山大的舰队中，据称也存在一艘比七列桨舰更大型的十列桨舰。从公元前 4 世纪晚期的主流战舰尺寸来看，这艘十列桨舰必然被人们视作是前无古人的巨无霸。遗憾的是，史料并没有给这艘十列桨舰留下任何详细介绍。

这支马其顿舰队第一次投入实战时，距离亚历山大离世已经过去了一年。不满马其顿统治的希腊城邦，早在亚历山大去世前就开始筹划反马其顿的军事行动，亚历山大的死亡犹如一针强心剂，促使以雅典为首的反马其顿同盟立即对马其顿宣战，史称"拉米亚战争"。希腊联军除了和马其顿军队在地面上展开拉锯战以外，其雅典的海上力量也开始了积极的行动。与刚刚完工的马其顿舰队一样，这支雅典舰队也是完工不久的新舰队。

与偏向于重型舰船的马其顿人不同，雅典人的这支舰队如我们之前提及的一样，选择以四列桨舰和三列桨舰作为主力。在马其顿逐渐入主希腊的数十年里，雅典人在外敌威胁前如梦初醒，重新开始规划其海军发展。在卓有成效的领导下，雅典人更新了他们的舰队、港口设施、指挥体系和战略指导思想。这支新的舰队，在莱库古（Lycurgus）的新政期间初具雏形。雅典人通过法案，试图将其舰队规模扩大到 360 艘三列桨舰、50 艘四列桨舰和 2 艘五列桨舰的强大水准。亚历山大统治末期，雅典人的备战措施进一步强化了这支舰队的实力。开战时的一份报告显示，雅典人有 315 艘三列桨舰、49 艘（一说 43 艘）四列桨舰和 7 艘五列桨舰处于可以运作的状态，另有 184 艘三列桨舰和 1 艘四列桨舰处于维护状态。可以说，雅典海军从未有过比这更好的装备情况。可雅典人无力解决的问题在于人力。雅典光荣的海军传统要求公民或者至少是长期服役的自由民、熟练掌握操船技巧的奴隶成为桨手，这使得雅典的桨手比他们的对手更为专业、勇敢和忠诚，但同时也使他们的桨手总是面临人手不足的问题。

公元前 323 年的冬季，除了驻守本土的陆军外，雅典人尽可能地将人力集中到舰队上，并设法派遣了 144 艘三列桨舰和 49 艘四列桨舰出海，舰船总数达到了193 艘。马其顿舰队的实力稍强，克雷塔斯（Kleitos）将军指挥着 240 艘战舰来到赫勒斯滂。他们的任务是掩护马其顿宿将克拉特鲁斯和他的陆军，尽快从小亚细亚回到马其顿本土，并与那里的马其顿军队会合。

然而，制海权的争夺很快就分出了胜负。公元前 322 年 5 月，在赫勒斯滂附近活动的雅典舰队第一次与马其顿舰队遭遇。在短暂的交战中，雅典人迅速败下阵来，大约 20 余艘战舰被摧毁或俘虏，而马其顿人则损失寥寥。雅典指挥官伊欧申（Euetion）带领余部向南撤退，他的主力尚存，雅典舰队仍可一战，而大受鼓舞的克雷塔斯则穷追不舍。

公元前 322 年 6 月 26 日（一说 27 日），两支舰队在阿莫格斯岛附近再次遭遇。原本这应当是雅典人历史性的时刻，他们将在这场海战中捍卫自己的海上霸权以及城邦的自由和政治制度。但海战却迅速地结束了，马其顿人猛烈地发起了进攻，3—4 艘雅典战舰被他们撞毁。伊欧申直接失去了战斗下去的勇气，选择向马其顿舰队投降。在锡拉库萨、羊河口和尼罗河，雅典海军曾不止一次地遭遇惨败，但在战斗中主动投降的，这仍是第一次。

也许是认为一个失去了勇气的对手无须加以防范，克雷塔斯甚至懒得去摧毁或占有完好的战利品，毫发无损的雅典人被允许驾驶这支依旧强大的舰队返回城邦，甚至拖拽回了被摧毁的战舰残骸（这原本是胜利者才拥有的特权）。雅典人的传令兵在海岸线上目睹了舰队拖曳着残骸返回的景象，将其理解为战胜并告知城邦，结果在盛大的庆典举行到一半时，整支舰队才带着耻辱的消息返回。雅典人的舰队阵容依旧完整而强大，但雅典的海上霸权、政治自由以及雅典水手的勇气却一去不复返了。在这一年的萨拉米斯胜利纪念日[①]，雅典人照例开始其庆典。或许是故意为之，马其顿人在次日率军队开进了雅典的穆尼基亚海防要塞，直接控制了雅典人引以为傲的比雷埃夫斯港，以驻军宣布了雅典独立地位的结束。

克雷塔斯的胜利来得太过轻松和匪夷所思，以至于马其顿战舰甚至没有机会展示自己在战术上的优越性。也或许是由于这个原因，地中海上其他各大海军，并没有在阿莫格斯海战后开始换装大型化的战舰。三列桨和四列桨舰的混合编队，依旧是地中海世界主要的装备样式，仅有的改变是四列桨舰的比重增加了。但是，我们仍然可以说，三列桨舰时代的结束和巨型多列桨舰时代的到来，正是以这场海战结束为标志的。阿莫格斯海战不仅代表了雅典海上霸权的没落，也代表了一个时代的结束：古老而光荣的三列桨舰，不再是海上战争的主角了！

---

① 这是个庆祝雅典人最早和最光荣的海军胜利以及雅典海上霸权开始的节日。

## 东地中海的造舰竞赛

在拉米亚战争中挫败了希腊的反马其顿势力后，东地中海上的海权争夺，成了各马其顿继业者之间新的角力。在这些非传统海权豪强的冲突中，国王们开始大力推动巨型战舰的建造。好大喜功的他们成为海军最热心的资助者。古典时代的巨型桨帆战舰，也因此在继业者战争末期和希腊化时代达到顶峰。

阿莫格斯海战之后，越来越多的人开始意识到大型战舰的意义。尽管罗德岛地区、埃及和希腊本土仍旧在全力生产四列桨舰，但设计师和工匠们已经开始把精力从老式战舰的改进，放到了新式巨舰的设计和建造上。亚历山大的继业者们，开建巨舰的步伐迈得并不大，但在每一次造舰计划中，大型战舰的尺寸都在显著地增加。

第一个追随战舰大型化之路的海权新贵，是继业者战争时期最强大的继业者之一——独眼龙安提柯一世。在前两次继业者战争中，决定性的军事行动都在陆地上展开，但第三次继业者战争开始后，局面发生了变化。控制了小亚细亚、黎凡特北部和整个东方的安提柯一世，无疑在陆军实力上有着绝对优势。但他的主要对手——希腊本土的卡桑德和埃及的托勒密一世，都有着可观的海军力量。居于战略上内线位置的安提柯一世，不断地遭受着来自海上的骚扰。他的对手，尤其是拥有海上霸权的托勒密一世，利用海上力量投送的便利，不断地击打着安提柯一世领土的腹部。

为了克制对手的海上优势，安提柯一世采取了亚历山大曾经使用过的手段：回避海上交锋，发挥陆军优势，摧毁敌方舰队依赖的港口基地，通过这种间接战略压缩对方海军的活动范围。但在实际进行的过程中，他与亚历山大一样遭遇了极大的困难。在黎凡特地区的行动中，安提柯一世步亚历山大后尘，围攻了托勒密一世最倚重的海军基地之一——腓尼基名城提尔（Tyre）。公元前315年夏季，安提柯一世开始围攻这座重要的港口城市。由于提尔城坐落于靠近大陆的一座小岛上，这使得安提柯一世即使不打算直接挑战托勒密一世的舰队，也仍须要打造自己的舰队，才能够真正地封锁提尔城。

在开始围城的前半年里，安提柯一世的努力几乎全部付诸东流，提尔守军能够源源不断地从海上获得补给，而安提柯一世对此却无计可施。于是安提柯一世又把注意力放回到了舰队本身，他最终决定打造一支强大的舰队，正面挑战托勒密一世的埃及海军。

随着安提柯一世的一声令下，小亚细亚和叙利亚北部各地的海军船坞开始全力开工，在公元前315年尾声，安提柯一世的新舰队终于打造完成。与亚历山大的舰队一样，这支舰队最终的实力也停留在240艘。除去30艘轻型的辅助舰艇，103艘三列桨舰和94艘四列桨舰无疑是这支舰队的支柱。急需现成舰队的安提柯一世选择了较轻的主战舰艇，而非耗时更久的大型战舰。不过在舰队中，还是出现了10艘五列桨舰、2艘九列桨舰和1艘十列桨舰的身影。随着安提柯一世的舰队投入使用，他终于能够对提尔城进行彻底的海上封锁了，并最终在长达15个月的艰难围攻后，夺取了这座城市。

在这批造舰计划中诞生的九列桨舰和十列桨舰无疑是神秘的，它们的具体性能、技术特点至今仍是一个谜，而且它们也没有在实战记载中出现过。但有一点可以肯定，安提柯一世重拾了亚历山大和锡拉库萨人的习惯，即在舰队中布置少数几艘远大于主力舰艇的旗舰，这一习惯将在未来风靡各继业者海军，并由此引导了一系列巨型战舰的出现。

在任何时代，维持一支海军的开销都是不菲的。以安提柯一世在公元前315年打造的这支舰队为例，用于建造这批舰队的支出达到了480塔兰特[①]。除了建造花费以外，他还须要每天投入大约7塔兰特来维持这支舰队的运行。这支舰队的日常维护，大约相当于一支五六万人的地面大军所需的成本。巅峰时期的雅典城邦，其贸易帝国的进出口税收，也就刚好能够负担起一支规模类似的舰队。可见这些从船坞中诞生的，实际上都是橡木打造的吞金巨兽。

不过，昂贵的舰队同样是物有所值的。安提柯一世的舰队使他在第三次继业者战争中重占上风，舰队使他能够把力量投放到一海之隔的希腊，重夺战略主导权。而托勒密一世的埃及海军，则在第三次继业者战争中受挫不小。托勒密王朝在爱

---

① 1塔兰特相当于26千克白银。

琴海和黎凡特沿岸失去了许多基地，这使托勒密一世的海军在东地中海的活动范围大大受限，埃及舰队遭遇了一个真正意义上的海权挑战者。

公元前307年，第四次继业者战争爆发，这一次安提柯一世的行动几乎完全依托海军进行。安提柯一世对舰队的更新是小规模进行的，而且相当缓慢，他的主力仍旧是过去建造的三列桨舰和四列桨舰。在过去的数年中，他将主要精力放在了五列桨舰及更大型战舰的建造上。就像锡拉库萨人集中编组五列桨舰作为突击箭头一样，安提柯一世也准备把大型舰船集中使用。

这一次，指挥这支舰队的是一颗冉冉升起的新星——安提柯一世的儿子德米特里乌斯一世。公元前307年，德米特里乌斯一世迅速登陆雅典，并恢复了雅典的独立。在以此挑起希腊城邦与卡桑德在希腊半岛的激战之后，德米特里乌斯一世在公元前306年春季挥师东进，进攻托勒密一世最重要的海军基地——塞浦路斯岛。这次登陆战最终发展成了东地中海两大海军力量的舰队决战。

德米特里乌斯一世的舰队在塞浦路斯岛南岸的港口城市萨拉米斯，与托勒密一世的海军主力遭遇。德米特里乌斯一世投入了大约170艘战舰，包括旗舰"安提贡尼亚"在内的7艘七列桨舰是战场上最大的军舰，此外舰队还包括10艘六列桨舰、10艘五列桨舰、30艘四列桨舰和110艘老式的三列桨舰。而他的对手投入了200余艘战舰，以四列桨舰和五列桨舰的混合阵容组成。

海战的最终结果，是德米特里乌斯一世取得了决定性的胜利。与狄奥尼索斯一世一样，德米特里乌斯一世也选择把大型战舰集中部署在一翼，战斗开始后他的巨舰们全力投入了接舷战，凭借凶猛的舰上火力和大量陆战士兵，迅速对敌方的中型舰艇取得了一边倒的优势。最终，大型舰所在的左翼优势，发展成了德米

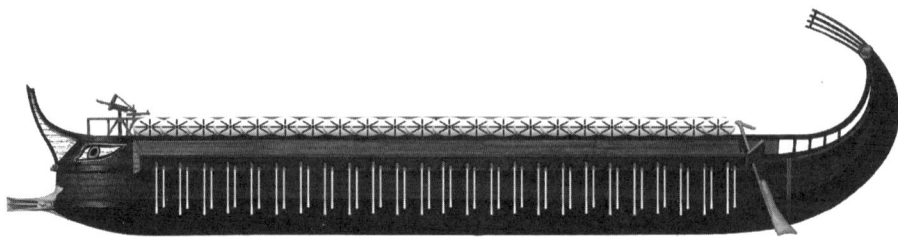

▲ 公元前306年的萨拉米斯海战中，七列桨舰大出风头。从七列桨舰开始，它以及更大尺寸的桨帆战舰，相比其他较小的量产战舰，被赋予了更加重要和独特的战术意义

特里乌斯一世将敌军包围在岸边的大胜。此战，德米特里乌斯一世仅有 20 艘战舰失去战斗力，而埃及舰队几乎全军覆灭，仅有 8 艘战舰逃出战场。被俘获的大约 120 艘完好或修复后可用的埃及战舰，则落入了德米特里乌斯一世手中，安提柯一世父子也随着这次大胜而称王。

如果说公元前 480 年发生在希腊的萨拉米斯海战，正式确立了三列桨舰在海上的绝对主导地位，那么发生在公元前 306 年的萨拉米斯海战，则正式向世人宣告了地中海上的巨舰时代已经到来！同时代的几大主要继业者，显然对这场一边倒的海战，以及活跃其中的大型战舰印象深刻，在萨拉米斯海战结束后不久，他们就开始了火热的造舰竞赛。

拔得头筹的是萨拉米斯海战的胜利者，德米特里乌斯一世本人。作为这一时代最卓越的军事工程专家之一，他以极大的热情投入了巨舰的设计和制造，以确保自己在大型战舰方面的优势能够继续下去。首先完工的是一艘十一列桨舰。根据后来的研究，这艘十一列桨舰，其船桨的长度可能达到了 55—58 英尺。根据 16—17 世纪桨帆战舰的使用经验，单排多人桨超过 10 人划动时，其工作效率会显著降低，因此这艘十一列桨舰最可能的配置，是一排六人桨与一排五人桨。后来的其他巨型战舰也大多遵循了这种 2—3 层桨架、每排布置多人桨的配置形式，并在记载中被明确地与其他量产战舰分开叙述，享有了"巨舰"（Polyremes）的称呼。

萨拉米斯海战的失败给安提柯一世的敌人们留下了很深的印象，他们很快也开始建造巨型战舰。埃及海军开工建造了多艘十一列桨舰。而为了维持对埃及海军的领先，在公元前 302 年左右，德米特里乌斯一世又开工建造了更大的十三列桨舰。这艘战舰或许是在雅典退阿军港（Zea）的船棚下水的。

可就在这艘战舰完工后不久，德米特里乌斯一世与独眼龙安提柯一世，在小亚细亚的伊普苏斯遭遇了决定性的会战失利。安提柯一世本人在战场上被杀，而德米特里乌斯一世尽管逃过一劫，但也失去了绝大多数的兵力和领土。落荒而逃的他，设法与自己仍旧完好无损的舰队会合，其中领衔的就是那艘巨大的十三列桨舰。见风使舵的雅典人本来想要扣留这艘军舰，但最后还是将其归还给了德米特里乌斯一世。

在接下来的数年中，德米特里乌斯一世那稀疏零落的领土，几乎都要依靠其来去迅速的海军来维持。通过海上的快速支援，他得以成功维持了几处深入敌国境内的飞地。公元前300年，德米特里乌斯一世甚至把他的十三列桨舰作为一座移动王宫，接待了与他握手言和的塞琉古一世，并在舰上举办了女儿斯特拉托妮丝与前者的婚礼。

不过，即使是巨大的十三列桨舰，也未能长久地保持其最大桨帆战舰的纪录。大约在公元前300年—公元前295年期间，已经统治了色雷斯和小亚细亚西部的利西马库斯，在小亚细亚北岸重要的港口城市庞提卡·赫拉克利亚（HeracleiaPontica），开建了属于自己的巨型旗舰。作为泛黑海贸易圈最重要的贸易城市之一，庞提卡·赫拉克利亚也是希腊世界最主要的造船基地之一。利用黑海海上贸易带来的巨大利润，利西马库斯决心投入巨资，一举将坐拥最大桨帆战舰的名号收入囊中。

最终在庞提卡·赫拉克利亚的船棚诞生的，是一艘每舷有十六排桨手的巨无霸战舰。这艘"莱昂塔弗洛斯"（Leontophoros）号十六桨舰，容纳了多达1600名桨手，它的名字由来或许与庞提卡·赫拉克利亚的一名战舰设计师有关。"莱昂塔弗洛斯"号的桨座分为上下两层，每层都有50支多人桨，由8人同时划动，一组桨手分坐两边，每边4人划动船桨。

但也正是从"莱昂塔弗洛斯"号开始，巨型桨帆战舰的设计目的，逐渐从实用角度偏向单纯追求战舰尺寸。事实上，"莱昂塔弗洛斯"号是否具备实战所要求的机动性能，能否在航行中表现出足够的稳定性，仍然存在不少疑问。实际使用证明，直接用于战斗用途的大型旗舰，或许十列桨舰就已经足够满足需要了。

"莱昂塔弗洛斯"号的横空出世后，德米特里乌斯一世迅速做出了回应。大约在公元前294年，他建成了一艘十五列桨舰。不过与"莱昂塔弗洛斯"号不同，这一艘战舰更多地考虑了实际用途。德米特里乌斯一世的巨舰结构更加紧凑，战舰规模比"莱昂塔弗洛斯"号小了不少，以此换来了相当卓越的机动性能，几乎可以与五列桨舰这样量产的大型战舰相提并论。

德米特里乌斯一世的实用主义精神在此后被继续贯彻，可能在公元前288年，他建成了一艘新的十六列桨舰。将其与"莱昂塔弗洛斯"号直接对比，可以很明显地看出两者之间的不同。德米特里乌斯一世的十六列桨舰根据现代复原，长度大致在180英尺左右，宽约30英尺，尽管同样是十六列桨，但全舰"仅"有800

名桨手，这一数字是"莱昂塔弗洛斯"号的一半，其搭载的陆战士兵更是只有其竞争对手的三分之一多点。但这艘十六列桨舰有着灵活的机动性能，正如普鲁塔克所描述的那样："德米特里乌斯一世的战舰并非虚有其表，从外观看起来同样适合战斗，华丽的装饰和武器无碍于实用。令人感到惊奇的，是这艘战舰虽然舰体硕大，但行动快速，而且便于操纵。"显然，这样的一艘旗舰，更适合与自己所领导的整支舰队协同作战。

德米特里乌斯一世打造的这艘十六列桨舰的故事并没有就此结束。当利西马库斯死于公元前281年的库鲁佩狄安会战后，流亡在外的政治冒险者、托勒密二世的兄弟——托勒密·克劳诺斯，最终登上了马其顿王位，并继承了利西马库斯的大部分势力。因此，他获得了这艘十六列桨舰和整支色雷斯舰队。后来这支舰队在海上遭遇了德米特里乌斯一世之子——安提柯二世的舰队，并且获得了一次胜利。

但克劳诺斯的统治并没有持续多久。在对抗加拉太人入侵的战斗中，克劳诺斯兵败身亡，马其顿再一次处于无主状态。这时安提柯二世挺身而出，并在公元前277年击败了一支加拉太人。军事上击退蛮族入侵的成功，使得安提柯二世成功获得了马其顿人的认可，登上了马其顿王位。而曾在利西马库斯、克劳诺斯处流浪了近10年的十六列桨舰，最终回到了安提柯二世的手中。

在被收回后，这艘十六列桨舰继续服役了一段时间，并最终退出一线。此后，它一直作为一艘纪念船，保留在马其顿海军的行列中。这种状态大约持续了一个世纪。公元前168年，罗马执政官保卢斯在彼得那会战中，决定性地打败了马其顿军队。此举结束了第三次马其顿战争的同时，也终结了马其顿安提柯王朝一个多世纪的统治。作为最耀眼的战利品之一，这艘老旧而命运多舛的战舰被拖曳至罗马，并被放在台伯河上供罗马公民参观，以此结束了它漫长而传奇的一生。

公元前3世纪的巨型桨帆战舰性能对比表

| 型号<br>参数 | "莱昂塔弗洛斯"号十六列舰 | 德米特里乌斯一世的十六列桨舰 | 托勒密二世的二十列桨舰 | 托勒密二世的三十列桨舰 | 托勒密四世的四十列桨舰 |
|---|---|---|---|---|---|
| 主尺寸<br>（水线长 × 水线宽 × 吃水） | 水线长可能超过300英尺；水线宽可能超过35英尺；吃水不详 | 180 × 30 × 7.5英尺 | 420 × 44 × 11英尺 | 不详 | 420 × 130 × 11英尺 |
| 完工时间 | 公元前300年—公元前295年 | 约为公元前288年 | 托勒密二世统治期间（公元前285年—公元前246年） | 托勒密二世统治期间（公元前285年—公元前246年） | 托勒密四世统治期间（公元前221年—公元前204年） |
| 搭载人数 | 1600名桨手、1200名陆战士兵 | 800名桨手、100名其他舰员、440名陆战士兵 | 不详 | 不详 | 4000名桨手、400名其他舰员、2850名陆战士兵 |
| 机动性能 | 不详 | 最大航速约7.3节；能够维持4.8节/小时的航速约两小时；机动性能良好 | 不详 | 不详 | 平时靠岸锚定，无法离岸航行 |

公元前285年，一场大规模的海战发生在德米特里乌斯一世的舰队和托勒密王朝、利西马库斯的联合舰队之间。在这场海战中，当时地中海上最大的桨帆战舰均悉数投入作战。遗憾的是，史料没有对这场海战进行任何细节描述，我们也无从知晓战役的具体过程，以及那些海上巨无霸们是如何表现的。

后世学者所能知道的，仅仅是德米特里乌斯一世输掉了这场海战。海战结束后，托勒密二世和利西马库斯瓜分了德米特里乌斯一世舰队中领衔的两艘巨舰。托勒密二世获得了那艘十五列桨舰，他将这艘战舰留在了提洛岛，为此营建了一座崭新的船坞，并将这个战利品奉献给诸神。而十六列桨舰则落到了利西马库斯手中，或许是"莱昂塔弗洛斯"号损失于战斗中，也可能是它不适合用于实战，利西马库斯和他的后继者将这艘缴获的十六列桨舰作为了自己的舰队新旗舰。

随着继业者时代的战乱暂时告一段落，各继业者王国逐渐趋于稳固，但东地中海的海权争夺并没有终止。这一时期，埃及托勒密王朝成为毋庸置疑的海上霸主，托勒密二世是一位极其优秀的战略家和国王，在他统治期间，托勒密王朝的海上优势达到了顶峰。

托勒密二世本人对海军建设相当热心，他同许多君主一样追求着巨型桨帆战

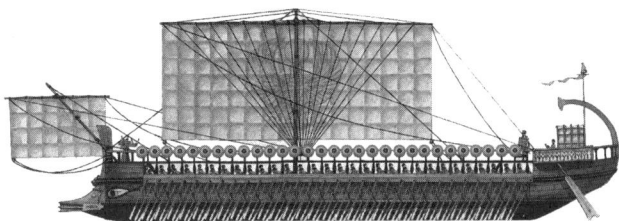
▲ 埃及托勒密王朝的八列桨舰想象图

舰的建造。这一时期的埃及海军以垄断贸易带来的巨额收入为基础，将巨舰主义发扬到了极致。在曾经的萨拉米斯海战中，德米特里乌斯一世仅仅依靠 7 艘七列桨舰就获得了巨大的战术优势，而在托勒密二世的大舰队中，七列桨舰的数量达到了可怕的 36 艘。埃及舰队还装备了大批十列桨舰以上的巨型桨帆战舰，仅十一列桨舰就有 14 艘，另有 2 艘十二列桨舰、4 艘十三列桨舰、1 艘二十列桨舰和 2 艘三十列桨舰。埃及海军的舰船设计师皮格特勒斯（Pyrgoteles）也因他的作品青史留名。可以说，希腊化时代的巨型桨帆战舰，在托勒密二世时期发展到了空前绝后的巅峰。

这一时期唯一能够挑战埃及海权的，只剩下统治着马其顿的安提柯二世。公元前 259 年—公元前 255 年，塞琉西的安条克二世与安提柯二世联盟，发起了第二次叙利亚战争。就在托勒密二世与塞琉西的陆军在叙利亚交战的同时，安提柯二世发起了旨在打破埃及在爱琴海控制权的海上行动。另一支重要的海上力量——与托勒密二世长期合作的罗德岛人，由于埃及对东地中海海上贸易的垄断，出人意料地加入了老对手安提柯二世一方。

最终在公元前 258 年，马其顿—罗德岛联合舰队在科斯岛（Island of Cos）遭遇了帕特罗克鲁斯（Patroclus）将军指挥的埃及舰队。安提柯二世亲临战场，并且决定性地击败了实力占优的对手，使得托勒密王朝的势力基本退出了爱琴海诸岛。在海战中，安提柯二世本人乘坐一艘产自科林斯的十八列桨舰"伊斯米尔"号（Isthmia），这艘旗舰在胜利后被奉献给了提洛岛上的阿波罗神庙，就像托勒密二世当年对俘获的十五列桨舰所做的一样。根据一些描述，这艘十八列桨舰拥有三排而非两排桨手座位，三支六人桨的宽度十分有限，这使十八列桨舰的整体尺寸控制得较好，更有利于维持战舰的操纵性能，它继承了安提柯王朝巨舰的一贯设计思路。

▲ 继承五十桨船设计思路的一百桨船，在前者的基础上进行了放大并活跃于同一时期。它最主要的特点是双人同桨，在战舰尺寸较小的前提下，这种设计因效能有限被暂时放弃。但在巨型桨帆战舰上，多人一桨的设计思路重新得到认可，它们因此也带有一百桨船的特征

**公元前3世纪流行的主力桨帆战舰**

| 型号<br>参数 | 伯罗奔尼撒战争时期的三列桨舰 | 四列桨舰 | 根据单排桨模型复原的五列桨舰 | 根据 2—2—1 船桨构型复原的五列桨舰 | 罗德岛两列半桨舰 |
|---|---|---|---|---|---|
| 主尺寸（水线长 × 水线宽 × 吃水） | 119.7×14×3 英尺 | 108.2×15.1×4.2 英尺 | 120×21.5×4.6 英尺 | 100×18×4 英尺（一说 147×22.9×4.9 英尺） | 420×130×11 英尺 |
| 出现时间 | 公元前 5 世纪 | 公元前 4 世纪中期 | 公元前 399 年 | 公元前 4 世纪中期至公元前 3 世纪中期 | 公元前 306 年之前 |
| 搭载人数 | 160—170 名桨手、约 20 名陆战士兵、约 10 名其他舰员 | 一说 240 名桨手，一说 176 名桨手，总人数约 300 人 | 300 名桨手、120 名陆战士兵、约 30 名其他舰员 | 150 名桨手、75 名陆战士兵、25 名其他舰员（一说 282 名桨手、75 名士兵和 20 名其他舰员） | 120 名桨手，全舰人数不详（一说约 210 名桨手，全舰约 270 人） |
| 机动性能 | 最大航速 9.7 节 | 最大航速 8.7 节 | 最大航速 6.4—7.2 节 | 最大航速 8.0 节 | 最大航速 9.2 节 |

　　托勒密三世即位后，再度开启了积极的对外扩张政策。埃及军队在陆地上大败塞琉西大军的同时，埃及舰队也再度活跃在爱琴海。公元前 246 年，安提柯二世再次指挥舰队投入海战，在基克拉底群岛最北端的安德罗斯岛（Island of Andros），索福戎（Sophron）将军的埃及舰队一部被击败，安提柯二世重获对基克拉底群岛的控制。不过，尽管能够在正面交战中获得一些胜利，但马其顿海军的实力仍然远不如埃及海军。托勒密王朝的影响力依然可以通过海军，辐射到黑

海和东地中海的许多地区。在公元前3世纪余下的时间里，安提柯王朝的绝大部分精力都投入到了希腊半岛的陆地上，因此不再像安提柯二世统治时期那样，两个海权竞争者进行激烈角逐。东地中海的海上战争一度告一段落，巨型战舰的服役史也暂时终止。

这一时期，海上战争的主舞台，转移到了西地中海。

## 罗马与迦太基的海上竞争

在西地中海，战舰的技术发展走上了一条截然不同的道路。虽然锡拉库萨人对巨型多列桨舰的尝试最终影响了整个东地中海，尤其是希腊世界，但迦太基人仍然追求传统的撞击战术，并继续以更灵活的中型战舰作为舰队主力。就算在德米特里乌斯一世赢得公元前306年的萨拉米斯海战，正式宣告了巨型桨帆战舰的崛起，迦太基人仍然没有像其他腓尼基城市一样，转向大型战舰的建造。这使迦太基海军投入第一次布匿战争时，它以及效仿它的主要对手——罗马人，至少在装备上是更加"复古"的。

迦太基长久以来从西地中海的海上贸易中获益，到公元前264年第一次布匿战争爆发前，迦太基据称有着约1.2万塔兰特的岁入[①]。大希腊地区的各希腊城邦，一度在西西里等地和迦太基展开了激烈的竞争，但到公元前3世纪前半叶时，迦太基人已经明显占了上风。直到罗马共和国崛起，才再次有人开始挑战迦太基在西地中海的海上霸权。

与迦太基截然不同，罗马共和国的力量并非源于航海和贸易。包括罗马城所在的拉丁姆平原在内，罗马共和国的核心地区——整个意大利西部沿海地区，是一块富饶的沃土。伊特鲁利亚和那不勒斯之间的诸多火山喷发后沉积的火山灰和波河的滋养，使得这里具备能够发展农业的良好条件，并能够维持大量的人口。但是，这片土地的财富也仅存在于土壤中，而非土地之下。整个意大利半岛的贵

---

① 当然，随着几个主要的贸易对象成为敌人，这一收入在开战后不可能维持不变。

金属资源少得可以忽略不计，少量的铜、铁资源也仅限于伊特鲁利亚地区，罗马人受此限制很难有自己的铸币业。

于是在这种情况下，罗马人饱受贫困之苦，利用粮食这一仅有的货物，他们和内陆的萨宾人等山地部落换取毛皮和木材，到台伯河另一边的伊特鲁斯坎人的城市换购金属制品和铜，从往来的腓尼基和希腊商人处获得手工制品和染料。罗马人以这种艰难的方式一直生活到了公元前5世纪，此时罗马的人口越来越多，拉丁姆平原的肥力却将耗尽，这使罗马人的基本生活难以为继。罗马城邦所能倚重的，只剩下在日复一日的劳作中产生的坚韧可靠的自耕农们。自此罗马人转向了对外扩张，起先他们的目的不过是获得坎帕尼亚和伊特鲁利亚地区可耕种的土地，其后他们的殖民和扩张逐渐遍及整个意大利。

随着罗马人的逐渐强大，他们与迦太基人的关系也慢慢改变。最初，罗马人不过是迦太基人一个不起眼的贸易伙伴，随着他们在漫长的战争中逐渐击垮伊特鲁斯坎联盟，迦太基人选择罗马人代替前者，成为自己在意大利最主要的贸易伙伴。随着罗马人逐渐在意大利称霸，迦太基人和罗马人越走越近，并在皮洛士战争中建立了军事同盟。这段建立在共同敌人基础上的短暂友谊，最终在公元前3世纪中期画上了句号。罗马人终于统治了整个意大利，下一步自然是向西西里扩张，并染指海上贸易，布匿战争也就随之开始了。

第一次布匿战争最关键的战场是在西西里岛，争夺的焦点始终是西西里岛上的沿海城镇据点。这使罗马人不可能仅靠优势陆军击败迦太基人，从迦太基人手中夺取海权，成了罗马人赢得这场战争所必须完成的目标。战争头几年，迦太基人借助舰队灵活地骚扰意大利半岛，并给西西里岛上的迦太基据点以足够的支持。公元前261年，罗马元老院终于通过提案，建立属于自己的海军，与迦太基海军展开正面对决。

在此之前，罗马人几乎不存在像样的海上力量，仅有的记载是公元前282年的皮洛士战争前夕，曾有少量的三列桨舰在罗马舰队中服役。当罗马人迫切需要新型战舰时，他们被迫采用对手迦太基人的舰型，通过仿制和意外获得的迦太基战舰，建立自己的舰队。也因此，历史记载中关于罗马舰队的丰富细节描述，同样能让我们准确地复原以迦太基人为代表的西地中海战舰技术。

罗马人在公元前 261 年开工的舰队，包括 100 艘五列桨舰与 20 艘三列桨舰，其中五列桨舰以一艘被缴获的迦太基五列桨舰作为原型，依样画葫芦仿造而成。这批战舰在两个月内即告完工。但对于一个财力有限的共和国而言，多达 100 艘五列桨舰的投入显得颇为可疑，更不必提罗马人还多次追加战舰，扩大舰队的规模。这就牵涉到罗马人仿效的迦太基式五列桨舰（Quinqueremes）的具体规格了。

波利比乌斯在谈及这批五列桨舰时，声称每艘五列桨舰有 300 名桨手和 120 名陆战士兵，这一规格与锡拉库萨人发明的此前流行于东地中海的五列桨舰是一致的。但许多现代学者认为，罗马人在如此短的时间内完工并武装这么多大型战舰，实在不太可能。于是产生了另一种解释：罗马人采用的迦太基式五列桨舰，是一种稍微小型化的战舰，波利比乌斯想当然地照搬锡拉库萨—黎凡特式五列桨舰的参数，自然产生了偏差。

一种常见的推测是，罗马人和迦太基人使用的五列桨舰，与迦太基发明的四列桨舰一样，仍旧具有明显的三列桨舰血统。根据台伯岛纪念碑上的形象推测，整条五列桨舰的水线长度可能在 147 英尺左右，全舰的桨手分别部署在三列桨座上，包括两列双人桨和一列单人桨，从上至下以 2—2—1 的次序排列。迦太基—罗马

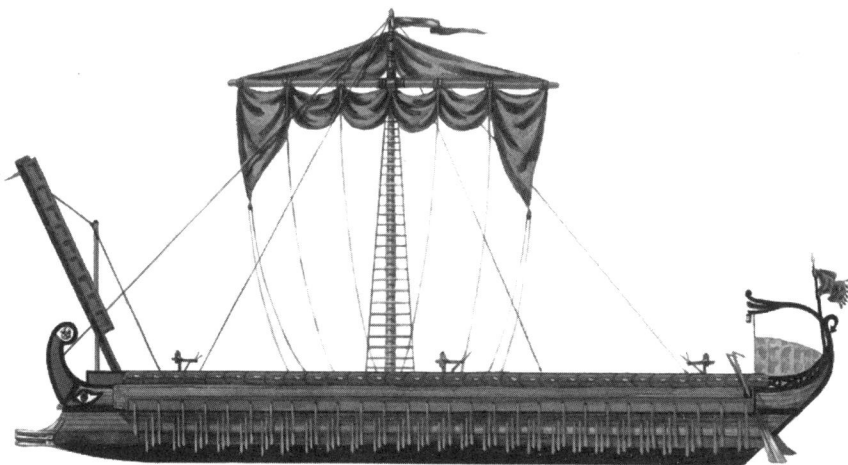

▲ 布匿战争时期迦太基和罗马海军的绝对主力——迦太基—罗马式五列桨舰，它与锡拉库萨人的五列桨舰有着巨大的不同

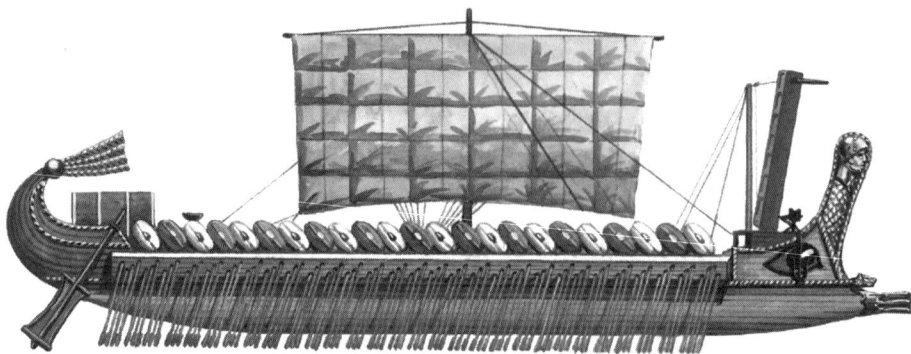

▲ 装备了"乌鸦"的罗马三列桨舰。三列桨舰是罗马人最早开始运用的桨帆战舰，尽管装备数量有限，但却在罗马海军中一直服役到了帝国时期

式五列桨舰的主尺寸大致为 147×22.9×4.9 英尺，这与根据单列多人桨结构复原的锡拉库萨—黎凡特式五列桨舰相对短粗的舰型有着明显差异。这种"三列桨舰化"的五列桨舰或许能搭载 282 名桨手、75 名陆战士兵和 20 名其他舰员，在各项基本性能参数上有较为平衡的表现。

罗马人的舰队最终在公元前 260 年完成了各项训练，并被投入到西西里的战斗。但是罗马海军的初战无疑是失败的。一位执政官涅乌斯·普布利乌斯·西庇阿带领的前卫部队，在墨西拿附近被迦太基海军的 20 艘战舰突袭。结果惊慌失措的罗马水手弃舰逃生，迦太基人轻松地俘获了战舰和执政官本人，自己仅损失了 4 艘。执政官西庇阿因为这次失败获得了"母驴"（Asina）的侮辱性称号。这与他的后辈相比，实在相映成趣[①]。

初期的失败也让罗马人意识到，罗马的桨手队伍不具备迦太基那样的素质，与迦太基人比拼撞击战术，可谓是以短击长。为此，罗马人为战舰装上了被称为"乌鸦"的装备，用以发挥自己的接舷战优势。"乌鸦"是一种活动式吊桥，大约 4 英尺宽、18 英尺长，在末端有一个钉子。"乌鸦"平时竖起，使用时就"砸"到对方战舰上，随后它将固定在目标上，并让本方战舰上的士兵顺利地进行接舷跳帮。"乌鸦"的使用，与迦太基人偏好撞击战术和发扬远程火力，不愿意让战舰陷入

---

① 他的家族后来诞生过两位享有"阿非利加征服者"称号的西庇阿和一位"亚细亚征服者"。

静止状态不无关系。通过使用"乌鸦"吊桥，罗马人能够在更远的距离上捕捉敌舰，进行有利于自己的接舷战。而迦太基更偏好在舰上搭载大比例的射手——比如著名的巴利阿里群岛投石手。

完成改装的罗马舰队，在执政官盖乌斯·杜伊留斯的指挥下，在墨西拿以西的城镇米莱（Mylae）外海，再度与上次获胜的迦太基舰队遭遇。迦太基舰队拥有超过120艘的战舰，名叫汉尼拔[1]的指挥官亲自乘坐一艘从皮洛士海战中缴获的七列桨舰，带领30艘战舰组成的前卫参加海战，其余的迦太基舰队则尾随在后。

或许是因为在墨西拿获得的胜利，汉尼拔对罗马人极为轻视，面对杜伊留斯超过140艘的舰队规模，他莽撞地率领自己的前卫发动了攻击。结果在"乌鸦"和数量明显占优的罗马人面前，他几乎迅速损失掉了自己的全部战舰，狼狈地驾驶小艇逃离。随后抵达的迦太基舰队主力，只得在没有指挥官的情况下，在占优势的罗马舰队面前各自为战，尽管此时他们更聪明地试图利用机动性，避免被罗马人用"乌鸦"制造接舷战，但迦太基舰队还是在寡不敌众的局面中败下阵来。最终的结果是，罗马人获得了第一次真正意义上的海战胜利，摧毁或俘获了超过50艘迦太基战舰，而己方仅仅损失了11艘。盖乌斯·杜伊留斯的名字也因此流传后世，并成为近现代意大利海军的传统舰名[2]。逃出米莱后不久，汉尼拔领导的迦太基舰队又在撒丁岛的海岸线上再次惨败，跟踪而来的罗马人偷袭了停泊的舰队，并摧毁或缴获了几乎全部战舰，倒霉的汉尼拔随后被愤怒的部下处死。

在公元前260年的米莱海战中，罗马人取得了历史上第一次海上胜利，但第一次布匿战争的整体局势还是要依靠地面上的战斗来决定。在西西里岛上，罗马陆军对迦太基陆军取得了明显的优势，但迦太基人仍然可以从本土不断地运兵增援。为了根除迦太基的后援，罗马人开始考虑针对迦太基北非领土的入侵行动。公元前257年，在墨西拿附近的亭达里斯（Tyndaris）海岸，执政官阿提里乌斯·雷古鲁斯指挥的罗马舰队和重建后的迦太基海军发生了小规模的接触，双方分别损

---

[1] 与陆军名将汉尼拔不是一个人。
[2] 从意大利最新的地平线级导弹驱逐舰上溯到二战时的战列舰，均有以"卡约·杜伊里奥"（意大利语拼写的"盖乌斯·杜伊留斯"）命名的舰船。

失了 9 艘和 18 艘战舰。这场战争尽管并不能起决定性作用，但它却刺激两国纷纷开始扩张其舰队规模。而且，罗马人从海上入侵北非的计划，也势必引发双方在海上的决战。

公元前 256 年夏季，实力大为增强的罗马舰队在雷古鲁斯和另一位执政官曼利乌斯·瓦索的指挥下，前往西西里南部的埃克诺穆斯海角（Ecnomus）。罗马陆军在那里等待上船，启程前往北非。迦太基人预先获知了这一行动，一旦罗马舰队出海，想要在茫茫大海上拦截舰队，或是在漫长的海岸线上进行反登陆作战几乎是不可能的，清楚这一点的迦太基人选择就在埃克诺穆斯海角发难。于是，罗马舰队及其护航的运输船在出海后不久，即在埃克诺穆斯海角外遭遇了前来拦截的迦太基舰队。

根据波利比乌斯的记载，参战的罗马舰队和迦太基舰队分别拥有 350 艘和 330 艘战舰。不过，后世学者并不认可这个显然夸大的数字。塔恩等学者的修正结果是，罗马人投入了 250 艘战舰，而迦太基人则约有 200 艘战舰参战，双方的主力舰种无疑仍是迦太基—罗马式五列桨舰，两支舰队的搭载总人数约为 10.3 万人之巨。埃克诺穆斯角海战也因此成为西地中海有史可查的规模最大的海战之一。

两位迦太基指挥官哈米尔卡和汉诺，从一开始就把目标锁定在满载士兵和补给品的罗马运输船，而各自坐镇一艘六列桨旗舰的雷古鲁斯和瓦索也见招拆招，竭尽全力保护自己脆弱但价值高昂的护航目标。开战后，迦太基舰队分成了 4 个纵队，设法绕过罗马人的战线，突击战线后方的运输船，罗马人也分为 4 个部分针锋相对，全力掩护运输船撤出。最终，海战在各自相距两三英里的三片战场上分别进行，激烈的战斗超过了 4 个小时。战斗中，罗马人始终试图利用"乌鸦"和抓钩等装备，把战斗拖入有利的接舷战，迦太基人则充分发挥机动优势，用撞角攻击孤立的对手后旋即撤退。

海战的最终结果是，罗马人取得了压倒性的胜利，他们击沉了 30 艘迦太基战舰并俘获了 64 艘，自己仅付出了 24 艘战舰沉没的代价。如果说此前的米莱和撒丁岛海战，杜伊留斯是靠着汉尼拔的指挥失误获胜，那么在埃克诺穆斯角海战中，哈米尔卡和汉诺已经尽可能地选择有利于迦太基舰队的环境了。分别展开的迦太基各分舰队，都有着足够的空间发挥其撞角战术，但需要分心保护运输船的罗马人，却仍然获得了一场酣畅淋漓的大胜。

埃克诺穆斯角海战为罗马人入侵北非打开了坦途，从海军技术发展角度来说，它具备非比寻常的意义。如果说，公元前306年的萨拉米斯海战宣告了巨型战舰称霸东地中海，那么埃克诺穆斯角海战，则宣告了相同的结果在西地中海的重现。作为地中海上最后一个信奉撞击战术和较小战舰的主要海上力量，迦太基人的海军技术发展路线，无疑在埃克诺穆斯角海战中得到了彻底的否定。尽管许多人把罗马人在海上的胜利一味地归功于"乌鸦"，但"乌鸦"作为一种辅助装备，并不具备彻底改变战局的能力，更不必说它还会对战舰的航海性能产生影响。无论是在第一次布匿战争初期使用"乌鸦"的罗马人，还是曾在科斯岛海战中使用"乌鸦"的安提柯二世，后来都抛弃了这一装备。

真正让罗马人获胜的，是他们对海军发展应顺应潮流的理解。从一开始，遭遇锡拉库萨大型战舰的迦太基人就被迫不断地放大其战舰的尺寸，从最早擅长撞击的三列桨舰，到公元前4世纪中期的四列桨舰和更晚的迦太基式五列桨舰，迦太基战舰的吨位不断扩大，长宽比不断减小，搭载的陆战士兵逐渐增加。这样的发展结果是，迦太基海军被迫放大战舰尺寸，使之无力维持三列桨舰那样卓越的速度和灵活性[1]。而在搭载士兵和装备方面的不思进取，又让迦太基人的轻型战舰无力在接舷战中抗衡罗马人。但迦太基海军始终醉心于撞击战术，再加上罗马人在甲板战斗方面的天赋，直接导致了经验丰富的迦太基舰队，在初出茅庐的罗马舰队面前反而落于下风。

在公元前3世纪的地中海东部和西部，几场海战都证明了同一点：以撞角战术为核心的海战思想，只有在中型战舰搭配最顶尖的桨手时，才有可能实现。一旦舰队的规模扩大，即使是迦太基这样的海军强国，也没有足够多的桨手来维持全部由三列桨舰组成的舰队。为了减少熟练桨手的需求，迦太基被迫以装备多人桨、长宽比较小的大型战舰，替代三列桨舰这样的中型战舰[2]，于是造成了机动

---

① 尤其要考虑到，迦太基的桨手队伍，随着舰队规模的扩大和战损，其平均素质不断下降。
② 大型战舰上熟练桨手的比例较小，可以更多地使用奴隶。

性的下降和撞击战术的低效。此时转而倚重接舷战，才是更加适应大型战舰的战术思想。

　　埃克诺穆斯角海战之后，罗马人从迦太基人手中夺取了制海权。此后，尽管迦太基人数次重建舰队，但进一步下降的桨手质量，和迦太基人始终坚持的撞击战术，让绝大部分重夺制海权的努力成为灾难。除了在公元前249年的第一次德雷帕纳之战中，迦太基人凭借罗马人的指挥失误扳回一城之外，迦太基海军输掉了每一次大规模海战，罗马人的舰队依旧握有决定性的战术优势。此时，罗马海军的主要敌人是海上风暴，而非敌方舰队。

　　最终，在公元前242年的埃加特斯群岛海战中，罗马海军再次决定性地痛击了迦太基舰队，这一战成了迦太基最后一次正式挑战罗马在西地中海的制海权。迦太基人随后与罗马人签订了和约，结束了第一次布匿战争。

　　第一次布匿战争后，迦太基巴卡家族在西班牙开始了自己的殖民统治，他们在西班牙东部和南部的经营，使之通过西班牙富饶的资源，尤其是大量贵金属的产出大发横财。在西班牙半岛的金属制品出口转向迦太基商人的同时，原本的贸易中转站——法国南部的希腊商业城邦马西利亚（现马赛）大受其害。作为罗马人在西方的重要盟友和历史上迦太基的世仇，马西利亚人开始大力渲染"迦太基威胁论"。这和罗马的扩张欲望结合在了一起，导致罗马人在西班牙实行激进的外交政策，迦太基势力范围边缘的西班牙城市萨贡托（Saguntum）也转头与罗马结盟。最终，随着陆军名将汉尼拔主动拔除迦太基这颗眼中钉，第二次布匿战争爆发。

　　第二次布匿战争中的迦太基，已经无力正面挑战罗马对海洋的统治了。来自迦太基的舰队，更趋向于骚扰意大利沿海，或者执行一些偷渡行动的护航任务，而非进行海战。罗马人可怕的战争潜力，很好地体现在了其军事上：在维持顶峰时超过20个军团、数目相近的同盟军团和其他辅助部队的同时，罗马人还有着规模可观的舰队。在公元前207年，据说有多达280艘罗马战舰可供调用，从亚得里亚海到西班牙半岛，罗马舰队掌握着绝对的优势。第二次布匿战争结束后，迦太基被剥夺了维持大规模舰队的权力。仅保留10艘战舰的军备限制，杜绝了迦太基对制海权的重新追求。罗马人的目光也不再局限于西地中海，他们逐渐开始了

▲ 在第二次布匿战争中，罗马海军取得了绝对的海上优势。图为罗马的五列桨舰舰队，它被积极地投入到了对锡拉库萨城的围攻中

对东方的征服。

迦太基海军的失败，使得整个地中海世界中依旧一心追求撞击战术的海军，只剩下罗德岛人。总的来说，罗马人在两次布匿战争中的表现和罗马人对西地中海的控制，代表着大型战舰在地中海完全取代了脱胎于三列桨舰的中型战舰。尽管罗马人不像希腊化王国那样，热衷于巨型旗舰的建造[①]，但倾向于接舷战法的罗马人，在海战趋势上无疑与希腊化王国是一致的。巨型桨帆战舰的黄金时代随着战舰技术的不断革新，到地中海上的海权竞争逐渐分出胜负时，已宣告衰落。

---

① 罗马舰队的旗舰以六列桨舰为主，据称也出现过八列桨舰。

## 巨舰的消失

公元前 3 世纪罗马称霸西地中海时，东地中海上的战火暂时趋于平息。究其原因，东地中海的两大海权争夺者——马其顿安提柯王朝和埃及托勒密王朝，各自遇到了问题。马其顿王国在安提柯二世统治晚期，在希腊本土的间接统治几乎土崩瓦解，同时其北部边境面临着达尔达尼亚人入侵的危机，西北部的伊利里亚和西部的伊庇鲁斯也产生了动乱。这样四面楚歌的境地，使安提柯王朝数十年都不再投入海军建设。这一变化使其竞争对手——托勒密海军安于现状，双方暂时停止了高强度的造舰竞赛。

新的巨型桨帆战舰，直到托勒密四世统治期间才又出现，但这艘大名鼎鼎的四十列桨舰很难算是真正意义上的战舰。根据记载，四十列桨舰以两艘二十列桨舰并联而成，两艘战舰各自在一侧从高至低以 8 人、7 人、5 人的方式，部署了三排不同长度的多人桨，纵向的每组桨需要 20 名桨手。严格来说，这样的部署形式应该称呼为二十列桨舰。如果我们相信史料，那这座庞然大物的搭载人员为 4000 名桨手和 2850 名士兵。姑且不考虑这些数字本身是否可信，即使这些人数是真的，我们也承认史料来源，但四十列桨舰只是静止的"面子工程"，完全不具备离岸航行的能力，这倒也符合托勒密四世荒唐无能的统治。

公元前 3 世纪中期，让马其顿王国苦恼不已的外患中，就包括亚得里亚海沿岸的伊利里亚。这里生活着一个活跃的海盗民族，他们组织过许多次大规模的海

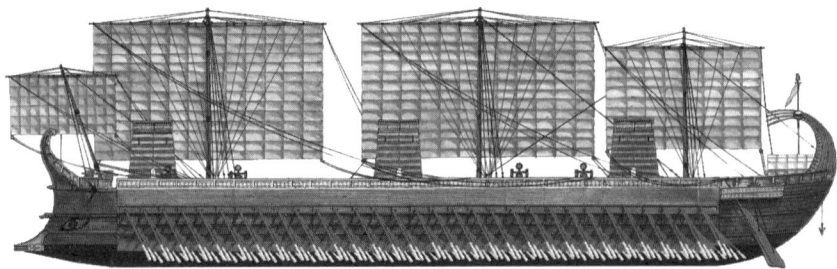

▲ 托勒密四世建造的双体四十桨战舰让许多研究者十分感兴趣。但无法反驳的是，这艘战舰不存在任何实用意义

上劫掠行动。不过他们自己或许也没想到，他们的海盗行动能够影响到希腊化时代晚期的桨帆战舰的流行浪潮。

伊利里亚人喜好的船型，是那些轻巧、廉价、往往不铺设甲板的近海划桨船。公元前 3 世纪晚期，最流行的船型包括利姆比（Lemboi）和"生鱼"[①]。利姆比一般能够搭载 50 人，伊利里亚海盗不区分专门的桨手或者士兵，而是在战斗时投入所有桨手充当士兵。至于"生鱼"，其尺寸或许比利姆比更小。

这样的轻型船只，几乎只能在近海航行，它没有装备撞角，低矮的船型也不利于接舷战。总的来说，这并不是一种为了对抗战舰而诞生的舰艇，它的主要用途在于快速的运输。但它的优势同样很明显，由于简化的结构和较小的吨位，建造利姆比这样的船只不需要太多的木材和时间。而且利姆比有足够好的灵活性，当被用以进行低烈度的近海作战时，它有着相当高的性价比。

安提柯王朝与托勒密王朝的海军争霸结束后，反海盗任务一度成为东地中海上最主要的海军职能，这使各国海军迫切需要一种廉价的近海舰只，于是海盗船成了各国的选择之一。第一支使用利姆比的海军，是腓力五世治下的马其顿。必须说明的是，腓力五世选择利姆比纯属无奈之举，财政枯竭的马其顿，暂时无法建造一支大舰队，腓力五世只得在公元前 217 年冬天开工建造了 150 艘利姆比。尽管后来腓力五世在财政宽裕的条件下，以传统的大型桨帆战舰代替了利姆比，重新装备了他的海军，但伊利里亚风格的轻型战舰，自此开始风靡各大国海军。

而在埃及和罗德岛的海军中，轻型战舰的舰型则另有选择。罗德岛人早在公元前 306 年就开始使用一种新的战舰，它被称为"两列半桨舰"（Trieremioliai），顾名思义，它是一种三列桨舰的小型化版，并且将最上层的桨手减少了一半。缩减成本、减少吨位的同时，两列半桨舰还保持了优秀的机动性能，并利用多出的空间搭载士兵。两列半桨舰是针对东地中海海盗喜爱的海盗船船型"一列半桨舰"（hemioliai）产生的，基本思路是在低成本的基础上，以有限的性能优势形成战术上的压制，类似的设计思路也将出现在对利博连的改装上。

---

[①] Pristeis，这种船只因细长而被这样称呼。

不过短时间内，轻型舰还无法替代大型战舰。公元前214年夏季，第一次马其顿战争爆发，腓力五世以他的利姆比舰队远征伊利里亚。结果在罗马五列桨舰面前，脆弱的利姆比完全没有一战之力，腓力五世只得烧船自退。在舰队主力决战的需求仍旧存在的前提下，轻型战舰只能扮演辅助舰艇和反海盗专用舰艇的角色。公元前208年8月，腓力五世终于开始兴建自己的大型桨帆舰队。

另一方面，随着罗马共和国的势力逐渐渗透到东地中海，东地中海的海上局势再度变化。埃及托勒密王朝陷入缓慢但不可逆转的内部腐败中，其海军逐渐衰弱，难以积极地介入国际局势中。东地中海此时缺乏一个绝对的海上霸主，罗马人的实力足够强大，却又没有更多的精力远涉东地中海，活跃在海上的帕加马和罗德岛海军素质出众，但规模有限。在此后相当长的时间内，罗马海军支持的希腊化代理人——帕加马王国和罗德岛，成了希腊化王国的主要对手。

公元前201年7月，阿塔卢斯一世指挥的帕加马和罗德岛联合舰队，在开俄斯岛外海挑战了腓力五世领导的马其顿舰队。这支马其顿舰队包括53艘大型战舰，以四列桨舰和锡拉库萨—黎凡特式五列桨舰为主力，附以多达150艘的利姆比和"生鱼"。舰队中有史可查的巨型战舰，包括腓力五世乘坐的1艘十列桨舰和1艘八列桨舰。他们的对手投入了65艘四列桨舰、五列桨舰，以及9艘两列半桨舰和3艘三列桨舰。

海战中，罗德岛人很好地展示了撞击战术在优秀水手配合下的威力，联军以损失包括阿塔卢斯一世旗舰在内的8艘大型战舰（其中2艘四列桨舰被俘）和1艘轻型舰艇的代价，击沉或俘虏了多达28艘马其顿大型战舰、3艘三列桨舰和近半数的利姆比！在海战中，利姆比和"生鱼"这样的小型战舰，当遭遇罗德岛人

▲ 一列半桨舰。一些正规海军为了应对灵巧迅速的海盗船，开始仿制类似的船型投入使用。一列半桨舰、两列半桨舰、利姆比或是利博连，都是这种思想的体现

高速机动的四列桨舰和两列半桨舰时，几乎没有还手之力。罗德岛人始终让战舰保持高度机动，以此消耗利姆比上有限桨手的体力，随后再以高速掠过侧舷的方式，撞断利姆比的船桨并使之瘫痪，最后再以无情的撞击将其送入海底。

撞击战术对轻型舰艇占尽上风的同时，大型战舰仍然展示出对撞击战术的克制。在开俄斯海战中，一艘罗德岛两列半桨舰进行了一次教科书式的撞击，但撞角狠狠楔入一艘马其顿八列桨舰的同时，也使战舰卡在目标上。马其顿人顺势以高度优势跳帮，几乎将罗德岛战舰上的舰员屠杀殆尽。直到两艘帕加马五列桨舰分别在另一侧，对八列桨舰进行了全力撞击，才最终击沉了八列桨舰，并使罗德岛战舰躲过一劫。

战后，联军主动退出战场，占领了战场的腓力五世随后宣布取胜，但一边倒的交换比，让这枚"胜利"果实显得苦涩无比。这也是整个希腊化时代中，最后一次有巨型战舰取得名义上的海战胜利。随着罗马人正式踏足东地中海，帕加马王国和罗德岛总是能够很好地控制东地中海的制海权。

在公元前192年—公元前188年的罗马–叙利亚战争中，塞琉西帝国成为罗马及其盟友击败的又一个继业者王国。在这一过程中，并不以海军见长的塞琉西帝国，还是设法组建了自己的舰队，并在爱琴海一度掌握了制海权。但随着罗马、帕加马和罗德岛的联合舰队成型，塞琉西海军最终还是丢掉了制海权。有趣的是，塞琉西海军一度在战争初期，选择较小尺寸的主力战舰，结果在几次失败之后，他们还是回到了以大型战舰作为主力的老路上。

塞琉西帝国失败后，很少有人能够挑战罗马人在地中海上的制海权。苟延残喘的迦太基人被允许保留10艘三列桨舰，塞琉西帝国在《阿帕米亚条约》中同样只被准许保留10艘三列桨舰和10艘轻型舰艇，腓力五世治下的马其顿则保留了德米特里乌斯一世打造的那艘十六列桨舰和5艘轻型舰艇。所有罗马人在地中海上的潜在敌人，都被严格地限制了海军军备。在这种情况下，罗马人自己的海军建设也开始陷入停滞，罗马舰队的规模，仅限于反海盗和应付紧急情况之用。可以说，在可见的将来，罗马海军不必再考虑如何打赢一场舰队决战。

随着对等敌人的消失，进入公元前2世纪后，地中海上的海盗活动达到了又一个高峰。从公元前180年开始，伊利里亚和利古里亚的海盗越发猖獗，以至于罗马人须要重新动员自己的舰队，多次进行大规模的剿灭行动。也正是因为罗马海军的作战对象，从大型战舰组成的敌方海军转变为小规模的海盗，罗马舰队的编成结构开始改变。

公元前2世纪中期，一列半桨舰第一次出现在了罗马舰队中。或许这和当年腓力五世对利姆比的运用一样属于紧急手段，但一列半桨舰的性能有限，无法对海盗使用的同类舰种形成优势。于是，就和罗德岛人发明两列半桨舰一样，罗马人也需要一种性能更优秀的中型舰艇，既能压制海盗使用的近海小型船只，又能和五列桨舰形成高低搭配，投入大规模的海战之中。

罗马人最终选择的，是大名鼎鼎的利博连（Liburnae）战舰。这种在利姆比基础上发展出的战舰，最早于公元前69年出现在罗马舰队中。在公元前80年前后，地中海上的海盗行动已经发展到了罗马人无法忍受的程度。庞培获命领导大规模的反海盗军事行动，据称他为此新建了多达500艘战舰。在稍早些时候的第一次米特拉达梯战争（公元前89年—公元前85年）中，罗马舰队的阵容里尚不包括利博连，而当庞培在公元前67年开始其反海盗战争时，利博连已经成为罗马人主要的战斗舰艇了。

利博连战舰，是在利姆比基础上放大改良而成的产物。由于对史料的错误理解和受影视、文学作品的影响，许多人都将利博连战舰理解成一种轻快的小型战船。

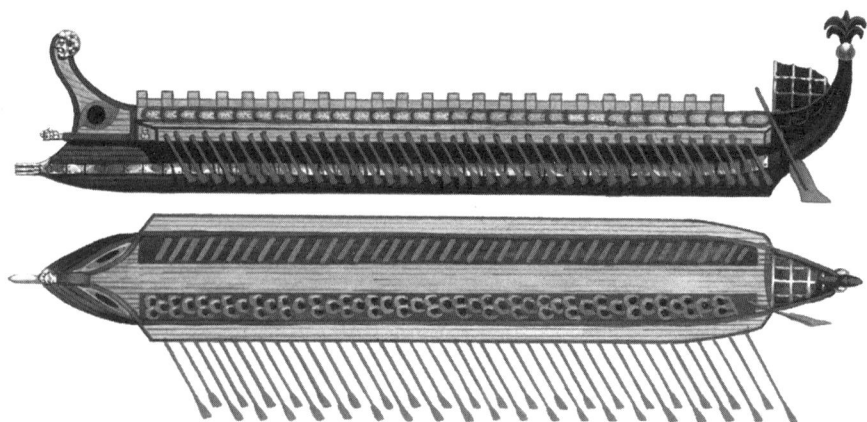

▲ 典型的利博连船型。作为近海使用的多用途中型战舰，利博连在性能和价格上达成了平衡

实际上，利博连战舰，是一种涵盖范围非常广的船型，它往往被用来描述由利姆比衍生出的多种伊利里亚式划桨战船。公元前 1 世纪，罗马人最常用的利博连船型，是一种双排桨船（Bireme），尺寸接近中型战舰。以 W.L. 罗杰斯在 20 世纪初的研究结果为例，他认为阿格里帕时期的利博连，主尺寸达到了 103×17×3.1 英尺，全舰仅有 108 名桨手，还装备了撞角和各种各样的舰载装备，却维持了相当不俗的机动性能，据称能够达到 7.3 节的最大航速。而根据更新的复原结果，利博连的尺寸实际上介于三列桨舰和四列桨舰之间，毫无疑问是一种适用于正规舰队的主力舰艇。庞培时期的利博连，更多地用于近海的反海盗行为，因而可能有着稍小

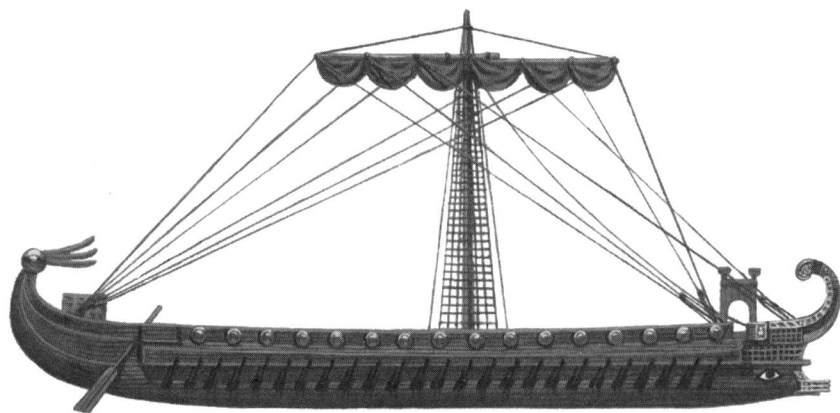

▲ 罗马人仿伊利里亚利姆比船型建造的双排桨船

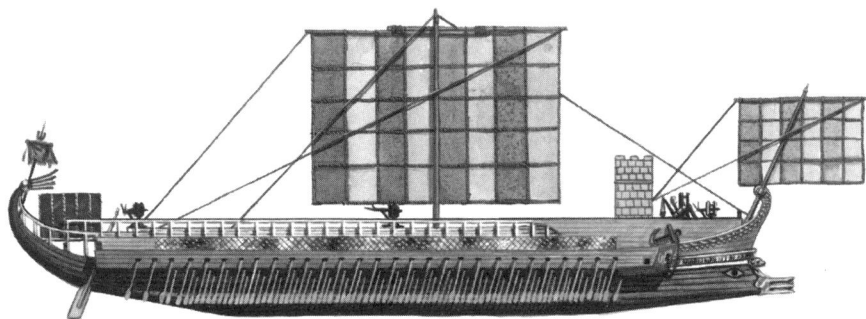

▲ 晚期的罗马五列桨舰走上了与锡拉库萨人类似的大型化路线

的船型。但整体而言，公元前1世纪的中型利博连战舰无疑具有这样几个特点：双排桨，撞角、塔楼及各式武装齐备，同时大大简化了舰体结构，控制了全舰吨位。这使得该舰能够维持优秀战斗性能的同时，仅依靠较少的桨手，就能获得卓越的机动性能。

利博连诞生后，立即获得了罗马人的青睐，无论是在低烈度的近海反海盗任务中，还是在大规模海战中，利博连都被广泛用于侦察、运输甚至是正面战斗中。作为一种低成本的多用途近海船型，利博连一直使用到了罗马帝国时期。航海性能更好，但成本更高，在战斗性能上不占优势的三列桨舰，则处于较为尴尬的境地。它既没有四列桨舰、五列桨舰和更大型战舰的作战性能和远海航行能力，又不具备利博连的泛用性和低成本，因而在与利博连的竞争中败下阵来。

对于巨型桨帆战舰来说，利博连的诞生并不构成直接的竞争。但地中海上战舰需求的全面改变，却几乎宣告了巨型桨帆战舰的死刑。在罗马共和国最后的一个世纪里，苏拉、卢库卢斯、庞培、恺撒等人的军事行动中，利博连和少量更大的战舰，基本足以满足他们的实战需求。在很长一段时间里，都未能再看见多于五列桨的巨型战舰出现在海上。

仿佛是为了给这个短暂而辉煌的巨舰时代画上一个正式的休止符，在希腊化时代的最后一年，罗马内战的爆发使得巨舰最后一次出现在海面上。当屋大维与安东尼在伊庇鲁斯的亚克兴角海面上一决雌雄时，我们惊喜地发现，安东尼麾下的舰队编成，是公元前3世纪常见的典型结构：以四列桨舰、五列桨舰为核心，建造少量六列桨舰及更大的巨型战舰作为突击主力，以其他轻型战舰承担辅助任务。

安东尼和克利奥帕特拉的舰队，主要以黎凡特、埃及的水手和战舰组成。这支舰队在出发时拥有200艘各式战舰，以四列桨舰与五列桨舰作为主力。但在公元前31年的上半年，这支舰队被困在安布拉基亚湾的锚地内，饱受缺乏补给之苦。当安东尼与属于屋大维阵营的阿格里帕最终开战时，这支舰队的数量已经下降到了170—180艘。与大多数人的认识不同，这支舰队中的巨型战舰并不多，6艘七列桨舰、5艘八列桨舰、4艘九列桨舰与5艘十列桨舰，仅仅在这支舰队组成中占很小一部分。

阿格里帕拥有230艘战舰，但其中只有200艘大小战舰拥有撞角，这些战舰从双桨船（包括相当数量的利博连）到六列桨舰不等，其中以三列桨舰和四列桨舰为主力。亚克兴角海战爆发之初，两个交战方的目标可谓南辕北辙，安东尼和克利奥帕特拉的意图，在于设法脱身逃回埃及，而阿格里帕却打算趁机摧毁被削弱的安东尼舰队。一开始就毫无战意的安东尼，在开战后不久就和克利奥帕特拉一起，带领一小部分埃及舰队逃离战场。被留下的舰队寡不敌众、士气低落，自然而然地输掉了余下的海战。最终，除了数十艘战舰随安东尼和克利奥帕特拉逃离以外，其余的战舰大多落入阿格里帕之手。这一役不仅宣告了屋大维与安东尼之间的内战几乎决出胜负，也成了希腊化时代的巨型战舰的最后舞台。

不少原始史料都对亚克兴角海战进行了翔实的细节描写，其中关于灵活的利博连战舰往来穿梭并围攻笨拙的大型桨帆战舰的情景，无疑捉住了许多读者的眼球。但阿格里帕在亚克兴角的胜利，更多地取决于对手的指挥失措、己方的数量优势和高昂士气，战舰技术的优劣并没有能够决定胜负。总的来说，巨型桨帆战舰的强大战斗力，在当时的地中海世界依旧是毋庸置疑的。但在罗马帝国统一的整体历史进程面前，罗马海军不再需要巨型战舰这样的"屠龙之器"。在公元前的最后两个世纪里，随着海军军备"刀枪入库，马放南山"的整体趋势，强悍的巨型桨帆战舰也最终退出了历史舞台。时至今日，我们只能从极为有限的考古成果和书卷留存的描述里，去一睹这些海上巨兽的风采。

# 参考文献

## 原始文献

[1]（古希腊）修昔底德. 伯罗奔尼撒战争史 [M]. 徐松岩, 译. 上海：上海人民出版社,2012.

[2]（古罗马）阿庇安. 罗马史 [M]. 北京：商务印书馆,1978.

[3]（古罗马）李维. 建城以来史 [M]. 上海：上海人民出版社,2005.

[4] DiodolusSiculus. *Bibliotheca historica*[M]. Henry Stevens, English translation. University of Michigan Library,2006.

[5] Polybius.*The Histories*[M].Harvard University Press, 1979.

## 现代文献

[1] 约翰·R.黑尔. 海上霸主：雅典海军的壮丽史诗及民主的诞生 [M]. 史晓洁, 译. 桂林：广西师范大学出版社,2012.

[2] Adrian K.Wood. *Warships of the ancient world 3000−500BC*[M]. Osprey Publishing, 2012.

[3] Dr. Helen.S.Lund. *Lysimachus: A Study in Early Hellenistic Kingship*[M]. Routledge Publishing, 2014.

[4] John Grainger. *Hellenistic & Roman Naval Wars 336−31BC*[M].Pen & Sword Books Ltd, 2011.

[5] J.S.Morrison, J.F.Coates, N.B.Rankov. *The Athenian trireme: The history and reconstruction of an ancient Greek warchip*[M]. Cambridge University Press, 2000.

[6] J.S.Morrison. *Greek and Roman Oared Warships 399−30BC*[M].Oxbow Books, 1997.

[7] Nic Fields. *Ancient Greek Warship 500−322BC*[M]. Osprey Publishing, 2007.

[8] RaffaleD`amato. *Republican Roman Warship 509−27BC*[M]. Osprey Publishing, 2015.

[9] William Ledyard Rodgers. *Greek and Roman naval warfare: A study of strategy, tactics, and ship design from Salamis(480B.C.) to Actium(31B.C.)*[M].University of Michigan Library,1937.

[10] W.W.Tarn. *Hellenistic Military and Naval Developments*[M]. Cambridge University Press, 1930.

# 中国古代战车、火器、车营简史

作者 / 正义必胜

农耕与游牧是人类数千年历史中的一对宿敌，这两者在生产方式上大相径庭，却有着共同的耕牧文明的源头。这种推论通过考古学家发现的大量证据得到了印证。在今天内蒙古地区（游牧民族的聚居地），通过考古活动出土了各种上古时代（文字记载出现以前的历史时代）的石制农业工具、农作物、牲畜骨骼以及气象遗迹。从这些遗迹上看，今天已不适合发展大规模种植业的内蒙古地区，历史上气候曾温暖湿润，适合畜牧的同时也适合耕作。这种耕牧结合的生产方式是如何蜕变为农耕和游牧的，现在的历史学者结合各种资料，倾向于是由气候变化导致的。在这里特别说明一下，游牧业和畜牧业并不相同。游牧业是在一大片草场养殖牲畜，因为草场整体水草不足的缘故，为了保证牲畜的饮食要定期将牲畜移动到水草相对充足的地方。畜牧业则不同，因为其所在地区水草、粮食等资源相对丰富，是在固定地区养殖牲畜。

如果一个地区以游牧为主，说明这个地区的气候已处于干旱的境地。公元前2000年—公元前1000年，中国地区气候出现了明显的冷干化，地区的年平均温度降低、降水减少，导致依赖于这两项条件的农耕种植业难以有足够的产出，从而很难供养族群，于是，当地人便将对年平均温度和降水要求不高的游牧业作为主要生产手段。那时，生产力发展水平和自然环境并不允许族群定居在一个地区进行生产活动，最终，以种植业为主的农耕文明衰落消失，"逐水草而居"的游牧文明诞生。但要注意的是，游牧民族不是只有牧业生产，而是以牧业生产为主要生产方式，所以在游牧文明的一些历史记载和遗迹中，也能发现他们从事农业活动。

中国商、周时代便出现了各种有关中原王朝与夷、狄、蛮、戎进行战争的记录，但他们是否为游牧民族还不能确定。在内蒙古赤峰市

▲ 羊群与骑马的人，这是人们对游牧民族的普遍印象

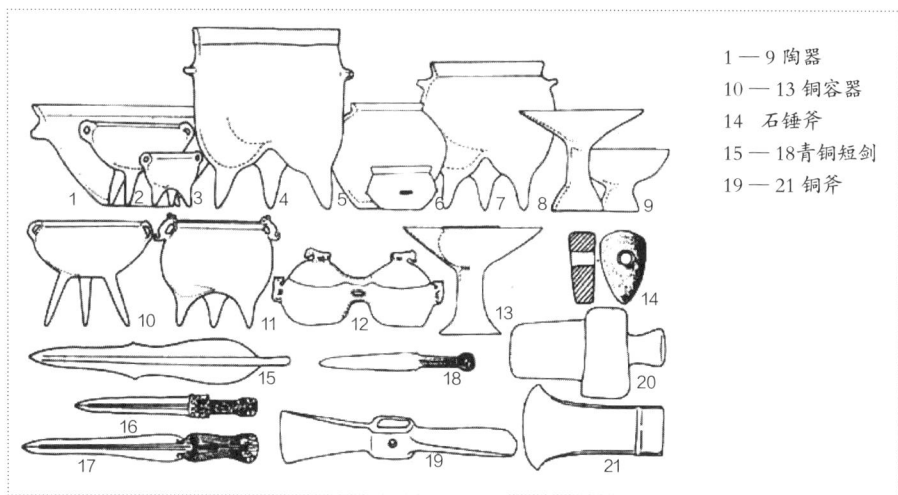

1—9 陶器
10—13 铜容器
14 石锤斧
15—18青铜短剑
19—21 铜斧

▲ 出土自夏家店上层文化的器物

夏家店，发现了推测为"东胡"遗迹的"夏家店上层文化"①，出土了兵器、马具和兽纹艺术品，即"斯基泰三要素"。可见，最晚在春秋时期，至少在内蒙古地区已形成典型的游牧文明，并与华夏文明毗邻。因游牧文明经济结构过于单一，农耕文明与游牧文明的千年战争即将开始。

战争开始后，中原诸国的传统主力——战车部队在面对游牧民族的骑兵时惨遭淘汰。相比游牧民族的骑兵，战车对地形要求苛刻，机动方面也难以匹敌，因而始终处于被动地位，最终在汉武帝时代从中原王朝的作战序列中彻底消失。随后相当一段时间，战车再也没能作为一支独立军事力量出现在战场。

到了明代，游牧民族与农耕民族的死斗又发生了新变化。随着火药与金属处理技术的成熟，金属管形射击火器出现了。这使先秦时代因与骑兵作战败多胜少而退居二线的古老武器战车，又以新姿态出现在战场，并再次拥有了专门的编制——车营。

---

① 形成于公元前 8 世纪，相当于春秋时期。

## 滚动的车轮

从现在的考古结果看，以动物为动力的车起源于美索不达米亚，也就是两河流域，那时的车并不只以马为动力，而是马、牛、驴兼有，所以并不能称为马车。在公元前 3500 年的乌鲁克文化遗迹中，考古学家发现了一个象形文字"车"，这是目前发现的关于车的最早记载。在公元前 3000 年—公元前 2800 年的哈拉夫文化遗址中，发现了最早车的图像。它被绘在一个彩色陶钵上，是双轮车的形制。在同一层位上，还发现了用黏土制作的车模型。车的实物遗迹，在幼发拉底河下游的基什王墓（四轮车形制）、今伊朗西南部底格里斯河下游东部的古埃兰苏萨遗址、幼发拉底河下游与波斯湾交汇附近的乌尔王陵（亦为四轮车形制）等地都有发现，大概为公元前 2600 年—公元前 2500 年。

据考古发现，中国使用车子要比两河流域晚不少时间。2004 年，考古学家在年代约为公元前 1900 年—公元前 1600 年的偃师二里头夏代中晚期都城遗址发现了最早的车辙。两辙间的距离约为 1 米，车辙长 5 米多，由南向东西延伸。这是目前考古发现华夏先民使用车的最早痕迹。再加上一些考古遗迹中表现出的越往东，车痕迹就越多的迹象（如在亚美尼亚塞凡湖地区发现的公元前 1900 年墓葬发现的双轮车，新疆、甘肃、青海地区发现的属于"四坝文化"的车的遗迹），一些学者倾向于车是从两河流域传到中国的。但也有一些学者提出了不同看法，他们认为车的传播路线缺少中间环节，难以构成车向东传播的完整轨迹图，所以中国的车应该是本土发明的而不是从西方传入的。目前要得出确切的结论，还需要

▲ 乌尔王陵描绘的四轮车

▲ 使用颈式系驾法的战车

▲ 秦始皇陵铜车马，其系驾法与西方系驾法并不相同

进一步研究，但不少学者都认为中国的车受到了外部影响。

中国的战车，一般特指由马匹来驱动的作战马车。能用来役使的驯化马，从目前的考古研究来看并不产自中国。最早的驯化马遗迹发现于基辅以南250千米的德雷夫卡遗址——位于黑海北部第聂伯河流域的森林草原。在随后的岁月，驯化马传播到了小亚细亚、伊朗、叙利亚和埃及等地。直到中国的商代中晚期，驯化马可能才传入中国，因为此时驯化马的骨骼开始大量出现在考古遗迹中。商王武丁王后妇好墓出土的玉马也是佐证。也就是说，这一时期，马车真正出现在了中国历史的记载和遗迹中。武丁所在的时期，商朝国力处于鼎盛状态。中国历史上有记载的最早"伏击战"也是武丁在征讨巴方势力时出现的。出土的甲骨文有这样的记载："妇好其比沚戛伐巴方，王自东骚伐，戎陷于妇好位。"意思是，武丁的妻子妇好与大将沚戛预先在一地埋伏，武丁则率军向巴方军队发动骚扰性攻击，将其逼入妇好、沚戛二人布置好的包围圈，并歼灭了巴方军队。武丁还曾率军先后与土方、鬼方、羌方等势力发生战争并获得胜利，这些势力大约位于中国今西部、北部地区。如果这些势力使用马车，武丁在征讨这些势力时必然也会获得马车实物，从而将马车传入中国。虽然这种推论很有道理，但中西马车在形制上的一些差异则不支持这种说法。

如果中国的马车是由西方传来的，那么它与西方马车应该相同吧，但事实不是这样的。中国马车（以下特指先秦时代）的车轮尺寸比西方马车大一些，西方马车车轮一般轮径在80—90厘米之间，而中国马车的车轮轮径从目前的考古成果看，普遍在1米以上，多为1.4米左右。中西马车的系驾法（马车与马匹的联结方法）也完全不同。西方马车采用"颈式系驾法"，也就是将连在车衡的带子直接绑在马匹的脖颈上，以脖颈为受力处。这种系驾方式公元8世纪时都能从西方马车中看到。这种如同"将书包背带勒在脖子上"的系驾方式严重压迫马匹的气管，无法完全发挥马匹的体能。中国马车则采用以马的肩胛两侧为受力部位的"轭靭式系驾法"，使用这种系驾方式的马车车轮大、车厢小，并因马匹颈部并不受力，所以可以最大限度发挥马匹的体能。假如当时东西方的马车有一场直线竞速比赛，在使用相同马匹的情况下，获胜的必然是中国马车。

既然马车这种高效率工具的出现与商王朝的对外战争有关，那么马车也必然会被投入战争。考古发现的不少商代马车是配备戈、刀、弓[1]的战车，从其形制和配备上大概能推测其作战方式。这些战车的车厢大的能容纳三人，小的能容纳两人，车厢后部敞开以方便车上人员上下车辆，车厢围栏较低，均在50厘米左右。从这种形制和留存下来的图画来看，商代的车战当是一种"远战射箭，近战挥戈"的作战方式，战车上的士兵在距离敌军较远时使用弓射击敌军，待到近处时则使用戈进行肉搏，甚至跳下战车进入步战。这种作战方式的痕迹在战国时期的兵书《六韬》中还能找到，即对车兵"走能逐奔马，及驰而乘之"的体能技术要求（根据考古结果，商代已经有了骑兵）。

随后，车厢的围栏渐渐升高。至春秋时期，战车已成为战场上的主要突击力量，在两军交战时发现敌军的弱点破绽——八胜之地。如果用战车为首的突击力量发动大规模的冲锋，即使发动战车冲锋的一方并不占据数量上的优势也能获胜，也就是《六韬》中所说的"将明害于十害八胜，敌虽围周，千乘万骑，前驱庞驰，

---

[1] 考古上称弓形器，从配套的铜、骨制箭镞看应当就是弓。

万战必胜"。因为战车拥有强大的作战能力，当时各国军队都以战车为基本作战单位，形容战车众多的"千乘之国"一词也成了当时强国的代名词。当然，春秋时期战车配属的数十名徒步士兵也是战车强大战力的基础。

但是，随着游牧民族的活跃和游牧民族骑兵不断南下，战车的地位开始动摇。战车的速度虽然比步兵快得多，但无法与骑兵相比。战车冲锋的作战方式在面对速度更快的骑兵时也无法发挥作用，而且，其庞大的体积是游牧民族骑兵的"活靶子"。

是故，在与北方游牧民族作战时，战车很难像在与其他中原国家作战时那样发挥重要作用。"空间可以恢复，但时间一去不复返"，后世伟大军事家拿破仑道出了为何移动速度更快的骑兵能占优势的原因所在。战车彻底被淘汰，则

是在马具发展完善、中原势力的主要敌人变为北方游牧民族之后。

西汉王朝建立初期，战车在汉帝国的武备序列中仍占有一席之地。但汉王朝与匈奴帝国爆发长久的大规模战争后，战车难以适应这种被兵家称为"离合之兵"的骑兵交战的战争。最终，在汉武帝为政时期，作为突击力量的战车从汉帝国的武备中完全消失。至此，传统意义上的战车退出了战争舞台。

## 火药的发明与早期火药武器

现在人们通常说的火器，语义上一般指金属管形射击火器，其典型便是各种火枪和火炮。想知道这些火器从何而来，就得从产生火器的基础——火药开始说起。

东晋时，道教著名学者葛洪在研究如何能长生不老时意外合成出了一种"白如冰"的物质，并声称"服之皆令人长生，百病除，三尸下，瘢痕灭，白发黑，堕齿生"，甚至还能使"玉女来侍""以致行厨"，意思是吃了它不仅能长生不老、百病不生、返老还童，还能获得召唤"玉女"来伺候甚至做饭的神力。但实际上，这种物质是硫化砷（$As_2S_2$），如果在炼制这种物质的过程中加入足够多的硝石，便成了火药。为什么中国古代的炼丹家会选择一些不能吃或者有毒的东西来炼制

"令人长生"的药呢？这是因为在古人尚且朴素的认识中，只有自身"不朽不燃不腐"的物质才能炼制出能让人"不朽不燃不腐"的长生不老药，于是，硝石、硫黄这些东西成了炼丹家们的"药材"。这个配方被葛洪记录在了他的著作《抱朴子·内篇》里。随后，其他炼丹家们在这个配方的基础上继续炼制"仙药"。能让人长生不老的仙药没能诞生，能伤人于旦夕的火药却横空出世了。发现硝石、木炭、硫黄混合后能迅速燃烧甚至爆炸伤人后，炼丹家们都十分注意，并在著作中写明。如唐代中期的《真元妙道要略》就这样记载道："以硫黄、雄黄合硝石并蜜烧之，焰起烧手、面及烬屋舍者。"敏锐的军事家们很快意识到，可以将这种易燃易爆的物质用于军事。唐昭宗天祐元年（904年），杨行密率军攻打豫章。在这次战斗中，杨行密使用"飞火"攻城并很快成功焚烧城门，但他的士兵冲进城池时也被"飞火"产生的火焰误伤。所谓"飞火"，根据《虎矜经》的解释是火药箭、火药燃烧弹一类的武器——原文被称为"发机飞火"，杨行密军队使用的可能便是火药箭。这条载于《九国志》的史料是目前发现的使用火药武器的最早记载。《九国志》的保存要感谢《永乐大典》，因为现存的这部史籍是从《永乐大典》的残本中辑录出来的。

中国炼丹家的同行——阿拉伯世界的炼金术士在吸收了古希腊时代流传下来的炼金知识和中国西传的炼丹理论后，发明了"王水"。欧洲在罗马帝国被蛮族入侵和毁灭的灾难后，炼金术失传了，直到公元8世纪时才又从阿拉伯人那里学到了炼金术。在相当一段时间，欧洲人非常痴迷于炼金术，希望通过炼金术来制造以黄金为代表的贵金属。16世纪时，神圣罗马帝国的皇帝招揽炼金术士并修建巨大的实验室，其一大目的就是希望通过炼金术用便宜的金属炼制出真金白银。当然，西方的炼金术士也试图制造长生不老药。最早发明炼金术的希罗世界灰飞烟灭，继承希罗世界炼金术的阿拉伯文明、自创一脉的华夏文明都没能将炼金术发展为化学，而掌握此技术较晚的欧洲人却做到了。

火药武器经过一系列发展，至两宋时期已成为当时东亚大陆各政权武库中的必备武器。宋王朝自不必说，自北宋初期便致力于发展火器。开宝三年（970年），宋兵部令史冯继昇向宋廷进献火箭及其使用方法，得到了宋太祖的嘉奖。此后，因进献火器而获得嘉奖的记录史不绝书。这时的东亚地区各政权，因唐朝以来的技术扩散，其技术水平整体提高，就连中原王朝的传统利器"弩"，他们也会制造。所以，火药武器的发明和使用并没能使赵宋王朝获得巨大的军事优势。至辽道宗时期，辽王朝也掌握了火药武器的制作技术。不过，这时的大多数火药武器并不是后世人们印象中那种"轰天震地"的爆炸武器，而是以不易熄灭的火焰与随之产生的烟雾为主要杀伤性能，可以说是古代"火攻"的延续。因此，这时的火药在配制时都会加入各种助燃物质和有毒物质以增加其威力，如艾草、油脂、桐油、沥青以及各影视剧中经常出现的草乌头和砒霜。

经过现代科学家的研究，宋代兵书《武经总要》中记载的北宋前中期三种典型火药，均无法胜任管形射击火器发射药的任务，因为它们只有暴露在空气中才能充分燃烧，在密闭容器或管状器内则不能。

但随着技术的进步和人们对火药认识的提高，火药在密闭容器中的燃烧性能渐渐被开发出来。南宋名臣陈规在守御德安时遭到一股叛军的进攻，叛军用巨型攻城器械"天桥"（应该是一种类似行天桥或吕公车的攻城器具）逼近城垣时，陈规一面用两条长 2.5 丈（约 8.3 米）的巨型托竿挡住"天桥"，一面用投石机和各种火攻设备以及自己创造的"火枪"摧毁"天桥"，最终击退了叛军的进攻。

根据学者的推测，这种"火枪"应是在一杆传统的长枪上绑上一节特制的竹筒。竹筒内部结构，类似于现在节庆时使用的那种放在地上点燃底部后喷出焰火的烟花。这种竹筒里面装着一种名为"火炮药"的火药，点燃后会喷射出能够焚烧器械的火焰。为了能烧到敌军的攻城器械，且在一定程度上保证持枪者的安全，

◀ 辽朝的弩机，与中原王朝使用的弩机在结构上基本相同

▲ 左图是明代兵书《武备志》中记载的吕公车，仔细看能发现配有火器；右图是西方影视作品中类似吕公车的攻城器械

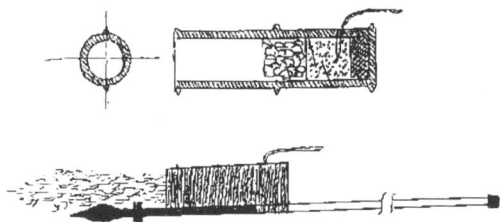

◀现代学者复原的陈规"火枪"

所以绑缚竹筒的枪杆不能太短，于是便须两人操作：一人持枪，一人点火。这种管形火器的出现，说明北宋末期，至少在南宋初年，宋人已对火药有更进一步的认识，研制出了在管状空间也能充分燃烧并能喷出火焰的火药配方。这种火器的设计原理后来被用到了出名的"梨花枪""喷筒"等火器上。至明代著名军事家茅元仪的军事著作《武备志》成书的年代，与这种火枪相同原理的火器已有十余种。一般意义上认为此种火器便是最早的管形火器。

随后出现的管形射击火器便是声名在外的突火枪。根据《宋史》记载的"以

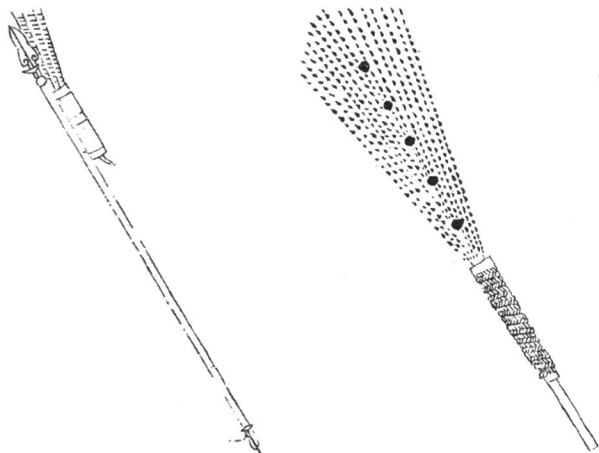

钜竹为筒，内安子窠，如烧放，焰绝然后子窠发出，如炮声，远闻百五十余步"，早期人们将突火枪复原成一种使用一大截喇叭形竹竿，并在末端加上一个把手的火器。这种复原自然和事实相去甚远。首先，自然界并不存在这种喇叭形的竹子；其次，即使真有这种喇叭形的竹子，以竹子受热易裂的特性，做出如此形制的突火枪也必然十分危险。原文中形容竹子的"钜"有大和坚硬的意思，所以突火枪应该是使用不长但是粗大的一节竹筒作为"枪管"。为了防止爆裂，可能在竹筒的外壁缠有绳子、铁丝或包了皮革。至

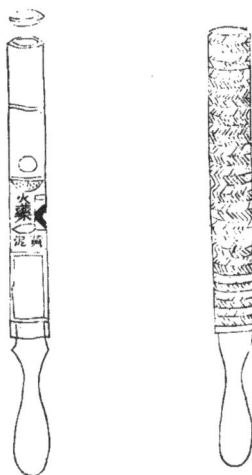

▲《武备志》中记载的"无敌竹将军"

于"子窠"是"子弹"还是其他什么，需进一步考证，但突火枪的存在说明当时的火药在管形火器中已能产生足够的推力。明代兵书《武备志》中记载的一种名为"无敌竹将军"的火器，极有可能是这种火器。

55

# 火器技术在战争中的传播

能在密闭空间燃烧，就意味着能爆炸。因此，在宋金战争期间——各种竹木管状火器出现的时期，宋军已多次用爆炸型火药武器攻击金军，给金军造成很大伤亡。如靖康年间金军围攻汴梁，汴梁守军便于夜间用"霹雳炮"攻击金军。绍兴年间，完颜亮作诗"万里车书一混同，江南岂有别疆封？提兵百万西湖上，立马吴山第一峰"想统一中国。之后，完颜亮派完颜郑家率领水军从海陆南下，意图直达南宋行在临安。结果，金军在唐岛遭遇岳飞旧将——时任浙西路马步军副总管李宝率领的宋军水师的截击。此战，李宝麾下有 120 艘战船和浙、闽一代的弓弩手。宋军用火箭射击金军船只，金军数百艘战船被点燃烧毁，最后大败，主将完颜郑家被宋军杀死。根据《金史》的记载，此战宋军还使用了"火炮"，也就是燃烧弹。考虑到李宝的战船是"坚全可涉风涛"的精良战船，配备投石机以发射燃烧弹也是很有可能的。再如南宋开禧三年（1207 年）金军入侵襄阳，守将赵淳用霹雳炮攻击金军，给金军造成不小损失。为此，吃尽苦头的金军试图了解并仿制这些火器。最终，金人得到了这些火器的制造技术并加以改进。因为北方的金属资源相对丰富，所以北方政权的武备序列中出现了各种金属火器，如金国著名的铁壳炸弹"震天雷"。

"震天雷"的前身"铁火炮"于南宋宁宗在位时（1221 年）被金军投入战场用来进攻蕲州。根据亲历者撰写的《辛巳泣蕲录》记载，这种"铁火炮""形如匏状而口小，用生铁铸成，厚有二寸"，爆炸的声音"大如霹雳"，被"铁火炮"击中的宋军士兵"头目面霹碎，不见一半"。最终，金军用了不到一个月的时间就攻克了蕲州。随后，金军便改进出制造了威力更大的"震天雷"。绍定五年（1232年），蒙古军队围攻金军据守的开封，金军用"震天雷"炸毁了蒙军的攻城器械"牛皮洞子"，蒙军无奈撤退。可以说，"震天雷"有效延缓了金国的灭亡。

在对旧有陈规火枪的改进方面，金军也迈出了可喜的一步。公元 1233 年，蒙军卷土重来，金哀宗及其麾下军队撤至归德，蒙军紧随其后。这时，金哀宗麾下将领蒲察官奴制订出了利用火器夜袭蒙军的作战计划。在这次夜袭中，金军所使用的火器就是由陈规火枪改进而成的"飞火枪"。相比陈规火枪需要两人才能操作的笨重，这种飞火枪一人便可操作。飞火枪的药筒是多层黄纸，其配方也得到了改进。结果，"焰出枪前丈余，药尽而筒不损"，或"烧十余步，人亦不敢近"。综合来看，这种火器的火药配方已经十分完善，做到了"筒不损"——说明火药燃速快，气体生成物在高速膨胀过程中将灼热的细微固体生成物迅速带走，而不是残留在药筒内损伤药筒，说明那时金国的火药技术已十分先进。这次夜袭，是单兵火器被用于野战的最早记载。

金国将这些火器投入与蒙古的战争，一方面对蒙军造成大量杀伤，一方面又扩散了新技术。以"恃北方之马力，就中国之技巧"为常，积极吸收敌军优秀之处的蒙古人自然很快仿制这些武器并用于战争。成吉思汗统一蒙古后，于1204年首次进攻西夏，1211年进攻金国。在与这两个政权交战时，蒙古人自然接触了火药武器，并试图学习仿造。掌握火药武器的蒙古人在开启征服世界霸业的同时，也使火药武器的技术得到了扩散，将火药传到了他们兵锋到达的大多数地方。

蒙古第一次西征时，元将郭宝玉就曾使用火箭攻击花剌子模军队的战船，并灭了花剌子模。在蒙古灭亡金国后发动的第二次西征中，蒙军携带了大批被俘的金国工匠，"百工之事，于是大备"。将金国的火药武器技术吸收消化后，蒙军在这次最终到达多瑙河流域的远征中使用了大量火器，造成欧洲的普遍恐慌和惨重损失。但因当时的欧洲科技水平过于落后，战斗力低下，欧洲人并没有仿制蒙军的火药武器，也没能通过缴获等方式获得火药武器的实物，而是将火药武器定

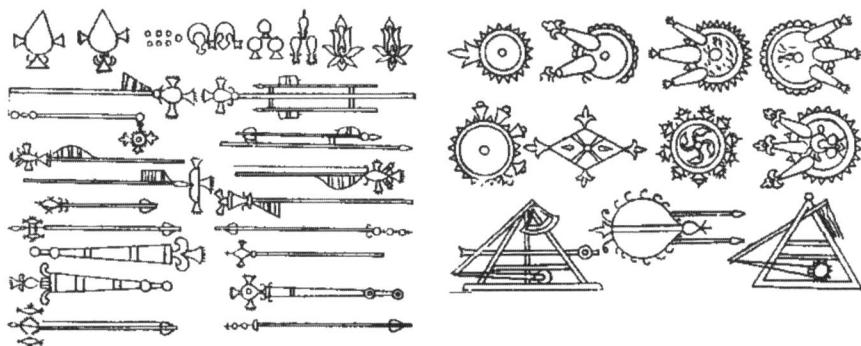

▲ 阿拉伯世界使用的火器，能明显看出与中国火器的渊源

57

义为一种"邪恶魔法"。所以，在这次广泛使用火器的远征中，蒙军竟没能使火药武器技术扩散到欧洲。

在旭烈兀主导的蒙军第三次西征中，与蒙军交战的阿拉伯世界获得了火药武器的技术，并创造出了名为"马达法"的木质管形射击火器，间接说明那时的蒙军已使用管形射击火器。当然，阿拉伯世界不是只有"马达法"。从现有的资料看，至13世纪后期，阿拉伯世界已完全掌握了火箭、火球、震天雷、火枪等武器的制造与使用技术，成功将这些火器本土化了。阿拉伯世界能掌握火药武器，还要归功于13世纪时传入阿拉伯的中国硝石提纯技术。硝石是火药的重要原料，在相当一段时间被阿拉伯人称为"中国雪"，可见其与中国的渊源。在阿拉伯世界掌握火药武器约一百年后，欧洲才出现火药武器的记载。

欧洲获得火器的时间可追溯到公元8世纪初。那时，以阿拉伯帝国倭马亚王朝为首的阿拉伯势力正如日中天，他们在北非扩张，并最终进军西班牙地区，灭亡了当时的西哥特王国，将西班牙三分之二的地区纳入了阿拉伯世界的版图。

有意思的是，"收复失地运动"的原词"Reconquista"却有"再征服"的意思，也许在他们看来，这场长达数百年的战争并不是一场"收复家园"的民族战争，而是抢地盘的实力角逐。收复失地运动，从公元8世纪开始，到公元15世纪末期结束，持续了如此长的时间，也是这个原因。既然整场战争的性质更类似于抢地盘，那么各方势力优先考虑的便是如何扩大自身的地盘或保护自己的地盘，于是，加入战争的西方各势力在占领一些地区后，就开始安于现状甚至互相倾轧，阿拉伯世界也出现了类似情况。如托洛萨会战后，战败的穆瓦希德王朝不是整军经武意图再战，而是分裂成了六个小王国。胜利的天平开始向西方世界倾斜。最终，西方世界夺取了胜利。但就如同金国使用火药武器攻击蒙古人以延缓自身的灭亡一样，阿拉伯军队也曾经试图依靠火器来击退西方各势力的军队。结果也十分类似，阿拉伯势力得到暂时延续，火药武器的技术终于让欧洲人习得。

此后，欧洲人不再认为火药是一种"邪恶魔法"，而是一种强大的武器。因欧洲地理环境、社会发展状况与中国有千差万别，他们在火器的发展上与中国走上了不尽相同的道路。不过，仔细翻看东西方的火器仍能找到一些相似的火器，正应了那句俗语："太阳下面没有新鲜事。"

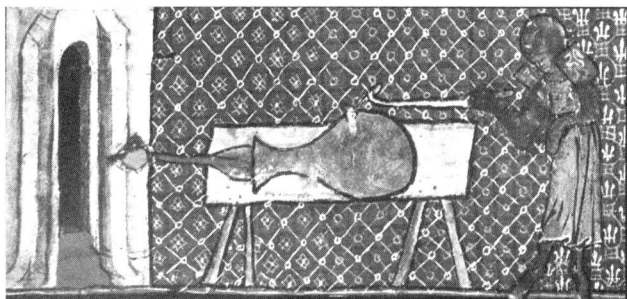

▶ 欧洲早期火器绘图

13世纪阿拉伯势力在西班牙地区建立的穆瓦希德王朝，在1212年7月16日的托洛萨会战中败北。从此，阿拉伯势力开始衰弱、分裂。1479年，西班牙王国诞生。1492年，阿拉伯势力在西班牙地区建立的最后一个王朝——奈斯尔王朝被西班牙军队灭亡。至此，收复失地运动结束。

## 金属管形射击火器的出现

蒙古在博采众长后，最终将当时全世界的先进武器都纳入了自身军事体系：重力式投石机"襄阳炮"、铁壳炸弹"铁火炮"、金属管形射击火器以及宋人的战船。蒙古人凭借这些先进武器建立了庞大的蒙古帝国，这个帝国的余音直到19世纪才成绝响。南宋王朝经过多年抵抗也最终精疲力竭，在1279年被蒙古人建立的元朝灭亡。最终，元王朝成了中国地区的全国性政权。元王朝建立后，蒙古人也没有放松对火器的研究，从现在的考古结果看，元朝的管形射击火器有两种主要形制：一种是以"元至正十一年铳"（简称至正铳）为最终形态的单兵火门枪，另一种则是以"元至顺三年铜炮"（简称至顺炮）为典型的小型火炮，其形制则类似于盏口铳，炮口呈碗形，但并没有明代的"盏口铳"那么大。

火门枪，一般分前膛、药室、尾銎三部分。前膛相当于"枪管"，药室是放置火药的地方，尾銎则用来安插木杆以方便火铳的射击。在枪管的药室处开有一小口，即"火门枪"所谓的火门。从火门处点燃药室内的火药，便能将从前膛送入火铳的弹丸发射出去杀伤目标。考古发现的"阿城铳""西安铳""黑城铳""通县铳"以及在清代乾隆年被发现，现保存在中国人民革命军事博物馆的"至正铳"都属于这类。其中，"至正铳"最为精致，铳身全长435毫米，口径30毫米，重4.75千克。该铳自铳口至尾端共用六道箍加固，并刻有"射穿百扎，声动九天""神飞""至正辛卯"等字样，因其精湛的制造工艺和刻有的文字，专家推测这不是普通士兵使用的，而是高级官员的护身武器。

火器的另一代表"至顺炮"全长353毫米，口径105毫米，重6.94千克，炮身上刻有"至顺三年二月十四日，绥边讨寇军，第三百号马山"。这种盏口铳与火门枪除尺寸有区别外，还在膛口处增加了一个盏形外壁，仿佛动画作品中经常出现的"喇叭枪"。从元明火器的关系上看，极有可能是明代盏口铳的前身，其使用方式可能也同盏口铳类似。

1368年，明太祖朱元璋建立明王朝并在同年发动北伐，将元王朝的势力驱逐出中原，收复了自五代以来便被北方少数民族长期占据的燕云地区。明朝为了应对周边各种各样的敌对势力，在火器的发展、改进以及引进上相比前代更加不遗余力，成就了中国火器发展史上的一次高峰。

明代的火门枪脱胎于元的"至正铳"，后经多次改进，其形制有所优化。如增加火铳的横箍、统一火铳的尺寸前膛比例为全铳长度的三分之二，还靠增加前膛长度的方式增加弹丸的初速以加强威力。后来，永乐年间的火铳还在火

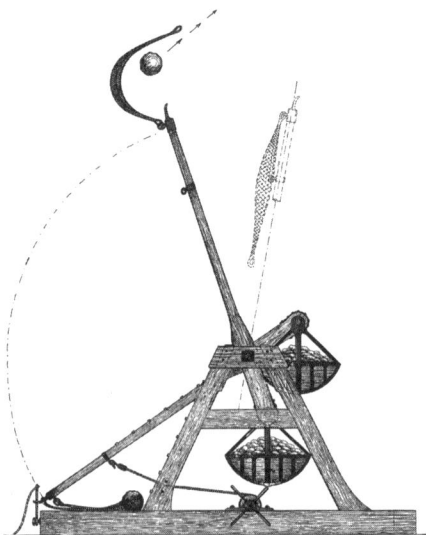

▲ 襄阳炮，这种投石机在蒙古进攻襄阳的战役中发挥了巨大威力

▲ 元至正十一年铳，应该是目前发现的制作最精良的元代火铳

▲ 明初火铳，加装了火门盖后一定程度上保证了火铳能及时发射

◀《武备志》中记载的独眼神铳

▲ 永乐英字火铳，很明显的是，其尺寸比早期的火铳大

◀《战守全书》中记载的勾头铳，是一种守城用火器

门处增加了火门盖，以防止阴雨天气导致的火药受潮，进一步保证了火铳的威力发挥。永乐朝的火铳除了原本的单兵火铳外，又以"放大火铳"的方式创造了一批中大型火铳。如1983年在甘肃省张掖县出土的一件类似于小型火炮的火门枪，口径为73毫米，重20千克，刻有"奇字一千陆百十一号永乐柒年九月X日造"字样。除改进火铳的形制外，明军还改良了射击方式。如明军为"独眼神铳""造化循环炮"等脱胎于火门枪的火器搭配了一个支架，方便射击时能瞄得更准，增加命中率。另外，在火门枪的基础上制造了类似于现代拐弯枪的"勾头铳"，这种火铳有力保护了射击者的安全，被作为守城利器记载于明代的兵书中。

除了改进火铳形制，明军还对火器射法做了改变。永乐年间，安南发生叛乱，安南权臣胡季犛推翻了当时统治安南并获得明朝册封的陈朝，建立了胡朝。明军于永乐四年（1406年）出兵安南，意图恢复陈朝以重建安南的政治秩序。这场战争自然以明军的胜利告终，而且，明军还在这场战争中受到了新的启发。

▲ 现存的神机炮

据说，明军发现安南人将用铁力木做成箭杆的箭矢当作"子弹"[1]放入火铳中发射后，制出了发射箭支的"神枪"（射箭神枪），后来又改进成"单飞神火箭"，"人马遇之穿心贯腹"。另一种说法是，这种发射箭矢的火铳乃是明初沐英所创，只是一直只为当地明军所用。永乐平安南时，自北方南下的明军发现了这种火器并将其带回了北方。

不过根据考证，洪武年间火铳就已发射箭矢，因此以上两种说法应该都是误传。从出土实物看，永乐四年后的火铳与之前的火铳相比，在火药与弹丸之间多了一个木马子[2]。因此，明军自安南处学到的应该是"木马子法"。

但以火门枪为典型的明朝早期火器的弱点也十分明显，"一发而止，仓促无以继之"，即火力低且无法持续发射的问题。虽然明朝军队早已认识到早期火器的这种问题，并在宋代"射弩法"（一人负责开弩，一人负责传递，一人负责射击）的基础上，先是创造出了同射弩法原理完全相同三人一组的轮番射击火铳，即一人装弹、一人传递、一人射击；后又根据火门枪的特点开发了以五人为一个火力单位的轮番射击技术，即三人装弹两人操作射击（因火门枪点火较不方便，所以设计专人负责），但依然不能完全解决低火力连续性问题。虽然三人一组和五人一组的轮番射击技术保证了火力连续性，但火力密度较低，难以压制蒙古骑兵的冲锋。于是，明军又创造了脱胎于火门枪的神机炮。这种短管径比火炮提高了明军单位时间内发射的弹药数量，使明军一开始就能压制蒙古骑兵冲锋，"战斗之际首以铳摧其锋继以骑冲其坚敌不足畏也"。

但神机炮的缺点在于其装弹速度难以提高，而且实战时也不可能像火门枪那样轮番射击。蒙古人虽然不能很快明白"铳炮"齐射的原理，但在与明军的长期

---

[1] 这种"子弹"因其质量大，相比传统的圆形弹丸有更远的射程和更强的威力。
[2] 一种放置在火药与弹丸之间的木制附件，由硬木制成，以加强气密性和增加射程。

交战中渐渐发现了明军火器的弱点："一发之后，未免再装迟慢"，即连续性差。蒙军便利用其机动优势和马术技巧躲避明军火器的杀伤力——在明军火器射击时"伏其身"，在明军火器射击后"驰突前来"，或以激将法骗明军以火器射击，或驱使掳掠的平民百姓作为"前锋"抵挡明军的火器射击，甚至使用覆盖牛皮的木板来抵御明军火器。

为了应对蒙古人战术的变化，明军开始在战场上鸣放爆竹，制造类似火器的声音以使蒙军骑兵以为火器已射出。待蒙军骑兵发起冲锋进入火器的射击范围后，再发射火铳大炮。若蒙军就此出现混乱，配合火器作战的明军步兵、骑兵就一起出击与蒙军战斗。

## 明军对火器的改进

增加火器配备数量的同时，明军也在改进火器火力密度不足的问题，如明英宗正统年间发明的两头铳、十眼铳以及正德年间开始出现的以三眼铳为典型的多眼火铳。这种以增加枪管来增加火力密度的思路，对明军的装备产生了极大影响，有明一代大量火器都来源于这个思路。以当时的技术条件，唯有增加枪管才能加大火力密度，有效压制蒙古骑兵的冲锋。无独有偶，欧洲人面对类似问题时也选择了相同的方法。1457 年，勃艮第军队使用类似原理制成的管风琴炮，成功压制了威尼斯重骑兵的冲锋。三眼铳的欧洲同类产品在其他国家并不鲜见，如德意志雇佣兵所使用的四眼铳。

明军的另一种方法是"冷热结合"，即在热兵器上加装冷兵器以增加肉搏功能。景泰元年（1450 年）制造的新型火门枪，铳杆长 7 尺（约 2.24 米），在传统火铳的尾端增加了一个枪头。该火器可以在蒙古骑兵距离尚远时用火铳射击，在蒙古骑兵接近后改用尾端的枪头来作战。除了在火器尾端增加枪头外，还有的直接在铳端加装铁叉，比如名为"夹橍铳"的火器。这种火器作战时不用调换使用方向，某种意义上讲更为便利。后来的"快枪"则是在铳口加装枪头，进一步贴近了"刺刀火枪"。这种将火器与冷兵器融合的思路，便是后世"刺刀火枪"的实践，这种思路并没有被清朝人继承下来，欧洲人则从印尼土著将匕首插入火枪口当作短

矛使用得到了启示，开发出了"刺刀火枪"。

在明代，蒙古的"至顺炮"经过改良发展成以发射霰弹、杀伤人员为主的小型铳炮和以火药代替人力发射炮弹的"火药式投石机"。

霰弹铳炮以明代重臣王崇古在《陕西四镇军务事宜疏》中提到的"盏口大炮"为典型。盏口大炮，"重二十斤、高一尺二三寸，可容铅铁子百余、火药十两"，"遇虏聚众攻冲，用以击打"，因其威力巨大，在其炮火下"众即披靡"。这种武器在《武备志》中名为"铅弹一窝蜂"，具有"一人可佩而行"的便利性，与单发火铳"发止于一弹所中止于一人"相比，又具有"一发百弹漫空散去岂无中伤"的高火力密度，使其获得了不弱于西洋火炮的评价。这种武器可能在明初"靖难之役"时就被创造出来了，并投入了战场。"靖难之役"某次战斗时，朱棣率骑兵冲击建文军的军阵，成功冲开了一个缺口。正当朱棣准备扩大战果击溃敌军时，建文军中暗藏的火器发射了，并成功压制了朱棣的这次进攻，朱棣只能回军撤退。回营后，朱棣发现当初跟随自己的骑兵只剩三人。《明实录》中这样记载道："敌藏火器于地，其所谓一窝蜂揣马丹者着入马皆穿，而我军俱无所复。"如果"揣马丹"指的是一种弹丸，那么便极有可能是"铅弹一窝蜂"。

火药式投石机，可以说是后世臼炮的前身，其原理是利用火药的推力将石质炮弹抛至高处，然后以抛物线的行进方式落入敌军的堡垒或队伍，具有大射角、低膛压、低初速、高弧线弹道特点。明军为了减轻重量方便携带，将其进行了最大限度的简化——放弃木架等装置，直接将炮身插入挖好的坑中发射，依靠坑的深浅和在炮口下垫物来调节射角，进而调节射程。后来，明军还改进

▲ 据说这是德意志雇佣兵使用的四眼铳，能明显看到其冷热两用的设计取向

▲ 火枪上如林的刺刀，是人们对拿破仑战争的一个经典印象

了炮弹——石弹改为使用延时引信的炸弹，这样，炸弹被盏口炮用发射药射出落入人群时就能爆炸造成杀伤。

在火药式投石机基础上研制的火器相当多。《大明会典》和《明史》都曾记载，明朝政府在嘉靖二十三年（1544年）批量制造了"毒火飞炮"。"毒火飞炮用熟铁造，似盏口将军，内装火药十两有余，盏口内盛生铁飞炮，一个内装砒硫毒药五两、药线总缚一处。点火，大炮先响，将飞炮打于二百步外，爆碎伤人。"从记载中可以看出，这种火炮发射的炮弹是一种铁壳炸弹，炸弹内除火药外还有以砒霜为典型的毒药。发射时同时点燃火炮和炸弹的引线，药被点燃将炸弹射出，炸弹在飞行一段时间接近敌军后引线烧尽，点燃炸弹内的火药后爆炸，杀伤敌人。造成伤害的除了炸弹的破片外，还有砒霜等毒药。后来，随着西方武器的传入，明朝将这类火炮的形制改制出类似于西方古代的臼炮。这种武器后来清朝时也在使用，铜质的为威远将军炮，铁质的为冲天炮。现代各国军队普遍使用的迫击炮某种意义上还是这种武器的"远亲"。

后来，为了方便使用，明军将这种武器小型化，并在嘉靖二十五年（1546 年）制造出了"铁棒雷飞炮"。"如毒火飞炮，少变轻约。每炮长尺许、上广下窄。敌远用以冲击，近则挥为铁棒。"可以说是古代的"掷弹筒"。这种火炮又称"飞礞炮"。《武备志》中对其形制有较为明确的记载："铁造身长一尺、径三寸、下柄二尺五寸。"也就是说，这种武器全长将近 1米，从尺寸上来看，可作为战锤使用。

在明代，自宋代便有的火箭也焕发出了新光彩。严格来说，

▲ 《战守全书》中记载的西式臼炮

▶ 从形制看应是奥斯曼帝国的攻城臼炮

▼ 清代《皇家礼器图示》中记载的威远将军炮，发射会爆炸的一种炮弹

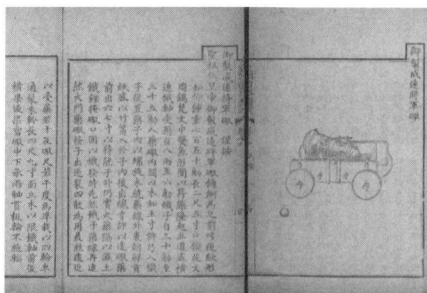

▲ 清威远将军炮实物

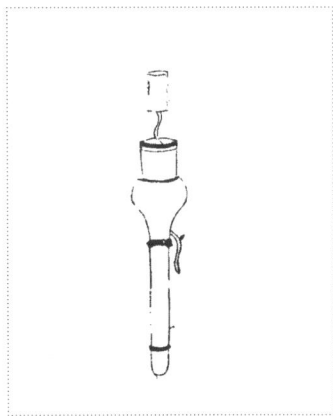
▲ 《武备志》中记载的"飞礞炮"

宋代的火箭与明代火箭有一些较为明显的差别。如前文所述，直至北宋仁宗年间宋军还没有完全认识到火药的爆炸性能，所以宋代最早的火箭应是一种依靠传统弓弩提供推力，在箭支上绑有燃烧火药以点燃目标的武器。随后，人们认识到火药的爆炸性能后便将箭上绑缚的燃烧火药改为发射火药，靠火药燃烧产生的反作用推动火箭飞行。以陈规火枪出现的时间看，新式火箭的时间应该不早于南宋。

到了明代，火箭因其提前与火药结合，即"填装火药"这个环节在制作时就完成，作战时只需点燃引线，是故提高了射速的优点，成了明军重点改进对象。这样，就出现了火药保质期的问题，根据《武备志》记载，火药的保质期为两年。对明军来说，两年的保质期算比较长了，因为蒙军的进攻间隔一般都小于两年。火箭有这么多优点，明军自然不会放过，于是，各种火箭尤其是后来出现的联发火箭被创造出来装备军队。最初的火箭自然还是用弓箭发射，在射出前点燃火箭上的引线，射出后在飞行过程中引线点燃药筒对火箭进行助推，所以这种火箭可以拥有比普通箭支更远的射程，并且一些火箭在接近射程极限后爆炸（原理类似于现在节庆时使用的"冲天炮"），而这些火箭的箭头都会涂毒，毒药自然是著名的"见血封喉"。但这样的箭支威力似乎还有些不足，于是明军增加箭支的尺寸来增加威力，改进出了"飞剑箭""燕尾箭""飞刀箭""飞枪剑"。这些箭支箭镞长三寸、箭杆长六七尺，末端有铁锤配重，相比原始火箭四尺二寸的竹制箭杆称得上"势大力沉"，拥有洞穿盔甲的威力。在这个基础上，明军又创造出了"二虎追羊箭"，除了较重的箭杆和一个类似于三叉戟的箭头，箭身上绑有两个一般火箭的药筒外，还在箭尾处绑有焚烧火药的药筒，进一步增加了威力。

这种思路继续发展，明军又研制出更大的"大角火箭"。这种火箭重二明斤[①]，用支架发射，"中者皆倒"。它与前文其他火箭的一个明显不同是，它是一种直杆火箭。传统侧杆火箭，是将药筒绑缚于起导杆作用的箭支侧面，直杆火箭则是将导杆沿着火箭（也就是药筒）的中轴装设，优点在于减少了火箭"斜冲逆走"的可能，弹道更平直，大大增加了准确度。19世纪，西方康格里夫因设计出了类似直杆火箭的武器获得英国爵位，并在不久后被选为议会议员。

后来，根据战场需要，明军又开发出了一种名为"小一窝蜂"的辅助火箭。制造这种火箭的目的不是杀伤敌人，而是制造刺眼的烟雾使敌军难以睁眼应敌，是一种能削弱敌军战斗力的火箭。

除了单发火箭外，联发火箭也是一个重要的创造方向。从最早的三联发"神机箭"至后来的一百多支联发"神火箭屏"，联发火箭成为明朝及其藩属国的重要武器。明军的联装火箭有神机箭、火弩流星箭、火龙箭、百矢弧箭、百虎齐奔箭、群豹横奔箭以及著名的"一窝蜂"。朝鲜军队的火箭则多以"XX神机箭"命名，如大神机箭、散火神机箭、中神机箭、小神机箭等。这些火箭的使用方法大同小异，均是将火箭发射架或发射匣的箭头朝向敌军，在敌军接近火箭杀伤射程时点燃连接各火箭引线的总引线，发射完毕后，若使用的是发射架则填装火箭，若使用的发射匣则直接扔掉。循环往复，直至敌军溃败或火箭用完。这类联装火箭被明朝军队广泛运用于水陆野战和守城战。另一种"双飞火龙箭"则新奇一些，这种火箭发射匣呈筒状，两边皆有火箭冲外布置，滚入敌阵后引线点燃火箭，从筒两边一齐射出火箭横向杀伤敌军。因为设计特别，此火箭多用于居高临下的作战。

明代火箭中"誉满天下，谤满天下"的莫过于被称为"最早的二级火箭"的"火龙出水"。按照《武备志》的描述，火龙出水"腹内装神机火箭数支"，点

---

[①] 明朝计量单位，1明斤等于596.8克。

燃总引线发射出去后，经过一段时间的飞行，后部推进火药将烧完时，其内部的神机箭会被点燃发射。依靠这种方式，火龙出水拥有了更远的射程，并且成了最早的二级火箭。长期以来，很多人对这种武器的真实性有质疑——在古代的条件下，这种武器是不可能被制造出来并投入使用的。但他们可能不知道的是，朝鲜武器也有类似"火龙出水"的。经过韩国学者的成功复原，这种武器在媒体和摄像机的注视下成功完成了发射和"二级点火"射出腹内的小神机箭。

明朝的各种火器不仅是明军的武器装备，随着形势发展也被配发到九边各镇的民兵手中，以抵御蒙古的南下掠夺。

正统元年至正统十四年（1436—1449年），蒙军几乎每年都南下（除正统十一年），他们以明朝境内居民的生产生活物资为掠夺对象，对边民的生命财产造成极大伤害。《宣府镇志》[①]便有不少此类记载。据说有一段氏妇女，早年丧夫，数年后，其长大成人的儿子被南下的蒙古人杀害。1561年秋天，蒙古人攻破她所在的泥河堡抓住了她，并意图奸污她。段氏不从，并不停怒骂，导致后来被杀害分尸。类似的事情在九边地区并不鲜见。面对蒙古经常犯边，明朝只能在各条边境线上加派兵力，但正所谓"处处皆防如处处无防"，这种"撒胡椒面"一样的增兵收效甚微，而且驻军成本居高不下。于是，明朝在开国之初就将边民武装起来，建立民兵、修筑民堡，在正德年间之前就已下发火器，以应对蒙古的掠夺。

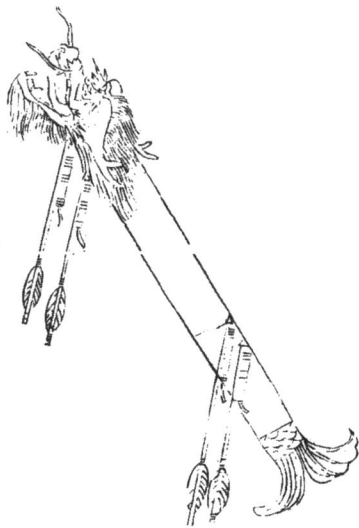

▲ 《武备志》中的火龙出水，但根据古代兵书的特点，火龙出水的实际形制与此形制应有一定差别

---

①宣府，明朝九边重镇之一。

# 西洋火器传入对中国火器的影响

16世纪，当明朝将中国传统火器在各方面都改进到"登峰造极"的级别时，欧洲人带着自己"独辟蹊径"的火器来到亚洲，为中国的火器发展注入了新的活力。

相比中国传统火器追求轻便、高火力密度的野战设计思路，欧洲火器在相当一段时间则追求的是高瞬时威力和远射程。之所以会有这样的差别，在于中西方巨大的环境差异。中国传统火器的研发者中原王朝，面对的主要敌人是游牧民族——他们依靠草原大规模发展游牧业，马匹众多，从而拥有高机动力。他们依靠战马的机动优势，可以经常制造对中原王朝军队来说"敌众我寡"的战场形势，并随着一轮轮的技术扩散，不断缩小了与中原王朝的技术差距，拥有越来越强大的野战和攻坚能力。明代边防官员尹耕所著的《乡约·塞语》一书，就曾记载过蒙古人用步骑战车混合作战的战例。中国传统火器便是在这种环境下不断发展的。

欧洲则不同，尤其是在火器较早出现的西南欧并没有"马犹有数万群，每群不下千匹"的游牧敌对势力，只有林立的城堡。再加上地区狭窄，欧洲火器主要用于步兵之间的战争和攻守堡垒。这种环境便导致中西火器设计的极大差异。

最早的欧洲火器在形制上与中国的火门枪没什么本质区别。后来随着欧洲人认识的发展，他们发现更长的炮管可以增加火器的威力和射程，于是欧洲火器的管径比渐渐延长。但因欧洲在相当一段时间内的铸造技术不合格，早期的欧洲火器大量使用了铁条、铁棒、铁环拼合焊接。那时，欧洲人认为火炮口径"越大越好"，使得火器非常沉重，难以在攻城战外的时候发挥作用。另一方面，用铁条焊接制造出的火炮并不坚固，1460年，苏格兰国王詹姆斯二世死于火炮炸膛。后来，欧洲人开始用铸造铜钟的技术铸造青铜大炮，欧洲的铸造火炮渐渐多起来。

但事实证明，那个时代即使是青铜铸造的大火炮，依然危险且效率低下。1453年的君士坦丁堡围城战中，工匠乌尔班铸造的乌尔班巨炮虽然看似恐怖，但一天只能发射七次，除了有威慑效果外，对拜占庭守军造成的实际损害并不如那些小火炮。乌尔班后来还被火炮炸死（炸膛）。因欧洲火炮管径比较长，重量较重，装填也比短管径比火炮麻烦。为了解决这个问题，欧洲人便在火炮后部直接装入火药与炮弹，这种设计便是后世著名"佛郎机"炮的设计起源。

▶ 西方早期火炮的制作方式，将铁板箍成炮管，类似箍桶工艺

◀ 乌尔班巨炮虽然体型巨大，但威力有限

欧洲对火器的另一创新则更为有名，那就是现代扳机枪械的鼻祖——火绳枪。早期的西方火铳与东方火门枪在发射方式上没有区别，都是用手点火。这种一手握着火铳一手拿着火绳，不适合一个人操作的点火方式，很不利于在堡垒中作战。于是，欧洲人将欧洲弩上的弩机装到了火门枪上，产生了最早的火绳钩枪。西方弩机是类似于蛇杆的装置，蛇杆的上端是为了卡住弩弦的牙，当扳动弩扳机时，蛇杆向下使卡住弩弦的牙也一并向下，弩弦得以松开进而射出弩箭。这种蛇杆设计十分适合安装在火门枪上，代替人手点燃火药，因为火门枪的火门也得从上向下点燃。于是，西方弩机催生出了火绳钩枪。此后，随着西方金属工艺的提高，火炮越做越小、越做越细，最终与早期的短管火绳枪融合，成了火绳枪。随着不断改进，蛇杆的下部越来越小，就成了现代的扳机。

火器帮助欧洲人在海外的殖民活动非常顺利。欧洲人于明正德十二年（1517

▲ 后装火炮的设计 　　　　　　　　▲ 影视作品中的佛郎机炮

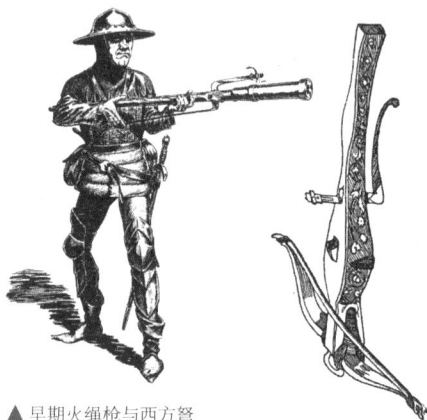

▲ 早期火绳枪与西方弩

年）到达中国广州后，他们所带来的欧洲火器，很快被明军仿制。在明正德十四年（1519年）宁王朱宸濠的叛乱中，政府军和叛军都使用了这些火器。随后的屯门之战（1521年）和西草湾之战（1522年），明朝军队俘获了葡萄牙人的战船并获得了欧洲火器的大量实物。南京兵仗局从此之后大量仿造欧洲火器。六套佛郎机炮（母铳＋子铳）于嘉靖四年（1525年）与仿制的"蜈蚣船"一起被交付使用。嘉靖八年（1529年），明代名臣汪鋐上疏《奏陈愚见以弭边患事》，建议在北方使用佛郎机炮。嘉靖二十年（1541年），在火绳枪传入日本前，明军就已大量装备鸟铳。火绳枪传入后也掀起了新一轮火器改进的风潮，就连传统的"三眼铳"也借鉴火绳枪的枪管技术得到了改进。火绳枪的熟铁锻造枪管技术还被用在了新的连射火器上，"五雷神机"便是在火绳枪技术传入后才出现的火器。这类连射火器最"登峰造极"的则莫过于"车轮炮"。车轮炮将锻造而成的三十六根炮管安在车轮上，使用时，车轮旋转依次射出炮管中的弹丸杀伤敌人，类似武器西方也有。将佛郎机炮与火绳枪结合也被中国人实践，明代著名火器专家结合二者开发出了"掣电铳"，将火绳枪和佛郎机的性能发挥到了极致。清朝政府也大量装备了佛郎机，因为以"骑射为本"的女真人也非常看好其高射速的优点。女真人自崛起便开始与北方蒙古势力有冲突，这种冲突直到他们入关后依然存在。女真人须要用这种火器对蒙古形成军事技术优势，因此将其作为重要武器。但清朝政府却严格限制汉人为主的绿营使用这种武器，因佛郎机的高射速能有效压制骑兵冲锋，削弱女真人的骑兵优势，女真人担心有"叛逆之心"的汉人会通过绿营获取甚至仿制佛郎机，导致清王朝不能"长治久安"。

　　总之，明军装备的大规模火器使步兵在兵力劣势的情况下，也能在野战中与拥有优势兵力的蒙古骑兵正面交锋。因火器对士兵体力消耗不多，明军与蒙古骑兵交战后因人困马乏被屠杀的可能性减小，从而可以全身而退。嘉靖年间，明总兵杨照率领一批"铳卒"（火器兵）出塞进攻屡次犯边的蒙古人。杨照因对道路不熟悉而迷路，在离明朝边塞六十里的地方遭遇了优势敌军，杨照中流矢而死。但其手下士兵凭借火器

▲ 左图是西方类似车轮炮的武器，右图是西方影视作品中的车轮炮

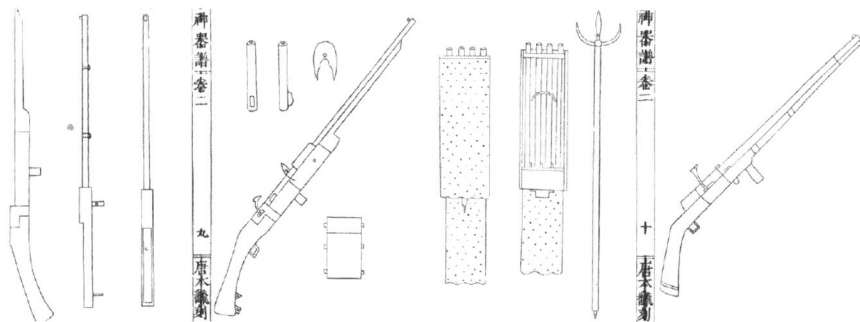

▲ 《神器谱》中记载的早期掣电铳和改进后的掣电铳

奋力作战，损失 50 多人的情况下斩敌首级 220 个，并收敛了杨照尸体，后安全撤回。步兵孤军遭遇敌军大队骑兵能安然撤回并获得不小战果，在冷兵器时代是难以想象的。由此可见火器对一支军队战力的影响多么大，明军大力在军中推广火器也是这个原因。

## 车营的复兴：由攻变守

现代人所说的车营一般指的是明代车营，但实际上，车营的组织方式和内在原理并不是明代才出现的，秦汉时期已有类似的组织方式，并产生了一定战果。

春秋以来，北方少数民族不断南下进入中原。中原诸国在面对他们时，发现战车并不像从前一样有效，有时甚至不得不抛弃战车改为步行。至战国时，赵武灵王"胡服骑射"大力发展骑兵，战车在各国军队中的地位进一步下降了。战车地位的下降也在某种意义上促使马车改变了功能。马车的运输功能被开发，方便马车作为运输工具的形制与系驾方式渐渐推广，在"轭靷式系驾法"基础上出现的双辕马车"胸带式系驾法"经过发展，到了公元 8 世纪左右又发展成鞍套式。相比中国，欧洲在系驾方式上的发展则要落后不少，直到中世纪才开始出现中国战国时期的"胸带式系驾法"。

功能定位运输，使马车的角色从"冲锋陷阵者"变成了"辎重运输者"，在军事行动尤其是远征中成了必不可少的角色。

汉朝是第一个与北方游牧政权匈奴进行了长时间、大规模战争的中原王朝。与匈奴几百年断断续续的战争，汉朝实践了各种战争技术，积累了丰富的作战经验。最早的"车营"便诞生于这个时代。

元狩四年（公元前 119 年，此时古罗马统帅马略刚刚当选保民官），汉武帝派遣大将军卫青和骠骑将军霍去病各领五万骑兵、数十万步兵进攻匈奴。此役，匈奴单于采纳了汉军叛徒赵信的计策，将大军以及辎重移至漠北，试图以逸待劳，在汉朝军队穿行沙漠后人困马乏时击败汉军。这一计策可以说抓住了汉军软肋，因为汉军的牲畜数量无法和匈奴相比，军队无法依靠牲畜来运载辎重以节省士兵体力。汉军在长时间行军后，士兵体力下降，战斗力受影响。叛徒赵信变节前因在汉军中任前将军，所以很清楚汉军的这个弱点，于是提出了这个计策。

匈奴单于等来了卫青率领的数万军队。此时，卫青军队自从定襄出塞已行进了一千多里，正"人困马乏"。但卫青不是庸将，发现匈奴军队后他马上便了解了敌我形势，并做出对策——"令武刚车自环为营"。所谓武刚车，其形制根据《后汉书·舆服志》记载："有巾有盖，谓之武刚车。武刚车者，为先驱。"从前文对"轻车"也就是先秦战车"不巾不盖"的描述看，"巾盖"应该指的是马车上类似于伞的车盖和车盖边缘垂下的布巾。考虑到"武刚"这个名字，所谓巾盖也许是一种木制挡板。拥有巾盖的马车必然拥有一定的防御能力，于是卫青便用这种马车环绕己军，起屏障的作用，从而防御匈奴骑兵的攻击。卫青保证己军大部安全后，派遣 5000 名骑兵与匈奴上万骑兵交战，随后又派军左右两边包抄匈奴军，最终一举击溃匈奴。

这个战例从表面看，只是汉军与匈奴军的遭遇战，汉军依靠强大的战斗力击败了匈奴军队。但如果与拥有成规模骑兵军团的其他战例对照看，就能发现卫青之所以能获得胜利，其实要归功于他老道的战场经验和正确的战术操作。

元狩二年（公元前 121 年，一说元狩三年），李广率四千骑兵出击匈奴，结果遭遇匈奴左贤王四万大军。李广布置圆阵防御应敌，但在匈奴军队的箭雨下交战一天就伤亡过半，幸好第二天博望侯张骞率领的友军到达，李广才得以完全击退了这支匈奴军队。从这段史料记载可以看出李广率领的是一支轻骑兵部队，自身缺乏防护，即没有武刚车随军，进而无法"令武刚车自环为营"，只能让缺乏防护的轻骑兵暴露在匈奴的箭雨下，这也是为何李广军伤亡惨重的原因。

南宋建立后，因陕西威胁到金国侧翼成了宋金争夺的重要地区。建炎四年（1130年）九月，宋军集结十八万大军于陕西省富平县，金军也集合数万人马于富平县附近的下邽县。此役，宋军自认为拥有兵力优势，且与金军之间有一片芦苇泽地，便在防卫上掉以轻心，未建立坚固的营寨。金军发现这点后，制出了针对宋军这个弱点的作战计划。金军先用木柴草泥填平了芦苇泽地，随后由精锐重骑进攻防守薄弱的营寨——乡民住所。在金军骑兵的进攻下，乡民四处逃窜，严重干扰了宋军的作战和战场指挥。虽然宋军作战英勇，刘锜等勇将"杀获甚众"让金军损失不小，金将韩常（燕云汉人，曾为辽将）更是一只眼睛被流矢射中，但宋军因乡民逃窜引起指挥混乱，没能将兵力优势发挥出来，最终为金军击溃。此役后，张浚又进退失据，下令全军退守四川，导致南宋最终失去了对陕西的控制。

以上两个战例与卫青面对匈奴军队时所作的对照便能看出，卫青将己军以武刚车环卫的行动是多么正确。这样一来，既可以杜绝李广轻骑兵遭遇匈奴骑兵后被匈奴军箭雨杀伤过半的情况，也可以杜绝汉军步兵被匈奴军进攻时祸及全军的可能。虽然武刚车不如坚固的营寨，但匈奴军的战力也比不上全身装备铁甲的金军。卫青那种以车为"移动盾牌"的作战方式便是"车营"的雏形，更被另一位汉朝将军发扬光大，他就是李陵。

天汉二年（公元前99年），汉将李陵在自己的一再请战下率领五千步兵出击匈奴。这五千步兵"力扼虎，射命中"，称得上汉军精锐中的精锐，也是李陵只率五千步兵便敢出击匈奴的自信来源。当然，"全军主帅"汉武帝刘彻看来，李陵此举还是太冒险了，他本意是让李陵这五千步兵负责运输此战主力——贰师将军李广利三万骑兵的后勤辎重。这次作战主力之所以只有三万骑兵，没有元狩四年那样的十万骑兵，根本原因在于，与匈奴连年战争后，汉帝国经文、景二朝以"马复令"为典型的鼓励养马政策而拥有的四十万匹厩马已大为减少。但应当注意，这时李陵的军队中并不是"无马可骑"的状态，而是拥有少量马匹，无法装备整支军队，但李陵本人及一干亲兵将领应该都配有马匹，军队辎重应该也是由牲畜来运输。李陵从居延①出发，出兵一个月都没遇到像样的匈奴军队，李陵还将军队所过之处的地理情况画成地图，派遣部下骑将陈步乐送回汉朝。一切看似很顺利，但匈奴大军很快就会出现。李陵的军队在浚稽山驻扎一段时间后，匈奴军队发现了李陵，便很快组织了三万骑兵包围李陵。李陵摆出以车为依托（应该是武刚车）前排盾戟、后排强弩的阵形，一旦匈奴骑兵接近便"千弩俱发"，匈奴骑兵在汉军的强弩下无法接近汉军，第一波进攻在付出大量损失后被汉军击退。但匈奴军队没有就此罢手，很快又集结了八万多名骑兵进攻李陵。李陵且战且走，多次击败匈奴。但李陵所率汉军在匈奴军队的不断进攻下，也损失惨重。汉军箭矢用尽、武器钝坏，无奈之下用车轮辐条当作武器。最终，李陵被俘，汉军约四百人突围成功。

---

① 今内蒙古自治区额济纳旗东南地区，这里发现的"居延汉简"是研究汉代政治、经济、军事、文化的重要资料，气候变化对此地的历史发展有巨大影响。

纵观李陵出击匈奴的前后过程，虽然他率的五千步兵最终失败，本人也被匈奴俘虏，但其与将近十万匈奴骑兵交战多日且对匈奴造成大量杀伤，与之前李广及四千骑兵很短时间就被匈奴四万大军打败形成了鲜明对比。分析其原因，一是李陵军队拥有良好防护的精锐重装步兵，二是有武刚车抵挡匈奴军队的箭雨。李陵的"车营"虽然最终没能让军队成功突围，但充分说明"车营"在中原王朝军队对抗游牧骑兵时的作用。

"（战争的）胜利属于能在最短时间、最具有决定意义的时间点组织和部署最强力量的那个人。"奥地利名将卡尔大公这句话道出了中原王朝对抗北方游牧民族失败的症结。中原王朝军队经常要面对具备机动力的北方游牧民族优势兵力，因此依托车营进行防御成为最直接的选择。

## 能攻击的冷兵器车营

西晋时期，凉州刺史杨欣与羌戎失和，羌戎叛乱，杨欣被杀，西晋在凉州的统治受到严重威胁。晋武帝司马炎欲派人平定叛乱，马隆主动请缨，但提出了自行招募士兵的要求，晋武帝同意了他的请求。马隆招募士兵的标准是"腰引弩三十六钧、弓四钧"，即能开强弩硬弓。马隆募得三千五百人。争取获得精锐武器后，他又根据"八阵图"制造了偏箱车。

准备万全后，马隆出兵西北。"地广则鹿角车营，路狭则为木屋施于车上，且战且前，弓矢所及，应弦而倒。""转战千里，杀伤以千数。"马隆最终平定了西凉地区的叛乱。此事证明至西晋时代，以弓弩为投射武器的车营，在与游牧民族作战时依然能"克敌制胜"，但需要正确的战略战术和帝王的全力支持。

东晋义熙十二年(416年)，东晋统治者刘裕发动北伐，意图收复北地，灭亡后秦。一路进展顺利，很快便攻占了故都洛阳。次年，刘裕率领大军沿黄河南岸水陆并进北上。北魏以骑兵为主的十多万军队也驻扎在附近，并派遣数千骑兵在河北岸与晋军隔河相望，跟随前进。每当有晋军船因水流湍急被冲至河北岸，北魏骑兵便冲上去将这些落单的晋军杀掉。晋军曾试图派遣部分军队渡河击退北魏骑兵，但每当晋军登岸，北魏骑兵便四散逃窜。这些如秃鹫一样的北魏骑兵时刻威胁着东晋军队，打击着东晋军队士气。面对这种情况，刘裕制订了在河对岸建立以车为基础的营垒牵制魏军的计划。他先派遣白直队主丁旿率领700人和100辆车到达北岸，摆出"却月阵"——"于河北岸上，去水百余步，为却月阵，两头抱河，车置七仗士"。布完阵后，丁旿竖起白毦（一种白色旗帜）信号，表示已经布置完成。整个过程，魏军按兵不动，可能是觉得这700人不会造成什么实质性威胁。

刘裕收到白毦信号后，又派麾下大将朱超石率军并携带大弩渡河增援，最终布阵完成——"并赍大弩百张，一车益二十人，设彭排于辕上"。魏军发现晋军布置出了"车营"，意识到这是晋军牵制自己骑兵的办法，很快就集结起来逼近"车营"。这时，朱超石用软弓小箭（射程近、伤害低）向魏军骑兵射击，意图迷惑魏军，使魏军认为"车营"后的晋军武器低劣、人数不多、极易击破。果不其然，魏军中了晋军的诱敌之计，以将近四万骑兵的兵力进攻"车营"。这时，晋军大弩（强弩或床弩）、弓弩一齐猛射魏军。如果此时来袭的是匈奴军队，可能很快就会在箭雨中崩溃逃散。但时移势易，南北朝作为中国重装骑兵大发展的时代，骑兵盔甲得到大大改进，北魏骑兵自然不例外。魏军优秀的盔甲使他们能顶着箭雨继续冲锋，很快就冲到了车营前，晋将朱超石见"弩不能制"，便命阵内士兵将长槊截短与大锤搭配使用，使用"凿击"的方式攻击接近车营的魏军。"一槊辄洞贯三四虏"，对魏军造成有效杀伤，魏军在遭受相当损失后撤退，退守平城。

纵观此次战斗可知，敌我双方盔甲都已完备的时代，弓弩火力并不足以对敌军造成重大杀伤。敌军依靠盔甲，可以顶着弓弩造成的箭雨前进，这时，"长槊铁锤"便成了压制敌军攻势的好办法。但这种办法与早期车营不同。早期车营主要以"以车为城"，注重守。士兵在"车城"的保护下可以从容依靠弓弩射出的箭雨杀伤敌军，己方损失比近战搏杀低，也能坚守更长的时间，如天汉二年李陵与匈奴那战。但敌军装备有优秀的盔甲时，弓弩便无法有效杀伤敌军，只能用"长槊铁锤"近战搏杀，士兵伤亡将增加，军队持久作战能力降低。但"却月阵"无疑是对"车营"的发展。魏晋南北朝时期，以车为营的战例不胜枚举。

经过魏晋南北朝将近四百年的大分裂后，拓拔北魏开创的北朝继承者隋朝南下灭陈，统一了中国。随着南方统一，隋朝与北方突厥的冲突渐渐激烈起来。

突厥部族相传是由狼生下的阿史那建立的，这也是突厥以狼为标志的原因。

北魏末年，突厥渐渐强大起来，并最终建立了突厥汗国。隋文帝知道突厥实力强大，便通过各种计策离间突厥内部，成功使突厥分裂为东、西两部，削弱了突厥力量。隋开皇十八年（598年），西突厥达头可汗侵犯隋朝边境，隋廷任命杨素为灵州道行军总管出兵讨伐。杨素一改往日隋朝面对突厥的作战方式"以戎车步骑相参，舆鹿角为方阵，骑在其内"，摆出骑兵作战阵型。达头可汗认为胜利在望，于是率领十多万突厥骑兵进攻隋军，但隋军奋勇作战大败突厥军，连达头可汗也负伤逃跑。这场战斗隋军之所以能取胜，除拥有发达的畜牧业能发展骑兵以及突厥分裂后内部人心不齐等原因外，战术上的"出其不意"也是能取胜的重要原因。以往隋军面对突厥骑兵时，都是全军围成一个"车营"，结果虽然保护了己方军队，却无法对来去如风的突厥骑兵造成有效杀伤。这样偏防御的战术也助长了突厥骑兵的轻敌之心，并使突厥对隋军的战斗力缺乏正确认识。如达头可汗见隋军摆出骑兵作战阵形后"大喜"，并"下马仰天而拜"，以为隋军不使用让突厥骑兵束手无策的"车营"便可将隋军赶尽杀绝。在武器装备上，以无甲弓骑兵为主的突厥骑兵与装备重甲的隋军步骑也缺乏正面对抗的资本。士气方面，杨素治军实行的"不胜者斩"和"微功必禄"赏罚政策使士兵都尽力作战。纵观整场战斗可知，纯粹防御性的"车营"无法对敌军形成杀伤力，除非有强弓硬弩或一支强力的骑兵让车营具有攻击性。

另一点值得注意的是，无论是弓弩还是长槊铁锤，对使用者来说，都有一个缺点：会消耗大量体力。因使用冷兵器消耗的体力高，冷兵器时代的军队作战持久性远远不如使用热兵器的军队。这个问题在步兵身上最为明显。步兵行军作战时要消耗体力，为了保证作战时体力充足，步兵在没有牲畜或船只提供后勤支援时，行军速度极慢。这就给了"倍养副马""有骑士无步卒"的游牧骑兵相当多的进攻机会。游牧骑兵有机动优势、战场选择权，可以袭击落单的士兵，也可以截断步兵的后勤补给线。附近有敌军骑兵的情况下，步兵很难去附近地区搜集粮草，所以一旦被敌军骑兵成功"断粮道"，就很难维持战斗力，全军就会陷入人困马乏的境地，然后被敌军骑兵消灭。雍熙三年（986年），北宋为收复燕云发动了雍熙北伐。其主力东路军被辽国骑兵截断粮道，加上辽军不断打击落单士兵，宋军士气低落，最终东路军崩溃，死者枕藉。东路军崩溃后，辽军压力骤减，得以抽调足够兵力向中、西路军发动反击。宋军北伐失败，勇将杨业战死。

冷兵器时代的"车营"编组最终成型于北宋王朝。说到"平戎万全阵"，很多人就想到了宋太宗赵炅[①]"用兵士十四万九百三十人"围成的"周回二十里"的巨型方阵，因方阵庞大，历来被人认为是缺乏机动、毫无用处的阵法，一些学者更是将其作为北宋王朝守内虚外、将从中御的原因之一。仔细研究阵法，便能发现其内部编组原理与后世的"火器车营"完全相同，可以说是"火器车营"的冷兵器版本。其阵法是："凡阵之四面，列战车榜牌，及诸兵器，皆持满外向。"即在阵外侧用战车环绕，每一辆战车配22名士兵："三人在车上，四人掌拒马四、小牌四、枪四、剑四，六人掌床子弩二，四人掌步弩二，四人掌掉刀二、小牌二，三人掌弓三、圆牌三。"（还有一人可能是"车长"）每一辆战车配大小弓弩七副，搭配各种长枪、短刀、大小盾牌等武器。阵内配有3万名骑兵、1万名步兵，这1万名步兵为"无地分兵"，也就是以机动部队的职能被配置在军阵中[②]。此阵以车营为盾抵挡骑兵冲锋，敌骑距离远时以弓弩杀伤，敌骑靠近时则改用长枪短剑，若敌军冲破车营则派无地分兵堵口，若敌军败退则放出阵内骑兵追击扩大战果，形成了攻守兼备的"车营"战术。《武经总要》对其做出了"挫驰突之锐，明坚重之威"的正面评价。虽然其原理已经非常科学，但十四万名步、骑兵布阵在方圆二十里的区域，让这个阵经常难以实行。于是，宋军又借鉴唐代名将李靖的"四门斗底阵"[③]开发出了"大阵"，其原理与"平戎万全阵"没什么大的不同。"阵面联布拒马或间以大车"，同样是以"车营"抵挡骑兵冲锋。与"平戎万全阵"的主要区别是规模灵活，可根据当时军队的数量调整方阵大小，"行伍厚薄，出于临时"。在决定北宋王朝历史走向的"澶渊之役"中，北宋宿将李继隆就曾经"以大车数千乘重叠环之，步骑处中"击退了数万辽军骑兵的进攻并追击数里，为《澶渊之盟》的最终签订创造了有利条件。无独有偶，公元10世纪的拜占庭帝国也极为重视这类阵法。辽国契丹人实力强悍，因此北宋并不能凭借此阵法收复燕云，

---

① 本名赵匡义，后避其兄宋太祖讳改名赵光义，即位后改名赵炅。
② 如果有固定职能被布置于战车上则为"地分兵"。
③ "四门"指的是四个利于阵内骑兵通行的通道。

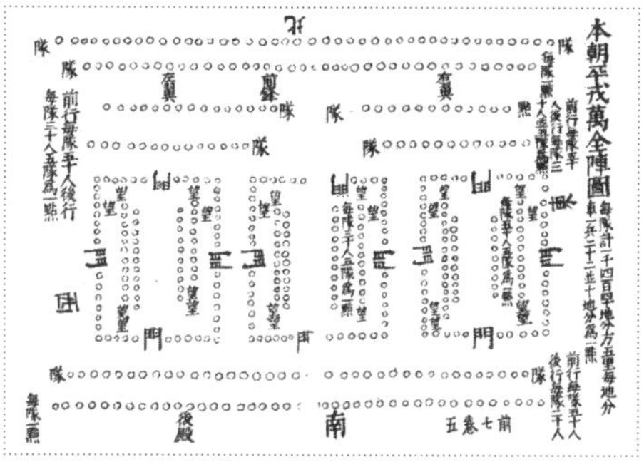

▲《武经总要》中记载的平戎万全阵

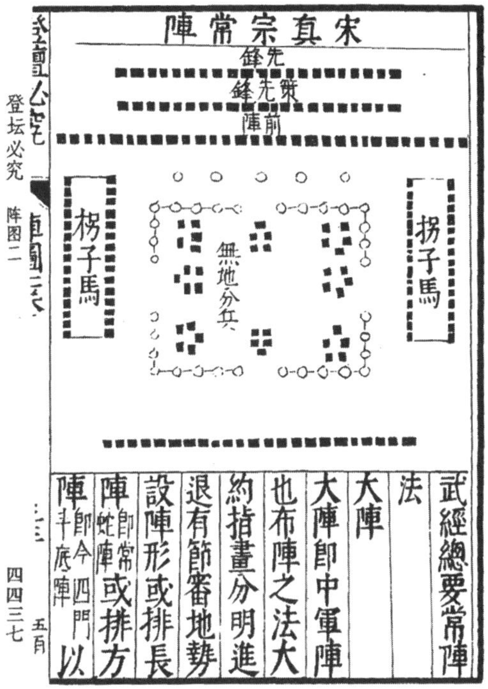

▲《登坛必究》中记载的宋军大阵及其附属小阵

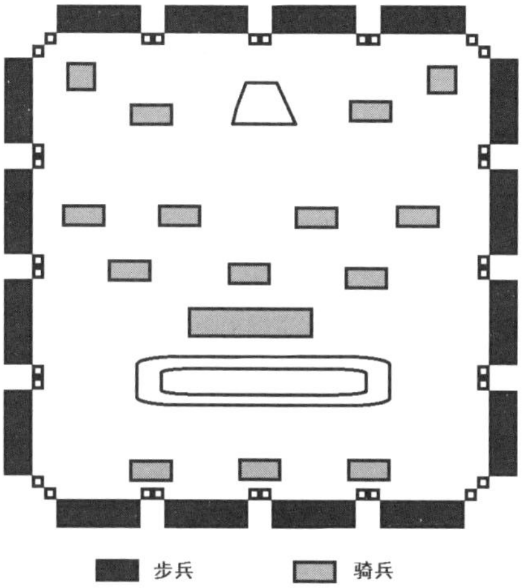

■ 步兵　　■ 骑兵

◀拜占庭帝国军阵复原图

攻灭辽国。再加上弓弩的威力和持久性都不如后世的火器，所以该大阵未能扭转宋军步兵在骑兵面前的劣势地位。

# 火器与战车的最终结合：明朝"车营"

### 明朝重拾战车原因：攻守易势

　　1368 年，明太祖朱元璋建立明王朝。同年夏，占领元大都，收复了自五代以来长期受北方少数民族控制的燕云地区。同年秋，收复山西，次年平定关中。洪武三年（1370 年），收复了整个北方地区。洪武至宣德时期，是明朝军事力量的上升和保持期。在这期间，明军的主要作战多为主动出击，如出塞讨伐元朝残兵的一系列军事行动。

洪武三年五月，明将李文忠攻克应昌（故城遗址位于内蒙古自治区克什克腾旗西北的达来诺尔湖附近）。明军俘获了以元顺帝嫡孙买的里八刺为首的大批元朝王公贵族、宫廷后妃和高级官员，并缴获了宋元玉玺等重要物件，还获取了不计其数的驼马牛羊。但遗憾的是，元太子成功逃跑，明军虽派遣骑兵追击但没能追到。李文忠将俘获的这些蒙古人带回南京后，明太祖举行了盛大的"归化"仪式，即让这些蒙古人改穿汉族衣冠，让他们放弃野蛮落后，接受中原汉族的文明与先进。为何明太祖没有举行传统的"献俘"仪式杀掉一些俘虏来祭祀太庙？一是想"德化夷狄"，二是元仍存在，三是试图以此强调明政权的合法性，安抚为数不少、势力不弱的蒙古人。"山河奄有中华地，日月重开大宋天"，"九天日月开黄道，宋国江山复宝图"——这是元至正十八年（1358年），尚未登基的朱元璋命人写在浙东行省衙署外立牌上的两则联语，说的是朱元璋意图继承两宋以来断绝的中华正统、恢复汉人江山的政治目标。这不仅是朱元璋的政治目标，也是整个红巾军的目标，得到了广大饱受元朝压迫欺凌的民众和部分知识分子的响应和支持。但也有一些汉族地主对明太祖的政治目标持反对态度，他们并不认为元王朝对中原地区的统治是"腥膻中土""毁裂冠冕"，而是认为元对他们有"八十年豢养之恩"。这些人在元末起义时组织乡兵对抗反元义军，兵败后又想方设法北投元朝廷或归隐山林、拒绝明廷的征聘，或拒绝使用明朝年号，不奉明朝为正朔。这部分人并不少，他们通过各种方式与明朝对抗，攻讦明朝"取天下非其道"，并认为有红巾军背景的明政府是"贼寇""妖孽"。1368年明军攻克元大都收复燕云时，元民戴良作诗"王气幽州歇，妖氛国步屯"，形容明军为"妖"。这些对抗使明朝在相当长的一段时间里否认自己的红巾军背景、北逐元廷一统天下的事实，而是自称"取天下于群雄之手，不在元氏之手"，等于向故元遗民势力屈服。

为何故元遗民势力如此大，为何"通《四书》《五经》，晓《春秋》大义"的汉人对元朝廷念念不忘？从民族方面来分析可能百思不得其解，但从阶级方面分析则顺理成章。不少故元遗民为达官显贵、土豪乡绅，如婺源乡绅汪同。他们在元的统治下拥有较高的政治和经济地位，与元统治者是"荣损与共"的同盟关系，是故对元与明有截然相反的态度。

虽然故元遗民对刚建立不久的明朝造成了不小的政治压力，但明朝对元朝残余北元的军事攻势却没有减缓。洪武五年（1372 年）正月庚午，朱元璋命徐达为征房大将军、李文忠为左副将军、冯胜为征西将军，兴师十五万分三路北征，意图进击和林消灭以元将王保保为首的残元势力。

洪武十年（1377 年）四月，朱元璋命邓愈为征西将军、沐英为副将军，率军讨伐与北元眉来眼去的吐蕃诸部。五月，邓愈率领的明军到达吐蕃所在地，大败吐蕃联军，除斩首甚众外还获得了马、牛、羊等十多万头牲畜。

洪武十三年（1380 年）二月，明太祖为防患于未然，命沐英进攻驻扎在和林，以脱火赤为首的一万多名北元士兵。当年三月，沐英到达灵州，探知脱火赤此时正驻扎在亦集乃路（黑水城，今内蒙古自治区额济纳旗达来呼布镇），便率军渡过黄河，经宁夏、贺兰山，行军七天后接近了亦集乃路。离目的地五十里时，沐英兵分四路，分进合围生擒脱火赤，北元军队基本被明军全部俘获。

洪武十四年（1381 年）正月，明太祖为了对抗北元势力对边境的侵扰，派遣徐达为征房大将军、汤和为左副将军、傅友德为右副将军出兵讨伐，沐英也从军出征。四月，傅友德率轻骑夜袭灰山（今内蒙古宁城东南）击败了当地元军并俘获了大量人畜，从征的沐英则进军公主山（今内蒙古自治区赤峰市翁牛特旗乌丹镇西大山和黄花山一带），俘获了全宁地区的亦乞列思、弘吉剌、兀鲁、忙兀四个部族。研究一下蒙古史，就能明白这四个部族代表的政治意义。以亦乞列思部为例，这个部落的孛秃是最早主动追随成吉思汗的异姓贵族之一，因此很受器重。孛秃家族历代与铁木真所在的孛儿只斤家族联姻，家世显赫。当初这四个部族与札剌亦儿部合称"漠南五投下"，如今五个部族中的四个已经被明军俘获，可见此役的政治、军事意义。

洪武十九年（1386 年），为了解决"漠南五投下"的最后一部——以成吉思汗"四杰"之一木华黎裔孙纳哈出为首盘踞在金山（勃勃图山，今吉林双辽东北）的札剌亦儿部族，明太祖调兵进驻大宁（今内蒙古赤峰市）等地，并运输军粮一百二十三万余石送往松亭关（今河北宽城县西南）、大宁、会州（今河北省平泉县城西南）、富峪（今河北省平泉县北），为未来的军事行动做准备。

洪武二十年（1387 年），明太祖为了彻底解决纳哈出，集结大军二十万，命宋国公冯胜为征虏大将军、颍国公傅友德为左副将军、永昌侯蓝玉为右副将军、南雄侯赵庸、定远侯王弼为左参将、东川侯胡海、武定侯郭英为右参将，前军都督商暠参赞军事，常遇春子郑国公常茂、李文忠子曹国公李景隆、邓愈子申国公邓镇、吴良子江阴侯吴良等随军出征。六月，明军大军逼近金山，一番劝降后，纳哈出最终归降明朝。此役，明军所获颇丰，史载："得其各爱马所部二十余万人，羊马、驴驼、辎重亘百余里。"从此，北元"大势已去"，明朝控制了大部分元军曾经盘踞重兵的山西、陕西、甘肃、辽东、云南等地。九月，明太祖命蓝玉为大将军，率军十五万北上，最终在捕鱼儿海（贝加尔湖）彻底剿灭了北元朝廷。

至此，明蒙战争的第一阶段宣告结束。之后，明成祖五征漠北，明宣宗亲征塞北，明朝对北方蒙古势力始终保持着一种进攻姿态。

明朝在明太祖、明成祖、明宣宗时代之所以能对元势力、北元势力以及北元崩溃后的蒙古势力保持战略优势，得益于其时明朝的良好主客观条件和统治者的正确政策。明军在北伐过程中不断获取当地和元军的马匹，为未来与北元势力的战争弄到了马匹。"攻战之际，马功居多，平原、旷野驰骋，上下无不从志，克敌追奔，所向无前，皆在马力。若不善于调养，使其力乏，则临阵之际，必致败事，无以成功矣！"在这种认识下，明太祖在洪武四年（1371 年）、洪武六年（1373 年）和之后的洪武十年建设了十四个养殖战马的群牧监。在经济上，明太祖的封锁政策进一步削弱了北元势力的力量，将俘获的从事农业、手工业的大批塞外农民、匠人迁入内地，禁止与北元商贸往来。这样一来，北元势力所辖的蒙古草原地区无法得到充足的军粮和武器。史载这种状况下的蒙古草原"日无一食，岁无二衣"，"衣裳坏弊，肌体不掩"。更糟的是，明军背靠拥有发达农业和手工业的中原地区，加上缴获的马匹牲畜，越战越强。最终，大多数蒙古人的生活退回"跑马放牧""骨箭皮袍"的游牧时代。

自北元为明军所灭后，蒙古草原上的各部族势力分崩离析，明廷对这乐见其成，于是推行了"各授以官职而不统属，各自通贡而不相纠合"的分制策略。但因各方面原因，这种分制策略要长时间运转难度极大。很快，蒙古草原上各部族的实力平衡在永乐年间被打破，出现了鞑靼、瓦剌两大派系的明暗对抗。本雅失里被鞑靼部拥为大汗，其忽必烈后裔的身份使其拥有强大的凝聚力，一时间从者云集，蒙古草原出现鞑靼一家独大的局面。面对这种形势，明成祖在议和不成、使者被杀的情况下，决定出兵漠北解决鞑靼问题，鞑靼虽然衰落了，瓦剌却崛起了。

自洪武中后期开始，瓦剌一直对明朝非常恭顺，明朝对瓦剌也厚待有加。永乐七年（1409 年），明廷册封瓦剌首领马哈木为特进金紫光禄大夫顺宁王，封其弟太平、把秃孛罗分别为特进金紫光禄大夫贤义王和特进金紫光禄大夫安乐王。

同年，丘福率十万大军北征。丘福轻敌，仅率千余骑冒进，被鞑靼军打败。此战后，明廷还特意派人告诫瓦剌，鞑靼军可能靠缴获的明军服饰旗帜以诈术进攻瓦剌，可见此时明朝与瓦剌的关系亲密。

但鞑靼自遭受连番打击后，瓦剌便骄横起来，如以"从帝北征"为名向明廷勒索赏赐、武器，并在明廷封鞑靼实际统治者阿鲁台为和宁王后依然扬言要进攻其部族。几次三番下来，永乐十二年（1414 年）三月，明成祖发动大规模北征，目标就是日渐骄横、强大的瓦剌。这次北征沉重打击了瓦剌，瓦剌在惨败后又爆发了内讧，马哈木死于内讧。次年，瓦剌又遭到已归附明朝的和宁王阿鲁台和兀良哈三卫的联合打击。瓦剌危在旦夕之时，马哈木之子脱欢绝地反击大败阿鲁泰，明廷出于保持草原平衡的考虑，再度扶持瓦剌，并准脱欢袭顺宁王爵。但这种分制策略最终破产，脱欢通过合纵连横使瓦剌成了蒙古草原上最强大的部族势力。

正统以来，瓦剌用每年遣使入贡的方式使明廷放松警惕，获取了草原地区难以获得的大量手工业品和其他资源。此外，他们还利用与明朝的友好关系，不断出兵统一蒙古草原，对原本拱卫明朝的兀良哈三卫[①]和哈密卫[②]、沙州三卫（即沙州、罕东、赤斤蒙古）进行渗透。

这些卫所属于羁縻卫所，其功能类似于唐代的都督府，在承认当地的政治现状的基础上，册封当地首领、羁縻其部族势力，与都护府一类直接由中原王朝派兵驻扎、直接控制的机构有较大区别。这种羁縻卫所的优点是不用由中原王朝派

---

[①] 1389 年，明朝设置三卫：自大宁前抵喜峰，近宣府，为朵颜卫；自锦、义历广宁，渡辽河至白云山，为泰宁卫；自黄泥洼逾沈阳、铁岭至开原，为福余卫。

[②] 政权机构，始设于永乐四年（1406 年）。哈密即今新疆哈密，为西域要道。

兵驻扎，节省了不少军费。缺点是，如果要维持这种控制方式，中原王朝必须要及时了解当地形势，并针对形势变化制定相关政策，因为羁縻卫所可能尾大不掉，或与要打击的目标"共结连理"。

土木堡之战前夕的正统十三年（1448 年），曾经用来拱卫明廷东西两翼的兀良哈三卫和哈密卫、沙洲三卫已尽归瓦剌旗下。瓦剌的影响力已西至巴尔喀什湖东南，东至辽东女真诸部（今东北地区）。

到了明英宗时期，明朝初期对蒙古地区的经济封锁政策也在与瓦剌的封贡互市下名存实亡。根据明廷的规定，明方对瓦剌的朝贡贸易中不能有硫黄、盔甲、弓箭、兵刃等与军事有关的物品，只能是绸缎、布绢、锅釜等生活日用品，瓦剌以马匹、牲畜和皮货来换取。但正所谓"五花马，千金裘"[①]，瓦剌人手中的这些物品在汉人看来价值很高，而瓦剌人又想要武器，于是各种非法贸易便出现了。汉人中的奸商恶贾为了一时之利，携带各种铁器与瓦剌人交易，且明军中也有人私自制造武器与瓦剌人交易。虽然明廷严禁这些非法贸易，但屡禁不止。随着边境贸易的增加，瓦剌获得了草原上稀缺的大量生活物资，从而有更多剩余劳动力投入军事生产，军事实力大增。最终在土木堡一役中，明英宗所率的二十万军民被瓦剌打败，明英宗也被俘。

明廷腐败也是明朝惨败的一个原因。大同镇守太监郭敬贪图瓦剌贿赂的良马，里通外敌，将明军所用的钢铁箭头偷偷送给瓦剌使臣，"多造钢铁箭头用瓮盛之以遗瓦剌使臣"。土木堡之变前夕，大同总督宋瑛、总兵朱冕、左参将石亨与瓦剌军队交战于阳和，当时，身为监军的郭敬胡乱指挥，导致明军战败，宋瑛、朱冕战死，石亨侥幸逃回大同，自己则安然无恙，直到明代宗登基后才被处置。

惨败的另一原因是，经过洪武、永乐两朝的频繁征战，明朝的战马严重消耗。宣德以来渐渐安定的边疆形势也使明朝放松了对马政的管理。再加上明朝统治的地区以农耕为主，明朝马政渐渐废弛，从而难以拥有足够的优质马匹装备骑兵，明军骑兵的数量和质量双双下降。

---

① 出自李白的《将进酒》："五花马，千金裘，呼儿将出换美酒，与尔同销万古愁。"

明军方面马政衰落，再难像洪武、永乐时有大规模骑兵与蒙古作战；蒙古方则通过贸易与自产拥有大量铁质兵器武装军队，明军的传统优势不复存在。唯有火器因为技术较复杂和材料难获取未能被蒙古完全掌握并大规模装备。最终，适合当时明朝这种"马匹缺乏，但远程武器拥有一定优势"的"车营"被重新重视。明朝用火器取代传统"车营"配备的弓弩，让火器车营登上了历史舞台。

总有一些人天真地以为，只要满足了蒙古的贸易要求，就会拥有和平。但事实证明，这不过是对历史事实缺乏了解的臆想。明朝敞开与蒙古的贸易大门后，蒙古用来进行战争的铁器等物资更容易获取，军备会越发强大，侵略欲望更为高涨。明朝中期，俺答汗接受明朝顺义王的册封，与明朝封贡互市，开启了明蒙几十年和平友好的局面。但事实上，俺答汗曾千方百计想获取明朝的武器以及火器技术——派遣间谍学习佛郎机炮的制造技术。当时，佛郎机炮是明军对抗蒙古骑兵的重要武器，"连发速射"给蒙军造成很大伤亡。俺答汗之所以愿意接受明朝的册封，其根本原因在于明朝边境防备的日益严密和明军战斗力的日益增强，俺答汗在南下抢掠的过程中获利越来越少，损失却越来越多。

### 明朝早期的战车

其实，在土木堡之变前的正统十二年（1447年），明大同总兵朱冕、侍郎沈固等曾向朝廷上奏了六条守备边疆的建议。其中一条就是制造一种名为"小火车"的战车装备军队，意图让这些战车"行则载衣粮，止则结营阵"。明英宗同意了。但这些建议没能阻止土木堡之变的发生，朱冕也在土木堡之变前夕被郭敬坑害战死于大同。从那以后，明朝应对瓦剌大规模入侵的对策就是明英宗御驾亲征。

正统十四年（1449年）八月，土木堡之变发生，明大军被击溃。此役，瓦剌不仅俘虏了明英宗，还消灭了数万明军（包括众多文官武将），使明军的有生力量遭到极大损失。结果，明朝从边境到京城的防御极为空虚，当时防备北京的军队，满打满算也不足十万，瓦剌军队得以"到处搜山杀掳军民男妇亦数十万"，对明朝军民的生命财产造成极大损失。

"人不够，装备凑"，面对这种缺兵少将的形势，明户科给事中李侃建议就地取材将京城现有的骡车进行改装，"车厢用铁索连木板藏神铳于内"，作战时"每车刀牌手五人""车列四周步骑处中"而火器神铳则"交阵始发",若战局有利则"开索纵骑兵逐之"扩大战果。经过二十多天的研究，明廷采纳了这个建议。明廷命兵部制造战车，为了减轻重量，每辆战车用牛马皮制作车厢（皮甲）。但后因皮革不足，一些战车车厢由芦苇席和木板制作，重量因此有所上升。这种"临时火力平台"虽然与明朝后来的"机动火力平台"的战车有一些差别，但无论如何，明代火器战车已经登上了历史舞台。

同年十月，瓦剌军队在喜宁的引领下"潜由他道"夹攻明朝重要关口紫荆关，守将副都御史孙祥战死。紫荆关被攻克后，瓦剌军队向北京进军。瓦剌军队能轻易突破长城防线（明代长城名为"边墙"）还有一个重要原因：明朝中前期并不存在人们印象中"完善坚固"的长城防线。

之所以会出现这种情况，有三方面原因。其一，元王朝因为自身就是"北虏南下"建立的，自然不会对"防御北虏"的长城投入太多。元朝大臣张德辉就曾在自己的著作中说："北上漠北途中，有长城颓址，望之绵延不绝。"可见元代长城基本处于废弃状态。其二，明朝建立后，其构筑的防御体系基本处在外长城地区，如大宁、开平、东胜等卫并不在长城沿线。所以，明朝初期对长城的修筑也并不积极。其三，明朝建立初期，因元末战乱，国内百废待兴，人民生活艰苦，其境况与西汉王朝建立初期国内"天子不能具其钧驷，而将相或乘牛车，齐民无藏盖"颇相似，所以也不太可能投入大量人力物力修建长城。大规模修建明长城始于土木堡之变后，至万历年间依然在不断修葺。所以明代中前期，长城防线有众多漏洞，必要时需要机动部队去"堵口子"。但机动部队容易遭遇敌人的优势骑兵，因此需通过火力优势来压制。火器沉重，自然就需要车辆运输。这就是"机动火力平台"出现于明代的战术原因。

最终，瓦剌的攻势在北京城下被名臣于谦粉碎，史称"北京保卫战"。是役，明军使用各种火器击退瓦剌军队的记载较为清晰，但使用战车的记载则在各种通俗史籍中"失踪"，这给人们造成一种误解，仿佛明代的战车很少作战。清修《明史》更说明代战车"言车战者多矣，然未尝一当敌也"。

实际上，明代战车因为极具专业性，所以有关其的记载多存于专业军事或制度著作里，普通史籍自然难觅其踪。不过，我们仍能从一些通史中找到使用战车的很多记载。比如女真人编修的《满文原档》中就发现了明军使用战车的记载：

时汗在瓦呼木甸外，也看见一万尼堪兵一营，持炮、鸟鎗、战车、藤牌以及一应器械而行。汗即亲自率领尚不足一千兵前去攻击。那一万尼堪兵，遂即掘壕置炮、排列战车、藤牌立阵应战。

在天聪五年（1631年）的大凌河一役中，皇太极还对明军以战车构建的营地有所忌惮，最终决定在车营移动时再发起攻击。

二十四日，明的步骑兵四三万余由锦州城出来，二十五日渡小凌河掘壕沟，以车楯、炮、鸟枪防护所设营地。皇太极想要作两天的攻击，因此带（一半的）兵去，排列车楯准备要开始攻击时，皇太极将知道明军防守坚固，说："这个兵必定是来和我们作战的，为何要使我们的兵在他设防坚固之处受伤？何若待他起营向前（动出）发时予以攻击。"因此退兵归来。

在其他一些战例中，战车以及与战车相关的车营也被提及过。如"壬辰倭乱"时，明将刘綎就曾"用战车斫倒木栅，烧毁倭巢六十余间，杀伤无数"。虽然清朝官方修编的《明史》把战车形容得如此不堪，但是根据记载，后金军队作战时其实使用了大量战车。如努尔哈赤起兵初期进攻玛尔墩城时便"以战车三辆并进"的方法进攻该城。之后，努尔哈赤进攻开原、铁岭的战斗都使用了战车作为进攻武器。可见战车也是女真人必不可少的武备。

再加上清朝毁坏了不少明代军事著作，因此对明代战车、车营的印象容易被《明史》误导。吴哲夫在《清代禁毁书目》中所作的论述道出了女真人如此行事的要义："清人以兵戈得天下。深恐汉人效法，故一面以兵驻防坐镇各地，一面销毁有关兵事之书，务使汉人不知兵不能兵，使清帝安坐而食，高枕而卧。"

其实清代中后期，清军依然在大量使用战车。"禁烟英雄"林则徐就是使用战车和车营的高手：

堵剿之法，莫如用炮。载炮必须用车，尝效历来车战之法。惟督臣林则徐为最善，林则徐前剿青海番，创造陆战炮车，仿轿车式而略小，不用木箱而用生牛皮，以铁架撑之，倒安威远炮一位，用抽屉分藏火药炸弹。其箱内可放衣械行粮，驾以一马，虽沙陆之地，皆可长驱而进。临敌则卸马用人，以后为前，两人倒推而进。连环开放，一如排枪之用。地狭列小阵，前环十余车；地广列大阵，前环数十车数百车，以火枪鸟枪夹护左右。我军既有凭恃障蔽，自然心定胆壮，发无不中。夜间下营，则以数百车环列向外，即成营盘，不用鹿角。此车战良法，可守、可战，而不可败也。

那么明代人所创造的战车与车营到底是什么样子的呢？

首先，继正统十二年的"小火车"之后，明朝人逐步加快了改进战车的脚步。正统十四年十二月，顺天府（今北京地区）箭匠周回童认为军中火器不能连续射击对蒙古骑兵造成有效杀伤，便创造了一种轻型火器战车。这种战车由四人操作，"上安四板箱，内藏短枪二十把、神机箭六百枝"，作战时将车内的二十把短枪以每次五把的方式拿出射击，能制造出相当于原来十五人射出的火力。明代宗令石亨试验这种火器战车，在得到可用的答复后开始批量制造。可见此时的明代火器战车，作为一个机动火力平台，已经初见雏形。

景泰元年（1450年）八月，明英宗回朝，但瓦剌的威胁依然存在。五月时，大同知府霍瑄就上奏明廷：因为瓦剌南下袭击樵采的民众，导致边境民众有的全家被杀，有的丈夫被杀，有的妻子被杀，有的因儿子被瓦剌抓走后老无所依，有的因父母被抓成了孤儿，有的负伤逃回来后成了残废，有的生死不明，当地军民"悲号声彻原野"。八月，大同总兵郭登因为瓦剌骑兵经常出没于边塞干扰边民生活，建议在边塞制造名为偏厢车的战车，并组织装备这些战车的部队保护边民。这种偏厢车"辕长一丈三尺，前后横辕阔九尺、高七尺五寸，厢用薄板、各留置铳之孔"，每辆车配备"神枪二人、铜炮一人、枪手二人、强弓一人、牌手二人、长刀二人、通用甲士十人"共二十名士兵。作战时，除了编组在偏厢车的车兵外，还配备使用"将军铳"的炮兵二百四十人（每十二人操纵一门火炮）和一两千名马、步军士。此外，再配备一辆高度在二丈七尺以上的四轮望楼车，以观察远方情况。望楼车观察到敌情后，以五种颜色旗帜的代表方向，用金鼓声发信号和命令。

郭登的建议其实是建立一个有一定机动性的火器车营保护大同边民。这个建议虽因各种原因没有被明廷采纳，但偏厢车却在后世介绍明朝武备的史籍中多次出现，可见郭登提出的建军方式经过人们不断改良，被后来的君臣采纳。

景泰四年（1453年）正月癸亥，明提督蓟州等处军务、右佥都御史邹来学因"密云、古北口、潮河地方宽漫，又系走沙，难以修筑墙垣"，建议给这些地区的明军配备大型战车辅助防御，明代宗同意了他的建议。

古北口是著名的长城关口，在史籍中作为"兵家必经之地"频频出现。当时因环境恶劣，修筑的防御工事经常"为水所冲"，造成防御线出现漏洞。于是，明廷想使用战车与车营作为机动防御力量，增强防御。

其实，在古代相当长一段时间里，守城并不像现在影视剧中描绘的那样：守军全部站在城墙上，通过向下射箭或投掷滚木礌石以及开炮进行防御。实际上，守军往往会派一部分士兵在城下布阵对敌。因为古代很多城市边塞的城墙较为狭窄，"仅容一人单立"，无法展开和制造足够的火力杀伤城下的敌军。如果城墙上的守军被敌人杀死了，因城墙狭窄，很难及时补充守城士兵，致使出现防御薄弱点，为敌军破城提供机会。守军龟缩城内也容易给敌人机会，使其挖掘地道或者使用攻城器具。所以真正的守城往往需要部分士兵在城下列阵迎敌，支援城墙上的守军。为了保证城下士兵不被敌军的骑兵轻易冲溃，鹿角、拒马木等工具便被发明出来，明代时又出现了战车。"分一半步军于土城外下营，外围用鹿角车辆"。战车与拒马、鹿角相比，好处是不仅可以"拒马"，还可以"避箭"，进一步保护了士兵的安全。

在这些措施下，景泰、天顺、成化三朝，古北口都没有被北敌破关而入，还经常因作战有功被赏赐，战车的功劳应当不小。成化十九年（1483 年）时，明廷采纳了户部右侍郎李衍的建议"于永平一带（今河北省卢龙县）关隘相度山势铲削，令据危险处置炮石当平旷处凿坑堑及设为钉签窝弓以制虏骑冲突"，也就是在北敌容易进入和通过的地区设置机关陷阱，进一步增强了边境的防御能力。

前文所说的大部分双轮和四轮战车都比较笨重，需要数匹骡马牵引，这在平原尚不觉得，在地形复杂的山区则会难以行动。于是，正统十四年，宁夏总兵张泰将之前需要七匹骡马牵引的大车改为只需一匹骡马牵引的小车，得到了皇帝的赞赏。景泰元年九月，明陕西兰都指挥佥事李进建议，创造一种独轮小车装备军队。这种独轮车每辆用三人操作，"上施皮屋前用板篱画以兽面"，也就是用皮做顶盖，用木板做成画有兽面的前部护盾，在护盾上开铳口，以方便配备的一门碗口铳、四门手把铳和十四支神机箭能发射攻击。这种独轮车"行则以车为阵，止则以车为营，视贼人众寡强弱为进退"，增强了战车作为"机动火力平台"的战力。

至此，明代"车营"（明朝正式建立车营是在嘉靖年）的战术思路终于成型——将战车作为"机动火力平台"，随着作战形势的变化或进或退，或攻或守，非常灵活。

景泰二年（1451年）六月，吏部郎中李贤也设想了一种战车战法。他建议大规模建造的战车，"四围箱版内藏其人下留铳眼上开小窗，长一丈五尺（4.8米）、高六尺五寸（2.08米），前后左右横排枪刃，每车前后占地五步"。在作战布阵时，"用车一千辆"，占地"十六余里"。这个方阵的尺寸已与宋代的"平戎万全阵"

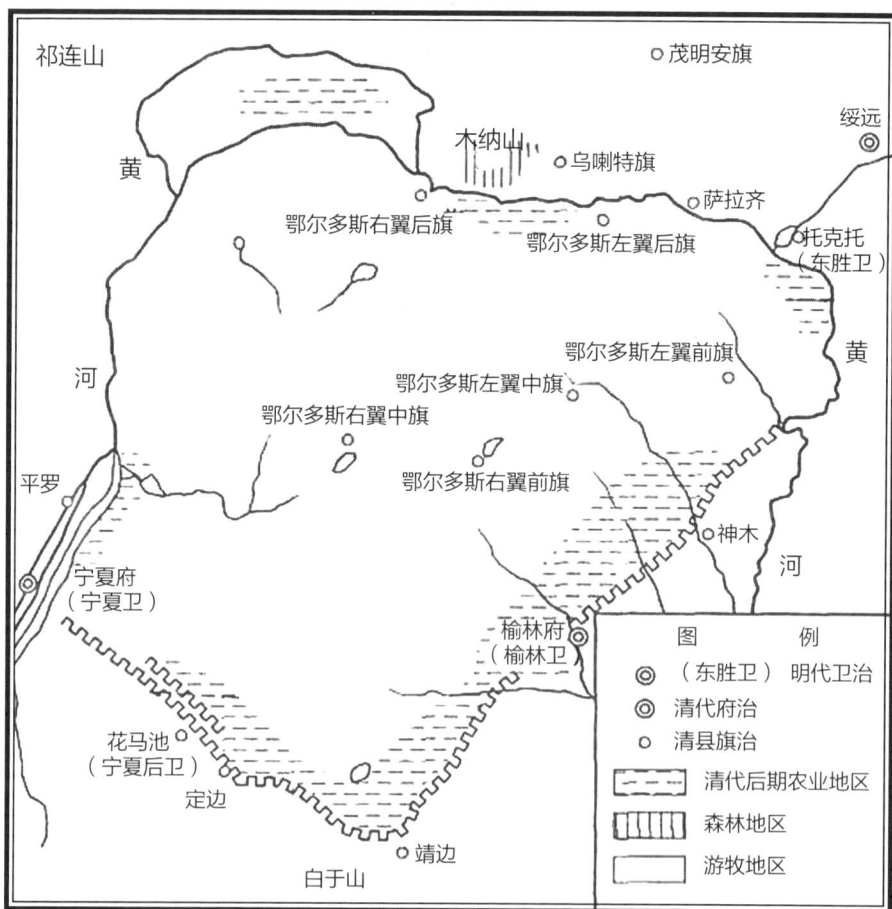

祁连山

茂明安旗

绥远

木纳山

乌喇特旗

萨拉齐

鄂尔多斯右翼后旗

鄂尔多斯左翼后旗

托克托
（东胜卫）

黄

鄂尔多斯左翼前旗

黄

鄂尔多斯左翼中旗

河

鄂尔多斯右翼中旗

平罗

鄂尔多斯右翼前旗

神木

河

宁夏府
（宁夏卫）

榆林府
（榆林卫）

| 图　　例 | |
| --- | --- |
| ◎（东胜卫）明代卫治 | |
| ◎ | 清代府治 |
| ○ | 清县旗治 |
| ⌇⌇⌇ | 清代后期农业地区 |
| ‖‖‖ | 森林地区 |
| ⌐¬ | 游牧地区 |

花马池
（宁夏后卫）

定边

靖边

白于山

▲ 明朝时的河套地区示意图

92

不相上下，战术要求也和"平戎万全阵"类似，即在平原地带与优势骑兵展开会战。因此，李贤建议在宣府、大同、辽东大规模使用这种战车，并派将领用这种战车深入沙漠进攻蒙古腹地。明代宗对这个建议深表认同，令官员"采取而行"。可惜的是，当时的明政府已没有足够力量支撑用战车出塞的作战构想。但边境形势的变化很快让火器车营出现在了明军军事序列里。

### "搜套"①催生车营

经过永乐、洪熙、宣德、正统、景泰、天顺六朝，明朝的北方防线因各种原因已大幅收缩，原来的纵深变成了前线。曾没被蒙古人染指的河套地区，因东胜卫撤守就渐渐成了蒙古人的乐园。

"黄河百害唯富一套"，水草丰美的河套地区此时已暴露在蒙古的铁蹄之下。河套地区原本不属于明军防线，防备较为松懈，防御工事和驻军都不能与明政府重点经营的宣府、大同相提并论，这就给蒙古人的入侵提供了机会。

最初，蒙古进入河套只是在黄河结冰时，待黄河化冰前夕就会离开。所以宣德年间，明政府的应对方法是黄河结冰时，从其他卫所调集军队驻扎在河套地区的堡垒，化冰后遣军队回原卫。这时，明朝在与蒙古的实力对比中依然占据上风。土木堡之变后，明蒙攻守转换，明军已难以阻挡蒙古人进入河套的势头。蒙古部族最终形成了"套寇"（进入河套地区的蒙古人）。景泰五年（1454 年），以瓦剌为首的蒙古势力爆发内讧，也先被杀，大批蒙古部族开始进入河套地区，其中还有获得明廷许可的兀良哈三卫。

对蒙古人来说，河套地区还有特别的意义。成吉思汗在世时曾到过河套地区的乌拉山，并大赞河套地区："丧乱之世可以隐遁，太平之世可以驻牧，当在此猎捕麋鹿以游豫晚年。"甚至传说成吉思汗死后，其灵车经过乌拉山时陷入泥沼无法拽出，最后经过祷告才从泥沼中拽出来。元朝建立后，祭祀成吉思汗的"八

---

① 明军调集军队进入河套地区，将驻扎在那里的蒙古人驱逐出去。

白室"也坐落在河套地区。这些传说无疑让河套地区在蒙古人心中有了特殊地位。于是，蒙古人想方设法进入河套地区。

景泰七年（1456年），鞑靼太师孛来率部进入河套，并在次年也就是天顺元年（1457年，明英宗已复位）开始入寇明朝边境。同年二月和五月，孛来先后入寇延绥（今陕西省榆林市榆阳区）、宁夏等地，十二月又入寇庄浪（今甘肃省平凉市庄浪县）。此时的明政府因宁夏地区边防薄弱，无法抵御数万蒙古骑兵的侵蚀，只好派遣都督同知马政为使节携带礼物与孛来接触。结果，孛来扣押马政，并以粮食不足为由向明朝廷索要粮草。天顺元年二月，都指挥李懋战死，五月，参将种兴战死。虽然这些边将官职不高，所率士兵数量也不多，但对明朝的边防产生了恶劣影响。蒙古取得这些小胜后变得更加有恃无恐。天顺五年（1461年），鞑靼少师阿罗出也进入河套，其部族成为第一个在河套地区长期放牧的蒙古部族。这本会对明朝边境造成极大威胁，但蒙古毛里孩、孛罗忽等部次年也进入河套。这些蒙古实力派为了争夺河套地区的控制权和对蒙古的领导权而互相攻杀，无暇南下，从而暂时减轻了明朝的边防压力，为明军提供了反击机会。

针对河套地区的地形条件，明军将火器战车作为反击的重要武器。在之前的天顺四年（1460年），为了防御孛来入侵，明廷就已经造轻车五百，火铳、火炮各三千加强边军实力。天顺六年（1462年），宁夏总兵张泰又造了一种新战车。这种战车"上置两枪，安小铜炮三个，四门四角各载大铜炮两个，车上用二人，一人打神枪，一人燃炮火，每乘用卒十人推辕运车等"，"以铁丸二十，激发之力远及二百步外，洞坚彻刚，百发百中"，进一步加强了战车配备的火力。

进入成化年间，随着内讧减少，蒙古对河套地区的威胁进一步加深，对明朝边防造成了越来越大的压力。天顺末年，明将房能建议出兵河套进行"搜套"，并提出"除潜寇以靖边疆，移营堡以固边方，制利器以破敌锋"。但其建议暂时没被明政府采纳。成化二年（1466年）正月，定襄伯郭登向明政府提了多项军事建议，大部分得到了明宪宗的采纳。其中一条便是为军队配备一种只需两人操作但可承载九人武器装备的小型战车。这种战车除了运输功能外，"行则为阵，止则为营，上以铁索勾连，下立木桩支柱，车前张布为盾画为猊首，远望则如城垒近攻以固人心"，提高了步兵的攻击力和防御力。

成化二年五月，因毛里孩部久驻河套，明廷内部重提"搜套"一事。此时，已是吏部尚书的李贤认为，进入河套的蒙古入寇特点是："我兵方集而彼已退去，兵散未久而彼又复来，如此不惟劳师费财，而边民亦不得按堵矣"，即充分利用游牧民族的机动优势使明朝军民不胜其扰。对付这种游击战术，李贤的计划是发动大规模进攻，"今欲安边必须大举而后可也"。他先在陕西筹集粮草战备，命陕西、延绥、宁夏、甘凉、大同、宣府等地抽调精锐，制造战车、拒马等工具，并选练一万精锐步骑防备后方，并提出当年秋天或明年春天蒙古入寇之际，大军出动痛击蒙古军的作战计划。明宪宗同意了此计划。但同年七月，明政府尚在讨论计划时，毛里孩部就开始相继入侵固原、宁夏、延绥等地，于是明廷加紧准备，意图尽快将"搜套"推入作战阶段。为了争取时间，明政府于成化三年（1467年）二月同意了蒙古毛里孩的通贡请求。此时，明政府的"通贡"某种意义上已具有了"岁赐"性质，与之前为了拉拢羁縻蒙古的通贡性质有些差别。

允许毛里孩的通贡请求并不能从根本上解决河套地区的边防危机。成化五年（1469年），蒙古阿罗出部进入河套，随后不断入侵明朝边境。明政府派遣时任宣府巡抚的王越率兵抵御未能解决问题后，便开始增加兵力。成化六年（1470年），抚宁侯朱永为总兵率京军一万名，宣府、大同士兵各五千名，合计两万人增援河套，击败了阿罗出部，阿罗出本人中流矢受伤，但河套的蒙古人依然十分活跃。成化八年（1472年）四月，明廷派一万精兵驻守花马池等地，其中三千骑兵驻扎在兴武营并承担支援花马池的任务，五千马步军和三百辆战车驻守在花马池，以防备蒙古入寇。根据人数可知大约五六人使用一辆战车，应当是轻型战车。成化九年（1473年）蒙古诸部入寇时，王越避实击虚，率军攻破了位于红盐池的蒙古联营，"斩首三百五十五级、获取驼马牛羊无数"。劫掠归来的蒙古部族发现营地被明军焚毁，妻子牲畜已不知所踪，"相顾痛哭"。明军给进入河套的蒙古部族造成重大损失后，"套寇"才暂时撤出河套地区。

早在成化八年秋，余子俊就曾建议修筑一条"东起清水营，西抵花马池，延袤千七百七十里"的长城。为了减少工作量，余子俊意图充分利用当地的自然条件"依山形，随地势，或铲削，或垒筑，或挑堑，绵引相接，以成边墙"，明廷最终同意了他的建议。成化九年明军大破"套寇"后，余子俊调集人力物力于成化十年（1474年）四月开始修筑，同年六月完工，前后不到三个月，这便是延绥镇长城。长城完工后，曾遭到人们质疑"沙土易倾，寇至未可恃"。成化十八年（1482年）时，入侵的蒙古人撤退时被长城阻隔，难以逃脱，证明余子俊所修长城的坚固。这段长城在之后的历史中又进行过加固，万历年间包砖加固后，延绥镇长城正式完成。

为什么明政府最终以修筑边墙，而不是以战车扫平河套地区的蒙古人？四朝元老王琼在《北虏事迹》中道出了原因：

> 胡人以畜牧为生，骑射为业，侵暴边境，出没无常，大举深入，动至数万。历代以来屯兵戍守，寡则艰于应敌，多则困于转输。是故虏众易合而势常强，我兵难聚而势常弱。惟其弱也，故有与之和亲，为之纳币而不耻者。其甚至于陷没疆土，臣事犬羊。如五胡乱华，蒙古灭宋，夷狄之祸，于斯极矣。若夫英勇之君，愤夷狄之侵凌，竭天下之财力，穷兵远讨，犁庭扫穴，中国强矣。然而内自敝甚，至亡国如秦、隋之为，亦非计之得也。是以论者谓御戎无上策，良以此耳。

虽然明军的战车"搜套"战略没有获得成功，但从明朝人的历史记载中能发现，这个时期火器战车已被大量运用在明军与蒙古的河套争夺战。成化三年六月，面对毛里孩和建州女真在西、东两个方向对明朝的军事威胁，靖虏将军、总兵官、武靖伯赵辅向明宪宗建议使用战车，并举例天顺年间宣城伯卫颖在凉州（今甘肃武威）用战车作战的例子。其实早在天顺年间，辽东巡抚程信就曾制造过战车。赵辅此时的建议应该是将新式战车投入使用。明朝名臣余子俊也曾在《为军务议造战车事》中写道："追忆天顺年间臣守西安，曾办车料送至宁夏，成造兵车用无不利，至今赖之。"后来嘉靖年间，山西都御史张松称："兵车之制，自旨记之。先臣余子俊用之宣大，屡立奇功。"算是对余子俊说法的肯定。

当然，期间也有一些反对意见。成化九年二月，时任陕西巡抚的马文升就认为陕西地区制造战车不仅没能起作用，还给人民带来了极大负担，于是请求停止制造战车。

但总体上，明代火器战车和车营的发展没有受到干扰。成化十二年（1476年）八月，御史李宾建议修造偏厢车五百辆、鹿角五百具，用这些装备一支五千人的战车部队，并令明朝边境各地方机构组建类似的战车部队。如果这个建议被采纳，这支部队可能会成为明朝最早的"车营"。但经过讨论和试验，明宪宗在顽固势力的压迫下最终否决了这个建议。

　　虽然新造战车的奏议被明宪宗否决了，但改造现有战车的建议则被采纳了。成化十三年（1477年）十二月，甘肃总兵王玺建议将现有战车加以改造：在车中部设一可以旋转的炮架以搭载火炮。这种改装后的战车被称为"火雷车"。至此，明代的火器战车基本发展成型，相配套的车营组织与战术的出现仅是时间问题了。

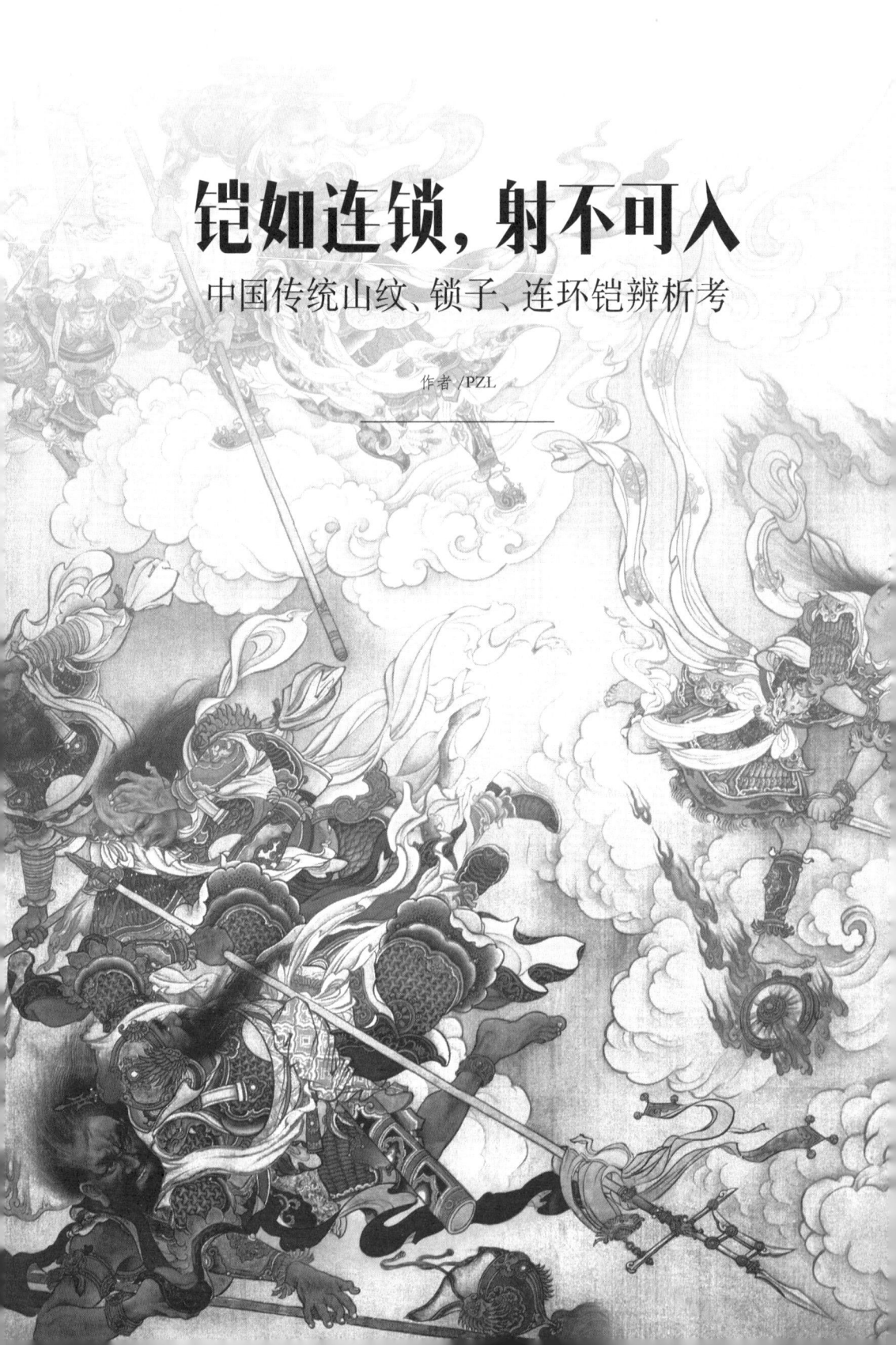

# 铠如连锁，射不可入

## 中国传统山纹、锁子、连环铠辨析考

作者/PZL

相信对中国传统文化颇有兴趣的读者，早就听说过"山纹""锁子"与"连环"这些名称。

　　一般来说，"山纹"是指《唐六典》里提到过的唐代十三种铠甲之一的"山纹甲"。在《唐实录》中也有对"山纹甲"的记载："贞观十九年五月丁丑，营于马首山，初太宗遣使于百济，取金漆涂铁甲，色迈兼金，又以五彩染玄金，制为山文甲。"宋代亦有"黑漆顺水山字铁甲"之说。

　　"锁子"和"连环"指的是民间常言的"锁子连环甲"。在现代的一些游戏里，它往往又被叫作"链甲"。它起源于西方，有籍可查的最早流入中国的时间是在三国。曹植将它写作"环锁铠"，记录在他的《先帝赐臣铠表》中。编纂于唐代的《晋书》也提到过"环锁铠"的样式："胡便弓马，善矛矟，铠如连锁，射不可入，以革索为羁，策马掷人，多有中者。"在唐代法典《唐六典》中，亦可见有锁子甲之名，并且这还可能是"锁子甲"这个名称最早的出处。宋代周必大在他所作的《二老堂诗话·金锁甲》中，对锁子甲作如下解释："至今谓甲之精细者为锁子甲，言其相衔之密也。"明末张自烈所撰的《正字通》里则注明了锁子甲的结构："锁子甲，五环相互，一环受镞，诸环拱护，故箭不能入。"

▶ 美国纽约大都会博物馆保存的，可能是19世纪制作的"西藏锁子甲"，这是一件名副其实的铁布衫

虽有典籍在案，班班可考，表面看来"山纹"与"锁子连环"之间的区别泾渭分明，但其实上这其中别有玄妙，若干蹊跷抵触之处隐藏其间，很值得挖掘出来细细推敲，考证一番。

## 官方文献资料里的"山纹甲"图像与文字记录脱节

明代的写实人物绘画技术十分高明，收藏于台北故宫博物院的《出警入跸图》画卷，篇幅宏大、精美绝伦。画中人物形象特点鲜明、形态饱满，细节刻画到位，整个画卷色彩绚丽丰富，线条流畅，对各部分结构掌握到位，就连服饰、器具等细节也十分严谨，在历史方面有极强的可信性。

"山纹甲"在《出警入跸图》中出现极为频繁，但问题也就随之而来了。同图像资料相比较，明代关于"山纹甲"的官方文字记录几乎为零。比如在对明朝社会各类规章制度，包括皇帝上朝及出行所需，以及各级侍卫的着装与武器佩戴，都做到事无巨细皆有明文要求的《明会典》中，我们就找不到有关"山纹甲"的记载。

▲ 在这幅《出警入跸图》的局部图中，可以看到该画面上有三人皆穿"山纹甲"

以《明会典》里的这段对日常朝会的侍卫着装要求为例，书中道：

> 凡常朝御皇极门，掌领侍卫官，俱凤翅盔、锁子甲，悬金牌，佩绣春刀，直左右阑干首。锦衣卫将军二十四人，明盔甲，悬金牌，佩刀，执金瓜。
>
> 勋卫、散骑舍人四员，府军前卫官二十员，明盔、锁子甲，悬金牌，佩刀，夹左右陛。锦衣卫指挥一员，常服，悬金牌，列御道西。千户二员、百户十员，俱常服，悬金牌，列其下。锦衣卫将军八人，明盔甲，悬金牌，佩刀，夹御道左右。又八人，明盔甲，悬金牌，佩刀，执金瓜，披两陛下。又四人，并神枢营大汉将军四人，俱明盔甲，悬金牌，佩刀，执金瓜，直左右匮。锦衣卫将军二十人，红盔、青甲，悬金牌，佩刀，直左右品

牌。锦衣卫将军八人，红盔、青甲，悬金牌，佩刀，直左右踏凳。

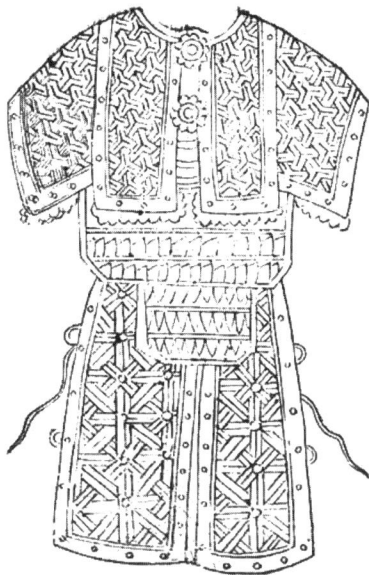

▲《武备志》中摘自明代兵书《兵录》的唐猊铠图。从图像上看，该甲甲片就是山纹款式。但此甲的制作方法极为诡异，且全文再一次与"山纹"无任何相联系

这段文字字数不多，但是其中的各式物件的名头就足以令人眼花缭乱，而这还仅仅只是《明会典》中相关条目的一小部分而已。如果说皇帝侍卫还只是一个小范围的群体，他们的武器多半都是仪仗性质，难保不在别的部队当中发现有"山纹甲"存在的话，那么笔者就在此处将《明会典》卷一百九十二中关于明代军器、军装记录抄录整理如下，计有：

抹金甲、青织金云纻丝裙襕、鱼鳞叶明甲、红绒绦穿齐腰明甲、绿绒绦穿齐腰明甲、绿绒绦穿方叶齐腰明甲、绿线绦穿鱼鳞叶齐腰明甲、匙头叶齐腰明甲、青纻丝镀金平顶丁钉齐腰甲、青纻丝黄铜平顶丁钉齐腰甲、青纻丝镀金丁钉齐腰甲、红绒绦穿齐腰甲、青绵布火漆丁钉齐腰甲、青纻丝黄铜平顶丁钉曳撒甲、紫花布火漆丁钉圆领甲、黑缨红铜镜马甲、大叶明甲、青纻丝火漆丁钉齐腰甲、青纻丝

绦穿齐腰甲、青绵布绳穿齐腰甲。

在上述这段种类繁多的明军铠甲名目里，却丝毫没有"山纹"二字的踪迹。这种情况并非为《明会典》所独有，在对明代北京盔甲厂生产做出明确规范的《工部厂库湏知》里也只提到三种铠甲的名称，即"青甲""紫花布甲"和"明甲"。在包括《武备志》为代表的民间或者半官方、官方的兵书中，我们也难以找到关于"山纹甲"的只言片语。

这样一来就不能不与同时代存在的大量的"山纹甲"具象实物图像构成强烈的反差了。那么其原因究竟何在？

## "山纹甲"上的"山纹"真的是"山纹"？

也许有人会说，没有对应文字记录只是因为唐代之后的几个朝代都不再以"山纹"之名对其进行命名。《唐六典》虽然确实是记录下了"山纹"这个名字没错，但是并没有明确无误地留下对应的图像，故而事实上我们并不能保证，现在大家认为的"山纹甲"就是古人所说的山纹甲。如果不先入为主地接受"山纹甲"这个概念，光看上面的

▲ 小篆的山字，网络上可以看到有人构思了以此字为原型的"山纹甲"甲片

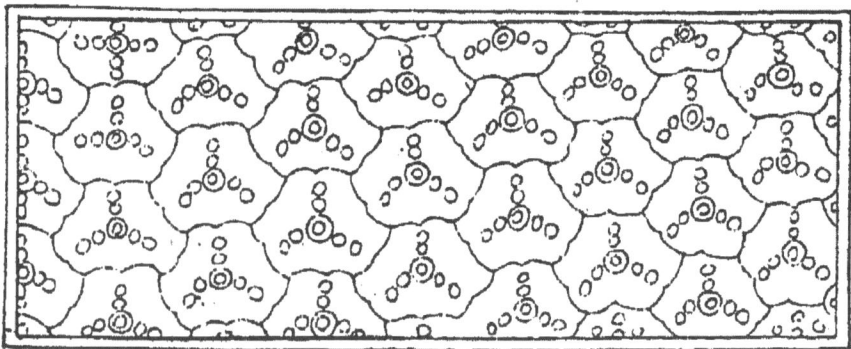

▲《营造法式》中的"琐子"图样，其外形与"山纹甲"甲片形制大致相同。元时期熊忠所撰的《韵会》里对琐子的解释为："物刻镂胃结交加为连琐文者，皆曰琐。"郑珍新附考："锁，本作琐。" 由此可见，"琐子"即通"锁子"

甲片纹路，与其说是像"山"，不若更说像是个"人"字。

当然，也有人会说"山纹"并非是由于组成之后的表面纹路像"山"字，而是因为它的单片甲片的结构就是按照小篆的"山"字得来的，并且也正是因为如同小篆字体的特殊结构，才使其具有独特的组接方式。但是这种说法同样还是缺少历史实物印证，而且在中国古代美术史的研究领域里更是站不住脚。

今天人们眼中所谓的"山纹甲"甲片纹路，在现代编写的专业美术书籍中其实有着另一个术语名称——锁子。《中国纹样史》里对"锁子"纹的解释如下："锁子是由浅弧形组成三角联环的一种几何纹，因形如链锁，故名。锁子纹仿自锁子甲，亦称锁甲、锁骨、锁子铠……

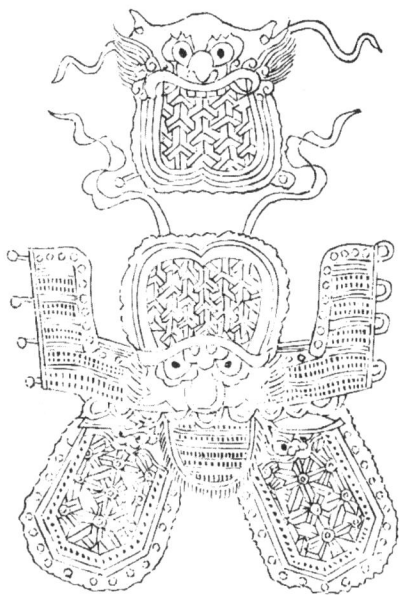

▲ 北宋《武经总要》中的"身甲"图。从图上看，该甲的甲片式样明显就是所谓的"山纹甲"，但书中对包括这张图在内的几幅盔甲图画的说明仅有只言片语，并未将其与"山纹甲"或者"山字甲"这样的字词联系起来

锁子纹因其链环相勾连，而又相拱护，故有联结不断之意。"书中还配上了出自宋代李诚的《营造法式》中名为"琐子"的彩画图样。

沿着"琐子纹"的这条线索再往前追溯，我们可以看到在明人编纂的《元史》里也有提到元的仪卫服色中用到了"锁子纹"。《元史》中写道："甲，覆膊、掩心、扞背、扞股，制以皮，或为虎文、狮子文，或施金铠锁子文。"《中国历代服制服式》一书对此条记录的解释为："元代的甲，多以皮制，在皮上饰以薄铜铁片或用金涂，史称元代'金铠锁子文'。"在书中又进一步地对"金铠锁子文"注释道："古代战甲到唐、宋及元，多采用软甲，即在软皮革上缀饰薄铜铁片，为美观又常以涂金，称为金铠或金甲，锁子文即薄甲片以方形连环锁而成的一种纹饰。"虽然这两段解释并非完全没问题，如"元代的甲，多以皮制""唐、宋及元多采用软甲"云云就有待商榷。但是笔者以为，书中对锁子纹的应用解释与样式说明还是值得

▲《皇朝礼器图式》中的"亲王甲"配图。图中的"亲王甲"被明确说明是以"石青镍子锦"作铠甲之表，内部敷设铁鍱（同"叶"），再用月白绸当作里子。其外表上的纹路和所谓的"山纹甲"一模一样，在文中却被叫作"锁子"。因此至少在清代，无论真实的"山纹甲"甲叶形状到底为何，如图中那种传统式样的"人"字形重叠往复的纹路，的确可以被称为"锁子"

▲ 像左图中的"锁子纹"还可见于北京故宫博物院收藏的一件属于顺治的"锁子锦盔甲"上。博物院人员对该甲样式的说明为上衣下裳式样，蓝底人字纹锦面。此外，博物院还给出了清朝人对该甲的原始标称："随甲有一黄木牌，上墨书：'世祖章皇帝嵌珊瑚珠、石红铜、镀金月白锦缎面棉盔甲一副……'"从这行话看来，清朝人对其的分类当属内部并不敷设铁叶的棉甲

▼ 在清乾隆《平定台湾得胜图》铜版画系列之三的《攻克斗六门》中出现了清军身着"山纹甲"（或者说是锁子锦）作战的画面。不过，该图像到底是画家无心之失还是写实而作，笔者就不得而知了

斟酌参考的。

或许有人会说，《营造法式》是一本宋代的建筑类书籍，书中列举的彩画图像与名称全都是运用于建筑装饰的，而非甲胄兵器。仅凭《营造法式》真就足以确定"山纹甲"非"山纹"？对于这个问题，最好、最明确的回复就莫过于清人《皇朝礼器图式》中的"亲王甲"图文说明。

十分可惜的是，《中国纹样史》与《中国历代服制服式》如同《武备志》一样，都没有给出像清《皇朝礼器图式》里那样图文紧密的宋、明两代的锁子纹甲胄的图释，不然"山纹甲"的复原问题也就可以迎刃而解了。宋代《武经总要》对具有"锁子纹"纹饰在内的所有盔甲图像所做的文字解释里，也仅仅只有"贵者铁，则有锁甲"这样并不能说明什么问题的记录。

## 古代民间概念里的"锁子甲"就是我们现代意义上的链甲吗？

锁子甲，简称"锁甲"。正如前文中所引用的《正字通》所言，乃是一种由金属链环组成的铠甲。这本应无疑义，明代方以智的《通雅》亦是执此说。东邻朝鲜也是这般称呼，其《世宗实录·五礼·军礼序例》中写道："以铁丝作小环相贯，曰鏁（同"锁"）子甲。"清《皇朝礼器图式》里还有"鏁子甲。鍊（同"链"）铁为之。上衫下袴。皆为铁。连镮（同"环"）相属。衫不开襟，白布缘领，贯首被之"之语。

如果以"锁子甲"（或"锁甲"）、"连环甲"作为关键词，搜索一遍古代典籍的文字记录，则会发现在古典小说中确实有大量的所谓"连环锁子甲"（或"锁子连环甲"）赫然在目，其含义若是简单地望文生义，无疑就是如上所言的一种"链甲"而已。但是在另一方面，

▲ 朝鲜《世宗实录·五礼·军礼序例》中的鏁子甲图

▲ "五色明珠缀锦边，银铺雁翅绿绒穿。宝妆玉带牢牢系，杂彩绒条紧紧拴。"倘若去掉"银铺雁翅绿绒穿"一句，再与《关羽擒庞德图》中的这一部分"山纹甲"图像相对照，会发现这段诗句十分地有代入感

却还存在着几处描述蹊跷到足以推翻以往我们对"锁子甲"即"链甲"的这种认知。

一类是将"连环甲"与"锁子甲"分开并称。例如元杂剧《阀阅舞射柳蕤丸记》里有写："那人人戴七顶头盔，把那锁子甲、连环甲、柳叶甲、匙头甲，八九层披在身上。"元至治年间的《全相平话》中有云："身上被连环甲、锁子甲、桃花甲、柳叶甲，耀日辉辉。"《水浒传》则道："那兀颜统军披着三重铠甲，贴里一层连环铜铁铠，中间一重海兽皮甲，外面方是锁子黄金甲。关胜那一刀砍过，只透的两层。"

再一类，则是写明了不同于"链甲"的"锁甲"外形。《新编五代史平话》中明确写道，锁甲乃是由银片堆砌而成，"待取阿速鲁打扮出来，头戴一顶金水镀的头盔，身披一副银片砌的锁甲"。《残唐五代演义》有言："甲挂龙鳞金锁甲，袍披红艳艳红袍。"很明显，这里的锁甲乃是"鳞"形。《大唐秦王词话》里也有类似的，并且更为细致的描写："贯一副银锁甲：五色明珠缀锦边，银铺雁翅绿绒穿。宝妆玉带牢牢系，杂彩绒条紧紧拴。欺柳叶，胜连环，玲珑乱摆响珊珊。

▲《武备志》中的"钢丝连环甲"。此图与该书上的文字解说皆摘录自《兵录》

▲ 从外观上分析，《营造法式》中与"琐子"同属一类的"联环"（即连环），显然与之前的"琐子"样式区别明显，更接近于锁链的样式，与"五环相互"的样式差别太大。《营造法式》彩画作"五彩遍装"对"联环"的解释很简短："一曰琐子（联环琐、玛瑙琐、叠环之类同）。二曰簟文。三曰罗地龟文。四曰四出。五曰剑环。六曰曲水。"在一些佛庙的天王像中或可见到用此种"联环"纹样来象征"链甲"

翻波龟背经霜重，出水龙鳞带雪寒……"尤为需要注意的是，《大唐秦王词话》中的这段文字，不光是明确将锁甲与柳叶和连环区分对比，其中的"银铺雁翅绿绒穿"一句还指出了这个"锁甲"甲片的外形犹如"雁翅"，并且是由绿色的丝绒相互串联。

仅从上述文学作品的记述来看，古代民间概念里的锁子甲可能并不完全是我们现代的链甲概念，而是更可能接近于上文开始时就提到的《二老堂诗话·金锁甲》所做的理解，即泛指相衔紧密的精细铠甲，或者说是优质铠甲的代名词；抑或只是与《营造法式》中的"琐子"通假，名为"锁甲"实为"琐甲"。像《水浒传》中将历史上出现过的"蹄筋翎根甲"演绎为金枪手徐宁的"雁翎锁子甲"便是其中的又一例。如果此说成立，那么诸如"锁子红铜甲""锁子黄金甲""锁子狻猊甲"等等由小说家发挥创造的名词也都可以有了新角度的诠释。

"连环甲"当然还是"链甲"。在《武备志》里有一张"钢丝连环甲"之图。该图的说明为："钢丝连环甲，古西羌制其度，即今大铁丝圈，如钱眼大，环炼如贯串，型如衫样，上凿领口如穿，自上套下，枪箭极难透伤。"图文都明确表明此处的"连环甲"同朝鲜《世宗实录·五礼·军礼序例》和清《皇朝礼器图式》的"鏁子甲"一样，都同为"链甲"。

107

但是光凭小说家之言用于考证历史明显还是站不住脚的。小说虚虚实实，作者自由发挥的余地极大。得胜钩、鸟翅环便是一例，只见于评话说书口传，不见于正史经典笔下。更会有矛盾之处令人难以捉摸，比如同为小说的《封神演义》里又有一句"锁子纹，肩上悬"，就颇多费解。

故而严谨的考证还需要非文学小说类的其他文献加以佐证。如在反映清代康熙时期西藏地区风土人情、社会生活的地方志《西藏志》中，有一条介绍西藏地方军队的武装记录，其曰："上阵亦穿盔甲。其甲有柳叶，有连环，有锁子。"也许可以将这条记录用来佐证"锁子甲"与"连环甲"为两个概念。

依据"大胆假设，小心求证"的原则，笔者将本文核心总结如下：

一、中国古典美术作品中的武将身上那种"人"字形铠甲，未必就是人们眼中的"山纹甲"，但可以根据《营造法式》的说法，将此种纹路称为"琐子"。

二、锁子甲在中国的官方文献中应为锁环构成的"链甲"衫无误，但是在民间文学作品中，又具有不同的理解，被视为其他种类的铠甲。

三、只有"连环甲"无论是在官方还是民间都等同于链甲这一条可以做到确认无误。

以笔者绵薄之力，仅能提出这三个问题，做出一点小小的推测。期待读者同好能够在此基础上向前迈进。


## 尾声：未尽的疑问

像中国民间出现"锁子甲"和"连环甲"这样本应是同一事物却转变为两个概念的情况在英国也出现过。在英语里，"chain"和"mail"两词可以同指"链甲"。但19世纪苏格兰的历史小说家沃尔特·斯科特爵士在他的《奈杰尔的命运》中却将"mail"单独理会成"armour"（铠甲），从而首创了至今仍在沿用的"chainmail"（锁子甲）这个新词，以至于之后又有了"platemail"（正确的说法是plate armour，板甲）、"scalemail"（正确的说法是scale armour，鳞甲）这样的错误说法。

我们如果翻阅过《西游记》原著可知，孙悟空从东海龙宫获得金箍棒的同时，西海龙王还为他献上了一副锁子黄金甲。但在戏曲舞台或者影视剧里，美猴王披

▲ 极乐寺的两尊天王像铠甲局部图

挂的往往就不是"链甲衫"式样的铠甲。这或许从一个侧面说明，民间概念里锁子甲并非完全就是"链甲"。同样的情况还反映在山西地方戏曲里的一句唱词里："穿一件锁子甲柳叶千层，跨一骑桃花马日行千里。"

种种疑问，不一而足，且待后人续。

# 参考文献

## 古籍

《唐六典》《唐实录》《晋书》《先帝赐臣铠表》《二老堂诗话·全锁甲》《正字通》《通典·吐蕃传》《明会典》《武备志》《兵录》《营造法式》《皇朝礼器图式》《武经总要》《世宗实录·五礼·军礼序例》《西藏志》

## 古代小说

《大唐秦王词话》《残唐五代演义》《新编五代史平话》《水浒传》

## 当代作品

[1] 田自秉, 吴淑生, 田青. 中国纹样史 [M]. 北京: 高等教育出版社, 2003,

[2] 黄辉. 中国历代服制服式 [M]. 南昌: 江西美术出版社, 2011.

# 攻者利器，皆莫如砲

## 中国杠杆式抛石机的发展历程

作者／郑礼添

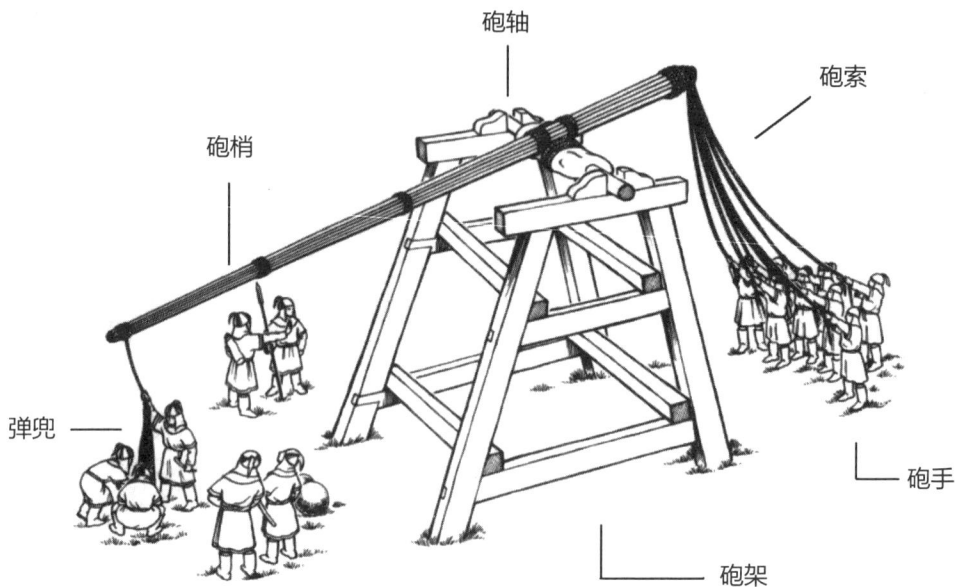

▲ 中国牵引式杠杆抛石机

图中标注：砲轴、砲索、砲梢、砲手、弹兜、砲架

攻者利器，皆莫如砲。攻者得用砲之术，则城无不拔；守者得用砲之术，则可以制敌。——《守城录》

抛石机，又称投石机，是金属火炮成熟之前最具威力的重型远程攻击武器，中国古代称之为"机石""投石""发石""飞石""抛石"，或写作"礮""砲"，在火药出现以后它又演变为火字旁的"炮"。抛石机按结构方式可划分为扭力弹簧抛石机（罗马式弩炮）、弹力抛石机（床弩型）和杠杆抛石机三种，而其中以杠杆抛石机威力最强，使用时间最久。

杠杆抛石机是利用杠杆原理及离心力作用，以抛射的方式，将一切可以杀伤目标的物体——石头、火药炸弹甚至是带有疾病的牲畜或人，砸向敌方人员或军事设施的重型远程攻击战具。其主要构架包括：作为主体的砲架底座，架设于砲架之上可纵向转动做功的杠杆砲梢，系于砲梢尾端用于承载抛射物的皮弹兜。而动力部分，则在砲梢前端根据需要系上数量不等的砲索或挂载重物，以人力拉拽或通过重力下坠的方式来提供，由此可将其分为牵引式（人力拽索）杠杆抛石机（traction-trebuchets）和配重式（平衡重锤）杠杆抛石机（Counterweight Trebuchet）两种。

牵引式，通常也叫人力抛石机，起源于中国，其最明显的特征是在杠杆砲梢的前端系有数量不等的砲索，操作时由数名乃至数百名拽砲手同时用力向下拉拽击发，砲梢后端就会像跷跷板一样猛地翘起，系在尾端的皮弹兜一端脱钩，将"砲弹"发射出去。牵引式杠杆抛石机的弹重可达数斤至数百斤不等，射程能有三四百米。整个操作过程相当简短，一个熟练的砲手团队可以每分钟发射 5—6 次。它的结构也比较简单，甚至可以在战场临时制作，因而极易推广。


## 发石为砲

抛石机的源头，要从原始时代说起。投石掷木是人类最古老的远程攻击手段，而投石索（sling）是加强投石威力的简易工具。其以绳索编织，中间带有弹兜，一端扎成一个可以套住手指以便固定的绳圈。使用时，将石块放入弹兜，绳圈套入手指，再将另一端握在手中，面向目标飞速挥舞旋转，当加速到极限时将握紧的绳索撒放，石块便在离心力作用下激射而出。宁夏银川市世界文化遗产贺兰山岩画便凿刻有多幅远古人类以投石索狩猎的画面。我国各族人民均使用过这种古老的投石工具，如藏族的"俄多"、彝族的"别尔"、纳西族的"支儿伙"、普米族的"果穷"等，中原民族则多称之为"甩石兜"。直至民国时期，西藏的部落武装中还有投石索兵存在，可见其历史之悠久。

抛石竿（staff sling）是投石索的加强版。它将投石索一端拴于长棒上，另一端虚套，以双手抓握棒端，向前抛甩，射程比投石索更远，而且使用的石弹也可以更大更重，威力更强。唐朝《通典·兵典》中称之为"手抛"，"敌若推轮排来攻，先以抛打，手抛既众，所中必多"。北宋《武经总要》称其为"手砲"，并记录了手砲的形制大小、配件和弹重："手砲，敌近则用之，砲竿一（长八尺），蝎尾一（长四寸），铁环一，皮窝一（方二寸半，系于竿上），用二人放，石重半斤。"明、清时期则称之为"飘石"，清代兵书《武备辑要续编》卷七《乡守器具》中有详细说明："每用一握竹，长五尺。以长绳两股，一头系竹上，一头

▲ 投石索

▼ 抛石竿

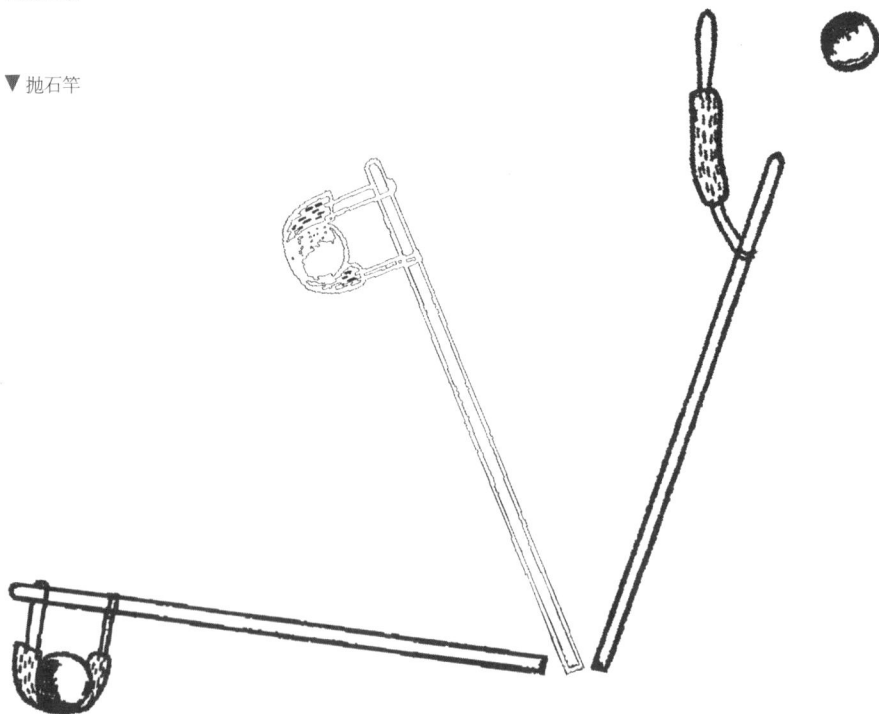

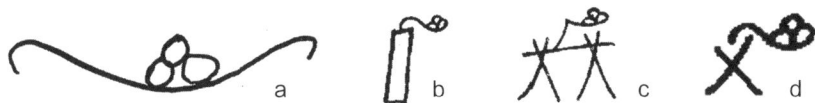

用一环，绳中分用一皮兜，径五寸，摇竿为势，一掷而发。守城宜用，且飘石易得，但手发不远，用此法发之，可远可重。需平时习惯，发乃有佳。"

其实，抛石竿是单兵投石工具向大型投射器的过渡。它已初步具备了杠杆抛石机的两个要素，即砲梢（抛竿）和弹兜（投石索），而且双手抛射时形成的杠杆作用与杠杆抛石机投射原理如出一辙。

在我国云南纳西族古老的东巴象形文字中，三个代表投掷石块的文字a、b、c（c也可略写为d），可以说囊括了中国投石工具的演变过程。其中，a很明显是投石索；而b意思是飞石柱，形象是一根木棒连着一个装有3个石球的投石索，这便是抛石竿；最后一个是c（或d），大意是用木架放飞石，它很形象地描绘了一样东西——抛石机。

《墨子·备城门》篇中记载道："以木大围长二尺四分而早凿之，置炭火其中合慕之，而以藉车投之。""藉车"便是抛石机，其抛射的是将木桩掏空放入烧着的木炭以便纵火的"燃烧弹"。稍晚的《孙膑兵法·陈忌问垒》中则说："弩次之者，所以当投机也。"意思是在特定的战场环境下，弓弩能够发挥抛石机所起的作用，这里的"投机"一词说的便是抛石机。但当时的抛石机如藉车，结构还较为原始，是以木桩打入地下作为固定装置的，无法移动，只能定点攻击。

虽然抛石机发明于战国时期，但真正得到推广却是在两汉时期，更具体一点可能是在两汉之交的王莽篡位时期，它对汉代的军事技术发展起到了不小的推动作用。

目前关于抛石机的详细史籍记载基本始于东汉初。东汉第二任皇帝汉明帝（28—75年）在位时，名儒贾逵献其所撰《春秋左氏解诂》，书中注释《左传》"旝动而鼓"一词时说，"旝为发石，一曰飞石"。而在此后不久成书的《说文解字》也提道："旝，建大木，置石其上，发以机，以磓敌也。"这两个记载虽不能说明春秋时期已经发明了抛石机，但可见在东汉初，抛石机应用已相当广泛。三国

115

学者张晏注解《汉书·甘延寿传》时引用了《范蠡兵法》"飞石重十二斤，为机发，行二百步"的说法，也就是说在三国之前，《范蠡兵法》已流传于世。范蠡是战国时期越国名臣，通常认为《范蠡兵法》是汉人托其名所作，但从另一个角度来看，这个记载提供了汉朝时抛石机的性能数据，即可以将约2.7千克的石制弹丸，抛出约280米远。这个弹重与射程说明当时使用的抛石机形制不小，因为在唐宋时期，性能大致相当的抛石机至少需要数十名拽砲手来提供动力。

汉末至三国，诸侯之间的争霸刺激了对武器的需求。

在公元200年的官渡之战中，袁绍的军队筑土山并修建木质楼橹，居高临下朝敌对的曹军阵营放箭。因对手占据地利，处于劣势的曹军连在营中走路都得举着盾牌。"绍为高橹，起土山，射营中，营中皆蒙楯而行。"（《后汉书》）曹操聚谋士讨论对策，刘晔献计以抛石机应对。于是曹操命工匠连夜制造数百架"发石车"，隐蔽在营中各处，瞄准袁绍军的楼橹。次日，袁军登楼射箭时，曹军砲兵在敌方箭矢射程外猛烈发射，密集的石弹将袁军所有木楼砸毁，一举打破了袁军的"火力封锁线"。因曹军抛石机命中目标后会迸发出巨大的声响，故而心惊胆战的袁军敬畏地称其为"霹雳车"。"发石车击绍楼，皆破，绍众号曰霹雳车。"（《三国志》）"以其发石声烈震，呼之为霹雳。"（《资治通鉴音注》）魏景初二年（238年），司马懿奉曹操之孙曹睿之命统军征讨割据辽东的公孙渊。在襄平之战中，司马懿命魏军"发石、连弩射城中"，"矢石雨下，昼夜攻之"，猛轰襄平城，最终迫使叛臣公孙渊开城投降，从而一举平定了辽东地区。魏甘露二年（257年），司马懿之子司马昭率军围攻据守寿春（今安徽寿县）的叛将诸葛诞（诸葛亮族弟），诸葛诞军大造攻具突围，魏军"临高发石车、火箭，逆烧破其攻具，矢石雨下，死伤蔽地，血流盈堑"（《资治通鉴》）。诸葛诞军大创而无力突围，引发内讧，人心涣散。最终，魏军趁势攻城，击杀诸葛诞，攻下了寿春城。

西晋代魏而立后又灭孙吴，结束了汉末三国分裂的局面，但仅数十年便后又陷入动乱。在东晋十六国至隋灭南陈结束南北朝的近三百年间，朝代更迭，社会动荡，但战乱频繁客观上促进了军事技术领域的发展。

这期间，抛石机作为一种强力远程武器越加得到重视，《宋书》《陈书》《梁书》《周书》《北史》《隋书》等史籍都记载了大量抛石机作战的案例，如东晋名将陶侃于广州平叛时便使用了"发石车"。公元347年，后赵军队攻打前凉枹罕（今临夏）时，使用了"霜车"，应是取"石下如冰霜"之意。466年，刘宋豫州刺史殷敬珉据寿阳叛乱，宋明帝遣军平叛，寿阳叛军使用"礧车"，"击之以石"，摧毁了平叛军载土填壕的"虾蟆车"。573年，陈朝军队北伐攻打历阳，以"拍车"打碎了历阳守军的城楼。

除了史籍记载外，还有两则比较特殊的史料。

一则是公元421年，北凉王沮渠蒙逊请印度僧人昙无谶到姑臧（今甘肃武威）翻译佛经。昙无谶所译数部佛经中《佛所行赞》品第二十八（章）描述佛祖如来涅槃后，印度八王争夺佛舍利，拘尸那迦城守卫的力士使用了"弓弩抛（通'挽'）石车"以对抗攻城的七王军队。当时昙无谶译经是其口述而由中国僧人慧嵩笔受（指用笔记述别人口授的话）译成汉语的。而《佛所行赞》的异译本《佛本行经》和敦煌、高昌出土的关于八王分舍利故事的壁画均没有提及"抛石车"，因此可知慧嵩在笔译《佛所行赞》时实际参考了中国当时的战争常态。

另一则来自一件敦煌古残卷。清光绪二十五年（1899年）初夏，敦煌鸣沙山千佛洞第288号石窟发现总数达两万多卷的九百多年前的藏书和绢画。它们绝大多数是写本，一小部分是木刻本，均以长卷的形式收藏，年代为4世纪末至10世纪初，被称为敦煌石室藏书。不久，这批珍贵文献被英国人斯坦因（M.A.Stein）劫走九千余卷，法国人伯希和（P. Pilliot）劫走五千余卷，流散欧洲。其中一件由法国巴黎国家图书馆收藏的编号为Pelli01：.2667的敦煌古残卷，即著名的《甲种敦煌算书》，经中国社会科学院郭正忠先生考证（《一部失落的北朝算书写本＜甲种敦煌算书＞研究》），约成书于南北朝北周割据政权统治敦煌时期（557—581年）。书中涉及南北朝时期的经济、军事、建筑、织造以及社会生活等多方面的历史题材，具有较高的研究价值。原件仅存61行另10字，包括一道残题在内，共13题，军事题材约占62%。

其中第9题便涉及牵引式杠杆抛石机，即题中的"石车"："今有城，周回十八里，四面有门，门有二楼；又四角，角有一大楼，一十五小楼。廿（20）步置一弩，卌（40）步置一方梁，六十步置一石车（即抛石机），五步置一钩。大楼上着卌人，一小楼着廿人，弩着三人，一方梁着八人，石车置廿人，一钩二人，又欲一步着战士一人，问凡用兵几何？"答："一十二大楼用人四百八十个，小楼一千二百。二百七十张弩用人八百一十，一百卅五个方梁用人一千八十，九十个石车用人一千八百，一千八十枚钩用人二千一百六十人，五千四百步用人五千四百。"[①]这道题假设了一个周长18里的城池，一里是300步，其中60步设置1架抛石机进行防御，全城共需90架，每架需20名炮手，合共1800人。这个人数在全城总12930人的防御兵力当中占据了约14%，可见抛石机在该城防体系中的重要性。

公元577年，北周灭北齐，统一北方；581年，北周权臣杨坚篡位称帝，改国号为隋；589年，隋灭南陈，统一全国。但杨坚的继任者隋炀帝杨广好大喜功，使隋两代而亡，陇西李氏代隋而立，建立唐朝。

## 军中利器

唐朝建国后，在统一天下与唐初对外征战中，抛石机屡屡作为唐军的攻坚手段出现。武德三年（620年），李世民在围攻洛阳宫城时，所使用的"大砲"，其飞石重50斤，掷200步。唐制50斤约等于现在的34千克，而唐代的"步"也比汉朝时大，200步约为295米。贞观十四年（640年），侯君集受命讨伐高昌，山东凡善造攻城器械者皆征召从军。在攻打可汗浮图城（今新疆吉木萨尔县）时，行军副总管、曾任匠作大将的姜行本命"依山采木，造攻城器械"，10天里大造云梯、冲车、飞砲无数，几乎将整座罗漫山（今巴里坤南山）的林木伐光。所造攻城器械"机桧一发，千石云飞"，拿下了可汗浮图城。侯君集主力赶到后，在攻打高昌主力驻扎的田地城（今鄯善鲁克沁）与其会师，"飞石如雨，所向无敢当，因拔其城"，迫使高昌王麴智盛降唐。

唐中期，河东节度使都虞候李筌撰兵书《神机制敌太白阴经》，在卷四《战具篇》中，对牵引式杠杆抛石机的记载可以说是对魏晋南北朝至隋唐时期牵引式杠杆抛石机发展的总结：

---

[①] 原文有缺，郭正忠先生在其《〈甲种敦煌算书〉的考校与释补》一文中进行了补校。

▲《武经总要》中的楼船，注意船楼上设有一架抛石机

　　《攻城具篇第三十五》："砲车，以大木为床，下安四轮，上建双陛，陛间横栝，中立独竿，首如桔槔状，其竿高下长短大小，以城为准。竿首以窠盛石小大多少，随竿力所制，人挽其端而投之，其车推转逐便而用之，亦可埋脚着地而用，其旋风四脚，亦随事用之。"

　　《水战具篇第四十》："楼船，船上建楼三重，列女墙战格，树旗帜，开弩窗矛穴，置抛车垒石铁汁，状如城垒。"

　　这两段话除了介绍水战用抛石机之外，主要讲述了4种形制的牵引式杠杆抛石机：一是独柱式，即以一根大木为支柱，柱脚插埋于地，固定施放，这便是最原始的如《墨子》中籍车的结构；二是车砲式，上部结构同于独柱式，下以大木为床，装有4轮，可以机动，即所谓"发石车""砲车"或"抛车"；三是框架式，转

▲ 河南省开封市出土的北宋铜质象棋"砲"，其反面是一架抛石机和一名砲手

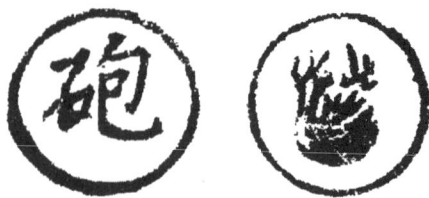

▲ 江西省安义县出土的北宋铜象棋拓片。北宋时期火药武器的广泛使用在象棋中也得到体现，"砲"子的背面是一颗引燃的爆燃弹

轴和抛射杆安装在一个方框形的机架上，机架有 4 根边柱，故俗称"四脚"；四是旋转式，支柱可以左右旋转，因而可根据敌人的方位调整射击方向，即所谓的"旋风砲"。这四种抛石机再加上水战用抛石机，基本已经涵盖了中国牵引式杠杆抛石机的所有种类。安史之乱时所用的大型抛车已经需要"二百人挽之"，可见到唐中期时，牵引式杠杆抛石机已发展得颇为完备。

抛石机在战争中的广泛应用，对其他方面也产生了影响，如唐人俗语中的"抛车云"这一气象名词，它指的是一种很像蘑菇云的砧状积雨云。因积雨云出现时常伴有雷电风雨，有时会夹伴冰雹或龙卷风，因此唐代李肇在《国史补》中说道："暴风之候，有抛车云。"另一个例子则是象棋。象棋古称"象戏"，其起源可上溯到先秦时期，但真正作为一种成熟的棋类活动则始于唐代。然而唐初象棋棋子一开始只有将、士、象、车、马、卒六种。唐文宗开成年间，经由相国牛僧孺提倡，人们才增加了抛石机这个兵种来丰富象棋的变化，自此象棋中才有了"砲"。近年在内蒙古、河南开封、四川江油和福建泉州等地都出土了宋代的象棋子，比如在河南开封出土的北宋铜质象棋。据考古学家鉴定，其为北宋末年宋徽宗年间遗物。棋子由黄铜制成，圆形，直径最大的为 31 毫米，最小的为 11 毫米。棋子正反两面，有的一面汉字，一面图案；有的正反两面均为汉字。棋子兵种为将、士、象、车、马、砲、卒等七种。

两宋时期，中国牵引式杠杆抛石机发展到了顶峰。《武经总要》载："凡砲，军中之利器也，攻守师行皆用之。"编撰于宋仁宗时期的军事百科全书《武经总要》，列举了 16 种不同类型的牵引式杠杆抛石机图形，还详细解说了 7 种抛石机的零部件名称、尺寸和性能。除了《神机制敌太白阴经》中的 4 种构造外，它还列举了从单梢（单根木材制成杠杆臂）到七梢（复数木材合并制成杠杆臂）的数种砲梢结构。显然，梢数越多力臂越结实，可承受的压载越强，可抛射的"砲弹"便越重，威力越大。其中，最大的七梢砲需要 250 名拽砲手和 2 名定放手[①]，弹重 90—100斤时施放于 50 步外。但这并非牵引式杠杆抛石机的极限，据史籍记载，在七梢之上还有九梢、十梢乃至十三梢的重型牵引式杠杆抛石机，而射程最远的抛石机"可及三百五十步外"。

在抛石机使用方面，宋人也进行了分类，"用砲摧毁攻具，须用重百斤以上或五、七十斤大砲；若欲放远，须用小砲"（《守城录》），视敌方目标不同而选择适合的型号；"守宜重，行宜轻。故旋风、单梢、虎蹲，师行即用之，守则皆可设也"（《武经总要》），野战用的抛石机得配合部队的机动，宜用轻型，而守城则没有顾虑，什么型号都可以用。野战抛石机的极致是西夏"泼喜军"使用的轻便驮载旋风砲，这是一种架设在骆驼背上的小型旋转抛石机，抛射的石弹如拳头大小，威力虽不大，但充分发挥了攻战的机动性和灵活性。

唐宋时期，抛石机技术发展的另一个特点是火药的应用。

火攻是古老而有效的作战手段，但即便如《墨子》中籍车所用木质纵火弹，也只是"草木苇荻，束而灌脂，非火药制"（《涌幢小品》），也就是以柴、草添加油脂、松脂等易燃物制成，没有火药成分。目前对火药的研究普遍认同它起始于唐中晚期至五代，而成熟于北宋。但在大约 801 年武则天侄孙武元衡任御史中丞巡视北疆雁门关一带时，所作《出塞作》诗中有一句："白羽矢飞先火礮。"当然，这里使用的"火礮"是否是火药制品还不能确定，然而仅数年后的 808 年，道教炼丹士清虚子在其撰写的《太上圣祖金丹秘诀》中，记录了目前已知第一个满足了黑火药硝、硫、炭（皂角）三要素的"伏火矾法"炼丹实验配方。两者之间是否有关联？

同样成书于 801 年的典章政书《通典·兵典》中说："门栈，以泥厚涂之备

---

① 大约如现代的炮兵观察员，用来确定打击目标。

火。柴草之类贮积，泥厚涂之防火箭飞火。"①而北宋路振所著《九国志》中，有唐末天祐元年（904年）使用"发机飞火"的记载。北宋许洞所著兵书《虎钤经》里解释说："攻城寇寨，风助顺，利为飞火（飞火者，谓火炮、火箭之类也）。"有学者认为《虎钤经》撰写时间与前两个记载之间相差近一二百年，不足以证明此飞火等同于彼飞火。但《通典·兵典》里既载"火箭"，又载"飞火"，可见它们明显是两种武器。唐末五代正是火药趋于成熟的时期，第一个描绘火药爆燃现象的记载正是成书于五代的《真元妙道要略》一书。

这几个记载前后相互印证，但是否为火药武器还有待商榷。目前可以确定的是，北宋真宗咸平三年（1000年），禁军神卫兵器军队长唐福向宋真宗献上了其发明的火箭、火球、火蒺藜，这几种火药武器都收录于《武经总要》。《武经总要》也记载了世界上最早的3个军用火药配方，同时列举了火球、引火球、蒺藜火球、霹雳火球、烟球、毒药烟球、铁嘴火鹞、竹火鹞、火箭、火药鞭箭等十几种火药武器，其中大部分可以用抛石机抛射。到了南宋时，又有了铁壳炸弹，进一步增强了杀伤力，《金史》："有火砲名'震天雷'者，铁罐盛药，以火点之，砲起火发，其声如雷，闻百里外，所爇围半亩之上，火点著甲铁皆透。"火药武器开始代替石质弹丸和油脂火球，成为战场上最可怕的杀人工具。

如靖康元年（1126年），金军围北宋怀州，环列抛石机攻城，"番人先用火礮延烧青布幕及索网，放虎蹲、大礮九梢，其大如七八斗栲栳，每一礮到城，索网粪土、大枋楼柱皆破"（《三朝北盟会编》）。隆兴元年（1163年），宋将魏胜与金军作战时，"施火石炮"，射程达200步。嘉定十四年（1221年），金军攻蕲州，"每一砲继以一铁火砲，其声如霹雳"，凡被铁壳炸弹伤着的人"头自面霹碎，不见一半"（《辛巳泣蕲录》）。1232年，蒙古军队攻打金国开封时，使用了百多架十三梢的重型抛石机，日夜不停地射击，抛射的石弹叠积起来几乎将开封外城的地面垫高了一层，"攒竹砲有至十三稍者，余砲称是。每城一角置砲百余枝，更

① 清代编辑的《卫公兵法辑本》将《通典·兵典》中的攻守战具篇归于唐初名将李靖所著，但亦有反驳者，这里以《通典》为准。

递下上，昼夜不息，不数日，石几与里城平。而城上楼橹皆故宫及芳华、玉溪所拆大木为之，合抱之木，随击而碎"。守城金军则"以铁绳悬震天雷"垂下城墙，将攻城的蒙军炸得"人与牛皮皆碎迸无迹"，但蒙军随后也用抛石机抛射"火砲"入城，在城内造成严重的火灾，"延爇不可扑救"。

抛石机和火药武器也是蒙古人在对外战争中赖以攻坚的利器。如第一次蒙古西征时，成吉思汗西征花剌子模，崦木海、薛塔剌海、张荣等砲手军将领以及抄马都镇抚郭宝玉率火药弓箭军随队出征。西征中，第三路军将领阿剌黑、速格秃、脱海攻打忽毡时，将守将贴木儿灭里围困于忽毡细浑河中的一个堡垒，蒙古砲手军用抛石机发射爆燃弹进行攻击。乌浒河之战中，蒙古军队使用了"毒火罐、火箭、火炮"。1221年，拖雷进攻你沙不儿城，"设置发弩机三千台、发石机三百架、投射火油机七百台、云梯四千只、炮石二千五百担"（瑞典《多桑蒙古史》）。

第二次西征正是灭金后不久，蒙古军"募（金军）能用砲者籍为兵"，并携带了大批刚从金军缴获的竹火枪、铁火炮以及火药箭等火器出征，几乎在每次作战中都使用了火器。1238年，蒙古人攻占莫斯科、罗斯托夫、弗拉基米尔等城时亦使用了铁火炮。1240年冬，蒙军统帅拔都所部以铁火炮攻占乞瓦（基辅）。在1241年4月的莱格尼察之战中，蒙古军队用火药箭与毒烟球击败了由克拉科夫大公亨里克二世指挥的波兰军队。《世界军事革命史》记载："蒙古军用一种妖术，随着大旗出现一种怪物——×形怪兽，口吐烟雾，臭恶难闻，蒙古军队为烟雾所掩而不能见，波兰军队死伤枕藉。"这种"×形怪兽"应该就是抛射毒药烟球的抛石机。

第三次西征时，蒙古军队中有火药抛手、火箭手、弩手、抛石机手，

▲ 蒙古军队以抛石机发射爆燃弹攻城

其中火药抛手、弩手和抛石机手共计千人。1256年夏，旭烈兀亲统主力，以砲手军用火器攻破木剌夷国都城，攻城的蒙古军队使用了火药瓶（罐）。在攻打阿拔斯王朝都城报达时，蒙古军队郭侃等部使用了炮石、火药箭等各种火器。

## 抛石机外传

在南宋末期与蒙古的战争中，牵引式杠杆抛石机的地位开始受到挑战，配重式杠杆抛石机隆重登场。关于这种新型杠杆抛石机，首先要从中国牵引式杠杆抛石机的对外传播说起。

牵引式杠杆抛石机的西传离不开古丝绸之路。在丝绸之路上，今中亚塔吉克斯坦国境内，有5世纪建造的片治肯特（Piandjikent）古城宫殿遗址，它是由汉唐时期中国称为"昭武九姓"的粟特（Sogdiana）人建造的。塔吉克斯坦地处中亚河中地区（transoxiana），是古丝绸之路上的重要枢纽与通道；粟特则是中国古书中记载的西域游牧民族，活动范围在今中亚阿姆河与锡尔河之间的泽拉夫尚河流域，首都"马拉坎达"位于今撒马尔罕。粟特人原是在今甘肃境内敦煌祁连之间游牧的月氏人的分支。

公元前5世纪至公元前2世纪初，月氏人游牧于河西走廊西部张掖至敦煌一带，"控弦十万"，势力强大，在河西地区的中心——今甘肃临泽建造了一座昭武城，为月氏族人的根本之地。秦时，北方匈奴逐渐强盛，先是击败东边的东胡，而后西攻月氏。汉文帝前元四年（公元前176年），匈奴攻占昭武城，杀月氏王。粟特人被迫西迁至中亚河中地区，建立了康、安、曹、石、米、何、火寻、戊地、史等诸多城邦制小国，皆以昭武为姓，以示不忘故国之意，此便是"昭武九姓"之由来。

粟特人虽然西迁，但河中地区地处东、中、西亚交汇处，形势复杂，粟特人本身实力不强，因此多依附于其他更为强大的民族，曾先后被波斯萨珊帝国、白匈奴和西突厥等统治。唐初，唐军击败西突厥，河中地区与原突厥王朝拥有的吐火罗地区归附唐朝，唐朝在此地和吐火罗分别设置了安西都护府和月氏都督府进行统治。

7世纪，兴起于阿拉伯半岛的阿拉伯势力分别向东、西方扩张。651年，由阿拉伯教徒建立的阿拉伯帝国倭马亚王朝（Umayyad Caliphate，即白衣大食），在击垮了宿敌波斯后尽得其地，占据了伊朗高原。在之后的二十多年中，倭马亚首先巩固了自己在波斯故地上的统治，继而便开始向中亚扩张。在此时期，昭武九姓不断受到侵袭。但阿拉伯人初期对河中地区的军事行动以劫掠为主，而且唐帝国也在此地区扶持萨珊波斯的残余势力进行对抗，再加上中亚诸国的反抗，因此阿拉伯人并没有占据河中地区。715 年，阿拉伯人开始联合吐蕃牵制唐朝。750 年，阿拉伯帝国阿拔斯王朝（Abbasid Dynasty，即黑衣大食）取代倭马亚王朝。751 年，唐朝与阿拔斯王朝之间爆发了怛罗斯之战，唐军失利。755 年，安史之乱爆发，自此唐朝无暇分兵西顾，葱岭以西的西域诸地尽归阿拉伯人所有。

根据记载，阿拉伯人在入侵中亚的过程中使用了牵引式杠杆抛石机。712 年，倭马亚军队夺取了昭武九姓中康国的都城撒马尔罕，康国国王被迫流亡。719 年，他在写给唐朝的求援贡表中称："大食（阿拉伯军队）围城，以三百抛车（抛石机）傍城，三穿大坑，欲破臣等城国。"同年，由穆罕默德·伊本·魁西姆（Muhammad Ibn Qasim）率领的阿拉伯军队入侵印度次大陆，攻打印度西北部下信德（今巴基斯坦东南部信德省）的反抗者达赫（Raja Dahir）时，也使用了牵引式杠杆抛石机（manjeeqs）。他最喜欢的抛石机被称作"Aroosa"，意为"新娘"。

阿拉伯人使用的牵引式杠杆抛石机，其技术应该来源于波斯人。片治肯特古城，即昭武九姓中米国的都城，于760 年以后废弃。1970 年，苏联考古队在片治肯特宫殿遗址找到了一件壁画残件，其上描绘了古中亚地区使用的牵引

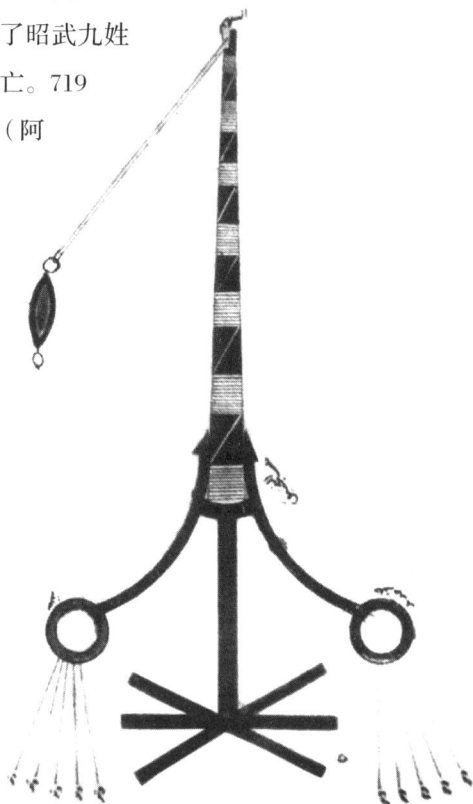

▲ 阿拉伯人所使用的牵引式抛石机

125

式杠杆抛石机，砲身的主要部件清晰可辨，计有支撑架、弹射杆和5条牵引绳，由5名砲手拉引，结构与《武经总要》中的单梢砲基本相同。从5名砲手的形象——装束不似东亚的汉人、中亚的粟特人或后来的阿拉伯人来看，推测可能是曾经统治过此地区的萨珊波斯人[①]。

据记载，萨珊波斯帝国（Sassanid Empire，224—651年）的第二任皇帝沙普尔一世（Shapur I）在256年远征宿敌罗马帝国，侵入叙利亚、安纳托利亚和亚美尼亚时，可能使用的以中国技术制造的抛石机，或许就是牵引式杠杆抛石机。（*Shadows in the Desert: Ancient Persia at War*）不过战争通常存在敌我双方军事技术互相学习的情况，但直至5世纪罗马帝国分崩离析，都未见过地中海地区使用牵引式杠杆抛石机的记载，因此只能存疑。

然而可以确定的是，萨珊军队在614年攻打耶路撒冷时使用了牵引式杠杆抛石机；638年，阿拉伯军队围攻萨珊都城泰西封[②]时，萨珊波斯人也使用了牵引式杠杆投石机进行防御。因此伊朗高原在萨珊王朝亡国之前掌握牵引式杠杆抛石机的技术是确认无疑的。这一切或许与阿瓦尔人有关。

一般认为，阿瓦尔人是自4世纪末兴起到6世纪中叶被突厥灭国的柔然人的余部。柔然是东亚蒙古草原上继匈奴、鲜卑等之后崛起的强大部落制汗国，游牧范围大体为今蒙古国全境和俄罗斯贝加尔湖地区，西面可达阿尔泰山西麓，东面可至额尔古纳河西岸地区，核心区在今蒙古高原。强盛时，汗国向西势力可达古代西域，即今中亚和中国新疆地区，向南势力可达中国内蒙古自治区北部一带，长期与中国南北朝时期的北魏王朝对峙。6世纪中叶，原本臣服于柔然的突厥部落兴起，联合原柔然分支敕勒部建立的高车国（今新疆吐鲁番交河故城一带）攻击柔然并灭其汗国。柔然残部向西迁徙至欧洲中、东部，征服、吸收当地游牧部落后形成阿瓦尔人，并以匈牙利平原为中心建立汗国。6世纪末，阿瓦尔人势力达到极盛，并联合萨珊波斯向拜占庭开战。

---

① 参见别列尼茨基的《中亚抛车的最古图像》和马尔沙克的《古代和早期中世纪的东方文化》。
② Ctesiphon，Taysifun，位于巴格达东南32公里处，滨底格里斯河左岸，当迪亚拉河河口。

◀片治肯特的抛石机壁画

▼片治肯特抛石机复原图

阿瓦尔人先进的东方武器装备，是他们进入欧洲初期屡战屡胜的关键。随着他们对中欧的征服，来自中亚的马镫、框架式马鞍与更轻型的马铠，还有牵引式杠杆抛石机等新式军事技术，可能经此传入地中海与欧洲。地中海地区最早关于牵引式杠杆抛石机的记载，是在597年拜占庭帝国的希腊萨塞洛尼基大主教约翰抵抗阿瓦尔人军队的行动中："这些抛石机是四边形的，宽大的底部向上逐渐变细。一根原木（砲梢）架设在上面，用铁固定住它的轴，像房梁一样。在原木的后端有吊兜（弹兜），前端有结实的绳子（拽索）。他们（阿瓦尔人）拉下来，一声巨响，吊兜抛射出巨石。进攻时，他们射出了很多大石头，无论是人还是建筑都无法承受这样的打击。他们还在抛石机三面设置了防护板，使抛射手得以免受攻击。"拜占庭称呼抛石机为"破城者"。根据狄奥菲特拉·西莫卡塔（Theophylact Simocatta）的记载，拜占庭首次使用是在602—628年的拜占庭—萨珊战争中，正是在约翰大主教抵御阿瓦尔人后不久。

因此，阿瓦尔人可能是中国牵引式杠杆抛石机技术在地中海地区的传播源头。萨珊波斯与拜占庭或许还有欧洲的法兰克王国（Frankish Kingdom），都可能是通过与阿瓦尔人接触才学会制造牵引式杠杆抛石机的。

拜占庭官员、历史学家约翰·思利特扎（John Skylitzes，约1140—1101年）撰写的《拜占庭史》，记述了米哈伊尔一世（Michael Ⅰ Rangabe）811年上台到米哈伊尔六世（Michael Ⅵ）1057年统治期间的所有重大事件。其现存版本是12世纪在西西里制作出版的，该书有577幅由多位中世纪艺术家创作的精美插图，其中便包括3幅与牵引式杠杆抛石机相关的战斗场景。

965年，拜占庭帝国马其顿王朝的第7位皇帝尼基弗鲁斯二世（Nikephoros Ⅱ Phokas）进攻阿拉伯人哈姆丹王朝所控制的摩普绥提亚（Mopsuestia，今土耳其阿达纳城附近）。战后尼基弗鲁斯二世将战利品——摩普绥提亚的铜制城门带回君士坦丁堡，替换君士坦丁凯旋门上的黄金城门①。

971年，拜占庭帝国马其顿王朝第8位皇帝约翰一世（John Tzimiskes）率4万军队攻打保加利亚，夺取保加利亚首都普列斯拉夫（Preslav），俘虏了保加利亚沙皇鲍里斯二世。此战，拜占庭军队的牵引式杠杆抛石机功不可没。

995年，拜占庭马其顿王朝第11位皇帝巴西尔二世（Basil Ⅱ），带领大军攻打北非的法蒂玛王朝（绿衣大食）的黎波里和塔尔图斯。据记载，当时他的军队使用了大量的牵引式杠杆抛石机用于攻城。

说到拜占庭，就必须提到拜占庭在对外战争中经常使用的秘密制胜武器——希腊火（Greek fire）。根据一般说法，希腊火是一名叙利亚工匠加利尼科斯（Kallinikos或Callinicos）在668年献给拜占庭的，这是一种以石油为主材料制作的液态燃烧剂。14世纪时的希腊人马克②在其所著《焚敌火攻书》（Liber Ignium）的第26节提供了一个配制希腊火的配方："你可用此法制希腊火。取活性硫、酒石、sarcolla（某种物质古称）和沥青、煮过的食盐、石油以及普通的油，将他们共煮，再浸沉之，提起并放在火上。如你愿意的话，可通过漏斗倾之，如前所述，而后点火。火将无法扑灭，除非用尿、醋或砂。"强纵火和遇水不灭的特性使希腊火成为优良的火攻介质，特别是在海战中，对付古代以木材制造的战船几乎无往不利，因此拜占庭人称它为"海洋之火""流动之火""液体火焰"等等。根据文献记载，希腊火多次为拜占庭帝国的军事胜利做出贡献，一些学者和历史学家认为它是拜占庭帝国能持续千年之久的原因之一。

在海战中，希腊火一般使用虹吸管喷射射击，此管由青铜制成，放在战船前端，能将火射向各个方位，士兵则用小手筒从铁盾后面放出火焰。另外，希腊火不仅可以用虹吸管喷射，也可以装在陶罐里以人力或抛石机投射出去。1014年，巴西

---

① 黄金城门大约在388年狄奥多西一世统治时落成，以庆祝战胜马格努斯·马克西穆斯（Magnus Maximus）。黄金城门落成时，它并不属于君士坦丁堡城墙的一部分，跨立于厄纳齐雅大道（Via Egnatia）。城门原本镀上了黄金，这亦是黄金城门名字的由来。

② MarcusGraecus 或 MarktheGreek，所谓的"希腊人马克"并非真正的希腊人，而是一个阿拉伯人或者居住在阿拉伯地区的人。

尔二世在与保加利亚人的战争中便以抛石机抛射这种武器，打破了保加利亚人的防御阵地，几乎全歼了这支保加利亚军队。

　　法兰克王国接触到牵引式杠杆抛石机同样是通过阿瓦尔人，他们在8世纪中

▲《拜占庭史》插图：拜占庭军队攻打普列斯拉夫城

▲《拜占庭史》插图：拜占庭军队在海战中使用希腊火

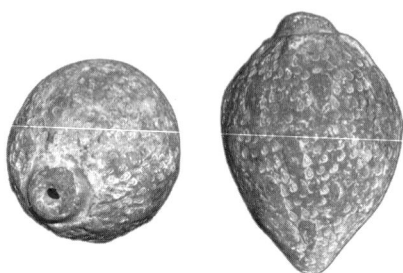

▲ 拜占庭的陶制希腊火罐

后期发生了冲突。788 年，在法兰克向中欧扩张的过程中，巴伐利亚与阿瓦尔人结盟以共同对抗法兰克人。因此，法兰克人征服巴伐利亚后，随即向盘踞多瑙河中游潘诺尼亚一带的阿瓦尔人发动了战争。在《法兰克王国编年史》中，曾提到 791 年法兰克军队对阿瓦尔人的一次战斗，"当阿瓦尔人看到两岸都被军队占据并乘船从河中央而来时，一股恐惧从神那里降到他们身上：他们遗弃了塞堡，丢弃了据点和抛石机，逃跑了"。

808—809 年，法兰克进攻西班牙的阿拉伯势力托尔托萨时，那里的攻城装备中出现了抛石机"manganum"。虽然没有具体说明形制，但当时他们的对手阿拉伯人使用的正是被称为"manjaniq"的牵引式杠杆抛石机。维京人在 885 年—886 年围攻巴黎时，守城方很明显使用的就是这种武器。按照圣 – 日耳曼修道院的阿波修士的记载，"法兰克人已经备好许多重木，末端都装上勒铁齿，这样摧毁丹麦人的攻城武器时就更为快捷。这些通常被称为'Mangonel'的机械两臂等长，可以发射大块石头"。873 年，秃头查理（Charles le Chauve，又称查理二世）也曾雇用拜占庭的技师制造了这种武器以抵抗维京人。

## 十字陷城

值得一提的是，地中海地区在大约公元前 399 年发明了扭力弹簧投射器。这是一种利用马鬃、皮绳或动物肌腱产生的扭力作为动力，驱动弩臂带动弓弦，抛射弹丸或箭矢的远程攻击武器，主要分双臂的弩砲和单臂的投石机两种类型。希腊人设计的双臂弩砲能够将 1 塔仑特（古希腊重量单位，约合 26 千克）重的石弹抛出 300 码（1 码约为 0.9144 米）开外。

这种武器在罗马帝国时代（公元前 27 年—公元 395 年）得到推广。罗马帝国最强盛时期，其疆域横跨欧、亚、非三洲，西起西班牙、高卢与不列颠，东到幼

弹簧绳　投射臂　砲弹　控制摇杆　棘轮　扳机

▲ 单臂投石机，亦称为"野驴""石弩"

◀ 双臂弩砲

▼ 以弓弩为动力的弹力抛石机

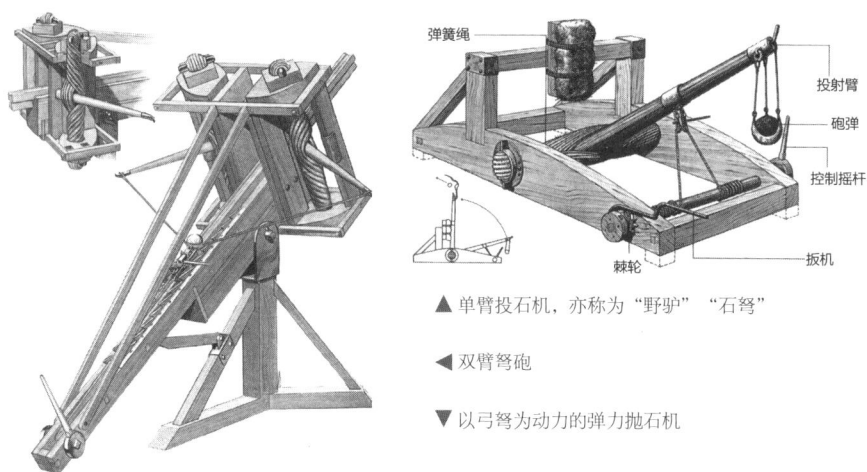

发拉底河上游，南至非洲北部，北达莱茵河与多瑙河一带，地中海是其"内湖"，因此扭力弹簧投射器也在整个环地中海地区普及开来。

但是在罗马帝国晚期，大型投射机械的储能手段出现了从扭力向张力转变的趋势，即放弃以扭转纤维绳束转力的扭力弹簧结构，改用结构更加简易的弹性弓弩投射器（中国称为"床弩"）。在4—5世纪的罗马帝国前线堡垒防御中，弓弩投射器已成为基本装备。

395年，罗马帝国分裂为东、西两部，实行永久分治。东罗马帝国即拜占庭，而西罗马帝国在476年因内忧外患而覆亡，被新崛起的日耳曼蛮族分支哥特人占据，他们在西罗马帝国废墟上建立了多个国家。由于哥特人政治、社会、经济结构落后，中世纪早期的国王们没有罗马皇帝的威权和财富，无法长期供养一群熟练的军事技术人员和维持大量的随军攻城装备。罗马人的双臂式扭力投射机，因制造、维护和操作都需要很高的技巧和知识，在罗马帝国末期已趋于淘汰，更不要说中世纪初那些连大型装备都少得可怜的日耳曼军队。单臂式扭力驱动的"野驴"投石机，尽管同样也要依赖于筋腱绞索，但结构与制造则简易得多，是以在中世纪得以保留，只是数量不多。因此在结构简单、维护容易、射速快、抛射弹重的中国牵引式杠杆抛石机传入后，便很快被取代，失去了在地中海地区与西欧传统投射器中的主导地位。在第一次十字军东征以前，牵引式杠杆抛石机基本已成为地中海周边阿拉伯、基督教国家军队唯一的重型远程投石机械[1]。

## 配重式杠杆抛石机

1194 年 3 月，"狮心王"理查回到英国，他不但赦免了弟弟约翰谋反的罪名，还指定他为王位继承人，但他先前已立另一个弟弟杰弗里（Geoffrey）的遗腹子亚瑟（Arthur）为储。1199 年，理查在抢劫法国利摩赞的沙露堡时中箭而死，约翰继承了王位，但法国国王腓力二世却宣称支持亚瑟为英国国王，并向约翰开战。1202 年，约翰俘虏了亚瑟，次年将他处死。之后，腓力二世打着为亚瑟报仇的名义攻占英格兰在法国的领地（诺曼底等），并于 1204—1205 年征服了英国在法国除阿基坦盆地部分地区以外的全部飞地。

在这次战争中，法军进攻英军据守的白色城堡（Château Gaillard）时，使用了一种"大投石机"（magna petraria）。从数年后发生的阿尔比战争来看，这种大投石机可能是一种新型的牵引式杠杆抛石机。

1225 年，意大利西北海岸独立城邦国热那亚共和国（1100—1815 年）治下的萨沃纳和阿尔班加两个城市，企图脱离它的统治，加入神圣罗马帝国，热那亚

---

① 见李约瑟《中国科学技术史》第五卷第六分册。

随即出兵镇压。在中世纪意大利学者卡法鲁斯（Cafarus）所著《热那亚编年史》（the Genoese Annals）中，就有关于1227年热那亚军围攻萨沃纳的插图。有学者认为，当时热那亚军使用的便是配重式杠杆抛石机，但通过图片可以看出，两种抛石机的形状虽然不同，但两者都可看到牵引式特有的搜索。这种抛石机虽然已有向配重式发展的趋势，但它的动力依然依赖于人力，而非靠自身的

▲《国王笔记》（Avis aus Roys）中的混合式杠杆抛石机

配重来发动，因此可能是从人力牵引向配重式抛石机演进的中间形态，一种"混合型"杠杆抛石机（Hybrid Trebuchet），而法军在白色城堡和阿尔比战争中使用的便可能是这种抛石机。

那么配重式杠杆抛石机究竟发明于何时何地？

伊利汗国宰相拉希德丁（Rashid al-Din，1247—1317年）于1310年左右奉第7代伊利汗合赞之命，主持编纂了中世纪世界通史《史集》（Jami' al-Tarikh）。其中有一幅插图，反映了11世纪初中亚地区伽色尼王朝[①]苏丹马哈茂德（Mahmud，971—1030年）在攻打西亚锡斯坦国[②]的阿拉克城时，使用了配重式杠杆抛石机。但由于1310年时配重式杠杆抛石机在东亚已经推广应用，不排除其绘制时参考了当时的武器装备，因此存疑。

1235年，伊比利亚半岛的阿拉贡国王詹姆斯一世（James Ⅰ）在攻打伊比莎（Lbiza）城时，只是使用1台抛石机投射了10发砲弹，就令守城者投降，可见这台抛石机单位投射量之大，它有可能就是配重式的。

欧洲目前已知最早的明确关于配重式杠杆抛石机的记载，是出生于法国的建筑师维拉尔－奥恩库尔（Villard de Honnecourt）在大约1240年绘制的手稿。其手

---

① Ghaznavid Dynasty（962—1186）。由中亚突厥人建立，统治中亚南部、伊朗高原东部、阿富汗、印度河流域等地的阿拉伯王朝。

② 西亚赫尔曼德河下游盆地，处于阿富汗与伊朗之间。

▲《史集》中伽色尼军队使用的配重式杠杆抛石机

稿速写了一架配重式杠杆抛石机的平面图，平面图旁边的文字描述了这架抛石机所使用的配重箱尺寸："假如想要制造名叫'trebuchet'的较为大型的机械，就请特别注意，这就是位于地上的基座。前部（结构）：双绞盘以及两条绳索，用于将杆臂拽下，详见次页。所拉拽的重量非常之大，因为配重物是一个装满泥土的料斗，其长度为 2 英寻，宽 8 英尺，深 12 英尺（3.65×2.44×3.65 米），切记在弹丸发射之前，必须停在前支架上。"

配重式杠杆抛石机一般主要为固定式和悬挂式两种，除此之外还有介于两者间的中间形制。1280 年前后，为法国国王菲利普四世工作的埃吉迪奥·科伦纳所著的《论君主政治》（De Regimine Principum）一书中提及了 4 种抛石机：第一种是人力牵引式；第二种是固定配重式；第三种悬挂式配重；而称作"tripantump"的第四种即是结合了固定式和悬挂式的中间型。

由于固定式的配重在下落过程中把更多的能量转化成角动量，并浪费在发射之后的摇摆之中，效率不如悬挂式，因此这种类型使用较少，而中间型更是少见，我们通常见到的是悬挂式。

配重式杠杆抛石机的配重一般为数吨至十数吨，发射的弹丸一般重 45—90 千

▲ 现代根据维拉尔–奥恩库尔手稿中的数据制作的复制品

▲《亚历山大传奇》（*Romance of Alexander*）插图中的固定式配重抛石机

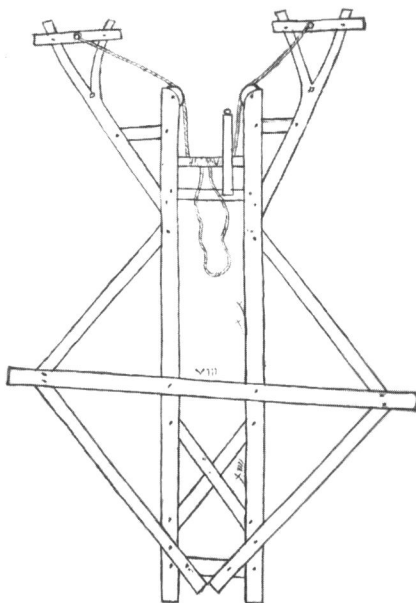
▲ 维拉尔–奥恩库尔的手稿

克，但据说也有可以投掷重数百千克砲弹的巨型战争怪兽。这些巨大的怪兽并不容易制造。1304 年，英国国王长腿爱德华（Edward Longshanks）在围攻苏格兰斯特林城堡（Stirling）时，动用了当时最恐怖的一台抛石机"战争之狼"（Warwolf）。用于组装这台巨型抛石机的部件装满了 30 辆牛车，负责安装的工匠就有 49 人，还有 5 个工长负责技术指导。这台他们耗费了 3 个月时间才制造出来的战争机器，投射的砲弹重量达到 136 千克。

配重式杠杆抛石机的另一个特点就是它的射击精度和稳定性较高。牵引式杠杆抛石机由于使用众多砲手拽索，砲手每次施力的大小和角度都不可能完全一样，导致每发砲弹的落点或多或少都有偏差，砲手越多射程越远偏差就越大。配重式杠杆抛石机由于使用恒定的配重，而不是互相牵扯的拽索，所以每次施力都相差不大。如果再控制好砲弹的重量，那么便可减小砲弹落点的散布，从而反复击打一个较为固定的目标，提高攻击效率。

▲ 一台重型配重式杠杆抛石机，这是一幅绘制于1507年的画作，当时配重式杠杆抛石机的发展已达到极致，图右侧那匹死马便是这台抛石机的"砲弹"

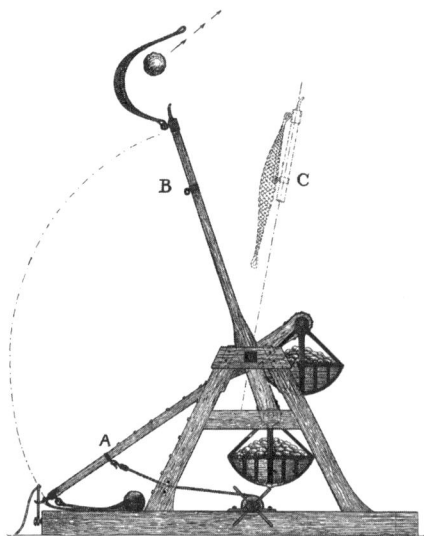

▲ 配重式杠杆抛石机射击过程分解：A:杆臂被拉到低位，在盘车的牵引绳脱钩以前就用滑钩固定住；B：滑钩滑脱，杆臂被释放，将石弹从掷弹带中射出；C:杆臂到达向上行程的终点

1244 年，阿尔比派围攻蒙特塞格城堡时，便用抛石机日夜不停地向城墙同一点发射重达 40 千克的投掷物，从而击破了一个豁口。1340 年的莫尔塔尼之围中，城中一名善于制造机械的煤矿主制造了一台精准的抛石机，用以狙击敌方的巨型抛石机。它前后发射了三次，第一发石弹落在敌人抛石机 1 英尺开外，第二次擦到边了但没有造成损害，第三发打个正着，击中敌方抛石机的砲杆，使之碎为齑粉。

## 盛极而衰

尽管配重式杠杆抛石机具有许多优点，但它推广不到百年，一种新式发明便威胁到了它的地位，那就是火炮。

1521 年夏，西班牙殖民者科尔特斯围攻美洲的阿兹特克首都特诺奇蒂特兰城时，由于火药短缺而在一座金字塔顶装配了一架抛石机轰击该城。有意思的是，最终他们也没法让这架机械正常工作起来。在第一次试射中，抛石机发射的石弹没有飞向城池，而是笔直上升，掉下来后砸坏了抛石机的机械结构，迫使西班牙人只得再次求诸火器。在 1568—1570 年西班牙本土格林纳达叛乱期间，摩里斯科人用抛石机，从俯瞰托罗克斯镇的山上将冰雹般的石头砸向西班牙人军队，杀死了至少 20 人，击伤了 150 人。

到了 17 世纪，抛石机在欧洲战场上已经绝迹。19 世纪，拿破仑三世（1808—

1873 年）试图重现这种古老的巨型战争机器。复制品的配重达到 5 吨，弹重约 25 磅（约 11 千克）时，射程只有 200 码（约 182 米），而且只发射了 4 枚砲弹这架抛石机便解体了，可见当时这种抛石机的制造技艺早已失传。

同样的情况也发生在中国。

如前所说，在 1217—1258 年的近半个世纪中，蒙古人通过 3 次西征，先后征

▲ 在14世纪的英法百年战争中，一位谈判失败的代表被他的敌人用抛石机抛向城堡

服了钦察、花剌子模和西辽、畏兀儿，建立了察合台汗国；在鄂毕河上游以西至巴尔喀什湖的乃蛮旧地，又建立起窝阔台汗国；伏尔加河流域的梁赞、弗拉基米尔、莫斯科、基辅等公国投降后，建立了钦察汗国；踏破两河流域的伊朗、阿富汗、叙利亚后则建立了伊利汗国，史称"四大汗国"。

从史料记载来看，直至 1252 年第三次西征出发时，蒙古军队使用的还是牵引式杠杆抛石机，但是在西征结束前，蒙古军已经掌握了制造配重式杠杆抛石机的技术。

阿拉木之后，巴格达成了蒙古人的下一个目标。1257 年冬，旭烈兀指挥三路蒙古大军包围了巴格达，第二年发动总攻。蒙古军用抛石机轰击巴格达，城门上的戍楼全都被炮火击毁。蒙古军日夜不停地向巴格达猛攻，战斗十分激烈。旭烈兀还向城中射书信，企图离间敌人。不久，蒙古大军相继占领了巴格达的多个城门。为了防止城中敌人逃走，旭烈兀下令在城墙上修建碉堡，架设抛石机，并派兵乘船在底格里斯河上巡逻，防止城内的人逃走。阿拔斯末代君主——哈里发穆斯塔西姆被迫出城投降，但却避免不了死亡的厄运。他被装在布袋中受蒙古骑兵纵马践踏而死，巴格达城内的 20 万居民几乎被尽数屠杀。

旭烈兀是成吉思汗之子拖雷的第五子，与蒙哥（元太宗）、忽必烈（元世祖）和阿里不哥同为拖雷正妻唆鲁合贴尼所生。在攻下巴格达后，旭烈兀继续西进，攻打叙利亚。1259 年 7 月，蒙古大汗蒙哥在进攻四川钓鱼城时死去，旭烈兀本想回转蒙古，但到达波斯时得知忽必烈已经即位，然而阿里不哥不服，企图争夺汗位。旭烈兀表明立场支持忽必烈，指责阿里不哥，于是得到忽必烈的回馈，将阿姆河以西直到埃及边境的波斯国土和该地蒙古、阿拉伯军民划归旭烈兀统治，从而建立了四大汗国中的伊利汗国。旭烈兀以蔑剌哈（今伊朗马腊格）为首都，设宰相以掌管全国政务，任命了各省长官，并让长子阿八哈领汗国东部呼罗珊等省地。1265 年旭烈兀死后，阿八哈继任伊利汗位。

由于旭烈兀军并没有回到蒙古，因此新式配重式杠杆抛石机的制造技术应该还没传到中国，所以后来忽必烈攻打襄阳时，虽知道有这种新式武器，但还是得"遣使征炮匠于波斯"。

南宋的襄阳、樊城，地处南阳盆地南端，夹汉水互为依存，"跨连荆豫，控

▲蒙古攻破巴格达

扼南北"，地势十分险要，自古以来为兵家必争之地，也是南宋抵抗蒙古军队的边陲重镇，因此在1268年忽必烈大举攻宋后，成了蒙古军首要攻击目标。由于宋军的顽强抵抗和襄、樊城防完善，蒙古军屡攻不下。为了敲开襄、樊的铁壳，忽必烈想到了配重式杠杆抛石机这种攻坚能手，因此遣使伊利汗国，向阿八哈索取懂得制造这种抛石机的工匠。阿八哈遂派出身制砲世家、以善造砲而名扬西域的亦思马因和阿老瓦丁等波斯工匠，于1271年到达中国。

1273年，新造的7架配重式杠杆抛石机"襄阳砲"（回回砲）制成，立即被蒙古军用于攻打襄、樊，"用力省而所击甚远"，石弹"重一百五十斤"，"（直径）数尺，火力所及势极猛迅，坠地犹陷深三四尺"。襄阳城上的一座木质谯楼被一砲轰塌，可见其威力强劲。樊、襄宋军坚守6年，抵抗意志本已到了极限，襄阳砲作为"压垮骆驼的最后一根稻草"，导致守将吕文焕献城投降。砲匠亦思马因、阿老瓦丁因此加官晋爵，留在了中国，并被列入《元史》。

襄阳一役后，宋人也开始仿造这种新式武器，"沿边州郡因降式制回回砲，有触类巧思，别置砲远出其上"。位于战争前线的淮南西路和淮南东路制造襄阳砲的成绩尤佳，但终因大局败势已定，这种新型抛石机也未能挽回南宋亡国的命运。在后来征服南宋的数次战役中，蒙军得益于襄阳砲在攻城破垒中的攻坚作用而屡屡破防，因此专门组建了"回回砲手"这个编制。

至元十六年（1279年）三月，元朝中央调令两淮造砲，襄阳砲兵新附军匠600人及蒙古人、色目人、汉人、新附人能造砲者俱至京师大都。至元十八年（1281年），元朝设置"回回砲手都元帅府"。至元二十二年（1285年），改都元帅府为"回回砲手军匠上万户府"，品秩为正三品。至治三年（1323

▲蒙古军队攻打襄阳城所用的配重式杠杆抛石机

年），派遣襄阳砲手赴河南汝宁、新蔡等地教习砲法。至和元年（1328 年），亦不剌金奉令率所部襄阳砲手军匠至京师，与马哈马沙的"回回砲手军匠上万户府"合并，共同监造襄阳砲。

这些史料充分说明，元代襄阳砲手军匠数目可观，规模庞大，在大都（北京）、南京（开封）、江南都有襄阳砲手军匠的记录。在元朝统治的近百年间，配重式杠杆抛石机一直是蒙古人的重要作战工具，直到元末明初它在元军与各路起义军中都还有应用。

明太祖朱元璋在至正十六年（1356 年）攻打天宁州时，便"命诸军以襄阳砲破其寨"。至正二十六年（1366 年），明军大将徐达率重兵攻打江苏张士诚于平江城（今苏州）。徐达"领四十八卫将军围城，每一卫置襄阳砲架五座、七梢砲架五十余座、大小将军筒五十余座，四十八卫营寨列于城之周遭，铳砲之声昼夜不绝"。其中，襄阳砲就达 240 座，平均每面城墙要受 60 座襄阳砲的频繁攻击，"所击辄糜碎""城中大震"。

明朝统一中国后，由于火药武器的迅猛发展和攻坚战的减少，各类大型机械投射器包括配重式杠杆抛石机逐渐被更便捷、更机动的金属管状火炮所取代，但尚未完全淘汰。如景泰二年（1451 年），贵州兴隆卫苗族韦同烈起义，被清平、平越、都匀等处布依族、苗族推举为"苗王"，在香炉山上"环顶立寨，坚筑排栅三层，人莫能上"。明廷急调湖广、四川、云南和贵州等处官兵近 20 万人围剿。明军在攻打香炉山时，"有右参将都指挥李震，并把总都指挥曹广、江泽云，南左卫指挥佥事狄武，荆州左卫正千户黄贵等谙晓襄阳砲"，"各营星夜制造完备，自五月初九日至十四日，连日四面节次攻打，炮石才得到寨，裂其崖壁、破其房屋，约计万有余间"。

成化二十三年（1487 年），丘濬在其所著《大学衍义补》中说道："元人始造此炮以攻破襄阳，世因目曰襄阳炮……自有此礮，用以攻城，城无不破；用以击舟，舟无不沈（同"沉"）。今民间多有知其制度者，宜行天下，俾民间有传其式样者，许具其图本赴官投献给赏，有私藏习制者罪之，而赏其首者，仍将其式样给与边将收藏，非警急不许辄造。"但自正德年间开始允许地方自造如铜将军等大型火炮以来，抛石机的重要性进一步下降。至明中期以后，除了兵书之外，已基本见

▲ 富祖里诗篇插图中的土耳其牵引式杠杆抛石机 　　▲ 莫卧尔细密画

不到配重式杠杆抛石机的记载。

　　与配重式杠杆抛石机命运不同的是，牵引式杠杆抛石机在各地却沿用了很久，直到18世纪仍有使用的记载，这可能与它结构简易高效、射击速度令人满意有关。

　　天启二年（1622年），"四川张论进飞石架木二法以备城守"，是"用多人牵拽"的人力抛石机，熹宗皇帝命京军三大营"每营各造一百架以备守城之用"。乾隆十二年（1747年）的大小金川之役中，金川土司兵"用石礮法，安设木架，以机发石伤人"，一时无备的清军竟"不能抵御"，以致当年的平叛失败。

　　除此之外，这一时期土耳其亦有使用牵引式杠杆抛石机的记载。在16世纪奥斯曼帝国著名突厥诗人富祖里①的诗篇插图中，就出现了土耳其牵引式杠杆抛石机。

而在印度，牵引式杠杆抛石机的使用表现在莫卧儿王朝②的第三代皇帝阿克巴（Jalal din Muhammad Akbar）于1596年命宫廷画师为其祖先成吉思汗绘制颂扬其功绩的细密画《成吉思汗》中。其绘画的建筑风格为印度莫卧儿宫殿式样，宫廷习俗和制度也照搬莫卧儿王朝，画面没有任何蒙古特色。在其中一幅描绘蒙古军队攻打金朝中都（今北京）的插图中，蒙古军队所使用的武器也是照搬16世纪末莫卧尔军队装备，描绘了两架正在攻城的牵引式杠杆抛石机。

总之，从牵引式到配重式，杠杆抛石机在中国古代战场上风光了约两千年，而在传入亚欧各国后，也活跃了约千年。作为一种重型机械投射装置，它凝聚了古代设计、力学等方面的尖端技术；在火药出现后，其与火药武器的结合对管状火炮的发明也起到了启迪作用，可以说，不愧为"攻者利器"。

---

① 富祖里（Fuzuli，1495—1556年），代表作有小说《怨诉之书》、诗歌《心灵之友》以及1536—1537年创作的长诗《莱伊拉和马季农》等。他歌颂了平民的智慧和理想，揭示了土耳其苏丹苏莱曼宫廷的腐败和横暴，对土耳其文学及近东其他阿拉伯国家文学发展影响深远，被列为世界文化名人之一。

② 由帖木儿帝国皇室后裔巴布尔（Zahir-din Muhammad Babur）入侵印度后建立的王朝。

# 参考文献

## 原始文献

墨子《墨子》、贾逵献《春秋左氏解诂》、许慎《说文解字》、张晏《汉书注》、陈寿《三国志》、范晔《后汉书》、梁沈《宋书》、昙无谶《佛所行赞》、《甲种敦煌算书》、姚思廉《陈书》、姚思廉《梁书》、令狐德棻等《周书》、李大师等《北史》、魏征等《隋书》、李筌《神机制敌太白阴经》、杜佑《通典》、武元衡《出塞作》、清虚子《太上圣祖金丹秘诀》、李肇《国史补》、刘昫《旧唐书》、郑思远《真元妙道要略》、路振《九国志》、曾公亮等《武经总要》、司马光《资治通鉴》、陈规《守城录》、徐梦莘《三朝北盟会编》、赵与容《辛巳泣蕲录》、脱脱《宋史》、脱脱《金史》、朱国祯《涌幢小品》、宋濂等《元史》、《明实录》、《清实录》、汪宗沂等《卫公兵法辑本》

## 近现代文献

[1] 多桑.多桑蒙古史 [M].冯承钧,译.北京:商务印书馆,2013.

[2] 方国瑜.纳西象形文字谱 [M].昆明:云南人民出版社,2005.

[3] 郭正忠.一部失落的北朝算书写本——《甲种敦煌算书》研究 [J].中国学术,2001(2).

[4] 郭正忠.《甲种敦煌算书》的考校与释补 [J].自然科学史研究,2002,21(1).

[5] 于江欣.世界军事革命史 [M].军事科学出版社,2012.

[6] 李约瑟.中国科学技术史（第五卷）:化学及相关技术（第六分册）——军事技术:抛射武器和攻守城技术 [M].北京:科学出版社;上海:上海古籍出版社,2002.

[7] 国际展望编辑部.国际展望 [J].国际展望,2007(9-12).

[8] David Nicolle. *Medieval Siege Weapons(1):Western Europe AD585-1385*[M]. Oxford：Osprey Publishing, 2015.

[9] David Nicolle. *Medieval Siege Weapons (2): Byzantium, the Islamic World & India AD 476 - 1526*[M].Oxford：Osprey Publishing, 2015.

[10] Edmund Curtis. *Roger of Sicily and the Nnrmans in Lower Italy.1016-1154*[M]. New York:G.P.Pulnam's Sons,2012.

[11] K Farrokh. *Shadows in the Desert: Ancient Persia at War*[M]. Oxford：Osprey Publishing, 2007.

# 热兵器时代的先锋

## 中世纪晚期的欧洲火门枪

作者 / 卡瓦利少校

火门枪（handgonne）是人类最早使用的枪械。作为现代枪械的祖先，火门枪曾经受到一些历史学家的恶评。他们认为这种武器准确性差、结构原始、除了吓人没太大作用，而且会给使用者带来危险。很多人都接受了"早期火器就是听个响"这类的观点，然而对中世纪编年史的研究和现代考古学家的复原实验却否定了这种看法。火门枪虽然装填速度缓慢，在远距离射击时不够准确，但是侵彻力却相当强大。它们在战场上一次又一次地证明了自己的价值。事实上，这种武器的扩散也相当迅速。火门枪在14世纪出现之后，只用了一个世纪就成了中世纪欧洲军队的重要武器，而在下一个世纪它们甚至开始取代弩的地位。从14世纪中期开始的一百五十年里，这种用缓慢燃烧的火绳点火的简单武器迅速发展，衍生出了很多种类，并最终在15世纪末16世纪初被轻型火绳枪（matchlock arquebus）取代。

手持黑火药武器最早用于战场的时间无法确定，同样无从得知的还有火绳枪取代火门枪的确切时间。尽管火绳枪在15世纪初就已经出现，但是火门枪并没有马上消失，两种火器共存了很长时间。在欧洲一些地区，火门枪甚至一直被使用到了16世纪。要确定当时的编年史插图中的武器是不是火绳枪不太容易。但至少可以肯定的是，15世纪晚期的艺术作品显示当时的火绳枪还没有得到广泛使用。火绳枪在当时的战场上很可能只是一种少量使用的精锐武器，而火门枪仍然是战场上的火器主力。

作为现代各种轻武器的始祖，火门枪虽然存在种种不足，但是在中世纪晚期的战场环境下依然可以发挥较大的作用。有了火门枪，人类第一次用上了使用化学能的轻武器，其意义要远远超过火门枪在战场上的影响。可以说，这是一种将冷兵器时代和热兵器时代分隔开来的划时代武器。


## 崭露头角

14世纪火炮刚诞生不久，欧洲人就尝试将这些不成熟的武器用于野战。然而由于糟糕的机动性和虚弱的火力，火炮在野战中表现不佳，缺点暴露无遗。而且随着火炮在战场上被广泛使用，欧洲军队对这种新式武器也越来越熟悉，火炮不再是新奇的玩意，再也无法像它们刚出现在战场时那样，给敌人的士气带来比较大的打击。因此火炮开始更多地被用于攻城。在1375年的圣索弗莱维孔特（Saint-Sauveur-le-Vicomte）攻城战中，凭借1英担重的炮弹，射石炮第一次击垮了城墙。

之后，大型火炮变得越来越大，它们一般被用于摧毁城墙和城堡，小型火炮则依然被用于守城和野战。此时，最小型的管形火器火门枪也开始崭露头角。相比火炮，火门枪消耗的火药很少，制造成本更低，更重要的是，这种轻便灵活的武器在野战中比火炮更加实用。于是，火门枪在战场上和弓弩一起被使用，甚至渐渐地变得比弓弩还要普及。

欧洲关于大量使用火门枪的最早记载，可能是1364年意大利的佩鲁嘉镇购买了500支种类不明的火门枪。除了这些武器可以单兵使用以外，并无关于其外形的记录。这些火门枪可能是结构简单的套管式或木床式火门枪。据王兆春的《世界火器史》，佩鲁嘉火门枪枪管长约20厘米，枪尾后部有一根长铁柄，其枪管系铁皮卷制而成，后部有火门，由铁火块点火发射。一些研究者称其为爆鸣炮（bombard）。在佩鲁嘉镇大量购买火门枪的年代，火药的价格还相当昂贵。佩鲁嘉镇的军队首领愿意在这种耗费高昂的新式火器上投资，说明他们对火门枪的实战效果还是相当认可的。而当时火门枪还是一种新奇事物，可以想象，当敌人在战场上面对500支火门枪的齐射时，会受到怎样的震撼。

▲ 15世纪钩式枪（hook gun）上粗糙的药池

▶ 佩鲁嘉火门枪

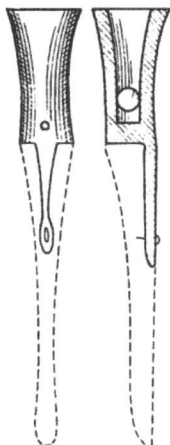

▲ 莫尔塔尼（Mortagne）之围，15世纪晚期的画作，画面左侧有两名火门枪手正在开火

此时的火门枪非常原始，结构也非常简单。锻铁制或者青铜制短枪管安装在一根比枪管要长很多的木杆上，就是一支火门枪。火门被开在靠近枪管尾部的位置，处于枪管的正上方。这种火门枪罕有装有药池的，只是在点火孔周围加工出一个杯状的结构。到了15世纪初，火门枪上开始安装药池。这种药池安装在枪管的侧面，甚至还装有一个带转轴的可开合的保护盖。药池和保护盖让火门枪的使用变得更方便，而且可以让膛内的火药保持干燥。虽然当时这两样设计似乎还没有被广泛接受，但仍然是火门枪发展史上的一大进步。有趣的是，几乎在同时，明帝国的火铳上也出现了火门盖，原因可能也是为了防潮。

　　早期火门枪有两种。第一种是木床式（grooved type），即取一段前段要比枪管宽的木托，然后在木托前部开槽，将枪管安放其中，之后再箍上一个或多个铁环加固。这种火门枪的外形颇像一种小型的早期火炮，火门枪的别名手炮（hand cannon）很可能就来源于此。第二种是套管式或长杆式（socketed type），直接将木杆插入枪管的尾銎即可，元末明初的中国手铳即是这种。这些火门枪枪管前部经常带有一个钩形件（hook）。在实战中这个钩子经常被用来在射击时支撑火门枪，它可以架在城墙上、支架上，甚至在野战时还可以架在一种叫作"pavise"的大型

▲ 坦能堡火门枪

▲ 克罗地亚历史博物馆收藏的木床式火门枪（枪管长16厘米，口径18毫米，重1.55千克），来源不明，年代在14世纪或15世纪，枪托是现代人安装的

▲ 年代约为1468年的绘画，攻城者和守城者都在使用结构简单的套管式火门枪。图中火门枪的尾杆颜色和枪管相同，所以有可能是铁制的，但即便如此，由于缺少钩形件，这种火门枪还是不属于钩式手持枪（hackbut）的范畴

盾牌上。钩形件可以和枪管一起被一次性铸造出来，也可以焊接在枪管上，还可以用夹具固定在枪管上或者木托上。由于存世的早期火门枪实物大多已经遗失了木托和木杆，想分辨出这些火门枪的种类并不容易。

套管式火门枪被使用了相当长的时间，甚至在15世纪70年代的手稿插图上依然能看到它们的身影。可能是因为这种武器相当有效，也可能是因为套管式火门枪结构简单，容易制造。

这些早期火门枪的尺寸多种多样，但是大部分都是小型的。以两个现存实物的尺寸为例。其一是大约制造于1400年的木床式火门枪伯纳枪（Berner Büchse），该枪圆形铁制枪管长18厘米，口径30毫米，还带有一个射击时用于支撑武器的钩。其二是著名的坦能堡枪（Tannenberg gun），这是一种套管式火门枪，发现于黑森地区的坦能堡城堡遗址。坦能堡城堡在1399年陷落之后被摧毁，因此可以确定坦能堡枪的制作年代要早于1399年。坦能堡枪的六边形枪管是青铜铸成的，长32厘米（12英寸），口径17.5毫米，重1.24千克（2.75磅），木杆已遗失。

虽然木床式和套管式火门枪通常都是小型的，但是套管式的一些子类型尺寸却相当大。康拉德·凯斯尔大约撰写于1405年的手稿《战争的强化》（*Bellifortis*）中，有一幅插图描绘了一支大型火门枪。这支火门枪安放在叉架上，可能因为尺寸太大，不能像小型火门枪那样用钩状物支撑着瞄准，所以枪身上没有安装钩形件。

▲《战争的强化》中的插图。图中射手双手握着大型火门枪的尾杆，同时火星从火门中进出，这表明当时还有另一名射手在点火，只是插图没有画出来

▲ 1496年的绘画中的多管火炮炮车

14 世纪后期，火门枪第一次出现在英国国王的账簿里。这些火门枪可能之前就已经被存放在军械库中，只是没有在记载中被特意区分出来。关于"handgonne"的最早记载可以追溯到1338 年，但这些早期记录的真实性是有争议的。一份 1388 年的来自伦敦塔的记载中有如下明显的描述："三门被称作 handgonne 的青铜小炮……"在这条记录中，"handgonne"被描述为"小炮"，这不禁让人怀疑有多少早期记载中的"小炮"实际上就是火门枪。

▲ 15世纪后半期的瑞典绘画，描绘了圣奥拉夫（St. Olaf）之死。画面左侧有一名手持套管式火门枪的士兵。不仅在瑞典，15世纪晚期的法国和德国的绘画中，也能见到这种老式的火门枪

虽然 14 世纪的英国盛产优秀的长弓手，民间也崇尚射箭，但可以肯定英国人也热衷于早期火器。早在 1345 年，伦敦塔就制造了 100 辆"ribald"（可能就是佛兰德人所说的"ribaudiaux"，装有 3 门小型射石炮的手推车），每辆只花费了1 镑多一点，而且费用里还包括运费。在中世纪晚期，枪炮之间的界线是模糊的。一支火门枪，本质上就是一门从"ribaudiaux"上取下的小型火炮。

到 14 世纪末，火器已经传遍了整个欧洲。火炮在攻城战中作用很大，而火门枪相比之下显得相当无用，因此前者的传播速度要比后者快。而且城主们（castellans）很快就将火炮作为守城武器使用。一份大约编写于 1381 年的布列塔尼（Brittany）编年史里提到："每个城堡都存放着硝、木炭和新硫黄"。此时的火器已经成了权力的象征，鸣炮致敬这一风俗也开始出现。1397 年，丹麦、瑞典和挪威的国王埃里克在他的加冕典礼上鸣放了一些较小的火炮（bössor，经常用于城堡和船只的防御），给贵族们留下了深刻印象。在 14 世纪末，一些孤陋寡闻的乡下贵族根本就没听过炮声，更别提礼炮致敬了。有趣的是，这些火炮的炮手绝大部分都是德国人，可见北欧以南的地区在火器技术方面依然保持着优势。

火门枪在波兰出现得也相当早，最早的记载出现在 1383 年。那里的许多火门枪是青铜铸造而成的多边形枪管的套管式火门枪，甚至还带有钩形件。然而直到

15 世纪中期，火门枪在波兰都没有大量出现。与此同时，波兰的火炮却发展迅速。可能是这一时期为了对抗条顿骑士团，波兰需要许多攻城武器来和强大的敌人作战。

火器在 14 世纪晚期还传到了俄罗斯。尽管俄罗斯在地理位置上更接近中国和蒙古，最早接触的火药可能就来自这两个地方，但是现存的俄国火门枪实物却是欧洲风格的武器。俄罗斯地区最早的提到火器的模糊记载是 1376 年俄罗斯人进攻伏尔加河畔的一个保加尔城市时，城墙上的保加尔人用一种火器向他们开火射击，更明确的记载是 1382 年俄罗斯人使用火炮和"tyufyaki"（tyufyak 的复数形式，"Tyufyak"是一种重型火门枪）保卫莫斯科的城墙。一本 17 世纪的书籍——《枪炮说明书》（*The Cannons and Arquebuses Description Book*）提到，"tyufyak"的口径在 40 到 85 毫米之间。在这次保卫莫斯科的战斗中使用的火炮是老式的，发射的不是球形炮弹，而是大型箭矢。尽管如此，或许是因为精湛的炮术，或许是因为运气太好，俄罗斯炮手们还是用火炮击中了一名鞑靼王子。铸炮厂在 15 世纪晚期也出现在了俄罗斯。

## 平民武器

在 14 世纪末 15 世纪初，欧洲在火药技术领域的进步极大地推动了火门枪和火炮的发展。首先在 14 世纪末，随着欧洲人掌握了制硝技术，硝不再只能通过进口获得，黑火药变得越来越便宜。第一个有记载的硝田在 1388 年开设于法兰克福，这个硝田里遍布填埋稻草、落叶、消石灰以保持恒温的地窖和坑，并且要用人畜尿液来浇灌。除了硝田以外，硝还可以从碎石堆、马牛羊猪的厩圈，甚至从居家的卧床底下刮取。须要指出的是，14 世纪到 15 世纪的火药配方中，硝、硫黄、木炭的比例多种多样。出现这种状况的原因，除了不同种类的火器使用的火药需要不同的配方以外，还跟硝的纯度有关。硝田出产的硝纯度无法保证，而当时的火药制造者对火药燃烧过程中发生的化学反应依然只有模糊的认识。纯度不一的硝和缺乏化学知识的工匠，导致当时的火药制造技术依然是原始的。铳手们在自己配制火药时也可能会把火药配制得威力不足，或者威力过大。使用这些威力不稳定的火药是非常危险的。因此当时的文献对早期火器的危险性都有着夸张的描述，发射火炮可不是懦夫能胜任的工作。

火药价格的下降让火炮变得更巨大，而火门枪也得以大量出现在战场上。14世纪到15世纪，欧洲战场上火药的使用量暴增。14世纪关于火药消耗量的记载通常只有几十千克，比如1359年法国的梅伦（Melun）城堡只需要10.5千克（23磅）火药。到了1371年，布雷特伊（Breteuil）城堡需要45千克（100磅）火药。在1375年，围攻圣索弗莱维孔特需要90千克（200磅）火药。这一时期，火门枪的使用量可以说接近零，战场上只有数量较少的射速缓慢的火炮，而且这些火炮通常是小型的。在更早的1430年，跟圣女贞德的军队作战的勃艮第军队需要7711千克（1.7万磅）火药。

导致这种变化的原因除了价格的因素，还有战场的需求。在当时的攻城战中，数量巨大的火药是必需的，尽管城墙和城堡已经无法抵挡射石炮的炮弹，但是射石炮依然得轰击城墙多次才能打开缺口。1466年，比利时的迪南特（Dinant）遭受了长达一周的围攻，期间攻城一方发射了1700多颗炮弹。1431年围攻法国拉尼（Lagny）的攻城者，仅仅在一天之内就用火炮发射了412颗石弹。在15世纪早期，大型射石炮每次发射估计会消耗36千克（80磅）火药，一门"veuglaire"（一种中型射石炮）每次则会消耗18千克（40磅）火药，一门蛇炮（couleuvrine）每次发射需要10千克（22磅）。可见一门15世纪早期最小型的火炮，一次发射也会耗尽1359年整个梅伦城堡的火药储量。通常为了节省时间和金钱，攻城一方的长官会试图和守城者谈判。如果不是因为火药价格的大幅下降，在战争中消耗如此多的火药是不可想象的。以14世纪火药的价格，即使是最富有的国王也无法承受如此巨大的开销。总之，火药价格的下降鼓励了他们大量地使用火炮，反过来火药制造业也因此蓬勃发展。

至于军队中火门枪手的火药消耗量跟炮兵部队相比，其实是非常小的。因此更加便宜的火药也促进了火门枪的大众化。而制造火门枪这种简单的武器对于乡下铁匠来说并不是什么难事。他们只需把铁板卷成枪管，然后再钻出点火孔，加工出药池，用锤子和锉刀完成最后的加工。除了卷制枪管，铸造结构简单的火门枪也难不倒铁匠。

再加上火门枪是一种易于使用的火器，因此即使在穷乡僻壤也能见到它们。

▲ 低地国家的钩式手持枪，年代约为1500年，据报道是在疏浚莱茵河时被发现的。该枪口向外略有扩张，枪管前部横截面为圆形，后部横截面为六边形。枪管上的钩形件是和枪管一起作为整体锻造而成的。金属柄的横截面是圆形，并且末尾圆滑地向上弯曲。该枪全长1.295米，枪管长71厘米，金属柄长58.5厘米，钩形件长75毫米，口径20毫米，重5.5千克

▲ 1483年的《伯尔尼编年史》（Amtliche Berner Chronik）中的插图，进攻一方使用相当原始的射石炮轰击要塞，而守方则使用带钩的火门枪还击

◀ 使用钩式手持枪的骑兵

在英国，早在1375年的亨特库姆庄园暴动中，40名暴动者里就有人使用了火门枪。这是火枪第一次出现在英国战争史上。亨特库姆庄园的暴动规模虽小，但平民使用火器反抗统治者却是一个意义重大的事件，这标志着火器正在失去神秘性，统治者们再也无法垄断火器。亨特库姆庄园的暴动者也成了最早使用火器的造反者。

进入15世纪，经过几十年的发展，火门枪家族又增加了一个新种类——钩式手持枪。钩式手持枪又被称作"Hakenbüchse"或"haquebut"，这些名字都源于枪管上的钩形件。在法国，钩式手持枪又被称作"arquebus"。钩式手持枪通常是全铁制的（也有一些是青铜的），带有一个细长的金属柄，用来在射击时抵住火枪。金属柄的横截面通常是方形或者圆形的，末尾往往带有一个水平或者垂直的圆环。枪管的横截面形状有圆形、六边形和八角形，而枪管长度通常是全长的四分之一或五分之一。火门开在枪管的上方或侧面，带有一个杯状结构或者一个药池，药池有装了火门盖的，也有没装防护盖的。枪身上的钩形件用铁环固定，或者和枪身一起作为一个整体被制造出来。

钩式手持枪普遍带有钩形件，现存的实物中有极少数没有钩子，但这可能是因为枪身上的钩形件已经遗失。和之前的火门枪一样，钩式手持枪的枪口有时也会加粗成环状。钩式手持枪的金属柄一般是直的，但是也有一些流传到现在的实物的金属柄末尾是向上弯曲的。这可能是外力扭曲造成的，但也有可能是在制造时刻意为之，目的是方便骑兵在马背上使用。在中世纪晚期的一些绘画中可以看到，马背上的骑兵将钩式手持枪的金属柄的尾部抵住胸部射击。但是一些带有弯柄的钩式手持枪长度超过了1米，并不适合在马背上使用，而古代绘画中的骑马火枪手使用的火门枪长度都相当短。因此这一说法是有待商榷的。

还有一些比较大的钩式手持枪被装上了长钉，安装长钉的位置在钩形件后面，距离钩形件有一段距离。据推测，长钉被用来插在护墙上或船上凸出的托架上，这样做可以在射击时为火枪提供一个稳定的支撑。如果有需要，射手可以轻松地将火枪从固定位置上取下，转移到别的位置，或者像别的钩式手持枪一样用钩形件支撑着射击。也有人认为长钉是后来加装上去的。这些老旧的钩式手持枪在加装了长钉之后，可能被安装在船上，作为回旋炮（swivel guns）使用。

现今存世的钩式手持枪的数量要远多于木床式或套管式火门枪。可见，钩式手持枪是更加大众化的武器，即使是不重要的城镇，军械库里都要存放几支。

通过对30支尼德兰的钩式手持枪进行分析得到了一些有趣的数据。它们的重量多种多样，范围为5.5到20千克（12到44磅），但是大部分重量在10到16千克（22到35磅）之间。口径则有20毫米、26毫米、28毫米、30毫米和33毫米五种。每种口径都至少有4支火门枪采用，这显示了制造者在标准化方面做的一些尝试。随着大量火门枪被广泛使用，有必要让火门枪的口径统一一下，以方便制造子弹。而这些火门枪的长度更加标准化，多数长度都在1米到1.1米（39到43英寸）之间，另有3支长度约为1.2米（47英寸），1支长度约为60厘米（23.5英寸），1支长度约为71

▲ 15世纪低地国家的钩式手持枪，带有一个61.4厘米长的长钉，枪口有一个钮状长钉。火门开在八角形枪管的上方。枪全身都被涂成红色，一些资料提到勃艮第炮兵把火器涂成红色，这么做可能是为了防锈。枪全长1.96米，口径28毫米，重16.9千克

厘米（28英寸）。30支火门枪中只有7支火门开在枪管侧面，并且都是右侧，其他火门枪火门都在枪管上方。有人认为，这些火门开在侧面的火门枪可能年代较晚，但是这一观点并没有过硬的证据支持。除了一支火门枪枪管的横截面是六边形以外，其他火门枪枪管的横截面都是八角形，或者至少有一部分枪管的横截面是八角形。

维也纳军事历史博物馆（Heeresgeschichtliches Museum）也藏有一些钩式手持枪，和上文中的尼德兰钩式手持枪相比数量更少，也接受了相似的测量。有一支长1.010米，口径23毫米，重8.86千克。还有一支长1.195米，口径24毫米，重11.93千克。另一支长1.515米，口径21毫米，重13.4千克。

另外，很多钩式手持枪的金属柄上还钻有一个方向水平的圆孔。圆孔的直径通常为20毫米，位置在枪管之后10到20厘米。圆孔的用途有两种可能，一是用来安装简单的蛇形杆装置。德国埃朗根（Erlangen）的皇家大学图书馆（Royal University Library）藏有一份年代位于1460年到1480年之间的手稿，上面绘有一支金属柄上装有旋转杆的钩式手持枪，杆的前端有一个火绳夹，因此可以确定这是一个简单的蛇形杆装置，金属柄上的圆孔可能就是为了安装这种装置而钻出来的。二是用来让射手更加方便地携带缓燃火绳。射手可以将火绳的一端缠绕在圆孔上，在这个位置的火绳距离火门比较近，也比较安全。但是这两种说法至今都没有实物证据支持。

瞄准装置罕见于早期火门枪上。原因可能有如下两种：一是火门枪精度很差，没有安装瞄准装置的必要；二是射手瞄准时眼睛会靠近火门或者药池，这是一个危险的举动。瞄准装置在套管式和木床式火门枪上几乎没有出现过，但是在钩式手持枪上要更加多见。上文所说的30支尼德兰钩式手持枪中，至少有7支带有前准星或后准星。

但这并不意味着火门枪手都是盲目地开火。在一些人手里，火门枪依然可以精确地射杀敌人。1429年，在圣女贞德一战成名的奥尔良之战中，一名被尊称为大师、名叫让·勒·康涅（Master Jean le Cannonier）的法国火器手大显神威。他擅长使用蛇炮狙杀单个的英军士兵。在中世纪晚期，"couleuvrine"一词所指的并不一定是后世的那种长管火炮，在法国人和勃艮第人那里，很多"蛇炮"其实就是大小不一的火门枪。考虑到康涅单独一人操纵这种火器，并且跟随圣女贞德的部队四处作战，在还没有野战炮架的 15 世纪初，他使用的"蛇炮"肯定是一种火门枪。在奥尔良，一名身材高大、装备精良的英国战士给法军造成了很大麻烦，康涅受命用火枪击倒了他。而在跟随贞德收复卢瓦尔（Loire）城堡时，康涅又用火枪连续杀伤了数名英军。可见火门枪还是可以用于射杀单个敌人的，只是精度不如弓弩。

14—15 世纪，正是一些历史学家所说的"步兵革命"的时代。发源于英国与瑞士，并传播到整个欧洲的"步兵革命"，从根本上改变了欧洲战争的面貌。在这一大背景下，火门枪和弓弩、长枪一起助推了这场军事革命。曾经支配中世纪战场的重装骑士，开始被有组织的、装备了长杆兵器和弓弩火器的步兵所取代。组织良好、数量众多、训练有素的步兵使用这些武器完全可以击败重装骑兵，而且弓弩手、长枪手的花费要远低于封建骑士。13 世纪中叶，装备一名骑士要花费 32 英镑，而 14 世纪初一名装备精良的弓箭手只需要 1 英镑的装备费用。火门枪手也很好地适应了这次军事变革。他们只需要很少的训练，装备也远比重骑兵的便宜。不过，为了弥补火门枪射速缓慢、准确度差的缺陷，火门枪手被组织成大队作战。

和步兵革命同时，一场炮兵革命也在高调地进行着。如同步兵击败骑兵一样，大口径火炮足以击破那些看起来固若金汤的中世纪城堡。火器的地位进一步提高。

## 车堡的利爪

1419 年到 1436 年发生在波西米亚的胡斯战争中，火门枪真正进入了它们的全盛时期。

胡斯战争爆发后，起义者聚集在独眼骑士约翰·杰士卡（Jan Zizka）周围。他曾在波兰干过雇佣兵，作战经验丰富。杰士卡明白，农民仅凭一腔热血是无法战胜装备精良的骑士的。因此他因地制宜，充分利用了农民手中有限的资源。他将农用四轮马车覆上木板并连接在一起，使之成了移动堡垒。这些马车可以排成方形或圆形的阵形，被称作车堡（wagenburg）。

车堡的起源已不可考。四轮马车在中世纪的战场上有时被当作障碍物使用，尤其在行军途中被敌人追上时。例如 1429 年的鲱鱼战役（Battle of the Herrings），英国人就把一队装有咸鱼的辎重马车一字排开，以阻挡法国人的进攻。在西欧，使用四轮马车防御是临时举措，而在东欧这却是一种常见战术。俄罗斯人将其用来对付鞑靼骑兵和波兰骑兵，立陶宛人也用类似的战术对抗条顿骑士团。杰士卡可能是在波兰期间学到了这种战术，但也有可能是他自创了车堡战术。

车堡的每辆四轮马车都有防护木板，上面开有射孔。木板的防护一直延伸到底盘以下，即使想从车底爬进车堡也是不可能的。杰士卡颇有组织方面的天赋，他详细制订了每辆战车的装备。每辆马车配备有 2 柄斧头、2 把铁锹、2 把鹤嘴锄、2 把锄、2 把铲以及钩镰枪，此外还有一条用来连接其他战车的带钩铁链。如果车阵得长期固守阵地，这些工具可以用来构筑工事。

每辆马车的车组成员数可能会有 10 到 20 人，数量并不固定。每辆马车有 2 名驭手、2 名火门枪手、6 名弩手、14 个使用连枷（flails）的士兵、4 个使用长戟（halberds）的士兵，另有 2 名士兵带着大盾（pavises）。弩手和火门枪手从射击孔向外射击，保持着稳定的火力输出。装备连枷和长戟的士兵保护着马车之间的间隙，执大盾的士兵（pavisiers）也在这里防守。进攻车阵的敌人会遭遇一堵兵器

▲ 现代人复原的胡斯战车模型，车门打开的方向向着车堡内部

林立的坚固木墙。

胡斯派军队的装备都可以在农村中轻松地找到。连枷是东欧常见的农具。铁匠可以打造出长戟，也可以造出火门枪。和火门枪相比，弩反而更难生产，尽管弩的使用也相当简单。四轮马车是用普通的农用马车改造而成，只需要木匠做些简单的木匠活就可造出。

胡斯车堡的威力在于火力。每辆马车上都有 8 名装备远程武器的士兵，他们可以进行威力巨大的齐射，也可以维持持续的火力。一些士兵还可以趴在车底，通过防护板下部的射击孔射击。马车上甚至还备有石头，在火器装填的间隙，那些没有枪炮弓弩的士兵可以用石头投掷敌人。一些马车甚至还装有火炮。

杰士卡在 1420 年 3 月 25 日的苏多梅尔（Sudomer）之战第一次尝试了他的车堡战术。当时支持神圣罗马帝国皇帝的保皇派势力企图突袭苏多梅尔村附近的胡斯派，但杰士卡使用车堡战术击败了他们。这次战斗是胡斯派取得的第一次重大胜利。

火门枪在车堡中表现优良。为了稳定地瞄准，射手可以把火门枪架在射击孔的边缘上射击。而且当射手缓慢地装填火枪时，战车上的木板可以保护射手。由于火门枪的实战表现好，1421 年后杰士卡重组军队时，增加了火门枪的装备量。此时胡斯派控制了数个波西米亚城市，利用城中的作坊，杰士卡可以让部队装备更多的火器。

一个成熟完善的胡斯车堡可以由 180 辆四轮战车组成，机动时这些战车会组成四列纵队行进，外侧的两列纵队队列较长，内侧的两列纵队队列较短，这样可以使这些战车快速地围成车堡。如果地形允许，车堡可以不必四面防御，只要将枪炮弓弩集中在正面即可。车堡战术本质上是一种防御性战术。

杰士卡惯用的战术如下：在战斗开始时先用大型射石炮轰击敌人，以刺激敌人发起进攻。接着车堡强大的火力会扰乱敌人的阵形。战车之间用铁链相连，弩手和火门枪手躲在木板后，透过射击孔向

▲ 胡斯车堡，胡斯战争时期的插图

158

敌人发射铅弹和弩矢。战车之间的间隙布置有轻型火炮和大盾牌，胡斯派的炮手和弩手、火枪手在这里打击敌人，在他们背后还有一些手持长杆兵器的步兵保护他们。车堡之内是胡斯派的步兵和骑兵。在敌人进攻时，步兵在车堡内待命，准备增援或轮换战车上的士兵。只要时机一到，收到命令，他们就会冲出车阵，对陷入混乱的敌人发起反冲锋。

"用战车分割包围敌人"这种描写听起来相当令人难以置信。但在另一篇文章里，比科罗米尼还写到胡斯派的战车部队可以将敌军分割成数块，并逐个包围歼灭。他将杰士卡的军队比作"全副武装的怪兽""出人意料地迅速捕获猎物，将猎物挤压至死，并吞掉猎物的碎块"。他写道："如果有人逃出了马车组成的迷宫，他们也会落入等候在车堡之外的骑兵之手，并在那里丧命。"不过考虑到四轮马车本身并不是适合用来进攻的武器，而胡斯派赖以取胜的战术就是利用战车防御并派步骑兵发动反冲锋，这种记述的可信性令人怀疑。

但在战术上用车堡防御，并不意味着胡斯派在战略上也是采取守势的。通过主动出击，入侵敌对的邻国，胡斯派甚至把战火烧到了敌人的领土上，例如匈牙利和巴伐利亚。胡斯派带着战车入侵敌占区并劫掠乡村，通常会刺激反胡斯势力的军队向他们发起进攻。骑士们一开始以为胡斯派只是一群农民组成的乌合之众，然而在怪兽一样的车堡面前他们很快就尝到了苦头。骑士们最终吸取了教训，通过诈退引诱胡斯派离开车堡，或者集中炮兵火力摧毁马车，打败了一些胡斯派军队。

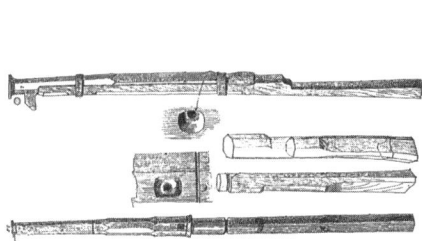

▲ 两支胡斯派使用过的火门枪。上方的木床式火门枪拥有加工精细的枪托，下方的套管式火门枪铸造得也比较精致。两支火门枪全长都是1.7米，其中上方的火门枪口径为25毫米

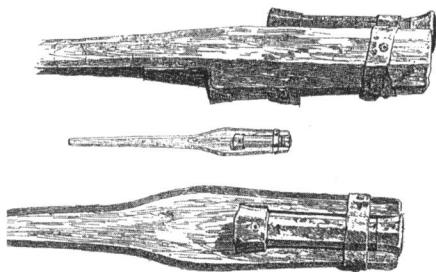

▲ 存世的一门胡斯派使用过的野战炮。炮管为铁制，被铁箍固定在木床上。炮管长29厘米，炮口处直径为7厘米

胡斯战车的成功引起了封建领主们的注意。1421 年，领地遭到胡斯派破坏的奥地利大公阿尔布雷希特五世按十户一丁的比例召集部队。他规定每 20 名新兵中，3 人装备火门枪，8 人装备弩，其他人使用长枪或连枷。值得注意的是每 20 人就配备有 1 辆四轮马车。

为了对付胡斯派的车堡，神圣罗马帝国军队的将领们增加了炮兵的使用。神圣罗马帝国坚持让它的臣民增加火炮和火门枪的库存量。例如，在一份 1427 年的法令中，纽伦堡市提供了 "1 门发射 2 英担重炮弹的大射石炮（a large stonegun）、6 门小一些的射石炮、12 门木栅炮（palisade gun）、60 支火门枪，以及 6 名大师炮手（master gunner）"。

在一份 1431 年的账簿中，被派去镇压胡斯派的雷根斯堡军队装备了一定数量的枪炮。248 人中有 16 个火门枪手和 71 个弩手。这支小部队有 6 门火炮、总重 3 英担的炮弹，以及 2 英担重的铅弹。铅弹应该是火门枪的弹药，但一部分铅弹也有可能是火炮使用的葡萄弹。和这支部队的火器数量相比，他们携带的弹药相当多，可见在战场上火门枪和火炮开火的机会也不少。而且在 15 世纪初，一支 200 多人的部队就拥有这么多火器，说明此时火器已经相当普及。账簿上还记载了辎重马车上另外携带着 19 支火门枪，这些火门枪是不是那 16 个火门枪手携带的额外武器目前还不清楚。

胡斯派利用车堡战术取得了巨大战果。在 15 世纪初，他们将新生的火门枪和火炮与古老的四轮马车相结合，成功击败了以重装骑士为核心的敌军。如果说车堡是一只全副武装的怪兽的话，那么火门枪就是这只怪兽的利爪，帮助它撕碎和吞噬敌人。虽然胡斯派最终被镇压，但这并不是因为车堡战术自身的问题。德国封建主和教会利用胡斯派内部的圣杯派对胡斯派进行分化瓦解，并最终导致圣杯派和塔波尔派互相残杀，这才是胡斯派失败的真正原因。

车堡战术在波西米亚的巨大成功，使其他欧洲军队开始效仿胡斯派的战车部队。他们也开始将火门枪、火炮与战车相结合。但随着 15 世纪野战炮架的出现，机动性优良的新型野战炮取代了笨拙的中世纪火炮，车堡在战场上愈发地脆弱了。而且杰士卡之所以采用车堡战术，很大程度上是因为自己手下的农民难以在野战中抗衡骑兵。随着步兵革命的发生，素质更高、组织更好、战术更先进的欧洲步兵已经不再惧怕在野战中对抗骑兵，自然也就不再需要车堡的掩护。因此车堡战术在中欧和西欧消失了。但是，曾经作为胡斯车堡利爪的火门枪，依然被欧洲各地的步兵所广泛使用，在步兵革命中继续发挥着自己的作用。

## 颗粒化革命

如果我们只关注火门枪，不关注中世纪晚期的另一项军事技术革命，是无法客观、全面地了解火门枪的发展史的。因为正是中世纪晚期出现的火药颗粒化技术，让火门枪的威力和精度都有了飞跃式的提高，从而进一步发展成我们所熟知的火绳枪。

到约 1400 年，黑火药的配方变得接近理想的比例——75% 的硝、12% 的硫、13% 的木炭，而当时最流行的配方中有一个比例是 71% 的硝、13% 的硫、16% 的木炭。除了配方方面的进步，另一个重大改进是火药的颗粒化。欧洲人使用的粉末黑火药被称作"serpentine"，这个名字容易跟蛇形杆装置（serpentine）相混淆。"Serpentine"这一名称的由来可能跟撒旦或者一种使用粉末火药的火炮有关。

将三种原料放入研钵中用杵捣碎成细小的粉末，就得到了粉末火药。这一过程可能需要 24 个小时。约在 15 世纪的前五十年的某一时期，欧洲人发现如果把粉末火药加入液体混合之后干燥成饼状，再破碎成颗粒，可以让火药的威力变得更加强大。这种粗糙的早期颗粒火药被称作碎粒黑火药（crumbled powder）。最早的关于这种新技术的记载大约出现在 1407 年，甚至有可能在 1372 年的英格兰，颗粒化技术就已经出现了。

那么颗粒化后的黑火药和粉末黑火药相比，到底发生了什么变化呢？

可以说，颗粒化技术的出现是火器史上的一个转折点，是火药技术的一场革命。中世纪的炮手和火枪手并不懂得颗粒化的原理，他们只是发现如果腔内的火药装填得太紧，火药就会因为缺乏氧气而无法成功地燃烧；如果装填得太松，又会减小火器的威力。在没有掌握相关的化学和物理知识的情况下，这些炮手和火枪手在一次次的试验和失误中发展出了火药颗粒化技术。在使用粉末黑火药的年代，射手们为了避免上述情况的出现，在装填火器时会故意不把腔内完全填满，这样既可以让火药成功燃烧，又能一定程度上保证火器的威力，但是这在战场上是比较麻烦的事。因此碎粒黑火药的出现，首先就方便了弹药的装填，让射手不用像使用粉末黑火药时那样担心装填得太松或太紧。

除了方便装填以外，碎粒黑火药运输起来也更加方便。由于粉末黑火药只是简单地将原料粉末混合在一起，在运输过程的颠簸中硫黄粉、木炭粉等成分会逐渐互相分离。如果长途运输粉末黑火药的话，恐怕到了战场火药就已经报废了。当时的火枪手们不得不将硝、硫黄、木炭分开携带，在上战场前将它们配制成火药。粉末黑火药的这个缺陷对黑火药在战场上的使用影响很大。突发的遭遇战、糟糕的天气都会给火药的临时配制带来很大的麻烦。而碎粒黑火药就没有这种缺陷，可以放心地运输。

此外，中世纪晚期的硝田工人们会向硝田里添加石灰和贝壳，因为他们发现这些添加物可以提高硝田的产量，但是产出的硝酸盐大部分会是硝酸钙，也叫"石灰硝"（lime saltpetre），所以早期的硝中含有一定比例的硝酸钙。硝酸钙的吸潮性很强，而欧洲很多地区气候潮湿，因此粉末黑火药中的硝非常容易潮解。这在当时是一个大问题。而如果将黑火药做成粒状，和粉末相比颗粒的表面积与体积之比更小，因此火药中的硝从空气中吸收的潮气更少。所以碎粒黑火药不仅方便运输，还耐储藏。15世纪初的文献描述了碎粒火药优良的储藏性，可见颗粒化的效果是相当明显的。

对碎粒火药最早的记载出现在著名的《烟火之书》（*Firework Book*）中。这是一本成书于15世纪20年代、为炮手而写的专著，而其中所使用的资料可以上溯到更早的几十年前。匿名的作者自夸，2磅碎粒黑火药的威力相当于3磅粉末黑火药的威力。该书的法语版中，这一比例变成了1磅碎粒黑火药相当于3磅粉末黑火药。当时法国的火器技术处于欧洲前列，加工工艺的进步可能进一步增加了碎粒黑火药的威力，造成两种版本的书中比例不同。不过碎粒黑火药虽然威力提高了，但令人头痛的是，使用新火药的火炮也更容易炸膛了。此时有三种解决方法：继续使用粉末黑火药，将粉末火药与碎粒火药混合使用，减少碎粒火药中硝的含量。显然第三种方法是最佳的，因为欧洲国家虽然已经可以自产硝，但是硝价依然不够便宜，使用减少硝含量的碎粒火药不仅用起来很便利，还可以降低火药的价格。

此后，小型火炮，特别是长管的小型火炮，变得更加流行，因为长身管可以让碎粒火药在膛内充分燃烧，达到最大威力。

　　碎粒黑火药的使用对于火门枪来说具有革命性的意义。手持火器因为本身的口径和装药量，相比火炮更能承受碎粒火药的爆炸。在使用粉末火药的时代，受制于火药较弱的威力，火门枪的身管长度较短。而在使用了碎粒火药之后，随着火药威力的增加，火门枪的身管变得更长。新式的火药加上更长的身管，使弹丸被火药燃气推动的时间也变得更长了，膛口初速也相应地增加了。而只要初速增加一点，弹丸的动能就会显著提高，侵彻力也会显著增加。因此，火门枪手选择碎粒火药作为发射药。到1420年，碎粒黑火药在欧洲已经得到广泛使用。在文献中，碎粒火药经常和火门枪一起被列出。

　　和日后的颗粒黑火药相比，碎粒黑火药的药粒外形是不规则的，而且更大。15世纪末，新技术的出现标志着火药颗粒化技术的成熟。工匠们开始将药饼挤过筛子，以得到形状规则的火药颗粒。和外形不规则的碎粒火药颗粒相比，其颗粒更小、外表更光滑，这就是真正的颗粒火药（corned powder）。颗粒火药可以迅速并均匀地

▲ 欧洲硝田，1598年的木版画

▲ 出版于1529年的《烟火之书》中的插图

燃烧，但是燃速不如碎粒黑火药，因此可以比较放心地在火炮和火门枪上使用。

到了 15 世纪 70 年代，或者可能更早，火门枪的枪管变成了长度在 1 米左右的锻铁管，并且还带有一个较短的木托，可以抵肩或抵着肘部射击，射手使用缓燃火绳点火。更长的枪管和颗粒火药甚至可以让弹丸的出膛速度突破音速。在现代测试中，火门枪子弹的膛口初速曾达到过 450 米 / 秒，可以想象这种武器的侵彻力有多强。使用粉末火药是无法达到这种初速的，16 世纪初的意大利冶金学家万诺乔·比林古乔（Vannoccio Biringuccio）就曾提到，火绳枪如果使用火炮发射药（粉末火药），只能把子弹打出 15 步（4.5 米）远。同时，火门枪发射的子弹更小了，口径一般在 12 到 15 毫米之间，而更早的火门枪类型钩式手持枪的口径一般在 20 到 25 毫米之间。可以说，此时的火门枪已经达到了它的顶峰。只要给这时的火门枪装上一个原始的火绳枪机——蛇形杆装置，火门枪就会变成火绳枪。

## 最致命的一枪

在 1453 年奥斯曼帝国围攻君士坦丁堡的战斗中，交战双方都使用了多种多样的火炮和火门枪。"征服者"奥斯曼苏丹穆罕穆德二世使用的乌尔班巨炮在此战中名声大噪。这门火炮据说发射重达 1212 磅的球形炮弹，可以击垮千年古城君士坦丁堡的坚固城墙。除了这门巨兽之外，奥斯曼人还有另外 68 门火炮持续不断地开火。拜占庭人和来自意大利城邦的盟友也有几门火炮。拜占庭一方的火炮大部分都被作为反人员武器使用，每门火炮一次可以发射 5 到 10 枚胡桃一样大的霰弹。比起攻城大炮，火门枪虽然被交战双方大量使用，但是却鲜为人知，也很少有关于这些武器的记录。

从 14 到 15 世纪的奥斯曼方面的记载可以得知，拜占庭军队已经有了火门枪。当 1453 年君士坦丁堡被围时，拜占庭帝国已经穷困潦倒，因此可以推测拜占庭士兵不会有很多最先进的蛇形杆火绳枪和钮式火绳枪（button-lock）。实际上，法国的编年史显示，法国军队直到 15 世纪 60 年代还在使用老式的套管式火门枪，所以像拜占庭这种破产国家还在使用老式火门枪，并不奇怪。

虽然拜占庭军队的火器性能落后，但是参加守城的外国人却装备了先进的火器。参加过围城的希俄斯的伦纳德认为，城中有 3000 名外国人在帮助拜占庭军民抵抗奥斯曼军队。一支由乔瓦尼·朱斯蒂尼亚尼·隆哥（Giovanni Giustiniani Longo）统率的 700 人热那亚部队，在危急时刻前来支援君士坦丁堡守军。他们装备精良，还携带着意大利生产的先进火器。意大利是当时欧洲火器技术最发达的地区之一。他们装备了一些火门枪，甚至还可能用上了蛇形杆火绳枪。蛇形杆这种可以把火绳推入药池的简单点火装置，在四十年前就已出现，但是火门枪却一直被使用到了 15 世纪末。

对面的奥斯曼人也迅速地装备了最先进的火枪。他们从意大利进口火门枪，并且开始自产火门枪。除了蛇形杆火绳枪以外，他们也可能拥有钮式火绳枪。在奥斯曼军队对君士坦丁堡发起的最后一次突击中，火门枪发挥了重大作用。可以说，火门枪成了压垮守军的最后一根稻草。

1453 年 5 月 29 日凌晨，奥斯曼军队对君士坦丁堡发动了最后一次突击。此时朱斯蒂尼亚尼带领 400 名意大利人和大部分拜占庭守军把守圣罗马努斯门周围的地段。在距天亮还有三个小时的时候，奥斯曼军队发起了第一次突击。朱斯蒂尼亚尼率领 3000 名士兵在外墙拼死抵抗，用钢弩和火门枪痛击奥斯曼人。在圣罗马努斯门激战了两个小时后，损失惨重的奥斯曼军队撤退。在黎明前的黑暗中，打着火把的奥斯曼军队发动了第二次突击，虽然成功突入外墙，但还是被赶了出来。

当进行第三次突击时，由于人手紧缺，穆罕穆德苏丹把自己的宫廷部队，包括 3000 名耶尼切里在内的精锐也投入了战场。穆罕穆德苏丹甚至一直陪伴着耶尼切里们走到了护城壕。战斗持续了一个小时后，左翼的耶尼切里发现科

▲ 15世纪晚期的意大利士兵，中间的威尼斯民兵手持火门枪

克波塔门并没有锁好，50 名奥斯曼士兵冲入门内，登上城墙竖起了旗帜。对于守军来说，这是相当致命的打击。更不幸的是，在城墙缺口上的木墙里指挥战斗的朱斯蒂尼亚尼被一颗火门枪子弹击中。子弹从他的手臂射入，通过胸甲的袖洞又射入了躯干。受了致命伤的朱斯蒂尼亚尼被撤到后方，在那里他遇到了君士坦丁十一世。君士坦丁十一世见到负伤的朱斯蒂尼亚尼后，大喊道："我的兄弟，勇敢地战斗吧！不要在我们有难时放弃我们！这座城市就

▲ 一幅16世纪初的意大利油画的局部，一名士兵肩扛着一支长管火门枪

靠你拯救了。回到你的岗位。你要去哪里？"足见他当时有多么绝望。

此时不仅拜占庭皇帝，朱斯蒂尼亚尼手下的士兵也没有意识到朱斯蒂尼亚尼受了致命伤。圣罗马努斯门的守军认为朱斯蒂尼亚尼已经丢下他们自己逃跑了，士气受到极大的打击，开始后撤。与此同时，奥斯曼人在北墙升起的旗帜更让恐慌在全城守军中传播。君士坦丁堡的防御崩溃了，千年帝国的首都终于被奥斯曼人攻破。一颗子弹击垮了朱斯蒂尼亚尼和圣罗马努斯门的守军，可以说，这是火门枪有史以来取得的最大战果。

## 步入巅峰

胡斯战争之后，欧洲人继续完善着他们的火门枪。最早的欧洲火门枪和元末明初的中国火铳区别不大，只是比中国火门枪多了一种连接木杆的方式。进入 15 世纪后出现的钩式手持枪已和中国火门枪有了较多的不同之处，例如全金属的构造、枪管上的钩形件。到 15 世纪晚期，欧洲火门枪和中国火门枪已经大不一样了。

15 世纪中期，欧洲出现了可以抵肩射击的枪托。和钩式手持枪的金属柄相比，这种枪托更短更粗，尾部的形状让使用者把枪托抵在髋部或肩部时更加舒适，枪托的材质也从金属重新变成了木头。受火药颗粒化的影响，枪管变得更细更长。枪匠们渐渐意识到，更长的枪管会让火药燃气在子弹出膛之前体积膨胀到最大。早期的粉末火药爆炸力弱，因此火门枪枪管都相当短，但是使用碎粒火药和颗粒

▲ 15世纪晚期至16世纪早期的钩式枪，巴伐利亚军事博物馆收藏。从上至下：全长1.515米，枪管长92厘米，口径25.5毫米；全长1.51米，枪管长88.5厘米，口径25毫米；全长1.433米，枪管长90.8厘米，口径19毫米；全长1.838米，枪管长1.255米，口径26.5毫米

火药之后，短枪管无法发挥新式火药的威力，因此枪匠们加长了枪管。此时如果在这种火门枪的枪托上加装一个蛇形杆装置，一支早期火绳枪就诞生了。然而在这种新型火门枪出现之后，老式的火门枪依然被使用了一段时间。

火门枪的生产也得益于欧洲手工业的发展。城市因为贸易和工业的发展变得更加重要，低地国家的工业城镇变成了生产火门枪的主要中心。对于生产便宜、优质的铁来说必不可少的高炉，于1340年第一次出现在比利时，并且在15世纪的前二十五年传遍了低地国家。这一地区遂变成欧洲的火炮生产中心，大量的火门枪也从这里被生产出来。

在15世纪的下半叶，火门枪在欧洲已经成了司空见惯的东西。大部分欧洲军队中都可见到和弓弩并存的火门枪，而且数量相当大。这一时期也出现了火药技术的集中化。国王和诸侯可以更加有效地掌控税收，尤其是在德意志。他们用自己巨大的财富购买火器，数量和质量都要优于那些较弱的邻国或较小的贵族的火器。这场不平衡的军备竞赛加剧了君主集权，同时促进了民族国家的发展。

在意大利，米兰和威尼斯已经厌倦了不可靠而昂贵的雇佣兵（condottiere），因而他们创立了新的民兵体制，训练民兵保卫自己的城市。在这些意大利民兵中，火门枪手所占的比例很大，他们的武器是城镇里的作坊提供的。在1482年，费拉拉战争（War of Ferrara）的初期，米兰一方有1250名火门枪手参战，与此同时弩手只有233人。这支部队还包括352名火绳枪手，他们使用的是一种比火门枪更先进的武器，带有一个用弹簧顶住的使用一个按钮触发的扳机。火门枪和火绳枪混用，在15世纪后期很可能是常见的事。

1472年，法国的"博安·昂·韦尔芒多瓦法令"（*Ordinance of Bohain-en-Vermandois*）召集了1200名重骑兵，每人有一名骑马侍从及一名剑士（swordsman）

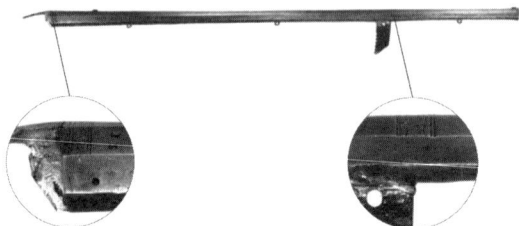

▲ 丹麦火门枪（全长1.455米，口径19.2毫米，重10.49千克），丹麦国家军事历史博物馆收藏，年代约为1515年或者更早，上面带有简单的雕刻装饰

▶ 1483年的《伯尔尼编年史》中的插图。穿着全身甲的火绳枪手和弩手并肩作战，地上摆放的箱子盛有分装好的火枪弹药

陪伴，还有3000名骑马弓手、600名骑马弩手、2000名长枪兵、1000名弓箭手、600名火门枪手。法令要求每名火门枪手都要穿戴一件带袖锁甲衫、一个链甲护颈或板甲护颈（gorgerin）、一顶轻盔（sallet），以及一套胸板甲。火门枪手也带着一柄匕首及一把剑。据关于火门枪手装备的记载，可以确定，这些火门枪手并不是穷人。如果有需要，他们的盔甲和格斗武器可以让他们像普通的士兵一样战斗。虽然火门枪手在战斗中总是试图和敌人保持距离，他们还是不可避免地会陷入近战，这时盔甲和冷兵器是非常必要的。法令没有提到腿甲，很多这一时期的插图中，火门枪手也没有穿戴腿甲。这可能是因为火门枪手希望自己的腿部能毫无妨碍，这样他们可以在战斗中作为散兵四处跑动。

意大利人也使用骑马弩手和火门枪手侦察、搜集粮草、应付小规模战斗、追击逃跑的敌人。15世纪的一些有趣的图画显示，装备精良盔甲的骑士在骑马时用火门枪开火。弩手和火门枪手的盔甲可能没有那么好，还可能在作战时下马，尽管有一些描写提到他们在马背上射击。

在15世纪的后五十年，另一个革新是对发射药的预先分装，这一措施大大提高了火门枪的装填速度。欧洲人是从什么时候开始分装发射药的尚不清楚，这一技术在一些地区可能几十年前就已经得到了应用，但分装技术是在15世纪末才普及的。

# 玫瑰战争与火门枪

四轮战车可以让火门枪手比较安全地射击，大大减少了敌军步骑兵对他们的威胁，但这并非唯一的办法。聪明的指挥官们尝试过很多种方法，以使火门枪手在射击的同时又可以和目标保持距离。1461年2月17日的玫瑰战争中的第二次圣奥尔本斯（St. Albans）战役中就有一个典型战例。

当时约克家族的支持者占据了伦敦北部的重镇圣奥尔本斯，并得知兰开斯特家族的军队就在附近。约克军预测兰开斯特军队会从北方接近城市，于是他们精心构筑了一道防御工事，将军队部署在树篱和铁蒺藜（caltrops）带之后。除此之外，在每个穿过树篱的小径或缺口上，约克军都布上了24英尺（7.3米）长、4英尺（1.2米）宽的大网，网上还带有钉子。这些大网通常被布置在船上，可以阻止敌人跳帮。直到亨利八世时期，英国战舰上还挂着防跳帮的大网。约克军希望这些大网配上铁蒺藜，可以延缓甚至阻止敌军步兵的前进。没有骑兵可以强行突破这些工事。

在防御工事之后，约克军将弓箭手、弩手、雇来的勃艮第火门枪手和炮兵一字排开。兰开斯特军如果强行从正面进攻，只会被火门枪和弓弩的火力撕成碎片。这可能是中世纪防御力最强的野战工事，但它却注定是失败的。兰开斯特军队在强行军之后，从另一个方向到达了圣奥尔本斯，他们迅速拿下了城镇。惊慌的约克军被迫转向，他们精心构筑的工事已经成了摆设，此时只能从毫无遮拦的侧面与兰开斯特军接战。短暂而血腥的战斗之后，兰开斯特军大获全胜。

威廉·格里高利（William Gregory）的《伦敦大编年史》（*Great Chronicle of London*）记载："在炮手和勃艮第人得以用他们的枪炮瞄准之前，他们就已经忙于格斗了。"可见当时约克军的炮兵和火门枪手还来不及开火，就陷入了白刃战。可能是因为兰开斯特军的进攻是一次奇袭，火门枪手还没来得及装填他们的枪支，只能用冷兵器迎战。不过格里高利的意思也可能是在兰开斯特军接近之前，只有火炮来不及转向并确定新射程。

格里高利也对勃艮第人的武器做了有趣的评论："勃艮第人拥有的器械可以发射小铅球以及一厄尔长的带有六片箭羽的箭矢，三片在(箭杆)中部，三片在一端，另一端装有一个非常大的铁镞头，同时还有野火（wild fire）。"格里高利的记载模糊不清。一厄尔是 1.14 米（45 英寸）长，这种长度的箭矢是不太可能用火门枪发射的。没有证据可以证明中世纪有能发射这种箭矢的火门枪。他可能搞混了火门枪使用的铅弹和火炮使用的长箭矢。早在 1377 年，勃艮第军队就在围城战中使用过发射大型箭矢的火炮。在这个年代还能发现像古老花瓶炮的箭矢一样的炮矢（gun arrows），是一件有趣的事。而格里高利提到的"野火"可能是一种装有爆炸物、像手榴弹一样投掷的陶罐。面对勃艮第人使用的火器，显然格里高利感到好奇和困惑。玫瑰战争时，火器在英格兰已经出现了一百多年，然而它们还是让格里高利这种知识分子感到茫然。

十年之后，约克家族和兰开斯特家族之间的战争仍在继续。尽管英国盛产优秀的长弓手，双方的军队中还是出现了越来越多的火门枪手，约克家族的爱德华四世便雇用了佛兰德火门枪手。《伦敦大编年史》用"乌黑"一词形容这些外国火枪手，当时的火门枪手整日与火药、火绳为伴，烟熏火燎之下身上难免留下黑色的污垢。爱德华四世在 1471 年 4 月 11 日进入伦敦，编年史提到，他的 500 名"漆黑的散发着硝烟味的佛兰德火枪手"走在队伍的前头。他的军队据估计有 5000 到 6000 人，所以火门枪手在其中只占少数。

爱德华进入伦敦后的两场战斗，都是以爱德华对兰开斯特军的炮击为开始的。1471 年 4 月 14 日的巴尼特（Barnet）之战，在早上 7 点的浓雾之中打响。会战前一天的夜里，约克军一方在布阵时出现失误，而且遭到兰开斯特军的炮击，但是兰开斯特军的炮口抬得太高，炮弹都落到了约克军阵线的后方。机智的爱德华下令部队不要开炮还击，也不要出声，结果虽然兰开斯特军的炮击持续了一夜，却没有给约克军造成损失。第二天的会战中，双方用火炮、火门枪、长弓互相射击。爱德华一方拥有的火器比兰开斯特一方要多，但是双方的伤亡大致相同。在对射之后的肉搏战中，爱德华

▲ 虽然双方的军队中都出现了一些火门枪手，玫瑰战争中长弓手依然是投射部队的主力

领导下的约克军击败了兰开斯特军，取得了胜利。

爱德华在巴尼特会战中击败兰开斯特军后，兰开斯特一方企图前往威尔士境内的兰开斯特据点。爱德华紧急动员自己的部队展开追击，5 月 3 日，他终于在蒂克斯伯里（Tewkesbury）附近追上了兰开斯特军。1471 年 5 月 4 日的蒂克斯伯里之战中，兰开斯特一方缺少野战火炮，在装备上处于劣势，而爱德华的约克军再一次以野炮齐射开始了这次战斗。爱德华的几门野炮、弓箭手，据推测还有火门枪手，在距敌人弓箭最大射程处（275 米）开火。在这么远的距离上，火门枪如果还能命中目标，那真是一个奇迹，但是烟雾和火焰至少会影响敌人的士气。爱德华的部队可能还有更进一步的优势，他的火炮可能已经用上了霰弹（canister shot），一种约在 1400 年出现在德国的弹药。兰开斯特一方的火炮很少，而且弓箭手和火门枪手可能也比对方少。很可能是因为忍受不了约克军的炮击，兰开斯特一方的萨默赛特公爵做出了一个非常冒险的决定：经一条隐蔽的道路向约克人的中军左翼发起进攻。结果萨默赛特的部队伤亡惨重，兰开斯特军也在约克军的反击中全线崩溃。

在玫瑰战争中，虽然有为数不少的火门枪手出现在战场上，但是他们发挥的作用远不如新生的野战炮兵，也不如鼎盛时期的长弓手。在欧洲大陆，火门枪和钢弩相比优势明显。但在盛产优秀长弓手的英国，面对射速和侵彻力都相当优秀的长弓，火门枪反而优势不够明显了。而和玫瑰战争中的野战炮相比，火门枪的射程和对敌军士气的打击又远不如火炮。在蒂克斯伯里会战中，正是约克军的炮击刺激兰开斯特军发起进攻，而火门枪却起不到这样的作用。玫瑰战争中，火门枪手和长弓手并肩作战证明了火门枪的威力，但是也反映出火门枪自身的局限性。枪械想要支配战场，还有很长的一段路要走。


## 勃艮第战争的血与火

15 世纪后期，勃艮第公爵"大胆"查理企图建立勃艮第帝国的野心，终于导致勃艮第与瑞士联邦发生激烈冲突。一方是骁勇善战、以超长枪方阵闻名的凶悍山民，一方是装备先进、领先于时代的新式军队。然而瑞士军队和勃艮第军队有一个共同点，那就是他们都擅长使用火门枪。在玫瑰战争中表现平庸的火门枪手，到了勃艮第战争中可谓大放异彩。

虽然瑞士人以善于使用长戟和超长枪而闻名于世，但他们在使用火门枪和弩方面也颇有心得。由于瑞士人经常在欧洲各地充当佣兵，他们很可能因此了解到了火门枪这种新式武器，并开始使用它们。1443 年的苏黎世州（Canton of Zurich）的士兵花名册显示，2760 名士兵中只有 61 人携带火门枪（2%）。与此相反，弩手的数量是 473 人（17%），另有 635 人携带长枪（23%），剩下的 1591 人（58%）携带长戟和斧头。到 1474—1477 年的勃艮第战争，火门枪手的数量大大增加，和弩手的数量已经大致相同。在每个巨大的瑞士方阵的前方，瑞士人都会部署 300 人的敢死队。这些勇猛的散兵使用火门枪和弩，在勃艮第战争中表现得相当抢眼。不过相比热衷火器的勃艮第人，瑞士人还是更偏爱长戟和长枪。有时候，这些勇猛的战士甚至会丢下手里的火器，拿起冷兵器走向战场。施瓦本战争时，伯尔尼的火门枪手就拿着长戟和长枪参战。瑞士军队的长官们显然不希望自己的部队因此失去火门枪的掩护。为了避免这种情况出现，苏黎世甚至规定火门枪手必须携带火枪，以免他们用冷兵器取代火枪。

在战斗中，瑞士火门枪手经常扮演散兵和机动预备队的角色。为了能快速地在战场上机动，他们喜欢披挂轻甲。可以想象一下这种场景：灵活的瑞士火枪手迅速冲向笨重的长枪方阵或重步兵，用手中的火门枪开火，然后快速脱离战斗，重新装填弹药。1443 年的苏黎世士兵花名册提到，弩手和火门枪手混编的部队走在军队的前卫之前和后卫之后，他们的作用可能是扮演散兵的角色，在长枪兵结阵完成之前拖延敌人，或者在进攻之前使敌人的阵线陷入混乱。

而勃艮第一方则拥有"大胆"查理组建的新式军队，并拥有欧洲最先进的火器。"大胆"查理之前的几任勃艮第公爵都对火器相当重视，早在 1377 年，勃艮第军队就在围城战中使用了大炮。"大胆"查理时期的勃艮第军队拥有大量先进的野战炮，这些大倍径、拥有比较成熟的野战炮架的火炮曾经给瑞士人带来了惨重的伤亡。火门枪也是勃艮第部队的重要组成部分，他们的数量不仅远比瑞士火门枪手多，而且更受重视。到 1411 年，勃艮第公爵"无畏"约翰（John the Fearless）拥有至少 4000 名火门枪手，这在当时的欧洲是个相当惊人的数字。当他的继任者"好

人"菲利浦（Philip the Good）在 1456 年计划组建
一支十字军去对抗奥斯曼人时，花名册中包含 500
到 600 名火门枪手，由一名炮兵长官指挥。这些
火门枪手的数量和中世纪军队的传统中坚——骑
兵相同。有趣的是，1449 年"好人"菲利浦的外
孙女远嫁苏格兰国王詹姆斯二世时，公爵准备的
嫁妆里就有 46 支铁制火门枪。

▲ 机动灵活瑞士火门枪手足以应付多
种情况下的战斗。在小船上向敌人射
击的火门枪手，1483 年的《伯尔尼编
年史》中的插图

在勃艮第战争中，不算上骑马弓箭手，"大胆"
查理的步兵部队已经有三分之一的士兵用上了火
门枪。在 1471 年 3 月 20 日的一次部队召集中，"大
胆"查理调来了由 1200 名弩手、1250 名火门枪手、1250 名长枪兵组成的增援部队。
同年，另一份文件显示，火门枪手不仅在数量上和弩手相同，而且报酬也相同。
一些 15 世纪的法国和勃艮第账单提到，火门枪手的收入比骑兵还高。

勃艮第人喜欢把他们的火门枪称作"coulovrine"，很少使用"hacquebus"（钩
式手持枪）一词。虽然和蛇炮的名字相同，但勃艮第人所说的"coulovrine"其实
是一种单兵武器，并不是重炮。小型的勃艮第火门枪只有约 14 厘米长，而大型的
勃艮第火门枪长度可达 55 厘米至 1.1 米。勃艮第人还使用过一种类似三眼铳的火
门枪，一份 1436 年的勃艮第文献记载道："两百支铜合金火门枪，半尺长，一根
长杆上要安装两支。"

除了普通的前装火门枪外，一些勃艮第火门枪是备有多个药室的后装火枪。

1476 年 3 月 2 日的格朗松（Grandson）之战中，瑞士火门枪手表现优异。战
斗还未开始，他们就大出风头。可能是"大胆"查理在格朗松城杀死瑞士降兵的
行为激怒了瑞士人，来自施瓦茨支队的瑞士火门枪手不顾命令，抢先向勃艮第阵
地开火。查理公爵立刻命令自己的步兵向瑞士散兵发起反击，随后勃艮第弓箭手
和瑞士火枪手进行了激烈的交战。出人意料的是勃艮第弓箭手竟被瑞士火枪手击
败，并且伤亡惨重。在格朗松战役的前哨战中，瑞士散兵成功地用火门枪击败了
使用长弓的勃艮第士兵，获得小胜。

之后双方的主力部队展开交战。瑞士火门枪手和弩手被部署在方阵的正前方，

▲ 约1470年的绘画，描绘了战斗中的勃艮第军队。画中火枪手、弩手、长弓手陷入了一场混战

作为瑞士军队的前锋。在战斗中，他们和一些弩手一起前进，并一起向勃艮第人开火。当勃艮第骑兵向他们发起冲击时，他们就会迅速地躲到瑞士方阵的枪林后，但这并不意味着瑞士火门枪手害怕肉搏。当企图迂回到瑞士人后方的勃艮第骑兵因一片葡萄园的阻碍而意外冲入瑞士方阵的右侧拐角时，负责掩护方阵的瑞士火门枪手和弩手随即与勃艮第骑士进行了殊死搏斗。虽然和敌人白刃相接并不是火门枪手的主要作战方式，但他们依然表现良好。这说明瑞士火门枪手接受过一些冷兵器格斗训练。

在此次会战中，瑞士火门枪手在战斗中表现得非常活跃。经过三个小时的残酷战斗后，他们竟然用光了身上的弹药，可见他们开火有多么频繁。此时瑞士人虽然抵挡住了勃艮第骑兵的进攻，但他们已经陷入了危险境地。查理的新式军队兵种齐全，火力强大，而瑞士军队兵种较单一且投射火力较弱。此时的战场主动权完全由查理掌控，如果战斗再这样继续下去，只能被动防御的瑞士步兵难逃被击败的命运。"大胆"查理让炮兵和弓箭手移动到侧翼，命令主力部队缓缓后撤，并让自己的骑兵做好迂回到瑞士人侧翼和后方的准备。然而令查理意想不到的是，瑞士人的主力部队突然到达战场，并对勃艮第军队发起了排山倒海般的方阵冲击。勃艮第军队陷入了混乱并最终崩溃，"大胆"查理第一次尝到了瑞士人的苦头。

虽然查理战败，但是由于瑞士人缺乏骑兵，查理的损失不大。然而在数月后的穆尔滕之战中，勃艮第人就没这么幸运了。企图进军伯尔尼的查理围攻拱卫伯尔尼的重镇穆尔滕，在当地构筑野战工事并布置了大量的野战炮，企图等待瑞士人的增援部队前来进攻。然而查理犯了一个致命的错误，他认为瑞士人派来的解围部队只是一支小部队，遂于 6 月 21 日带着大部队回营休息，只在阵地里留下2000 名弓箭手和火门枪手，以及 1200 名骑兵。令查理没想到的是，正在向他接近的瑞士步兵多达 2.5 万人，另外还有 1800 人的洛林重骑兵增援他们，而查理的部队人数只有2万多一点，并且大部分都待在营地休息。

6月22日下午，瑞士步兵和洛林骑兵对勃艮第人的阵地发起了冲击。跟随查理四处征战的历史学家帕尼伽罗拉回忆道：

> 这时候雨停了，一支装备着细长长枪的瑞士部队的正面立刻从台地上的树林里出现，他们都是步兵，火门枪手走在部队的前方。……从这时起瑞士人从树林中涌出，我们的人用火炮和臼炮射击。但组成密集阵形的瑞士人，继续一步步前进，如果不是一码码的话。

从帕尼伽罗拉的回忆中可以看出，此战瑞士火门枪手又一次充当了部队的先锋，而奇怪的是他没有提到弩手，因此很可能这次战斗瑞士人的投射部队是只由火门枪手组成的。

工事后的勃艮第长弓手和火枪手向瑞士人猛烈地开火，炮兵也集中火力向瑞士人射击，使瑞士人的攻势一度减弱。然而阵地内的勃艮第士兵毕竟势单力薄，炮兵也没有足够的人手操纵火炮。瑞士人的前锋在长弓和枪炮的打击下损失较严重，但是随后瑞士人中的施瓦茨部队绕过了工事，成功迂回到勃艮第人的侧翼。结果在瑞士人排山倒海般的冲击中，勃艮第人的阵地被席卷了。

瑞士人进军神速，查理和自己的部队却反应缓慢，他根本没有足够的时间组织反击。帕尼伽罗拉记载道，很多勃艮第士兵已经成了惊弓之鸟，竟然被瑞士人的火门枪吓得崩溃：

> 瑞士人看到我们的部队一点点到达台地，拼命地组成阵线，还看到在城镇的方向，特洛伊罗（查理的意大利佣兵队长之一）在一座小山上集结了约3000名士兵。瑞士人开始在超过三箭之远的距离上用手持的火药武器开火。因此勃艮第步兵开始转身逃跑，他们意识到自己的数量在如此凶猛的敌人面前显得太少。

最后穆尔滕之战变成了一场大屠杀，查理手下有1.2万名士兵被杀，而瑞士人只有410人阵亡，其中大部分都出自前锋部队。

在1477年1月5日的南锡（Nancy）之战中，重建了军队的"大胆"查理和作为洛林公爵的雇佣兵的瑞士人再一次交战。此战中瑞士军队的变化，除了长枪兵的数量超过长戟兵外，火门枪手的地位也大大提高。此战，瑞士人一反常态，将800名火门枪手作为后卫使用，准备用这些火门枪手随时支援前锋和主力部队。

另外，在瑞士人的主力8000名步兵中，火门枪手的数量达到了1000人。瑞士长枪兵组成的楔形阵对勃艮第人的左翼发动进攻时，只有火门枪手为他们提供支援。这个例子说明瑞士指挥官对火门枪手的能力相当有信心，只需要火门枪手就可以提供足够的火力。从此战中瑞士军队兵种构成的变化可以看出，经过勃艮第战争的磨炼，瑞士人不仅意识到了长枪在密集方阵中拥有长戟所不可比拟的优势，还意识到了火门枪的威力丝毫不逊于弩。此时，火门枪在瑞士军队中已经取代了弩的地位。

在机动到勃艮第军队右翼的瑞士楔形方阵的突袭面前，勃艮第人的野战炮根本来不及发挥作用。而组成楔形方阵最前端的，正是瑞士人的长枪兵和火门枪手。同时勃艮第军队右翼也遭到了瑞士—洛林联军的攻击，他们首先用手中的火门枪（可能还有一部分火绳枪）开火，接着杀入勃艮第军队的左翼。单薄的勃艮第方阵无法阻挡巨大方阵的冲击，在仅有的一排长枪兵阵亡后，勃艮第的火器部队惨遭践踏。此战，"大胆"查理的新式军队再次惨败，查理自己也丢掉了性命。

在勃艮第战争的三次大战里，查理次次饮恨。颇具讽刺意味的是，查理对火器的重视远超过瑞士人，但最终失败的却是他那过分倚重火力的新式军队。瑞士人也看到了火门枪的重要价值，然而瑞士步兵还是以长枪和长戟作为主要装备，少量火门枪只起到了辅助作用。但这并不影响瑞士火门枪手在战场上有活跃的表现，也不妨碍瑞士人在战场上充分发挥火门枪的威力。反观查理，虽然让自己的步兵部队大量装备了火门枪乃至更先进的火绳枪，然而他们却没有令人瞩目的表现，甚至在失去少量长枪兵的保护后，沦为了瑞士人的屠杀对象。

勃艮第战争带来的教训无疑值得人深思。火门枪、火绳枪等单兵火器

▲ 正在行军的军队，1483年的《伯尔尼编年史》中的插图。火门枪手和弩手一起走在队伍的前列，他们肩扛火枪，穿戴胸甲和头盔，手里还拿着火绳。其中一名火门枪手的火门枪上还挂着装火药的牛角

固然是先进的武器，然而它们的射速和威力都很有限。如果想让火枪手在战场上既发挥手中火器的威力，又不被敌方的步兵和骑兵所压垮，那么只有让使用冷兵器的重步兵和火枪手并肩作战。于是在接下来的 16 世纪，长矛和火枪的时代来了。

## 弩的没落

到 15 世纪末，火门枪已经发展成一种有效的、可用于攻防的武器，步兵和骑兵、陆上和海上都在使用它们。随着准确度和可靠性的提高，在欧洲的军械库中，火门枪已经在步兵远程武器之中占据了重要位置。更便宜、更具威力的火药，加上更有效的构造和更合理的尺寸，造就了一种威力强大同时并不昂贵的武器。

有趣的是，在 15 世纪，火门枪的广泛使用给弩造成了巨大的压力。同样威力强大，同样射速缓慢，弩和火门枪之间不可避免地展开了激烈竞争。编年史中频繁地记载火门枪和弩在战场上被同时使用。有人推测正是火门枪的使用导致 15 世纪弩的拉力迅速增大。弩从使用脚踩踏环徒手上弦的踏张弩，变成了使用带有曲柄和绳钩的绞盘上弦的绞盘钢弩（cranequin）。钢弩的侵彻力变强了，但是射速也变慢了。与此同时，在一些地区，分装弹药和火绳枪枪机的出现提高了火枪的装填速度。和弓箭相比，操作火枪和钢弩所需的训练都比较少，但是火枪的制造成本要低于钢弩。而且随着曲柄和绞盘的使用，钢弩的射速变慢，其射速优势相对于火门枪而言已不再明显，而威力方面钢弩也没有优势。因此在这场竞争中，火门枪节节取胜。15 世纪后期的米兰军队和瑞士军队都开始用火门枪取代弩。但火门枪并没有彻底取代弩，西班牙和法国还在坚持使用弩，后者甚至一直把弩用到了 16 世纪。彻底将弩淘汰，还是要靠火绳枪来完成。

15 世纪后期火门枪取代弩的风潮甚至还一路吹到了俄罗斯。"arquebus"一词在 1408 年之前就出现在俄罗斯。几乎可以确定的是，当时这一名称所指的并不是火绳枪，而是钩式手持枪。在 15 世纪 70 年代，钩式手持枪在野战中取代"tyufyak"之前，这种火器在俄罗斯还不是什么常见的武器。同时，老旧笨重的火器依然被用来保卫城池和要塞。到 15 世纪末，已经有数种火门枪在俄罗斯得到使用。除了前文中的"tyufyak"和钩式手持枪，还有一种被称作"samopal"的较小的火门枪，

▲ 中世纪晚期编年史插图中的弩手，中间的弩手正在用绞盘给自己的钢弩上弦

以及被称作"ruchnitsa"的长管滑膛枪。

在编年史作者们的笔下，火门枪的主要优点之一就是能惊吓鞑靼人。在战场上，往往一次火门枪齐射就能让企图接近俄罗斯人的鞑靼人后撤。俄罗斯火门枪手所取得的最大胜利发生在 1480 年的乌格拉河。

1480 年，金帐汗阿合马率兵进攻莫斯科，并与立陶宛大公订盟夹击俄罗斯人。伊凡三世则联络克里米亚汗以对抗阿合马，两军在奥卡河支流乌格拉河对峙。莫斯科军队部署了大量的火炮和钩式手持枪，将鞑靼人从河岸边赶跑，迫使阿合马撤退，提前结束了这次入侵。此战后，蒙古对俄罗斯两百多年来的统治终于崩溃。火门枪即使在处于欧洲边缘的俄罗斯，实战效果也相当显著。以至于1486 年后，俄罗斯已没有关于弩被作为武器使用的记载。

就这样，在火门枪、火绳枪的先后打击下，在中世纪战场上风行了数百年的欧洲弩终于寿终正寝，先弓箭一步退出了战场。

## 火绳枪时代的黎明

在 15 世纪后半期，编年史中的"arquebuses"一词含义是模糊不清的，我们难以确定它究竟指的是火门枪,还是新生的火绳枪。尽管火绳枪在15 世纪就已出现，使用缓燃火绳点火的火门枪依然被使用到了 16 世纪。

提到火绳枪的诞生，就不得不提到缓燃火绳的使用。正是因为缓燃火绳取代了灼热的金属丝，火绳枪机的发明才成为可能。缓燃火绳就是一条用硝浸泡过的细绳，可以缓慢地燃烧，但是不会产生火焰。关于缓燃火绳最早投入使用的时间依然存在争议。许多学者声称缓燃火绳是 15 世纪初出现的，之前的火器是用红热的金属丝点火的。然而很多早期的绘画显示炮手和火枪手们使用的点火工具，只是一根被画成黑色细线的东西，根本无法分辨出是什么东西，因此这种说法还是存在疑问。

如果使用金属丝点火的话，就需要一个火盆或者一堆篝火来使金属丝保持灼热，而且在战场上使用篝火显然并不是个好主意。对于在城堡里防守的火门枪手来说，随身带着一个用来烧烤金属丝的火盆尚可以接受。然而对于野战中的火门枪手来说，带着一个火盆机动显然是个大麻烦。而且瑞士的中世纪火器爱好者乌利希·布雷切尔（Ulrich Bretscher）所做的测试显示，火门枪的后坐力会让点火用的红热金属丝变得越来越弯。也就是说，火枪手在每次开火之后都要把红热的金属丝掰直，而且是在战斗中！当然为了解决这个问题，火枪手还可以在他随身携带的火盆里多放上几根金属丝。

因此，许多手稿插图上都出现了不一定是金属丝的黑色直线，这些细线过于细小，无法提供更多的细节。值得注意的是，在这些手稿插图中，火门枪手的旁边很少会画上一个火盆或者一堆篝火，尽管一些记载提到这些东西是炮兵装备的一部分。在米莱梅特（Milemete）1326年所作的那两幅著名的花瓶炮（pot de fer）插图中，施放火炮者手中拿着的不是灼热的金属丝，而是一根一头缠着弯曲的细线状物的木棍，所以画中描绘的点火工具可能就是缓燃火绳。

有了比金属丝方便很多的缓燃火绳，发明火绳枪机的一大障碍自然也被扫除了。首先出现的是结构非常简单的蛇形杆装置（serpentine）。1411年的中世纪书籍的插图中就出现了原始的蛇形杆火绳枪机。这种枪机非常简单，就是安装在枪管尾部的、一根可以转动的S形金属曲杆。蛇形杆装置虽然简陋，但它标志着火绳枪的诞生，具有重大的意义。在火门枪时代，射手在使用火枪时得一手持枪、一手点火，不仅影响持枪的稳定性，还不方便瞄准。15世纪后期乃至16世纪初制造的一些火门枪已经装有准星和照门，然而这些瞄准装置在野战中的实用性可能要大打折扣。虽然用火门枪准确射击单兵目标并不是不可能，但困难一定相当大。想象一下，火门枪射手一边用手拿着火绳戳到药池里点火，一边透过照门和准星瞄准，这该是多么困难的事啊！蛇形杆装置解放了射手的双手，现在只须要扣动扳机，就可以完成火枪的击发，全神贯注地瞄准变为了可能。

在蛇形杆装置出现之后，更加成熟、结构更加复杂的火绳枪枪机也出现了。火绳枪的价值渐渐得到了欧洲国家的重视，他们开始用这种新式枪支取代火门枪和仅剩的一些钢弩。坚持使用弩的西班牙人在16世纪初的意大利战争期间也用火

▲ 著名的"花瓶炮"插图

◀ 1411年乔安·哈特里布的《战争之书》（*Kriegsbuch*）一书中的早期火绳枪，枪机是一种简单的蛇形杆装置

绳枪取代了弩。就连最顽固的法国人也为火绳枪所动。1518—1520 年，法国国王弗朗西斯一世的军队里还没有一个火绳枪手，只有弩手，到1536年法军攻打图灵时，火绳枪就已经全面取代了弩，整支法国军队竟然只剩下一名弩手！

　　欧洲军队大量装备火绳枪后不久，火绳枪就获得了证明自己威力的机会——意大利战争。这种绵亘数十年的漫长战争，成了新武器、新战术的试验场。火绳枪也在意大利战争中获得了大显身手的机会。1503 年 4 月 28 日的切里尼奥拉（Cerignola）之战中，西班牙名将贡萨洛在一片斜坡上挖掘壕沟，构筑工事，依仗由火绳枪手、长枪兵、剑盾兵组成的西班牙军队，成功击败了法军。法军起初派重装骑兵向西班牙军的阵地发起冲击，但是遭到壕沟的妨碍，并遭到火绳枪火力的打击，法军指挥官内穆尔公爵也遭到射杀。重骑兵失败后，法军又派出了瑞士佣兵，企图用长枪方阵击败西班牙人。然而时过境迁，在勃艮第战争中所向披靡的瑞士长枪兵在穿越壕沟和工事时，遭到火绳枪火力的猛烈打击，而且由于野战工事的妨碍，瑞士人的密集方阵变得破碎，结果在西班牙剑盾兵的反击下，阵形不整的瑞士人陷入了其并不擅长的近身格斗。最终法军惨遭失败，战死约3000 人，而西班牙人的伤亡只有数百人。

　　切里尼奥拉之战后，西班牙人使用火绳枪和长枪继续在 1524 年的帕维亚会战

▲ 15世纪初的蛇形杆火绳枪，来自克罗地亚。长1240毫米，口径35毫米，重10.6千克

▲ 英国皇家军械博物馆的帕维亚会战蜡像，法国骑士冲向神圣罗马帝国一方的火绳枪手

中大显身手。在帕维亚会战中，迂回到神圣罗马帝国军侧翼的法国骑士受到松软的地面和森林的阻碍，反而遭到西班牙火枪手的近距离射杀。这些手持骑枪、身披全身板甲的重装骑士或是被西班牙人用火枪打穿了盔甲，或是被德国长戟兵拉下马。西班牙人依靠火绳枪和长枪，又一次取得了大胜。

可以说，和"大胆"查理的新式军队相比，西班牙军队无疑要更加成熟，他们将大纵深的长枪方阵和威力强大的火绳枪结合在一起，成功地击败了凶悍的瑞士步兵。在15世纪的收复失地运动中，西班牙步兵喜欢使用弩和剑盾作战。但是在意大利战争的影响下，西班牙人吸取了其他地区军队的经验，进行了成功的军事改革。他们装备了瑞士人所使用的长枪，削减了剑盾兵的数量，同时淘汰了弩，让步兵大量装备火绳枪。在切里尼奥拉之战时，西班牙步兵中火绳枪手、长枪兵和剑盾兵的数量比是2∶2∶1。反观同时期主要使用长枪作战的瑞士步兵和德国步兵，他们的部队中火枪手的数量只占了步兵总数的10%左右。这种火枪手数量上的巨大差异，表明西班牙人的战术思想已经比他们的同行领先了一代。如果说，在瑞士步兵横行的15世纪后期，是长枪方阵的时代，那么火绳枪被大量使用的16世纪，就是长矛与火绳枪的时代，是西班牙大方阵的时代。西班牙人凭借大方阵战术和优秀的步兵几乎称霸整个16世纪的欧洲战场。而火绳枪在意大利战争中的成功应用，也标志着火绳枪黎明时代的结束。火绳枪和长枪一起支配战场的时代来了。

## 威力的证明

在 20 世纪 70 年代初，曼彻斯特大学科技学院的阿兰·R. 威廉姆斯曾经测试过 3 支不同的火门枪复制品。三支火门枪口径均为 3/4 英寸（19 毫米），长度分别为 5 英寸（12.7 厘米）、10 英寸（25.4 厘米）、15 英寸（38.1 厘米）。其中 5 英寸的枪管代表的是 14 世纪的火门枪，10 英寸枪管代表的是 15 世纪初的火门枪，15 英寸的枪管代表的是 15 世纪晚期的火门枪。测试所用的火药由 6 份硝、2 份木炭、1 份硫黄配成，使用的是 13 世纪晚期的配方。火药分别采用干式混合法和湿式混合法配制，子弹则分为铅弹丸和钢弹丸（中世纪晚期被当作穿甲弹使用）两种。射击的靶标则是 2.54 毫米的软钢板，射击距离为 9.1 米。

使用干式混合的火药时，结果令人失望，每四次射击就有一次哑火，而且子弹威力很弱，有时甚至只是从枪管里滚出来而已。由此可见，对于早期的火门枪手来说，就算他们的技艺再娴熟，哑火都是一个严重的问题。用 5 英寸枪管发射的铅弹初速为 195.1 米 / 秒，10 英寸枪管则是 152.4 米 / 秒，15 英寸枪管则是 563.9 米 / 秒。5 英寸枪管发射的钢弹的初速是 103.6 米 / 秒，10 英寸枪管是 219.5 米 / 秒，15 英寸枪管则是 265.2 米 / 秒。

湿式混合的火药表现更可靠，在测试中哑火率低于 10%，而且燃速更快，枪口初速也更高。5 英寸枪管发射的铅弹的初速为 179.8 米 / 秒，10 英寸枪管为 158.5 米 / 秒，15 英寸枪管为 469.4 米 / 秒。换成钢弹后，相应数据分别是 182.9 米 / 秒、268.2 米 / 秒、283.5 米 / 秒。

在测试中，铅弹的初速波动很大，这可能是铅弹不规则的外形导致的。在测试中，威廉姆斯还发现火门枪在 9.1 米的距离上还算是准确，但超过这个距离就不清楚了。15 英寸火门枪的枪口初速要比 5 英寸火门枪的高出 50%，而且 5 英寸火门枪 5 次击中钢板，却没有一次击穿钢板；10 英寸火门枪 14 次击中钢板，只有 6 次洞穿；而 15 英寸火门枪 8 次击中钢板，有 5 次洞穿了钢板。

枪管为 15 英寸长的火门枪，表现可谓比较出色。面对厚度超过 2 毫米的软钢板，在近距离可以做到 8 次击中、5 次洞穿，这样的成绩已经比很多中世纪晚期的弓弩要出色了。除了侵彻力强以外，火门枪弹丸的高初速也带来了巨大的动能，身披盔甲的敌人即使盔甲没有被子弹洞穿，也可能受到较严重的钝伤。这一点是弓弩做不到的。

1998年，英国皇家军械博物馆的拖姆·理查德森（Thom Richardson）曾经测试过一支15世纪的钩式手持枪的复制品。他使用50格令的现代黑火药发射15.75毫米口径的铅弹，这支钩式手持枪的平均枪口初速达到了惊人的180.5米/秒。在同时进行的测试中，一张15世纪绞盘钢弩的复制品发射的弩矢，平均初速只有44.7米/秒，要知道这张钢弩的拉重达到了440磅。

留下详细记录的针对火门枪的现代测试并不多，通过少数现代测试，我们可以发现火门枪在近距离的威力相当强大，这也是它能在欧洲很多地区淘汰弩的原因之一。虽然火门枪在近距离威力强大，然而射程却是个问题。据拉尔夫·佩恩–葛维的《弩之书》（The Book of the Crossbow）一书，15世纪的重型钢弩能以45度仰角将弩矢射出380码（1码=3英尺≈0.91米）远，平射时射程可以达到70码。因为弩的主要使用方式是平射，火门枪与之相比射程劣势不够明显，但跟经常抛射箭矢的长弓相比就相形见绌了。根据《长弓》（Longbow, A Social and Military History）一书，对从16世纪的英国沉船"玛丽·罗斯"号上发现的长弓的复制品进行测试，100磅长弓的射程可以达到250码，而160磅长弓的射程甚至可以达到

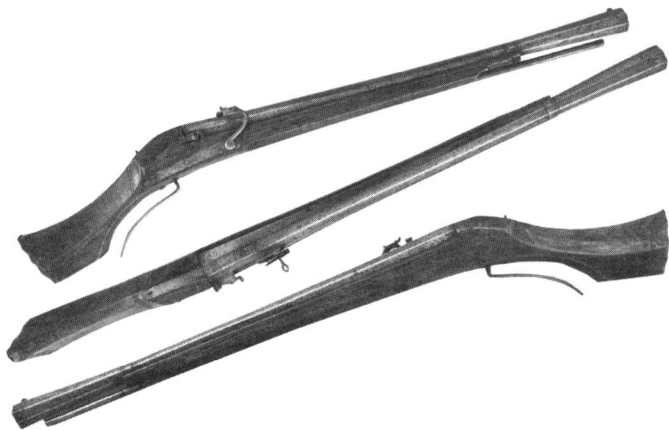

▲ 德国佣兵的武器，1539年生产的德国火绳枪

350码。此外，铅弹的外形导致火门枪发射的子弹速度衰减相当严重，这意味着射击远距离的目标时，火门枪的威力会大打折扣。当然，火门枪麻烦的装填过程和缓慢的射速也是个问题。

和以上的优缺点相比，火门枪较差的准确性却显得不太重要。因为在中世纪晚期的战场上，火门枪手面对的是排成密集阵形的大批敌人，击中这些目标远比射击单个的敌人容易。而且为了弥补射速慢的缺点，大群火门枪手经常聚集在一起开火。中世纪晚期的编年史也显示，火门枪手经常和弓箭手一起并肩作战，以便得到后者的掩护。

除了强大的威力以外，火门枪对敌军士气的打击也不应被忽视。枪声、火焰、烟雾给敌人士气带来的打击，不是弓弩所能相比的。俄罗斯人在和鞑靼人的战斗中就成功利用了火门枪的这一优点。这也是早期的火门枪虽然实际威力不佳，却被欧洲军队少量装备的原因。

## 尾声

进入16世纪后，随着火绳枪的普及，排挤了弩的火门枪自身也遭遇了被淘汰的命运。在欧洲一些偏远的地区，比如北欧，原始的火门枪在16世纪初还在被使用。但在德国这种火器技术较发达的地区，火门枪几乎全部被火绳枪取代。但也有例外，

▲ 德国农民战争中的大型钩式枪，这种火门枪一般都比较笨重，得架在支架上射击

▲ 约1500年的丹麦黄铜火门枪（长92.9厘米，口径24.1毫米，重17.69千克），是一支做工精致的晚期火门枪，带有准星和照门

一种被称作钩式枪的大型火门枪直到 1524 年爆发的德国农民战争中，还在被德国人所使用。

　　火门枪在欧洲战场上活跃的时间，总共只有一百多年。然而在这一百多年中，火门枪经历了中世纪晚期的各种大战，也经历了改变欧洲战争形态的步兵革命。如前文所述，火门枪既不像有些人所说的那样，威力弱小到只能用来吓唬敌人，也不是什么完胜弓弩的神器。但火门枪依然是一种革命性的武器，在中世纪晚期的战场上发挥了重大作用。作为现代枪械的始祖、人类最早的枪械，火门枪虽然粗陋原始，但无可否认它在历史上留下了浓墨重彩的一笔。它在两个时代之间起到了承前启后的作用：在它出现之前，中世纪的欧洲战场被重骑兵所支配；在它退出战场之后，近代早期的欧洲战场被长矛和火绳枪所主宰。火门枪，是当之无愧的热兵器时代的先锋。

# 佣兵传奇

## 文艺复兴到三十年战争冷兵器的战术发展

作者 / 董狐

影片《佣兵传奇》（*Alatriste*）号称是西班牙史上耗资最大的巨作，改编自当代西班牙作家佩雷斯·勒贝特的畅销小说。影片主角是一位绰号"上尉"的西班牙军团老兵，迪亚哥·阿拉特里斯特（Diego Alatriste）。这个"既不是最正直也不是最虔诚，但他的勇猛无人能及"的老佣兵，在笔者看来可谓英勇无畏、无比忠诚，对亲友也是爱护备至，但他的人生、他的爱情却充满了悲剧色彩。

他为国家奋勇作战，却只能"穿着破布，五个月领不到军饷"。他没有钱，没有地位，甚至连双好鞋都买不起。他孤傲倔强，但还是必须在权力面前低头。当他准备向心爱的人求婚时，他的爱人却已经被他发誓护卫的国王所霸占。在那个时代，如他这样的佣兵们抓不住幸福，被当作工具般对待，在滚滚历史大潮中

▲ 影片中曾出现的那幅油画《勃鲁达的投降》，由17世纪西班牙影响最大的现实主义画家迭哥·德·席尔瓦·委拉斯贵兹所绘制

随波逐流。只有自己的剑是他们唯一的伙伴、唯一宝贵的东西。

可就是这样一个被不公和穷困所折磨的汉子，在西班牙军团折戟沉沙的罗克鲁瓦战役中，不但留下来打阻击掩护友军撤离，更不卑不亢地拒绝了法国人提出的"荣誉投降"（携带旗帜、武器，编队撤离），骄傲地选择了死亡。

然而随着如他这般忠勇的老兵逐渐战死，西班牙帝国在欧洲大陆上的霸权也由盛转衰，穷奢极欲的西班牙贵族们也逐渐走向了衰亡。

不过本文的主旨并不是要探讨西班牙帝国对那些忠勇佣兵的亏欠，本文主要是想通过这部油画一般凝重又极具写实性的影片，浅窥一下中世纪末期到三十年战争期间欧洲冷兵器的战术发展。

## 骑枪的兴衰沉浮

影片最后阶段演绎的是欧洲"三十年战争"中著名的罗克鲁瓦战役（Battle of Rocroi）。在该役中，法国著名将领、年仅 21 岁的第四代孔代亲王，路易二世·德·波旁（Louis II de Bourbon，当时还只是昂基安公爵）第一次将西班牙军队逼入了绝境。

主角所在的西班牙方阵在遭受到法军炮火的猛烈轰击后，又要承受法国重装骑士所发动的攻击。但与很多中世纪战争电影中那些持枪跃马、迅猛冲锋的重装骑士迥然不同的是，那些铠甲鲜明的法国重装骑士却手持火枪，只是围绕着西班牙方阵射击，而很少进行直接的冲阵战斗了。这也正是影片写实的地方，因为在

▲ 手持火枪发动冲锋的法国骑兵

▲ 影片里的中世纪骑枪冲锋

▲ 手持骑枪作战的中世纪骑士

那个时代，骑枪已经接近消亡了。

骑枪（Lance）是中世纪欧洲骑士的标志性武器。在冲锋时，骑士往往将骑枪由高举转为平端，凭借自身和战马的强大冲量，骑士可以在短距离冲刺中给对手带来毁灭性的伤害。中世纪以前的无马镫时代，骑兵虽然也使用长枪，但主要是戳刺，其威力和这种持枪冲锋完全不可同日而语。而中世纪早期和中期，欧洲也没有哪支步兵能挡住重装骑士勇猛的正面进攻。

1211 年，匈牙利国王安德烈二世邀请条顿骑士团前往匈牙利镇压库曼雷人，条件是封给他们一片土地。骑士团完成了国王交给他们的任务，却试图在封地内建立国家，最后被匈牙利人驱逐出境。走投无路之际，波兰公爵康拉德公爵又向他们抛出了橄榄枝，邀请他们前去镇压北部边境的普鲁士人（此时尚未融入德意志民族）。普鲁士人居住在波罗的海东南沿岸，与拉脱维亚人和立陶宛人属于同一种族，他们彪悍善战，不仅挫败了波兰的侵略，而且乘胜反攻，占领了波兰的一些土地。条顿骑士团的到来让形势发生了根本性逆转。条顿骑士团的核心是传统的中世纪骑士，他们身披重甲，遇到敌人便挺着长矛发起冲刺，因此当他们面对缺乏防护、武器低劣，并且组织度不高的普鲁士人时，自然百战百胜、势不可挡。

同时，普鲁士人也缺乏基本的筑城技术。他们所谓的"军事要塞"只是木头围成的栅栏，这就造成了条顿骑士团在征讨普鲁士地区时表现出了极高的效率。据《骑士团编年史》记载，库尔姆城被围时，守军曾三次派人去雷登求援，他们所要求的仅是一名骑士，最后却有十名骑士赶来援助，城中守军因此而士气大涨。当然，要考虑到骑士并不是单独作战，还有侍从和配属步兵，因此十名骑士以及其部属在当时也是一支不小的军事力量了。由此可看出传统中世纪骑士的骑枪冲锋在当时战场上的统治地位。但随着传统中世纪骑士的威力达到顶峰，其强有力的挑战者也开始出现了。

在继续向东征讨的过程中，条顿骑士团曾遭遇了一场惨败，此战也证明了端着骑枪冲锋的重骑兵并不是不可战胜的。1240年，古罗斯人（俄罗斯民族的祖先）在抵抗蒙古西征中遭受严重损失，北方的瑞典又乘虚而入，条顿骑士团也出兵罗斯西北部，消灭了普斯科夫公国后又逼近诺夫哥罗德公国，并在附近筑起要塞，四处劫掠。关键时刻，诺夫哥罗德市民会议决定召回曾在涅瓦河击败瑞典军队的亚历山大·涅夫斯基大公，以抵抗条顿骑士团的侵略。亚历山大率部收复了普斯科夫公国并进入条顿骑士团的领地。条顿骑士团联合了丹麦和瑞典的领主们，组织起一万人的大军进行反击。骑士团在击败一支罗斯人的军队后，踏着结冰的楚德湖湖面直插诺夫哥罗德。亚历山大得到消息后决定在楚德湖东岸湖面上阻击骑士团。

亚历山大为对手选择的决战地是乌鸦石岛，这里有天然的温泉，且当时已经是春季，附近冰面较薄，这样的地形对身穿重甲的骑士是相当不利的。但骑士团并不了解这一情况，他们发现了罗斯军的动向后，便打算先吃掉这支机动兵力。亚历山大军刚到湖边还没来得及完全展开，早已赶到战场的骑士团就发起了冲击。骑士团采取了传统的楔形突击战术，打算以五百多

▲ 冰湖战役

名骑士为先导，利用卓越的冲击力撕开对手的防线，然后由跟在后面持矛或持剑的步兵跟上扩大战果，两翼和后方只配置了少量轻骑兵作为掩护。这一战术的优点在于能快速突破敌军，缺点是一旦中央攻击受挫，薄弱的两翼便会被敌军击败，从而陷入被三面合围的境地。亚历山大深知对手的作战特点，在兵力部署上也做出了针对性的安排：将兵力较为薄弱的弗拉基米尔轻步兵放在中央，前面是持弓箭、长矛和投石器的弗拉基米尔远射轻骑兵，两翼是持长矛的诺夫哥罗德精锐重步兵，而亚历山大自己则率领重骑兵卫队和两个公国的贵族重骑兵埋伏在左翼后侧。

▲ 亚历山大像

　　罗斯人的前卫轻骑兵首先和敌人接战，他们的弓箭和投石器几乎没给全副武装的骑士造成什么伤害，骑士们冲上来时他们被轻易地击溃，后面的轻步兵也抵挡不住，阵型瞬间被突破。条顿骑士团再次显示出他们强大的突破能力，溃逃的弗拉基米尔步兵纷纷被挤到岸上。正当骑士们准备上岸时，遭到了来自两翼的诺夫哥罗德重步兵的夹击，而且敌人已经迂回到两翼和后方，将他们与随后跟进的步兵主力隔开，双方在冰面上展开了混战。骑士部队被紧紧挤在中间，甚至连转身都困难，而骑兵一旦陷入对方人丛中便会彻底丧失冲击力和机动性，成为案板上的鱼肉任人宰割。罗斯步兵有的用长矛把马上的骑士刺死，有的用长铁钩把他们拉下来，或用刀斧砍断马腿，然后用斧头砍死掉下马来的骑士，或者将骑士用木棍敲晕后拔出靴刀割断喉咙。条顿骑士们最后被迫下马作战，集中兵力在一个方向试图打开缺口突围出去，但这时亚历山大率领重骑兵从左翼杀出，堵住了他们的去路，而且此前被击溃了的中央步兵部队和前卫轻骑兵也重新整队加入作战，情况更加危急。条顿骑士团连续发起五次冲锋都未能突围，但凭借出色的单兵作战技能挡住了数量占绝对优势的敌军，勉强稳住了阵线。战局进入胶着状态，双方死伤惨重，鲜血染红了冰面。到了中午的时候，亚历山大将包围圈放开一个口子，骑士团骑士纷纷从这里逃出重围。然而前方才是真正的陷阱：亚历山大有意将他们逼到冰面最薄的地方，成队的骑士踩破冰面掉进冰窟，只有极少数成功逃生。包围圈外面的骑士团步兵部队也被击败，遭到敌方骑兵的追击，数千人战死或被俘。罗斯联军一方也有3500人阵亡，大多是因受伤后失血过多在严寒下冻死的。

关于此战的伤亡，双方的记载相去甚远，《诺夫哥罗德第一编年史》记载："王公亚历山大和诺夫哥罗德的所有部队在湖附近、在乌兹曼、在渡鸦石附近整队；日耳曼人和爱沙尼亚人冲向他们，就像插在他们身上的楔子一样驱赶他们。日耳曼人和爱沙尼亚人伤亡也很大……双方在一方追击另一方时，于距楚德湖西北岸7俄里的地方展开交战。无数的爱沙尼亚人和2400名日耳曼人落入水中，他们用他们的双手俘获了50人，并且将这些人带到诺夫哥罗德那里。"而利沃尼亚骑士团在几年后编写的《利沃尼亚押韵编年史》则这样记载："（敌人）拥有很多弓手，战役以对国王兵员（丹麦人）的无畏攻击开始。弟兄（骑士团）的旗帜随后在弓手的中间飘扬，宝剑听起来是将头盔斩碎。双方的很多人在草地上战死。随后骑士团的军队被完全包围，因为俄军兵力太多，达德意志骑士的60倍。弟兄们英勇杀敌，但他们还是战死了。一些从多尔帕特来的人逃离战场，他们逃走是为了躲避灾难。20位弟兄战死而6位弟兄被俘。"不管双方伤亡数字差别有多大，此战确有里程碑式的意义，它不仅标志着条顿骑士团继续向东扩张的企图被挫败，也是平民组成的长枪步兵集群战胜重装骑士的经典战例。条顿骑士团在楚德湖的失败证明了重骑兵冲击战术哪怕是用来对付步兵都不是万能的。在之后的一个世纪里，欧洲迎来了一场意义深远的军事革命，其标志就是步兵的复兴。

从古典时代开始，在地中海世界的战争中，步兵一直扮演着重要角色，从希腊长矛方阵到马其顿方阵，再到罗马军团，步兵一直是战争中的支柱力量。4世纪前后，匈人入侵欧洲引发欧洲民族大迁徙，同时也把马镫和高桥木质马鞍等带到欧洲，直接导致欧洲发生重大军事变革。最早是西哥特重骑兵在阿德里安堡大胜罗马军团，"开创了长达一千多年的骑兵优于步兵的局面"（查理·奥曼《中世纪的战争艺术》），然而随着时代的进步，以平民为主体的步兵再度崛起，他们恢复了古典时代的密集长矛阵，但在战术上加以革新，强调进攻性，而且执行极为严格的战场纪律，最终再度取得了对重骑兵的优势。1302年，由手工业行会成员组成的佛兰德斯长枪兵在"金马刺之战"中打败了法国骑士部队。而在1315年的莫尔加滕和 1339 年的劳庇战役中，瑞士长矛阵打败了奥地利的重骑兵。

不过，在 14 世纪步兵复兴的大背景下，条顿骑士团在军事技术上也做出了一些变革。比如将所穿的锁子甲换成了板甲，更加注重弓弩等投射武器以及堡垒的作用，甚至还配备了发射石弹的臼炮等等。但骑士团的核心力量仍然是实施传统骑枪冲击战术的精英骑士。于是没跟得上战术变革的骑士团在 15 世纪初又遭受了一次惨败。

1410 年 7 月 3 日，条顿骑士团团长乌尔里希·冯·容金根率军在骑士团国境内的格伦瓦德与波兰—立陶宛联军展开决战，他手下除条顿骑士团外，还有从西欧各国招募来的军队，主要是来自法国和德意志的骑士以及英国、瑞士等地的雇佣军。对方是波兰国王及立陶宛大公雅盖沃和立陶宛统治者维陶塔斯率领的近四万联军，包括来自波兰、立陶宛、罗斯、瓦拉几亚、捷克—摩拉维亚、匈牙利和鞑靼等地的军队，合编为 91 个短矛骑兵中队。双方战线正面大约有两到三公里宽，两边分别是森林和沼泽，无法从侧翼迂回，而联军一方背后是马尔沙河。联军分成前后三条阵线展开，其中立陶宛、罗斯和鞑靼联军在右翼，波兰军队在左翼。看到对方如此宽的战线，容金根怕被包围，而己方兵力又比较少，于是把部队分为两条战线，右翼部署了 20 个旗连（当时条顿骑士团的基本军事单位）的兵力，左翼 15 个旗连，剩下 16 个旗连放在二线做预备队。此外双方都有一定数量的弩手，骑士团一方还配置了臼炮，此时都已进入发射阵地，两边的步兵则留在后面的营垒里待命。

骑士团一方首先用臼炮向对方齐射，但因下雨火药被淋湿而未发挥什么作用，而联军右翼的鞑靼和立陶宛骑兵已向骑士团发起进攻，但迅速被瓦伦罗德率领的骑士团左翼击退，后面的第二线、第三线部队陆续投入作战，但仍然挡不住条顿骑士团的凌厉攻势，鞑靼骑兵最先开始溃逃并退出战场。瓦伦罗德没有去追赶逃敌，而是向右转，从侧翼进攻联军主力波兰军队。战局对联军非常不利，幸好联军右翼还有罗斯人的三个斯摩棱斯克骑兵中队没撤离战场，留在原来的位置英勇抵抗，拖住瓦伦罗德，为联军争取了宝贵的时间。正当瓦伦罗德苦战不下时，左翼波兰军却突破了骑士团右翼，联军士气稍振，此前溃散的立陶宛军得以重新整队作战，和罗斯骑兵一道击退了瓦伦罗德，然后赶往左翼去支援波兰军，将骑士团右翼团

▲ 油画格伦瓦德之战，由扬·马特耶科绘

团围住。最关键的时刻到了。骑士团大团长容金根下令将第二线预备队全部投入作战，波兰国王雅盖沃也将自己的二线、三线军队全部压上。正当双方进行最后的角逐时，战场上忽然发生了一个足以影响战局的意外事件：容金根在激烈的战斗中阵亡。失去了统帅的骑士团开始陷入混乱，许多骑士匆忙逃离战场，联军抓住这一机会发起冲锋，将敌军彻底击溃，骑士团自容金根以下军官几乎全部战死，联军取得了彻底的胜利。

格伦瓦德战役（也被称为第一次坦能堡之战）是中世纪欧洲规模最大也是最后一场骑士战争。此战之后，曾经威名赫赫的条顿骑士团一蹶不振，对东欧的经营也彻底宣告结束。他们在此前无数次几十人、上百人规模的小战斗中所向披靡，但在两次大型会战中却全部败北，不能不说这反映出很多问题。重骑兵冲击战术已经在日新月异的军事革命进程中彻底落伍，嗣后条顿骑士团做出了大幅度的军事改革，他们渐渐变成以步战为主的下马骑士，所用盾牌也由适合马上使用的骑士鸢盾改成防护面积更大的哥特塔盾，并且恢复了古代的密集步兵方阵战术。然而这些变革已不足以让他们重塑昔日辉煌，仅仅能保证他们作为一支相对独立的军事力量存在而已。

随着身披一身造价昂贵的盔甲的骑士被由平民组成的长矛步兵纷纷挑下马来，骑士时代开始宣告结束（然而骑枪的历史并没有立刻走向终结）。骑士长矛冲锋战术从此渐渐退出历史舞台。在此后的一两百年中，骑兵也进行了战术改革，不再依赖于骑士的个人武艺而是和同时期的步兵一样强调整体性的数量优势。这一点可以从此后骑兵所占比例上看出。有人做过简单的统计，16 世纪的西欧各国的骑兵人数大多保持在步兵的十分之一左右，而到了 17 世纪，则暴涨到接近 1：1。

因为马上使用长矛需要极高的技巧，这需要长年累月的训练才能达到，自然不适合数量激增的近代骑兵。而且仅凭长矛也不足以撼动步兵的阵列。于是到了 17 世纪的西欧，手持骑枪的骑兵已经很少出现了。此时骑兵们将火枪作为主要攻击武器，并使用骑兵剑、马刀等短兵器作为辅助。于是最终演变出我们在《佣兵传奇》里看到的"半回旋战术"（caracole）：骑兵排成多列横队，冲到一定距离时，第一排骑兵用火枪射击，打完一发后，马头向右或向左转，奔跑到最后进行再装填，接着是第二排骑兵，继之第三排等等。

不过，正当长枪骑兵在西欧退出历史舞台之际，这一古老兵种在东欧这块土地上却仍然大放异彩。其中最为著名者，自然是在各种东欧战争电影中经常出现的波兰翼骑兵了。

波兰人有着优良的骑兵传统。一开始，波兰的骑士和西欧的骑士一样，自备盔甲、武器和战马，作战时身穿沉重的盔甲，手持长矛向敌军发起冲锋，这种骑兵被称作撒拉赤塔。到了 15 世纪前期，受到立陶宛骑兵和鞑靼骑兵的影响，波兰骑士盔甲开始减轻，但仍然比较重。每名撒拉赤塔配有两到五名被称作斯赞斯的骑马扈从，他们身穿轻盔甲，使用的武器主要是十字弓和少量长矛。斯赞斯中还包括一些来自鞑靼和立陶宛地区的骑弓手，在作战时被编在一起向敌人射箭，以扰乱对手队形从而为重骑兵冲击做铺垫。此外波兰还从匈牙利、塞尔维亚、瓦伦西亚等国雇佣了少量轻骑兵，这些部队独立于骑士扈从军体系之外。在对抗条顿骑士团的战争中，骑士扈从军表现很糟糕，几乎没有赢过一场战争，于是波兰建立了一支包括重骑兵、轻骑兵和步兵的新式常备军。新式重骑兵的盔甲和骑士时代相比大大减轻，只比以前的扈从稍重一点，使用的武器仍然还是长矛；在扈从军时代，波兰的轻骑兵主要

▲ 16世纪起，欧洲骑士就已经开始使用火枪

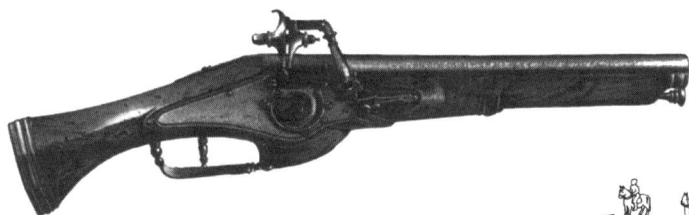

▲ 17世纪的欧洲轮燧火枪

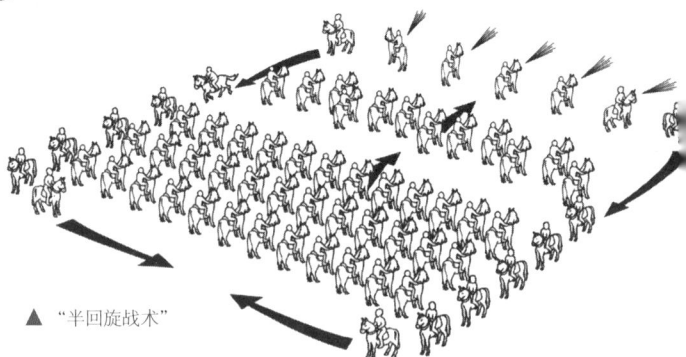

▲ "半回旋战术"

▲ 17世纪的欧洲火枪骑兵

▲ 影片中的"半回旋战术"

来自塞尔维亚和瓦伦西亚等地，而随着这些国家被奥斯曼土耳其渐渐征服，波兰军队失去了轻骑兵兵源地，于是不得不发展自己的轻骑兵，新式轻骑兵在装备和战术上主要模仿鞑靼骑兵。直到1500年之前，轻骑兵在波兰军队中仍然没有扮演重要的角色。到了16世纪，波兰一直没有发生什么剧烈的社会变革，以贵族为主体的骑士阶层仍然兴盛，他们仍然保持着马上持矛格斗的高超技巧。16世纪初，在波兰对抗莫斯科大公国和克里米亚鞑靼人的战争中，一种来自匈牙利的轻装枪骑兵表现非常抢眼，于是这种骑兵就被引入波兰加以改造，于是大名鼎鼎的波兰翼骑兵的雏形开始出现在历史舞台上。

关于这种骑兵的早期形象，最详细的记载来自一副描写奥尔沙之战（Battle of Orsha）的木板油画。1514年9月8日，波兰—立陶宛联军在立陶宛大公奥斯特罗格斯基的指挥下，率领不到3万的兵力与8万罗斯军在奥尔沙附近展开了一场大会战，以争夺对基辅地区和白俄罗斯的控制权。

双方隔着第聂伯河对峙，罗斯军控制了数处渡口，打算在这里迎击联军，然而联军却搭起两座浮桥，于9月7日夜将部分军队送过第聂伯河，迫使罗斯军在对岸展开决战。第二天凌晨，罗斯军统帅伊万下令向联军进攻，以迂回战术进攻对方的两翼，然而却遭受挫败。这时联军的轻骑兵开始进攻罗斯军防线的薄弱环节，遭到罗斯重骑兵的反击后向后退却。伊万下令全军追击，深入敌方战线。罗斯军两翼被联军隐藏在树林里的炮兵挡住，这时联军骑兵发起反击，将伊万率领的部队重重包围。伊万连忙下令撤退，但为时已晚，军队开始出现混乱。联军乘机发起总攻，伊万在乱军中被

▲ 俄罗斯骑兵

▲ 鞑靼骑兵

▲ 油画奥尔沙之战，现藏于华沙国家博物馆

俘，罗斯军全线崩溃。联军的轻骑兵在此战中表现活跃，他们利用卓越的机动性四处寻找敌军的薄弱环节，而当对方发起反击时又能迅速脱离接触。反观罗斯重骑兵，一旦陷入包围就很难脱身，进而被敌人越来越多的轻骑兵所包围，最终战败。油画从多个角度描绘了这一时期联军轻骑兵的形象：三至四人一排渡过第聂伯河，进行冲锋、战斗和追击。他们的基本武器是骑枪，和传统骑士骑枪不同，这种骑枪前后粗细是一样的，枪尖处挑着十字旗。冲锋时骑枪架在盾牌特意留出的缺口上，或者平端在手中，"半置于马耳上方"，此外轻骑兵还配有一把匈牙利式的马刀，但是在战斗中很少使用。画中的轻骑兵身上并没有盔甲，只穿着一件有夹层絮里的短下摆衣服，另外有少数轻骑兵穿着匈牙利式的长袖短斗篷。

　　不久之后，这种轻骑兵开始披上盔甲，那种标志性的羽翼也开始出现，翼骑兵这个兵种正式形成，并在东征西讨中渐渐积累起赫赫威名。波兰翼骑兵最引人注目的就是他们身上那对由羽翎构成的翅膀，在战场上往往起到了先声夺人的作用。这种翅膀的主体部分是个插在杯架上的木架，木架上钻着一排小洞，上面插满涂成各种颜色的鹰羽、鹤翎或者鸵鸟毛。关于这种羽饰的用途一直众说纷纭，然而很难发现这样的打扮在战场上能起到什么作用，唯一的解释可能只是为了美观，给敌人带来一种强烈的视觉冲击力。翼骑兵一开始身穿轻盔，但很快重装化，他们所持武器包括一支 5.5 米长的空心骑枪，和骑士时代的骑枪不同，这种骑枪粗细均匀，前段挂着一面矛旗，在刺中敌人身体后就会折断，属于一次性消耗品。此外每名翼骑兵还装备一柄马刀和两把轮燧手枪或一支轮燧马枪，马刀可以在骑枪折断后进行近战，手枪是为了在必要的时候对敌人实施火力压制。

和骑士冲锋相比，翼骑兵更强调整体的冲锋威力，他们往往被编成 150 至 200 人的中队，冲锋时膝盖挨着膝盖排成两行横队，大概在距敌 375 米处发起冲锋，头 75 米是常速（walk），队形也比较散，接下来 150 米是小跑（trot），紧接着是慢跑（canter），然后加速疾驰（gallop），队形也越来越密集，最后 30 米的距离又变为慢跑，完成整个冲锋过程。之所以这样分配速度，一方面是为了保持战马的体力，有时候一次冲阵不成需要反复冲锋，没有必要刚开始就全速前进，只有在进入敌人火枪或弓弩射程内时才全速奔驰以减少伤亡；而即将冲击敌阵的时候速度又慢了下来，是因为慢跑时更容易保持队形的稳定，如果第一行出现严重伤亡，跟在后面的第二行会向前移动填补损失的兵力。一旦接敌，翼骑兵手中的骑枪会给敌人带来毁灭性的打击，当时流传着一句话："即使是天塌下来，翼骑兵们也会用他们的骑枪把天撑起来。"

因此，在 1579 年到 1582 年间的一系列战役中，以翼骑兵为主力的波兰军队大败莫斯科大公国军队，紧接着他们在匹斯车泽打败了一支哈斯堡军队。此后，在翼骑兵所参加的绝大部分战争中，无论波兰军队整体表现如何，至少翼骑兵全部是以远少于对方的战损比击败了数量多得多的敌人。在 1605 年的吉尔霍尔姆战役中，波兰—立陶宛联军指挥官霍德凯维奇大公凭借着翼骑兵的迅猛冲锋，一举击败了三倍于己的瑞典军队。

和传统骑士相比，翼骑兵冲锋之所以威力这么强，笔者认为主要有两点原因：

一是翼骑兵盔甲要比骑士轻得多，冲锋起来速度更快更迅捷，大大减少了在冲锋过程中因为对方投射火力造成的损失，在火器已经大量装备的 16 世纪，骑士的重甲不再能提供有效的防护，反而大大降低了自身的速度和机动性；二是翼骑

▲ 波兰翼骑兵

兵冲锋更强调整体优势，以密集横队发起冲锋，有时候对方一名步兵要承受两三支骑枪的攻击，其威力远非传统的楔形阵所能比。

在和骑兵作战时，翼骑兵优势也非常明显，这时西欧胸甲骑兵习惯于一排排到阵前向敌人发射火器，翼骑兵大胆果断的冲锋可以将他们打得溃不成军。俄罗斯、奥斯曼等东方骑兵这时还采用传统战术，冲锋时阵型松散，阵型密集的翼骑兵可以很轻易地将他们击败。对付鞑靼弓骑兵的时候，翼骑兵便会放弃骑枪而使用火器以提高速度，这样一来鞑靼人凭借机动性进行远程打击的战术便没有了用武之地。此外翼骑兵的战场纪律非常好，即使遭受弓骑兵远程骚扰也不会自乱阵脚，而是组织火力进行猛烈还击。可以说，翼骑兵把近代骑兵的纪律优势与中世纪骑士的挺矛冲刺完美地结合了起来：既凶猛无比，可以像传统重骑兵一样做冲阵之用；同时又轻便快捷，在速度和机动性上可以与东方的轻骑兵相比肩，因此翼骑兵在骑兵没落的时代能够大放异彩就不足为奇了。

## 步兵的复兴称霸

虽然，影片中主角所在的西班牙方阵没有直面翼骑兵的骑枪，但他们在法军炮兵、骑兵、步兵的连番猛攻之下，依然岿然不动的坚韧和勇敢，想必给观众们留下了深刻的印象。

不过西班牙方阵的善战并不是短时间培养出来的，他们的这种善战是来自 14 世纪起，西欧"步兵革命"数百年的积累和凝结。

这其中，首开纪录的是佛兰德斯步兵。（佛兰德斯是西欧的一个历史地名，泛指古代尼德兰南部地区，位于西欧低地西南部、北海沿岸。）

1302 年，为了惩治佛兰芒人的反抗，法国派遣了一支以 2500 名骑士为核心的军队前往佛兰德斯。除了骑士外，法军还有3500名轻步兵、1000名弩兵、1000名长枪兵。而佛兰芒人的军队有9000人，除400名贵族重骑兵外全部是清一色的长枪兵。两军在科尔特赖克城郊的一大块空地上遭遇。这里沟壑纵横、溪流密布，非常不利于骑兵冲锋，法军统帅罗伯特二世于是下令在地上铺上木板，可这项工作才进行到一半，法军步兵就等不及铺好就向敌人发起了冲锋，并在随后的近战中占据了上风。见胜利在望，罗伯特二世下令步兵后撤，把骑士派上去作战，以独享击败敌军的功劳。不料骑士冲锋被回撤的步兵挡住，速度大大减慢，等他们冲到敌阵前已经失去了冲击力，自己反而成了对方长枪兵的活靶子，纷纷被刺落马。见主力战败，法军全面后撤，在佛兰芒人的追击中后撤变成了溃退，损失极为惨重，罗伯特二世也在乱军中战死。据说佛兰芒人从战死的法军尸体上搜集到许多金制马刺，因而此战又被称作"金马刺之战"。

此后，1314年，苏格兰人在抵抗英格兰的班诺克本战役中，再一次用长枪方阵击败了英格兰重装骑兵。

而在"步兵复兴"中后来居上的则是欧洲中部那些坚韧的瑞士山民。1291年8月1日，为了反抗哈布斯堡王朝的统治，瑞士地区的施维茨、下瓦尔登、乌里3个州结成永久同盟，瑞士联邦宣告成立。瑞士境内多山，在14世纪生活非常贫困，不可能有财力组建一支重骑兵部队，然而这里的山民体格强壮、性格坚韧，瑞士人于是根据自己的特点发展步兵。为了抵抗哈布斯堡王朝的重骑兵，他们的步兵主要装备长矛，并在实战中总结经验，渐渐发展出一套成熟的长矛方阵战术体系，这就是后来赫赫有名的瑞士方阵。

早期瑞士步兵的主要武器是长戟，这种长戟后来演变得比较复杂，尖端处是一支短矛，两侧分别装有斧子和倒钩，斧头可以砍断马腿，倒钩可以钩住骑士将他拉下马。而在瑞士戟兵刚出现的时候，这种武器其实就是伐木的斧头装上长木柄，再在其顶端装上一颗钉子。这时的瑞士步兵在进攻时采用的也不是后来的密集方阵战术，而是一种三段式冲锋战术。瑞士军队在进攻时将部队分为三列，每列一到两个连队。士兵之间左右距离3英尺，前后距离1.5英尺（这是给后面的人向前进攻留下空间），作战时三列横队轮番向对方部队发起冲锋。这种作战方式几乎彻底颠覆了列阵步兵的作战原则，让他们第一次可以主动向前攻击敌人，而不必像以前那样被动地等待敌人撞到阵线上。

密集方阵战术对这时的瑞士军队而言只是作为防守阵型而存在，当进入防御状态时，瑞士军队的三列就会变成三个方阵，呈品字型分布。突前方阵中的戟兵会把武器指向四个不同的方向，以防止来自两翼和后方的攻击。一旦敌人开始进攻突前方阵，后面两个方阵会从两翼夹击敌军。万一敌人绕过突前方阵进攻后面的方阵，被攻击方阵则会结阵固守，突前方阵就会变为进攻队形，向前攻击敌方后续部队，侧翼方阵尾随突前方阵进攻，待击溃敌军后续部队后返回支援被攻击方阵，这一战术在早先对付哈布斯堡王朝的重骑兵时非常有效。

1315 年，瑞士戟兵在摩尔加滕抵抗入侵的哈布斯堡重骑兵部队。这里地势险要，一条小路从山坡上的树林中穿过，小路的一边是湖水。瑞士军队指挥官拦着路建起一道防御墙，1500 名长戟兵就藏在路边的树林中。敌军总共有2500 名重骑兵和 5500 名重步兵，重骑兵最先赶到这里却被墙挡住，在原地徘徊。瑞士长戟兵乘机从林中杀出，用手中的长戟将骑士纷纷拉下马来。哈布斯堡军被迫背对湖水作战，因为地形狭窄而且崎岖不平，重骑兵的机动性和冲击力都发挥不出来，在长戟兵的攻击下伤亡惨重，哈布斯堡军的阵型渐渐被挤到湖边，很多人掉进湖中淹死，剩下的人慌忙逃走，丢下 1500 多具尸体。哈布斯堡军后续部队见前军战败，也吓得逃之夭夭，瑞士军队取得了辉煌的胜利。

▲ 摩尔加滕之战

▲ 16世纪早期的瑞士长戟

经过几次较量，哈布斯堡军队也渐渐熟悉了瑞士戟兵的作战方式，并做出了相应的调整。瑞士长戟兵主要对付的是重骑兵，哈布斯堡重骑兵便开始下马作战，由步行骑士组成的密集方阵在前面冲锋，掩护后面相当数量的弩手向瑞士军队射击。这样一来，瑞士长戟兵的弱点立刻就暴露出来了：他们身上不穿盔甲，对弓弩完全没有防护能力；因为进攻时阵型松散，长戟兵也不能像密集长矛阵那样让自己与敌人之间保有一定距离，对方很容易就靠拢近战；长戟对付骑兵时可以将对方拉下马，而在和步兵格斗时效果却不理想。长戟头重尾轻，握在手中容易失去平衡，而且在突刺时速度较慢，很容易被对方提前格挡。如果用戟刃劈砍或用戟背啄击，则须要大幅度挥动武器，敌人可乘戟兵露出空当的机会贴身肉搏。

针对这些在实战中暴露出来的缺点，瑞士人对步兵战术又进行了大幅度的改革，用密集方阵取代了以往的松散阵型，而且使用长矛作为主战武器，使用长戟的士兵成为辅助力量。按照不同的武器，瑞士军团分成前卫、中军和后卫三个部分。其中前卫和后卫占了军队总数量的一大半，这两部分包括弩手、火枪手和戟兵，组成一个个松散单元按散兵阵排开。每个单元的人数视地形和敌人数量而定，非常灵活，一般是半数戟兵半数弓弩、火枪兵。前卫和后卫的作用分别是牵制对方远程兵器、掩护中军，以及保卫辎重和攻城器械，然而这些部队在敌人的骑兵或训练有素的弩手面前非常脆弱，因此他们在战斗中起到的只是辅助作用，瑞士军队的核心是长矛方阵。

长矛方阵使用的长矛往往长达 15 英尺，矛头后是长达 3 英尺左右的铁质套管，用来防止长矛枪被砍断。为了增加防御力，瑞士方阵前面三排士兵开始装备盔甲，但后面的士兵仍然无甲。使用长矛的士兵都是能够熟练掌握长矛作战技巧的瑞士公民，他们往往从儿童时代就开始练习。这种长矛方阵是一个非常严密的整体，每个人都禁止擅自行动，而方阵的统一行动是通过指挥官的口令和军乐手打出的节拍来实现的，单个士兵按照口令合着节拍做动作。

经过战术改进，瑞士方阵基本上定型，随着在战场上取得一个又一个胜利，这种新式军队也渐渐迎来属于自己的黄金时代。1339 年瑞士方阵在劳庇（Laupen）战役中再次击败哈布斯堡军队。他们先是利用山地击败了敌人的步兵，随即立起长矛抵抗从三面奔驰而来的敌军重骑兵。哈布斯堡重骑兵在瑞士长矛阵面前毫无办法，最后被从劳庇城中杀出的敌军击败。这场胜利意义重大：既是改进后的瑞士方阵第一次出现在战场上，也是他们第一次在平原上击败重骑兵。然而真正让瑞士方阵获得赫赫声威的还是与勃艮第公国的三次战争。随着周边局势的转变，瑞士联邦开始和哈布斯堡王朝结盟，一同对付勃艮第公国。

1476 年 2 月底，勃艮第公爵"大胆的"查理携带大量火炮攻克了格拉松堡。这座堡垒扼守连接阿尔萨斯与瑞士重镇伯尔尼之间的要道，一旦失去后果非常严重，2 万瑞士军队从前线回军赶往救援。查理把部队布置在森林中的一个斜坡上，以便发挥炮兵的威力。

3 月 1 日瑞士军队赶到战场，次日向勃艮第军展开进攻。勃艮第的斥候对瑞士军队的侦查草草应付了事，导致查理对瑞士军队的真正规模毫不知情。当瑞士先头部队和勃艮第军遭遇时，查理误以为这就是全部援军，于是命令手下步兵出动，将这支瑞士小部队包围住。这时大队瑞士军忽然从树林中出现，并排成三个方阵，开始小跑着向勃艮第军冲锋。查理非常惊慌，下令重骑兵冲击瑞士方阵的侧翼，但瑞士军队侧翼的两个方阵迅速转入防御状态，勃艮第重骑兵全部撞到瑞士人的长矛上，战马损失惨重。与此同时，瑞士中央突前方阵已经冲进敌人山坡上的阵地中，勃艮第步兵在密集长矛阵前一触即溃，查理也无法阻止，被狂奔的溃败卷走。由于瑞士军队没有骑兵，便没有再追击残敌，因此勃艮第军损失很小，只阵亡 300 余人。瑞士军队伤亡也不大，战死 200 多人。此战虽然没有给勃艮第军造成严重打击，但瑞士军队缴获了敌军大量火炮。

仅仅在格拉松之战的两个月后，查理率领重新召集的 20000 军队浩浩荡荡地开往伯尔尼。拱卫伯尔尼的重镇穆尔滕（Murten）是勃艮第军的第一个攻击目标，6 月 11 日勃艮第军开始围城，然而此前查理为了提高炮兵的机动性牺牲了火炮的威力，围城多日炮兵一直未能将城墙轰塌。与此同时，瑞士联邦和盟友集结了一支 26000 人的大军前来解围，这一行动得到洛林公爵率领 1800 名重骑兵的支持。穆尔滕堡西面是穆尔滕湖，北面和东面分别是森林和灌木丛，灌木丛外面是大片农田。东北面和东南面与南面交界处各有一座小山，正南面是一大片平地，一条连接弗兰斯孔泰与伯尔尼的道路从这里经过，然后穿过穆尔滕再从城东的灌木丛延伸出去。查理拒绝属下提出将部队在城东开阔地展开的建议，而是从正北的森林处开始挖设壕沟，经过城东北小山然后穿过灌木丛直达城东南的小山。他将军队里的意大利弩手布置在城东北的小山上，自己率领炮兵和长弓手驻扎在城东南的小山上，其余军队都沿壕沟布防。瑞士军队到达战场后没有马上进攻，而是在两英里外扎营。

6月21日天降大雨，勃艮第军外围守军纷纷回去躲雨，而勃艮第军的火炮和一些部队的弓弩也无法使用，这对瑞士军队来说是个好机会。当天夜晚，瑞士军队就开始了行动。

6月22日凌晨，当防守灌木丛的勃艮第士兵回到阵地时，他们惊恐地发现阵地前方的平地上全部是瑞士士兵。幸而就在此时大雨忽然停止了，勃艮第军的火炮和弓弩得以继续发射。瑞士军队在敌人远程火力打击下损失惨重，光是满编3000人的伯尔尼军团就在第一轮射击下伤亡了500余人。然而瑞士军队的士气丝毫不减，仍然继续前进。当太阳从云中露出时，防守城东北小山的勃艮第军正好面对太阳，被阳光刺得看不清前方，施维茨军团中的长矛方阵乘机发起冲锋。背对着初升的朝阳，黑压压的瑞士士兵将手中的长矛放平，以惊人的速度向敌阵压去。勃艮第守军和意大利雇佣弩手被这种阵势吓坏了，纷纷脱离阵地向后溃退。这时城东南小山依然平安无事，见东北阵线动摇，查理连忙命令骑兵赶去支援，两军陷入全线混战。将近中午的时候，东南小山阵地的背后突然喊杀声震天，瑞士联军骑兵、步兵计13000多人穿越密林远程迂回，此时到了查理的背后，而勃艮第军之前对此竟然一无所知。到达战场后，瑞士军队也不经散兵开路，直接以长矛兵向敌军发起了冲锋。和格拉松战役一样，勃艮第步兵在密如层林的长矛阵面前一触即溃。这时除了200多名护卫外，查理没有任何机动部队了，勃艮第军右翼全线崩溃。瑞士军队顺着小山一路冲到湖岸边，城中部队也从南门杀出，截断了敌人的退路。然后大军转向北面，从敌人左翼的背后杀出，最后在日落前全歼了敌军。据称，由于瑞士人不留活口，此战勃艮第军一共有12000人被杀。

穆尔滕会战之后勃艮第公国元气大伤，从1467年7月开始勃艮第境内叛乱不断，查理忙于四处镇压。1467年10月勃艮第重镇南锡被洛林攻克，查理率军前去反攻，快到达战场时才发现敌军数量是自己的两倍。查理于是把部队布置在南锡南面的一个山谷中，炮兵弓箭手居中，骑士下马后分居两翼，希望在敌人从狭窄

205

正面进攻时予以密集杀伤。然而不幸的是，查理的老对头瑞士人的两个军团这次又出现在对手的阵营里。根据瑞士人提议，洛林公爵决定从敌人侧翼的山谷中迂回攻击。1477年1月5日，8000名瑞士士兵和6000名洛林士兵穿越积雪覆盖的森林，来到勃艮第军左翼峡谷的上方。勃艮第军火炮和弓弩的射程被峡谷的斜坡抵消了，联军居高临下发起了攻击，尽管洛林部队被挡住了，但瑞士方阵的攻势依然锐不可当。查理的部队甚至来不及调动就被一个接着一个地击溃。三天后人们在山谷中找到了"大胆的"查理的尸体，勃艮第公国很快就随着他的主人一起覆没了，从此以后瑞士再也没有遭到过外敌入侵。

随着战场上的辉煌胜利，瑞士方阵渐渐成为佣兵市场上的抢手货。勃艮第战争之后，瑞士军人开始走出山地，在欧洲各地作战。15世纪欧洲佣兵非常流行，这也为瑞士佣兵的发展提供了广阔的外部条件。这时的战争规模越来越大，而维持一支相当规模的常备军需要庞大的军费开支，临时招募来的士兵又毫无用处，因而各国都倾向于在战时临时雇佣一些有战斗经验的部队以弥补兵力不足。瑞士军队在勃艮第战争的杰出表现令他们获得大量国外"订单"，开始总共只有几百瑞士军人在外国服役，但到了1481年，法王路易十一一次就雇佣了两个瑞士军团共计6000人。到1495年时，法王查理计划招募12000名瑞士兵，结果来了25000人。有时候瑞士军团甚至同时被战争双方雇佣，如法西战争中两国各雇佣了一个瑞士军团，于是两支瑞士军队在战场上自相残杀，最后都死伤殆尽，瑞士雇佣兵的敬业精神由此可见一斑。

而西班牙方阵的威名也是通过跟瑞士人较量而树立的。说到这里就不得不提到西班牙方阵的缔造者，西班牙名将贡萨罗·德·科尔多瓦。15世纪末，通过在意大利北部和法国进行的一系列战役，贡萨罗开始登上历史舞台。然而这位日后创造了西班牙方阵的将领在初期战争中却品尝了失败的苦果。

当时赢得了百年战争的法国恢复了中央集权，原先的劲敌勃艮第公国又被瑞士击败，因此法国得到了一个发展的机会。法国不仅吞并了勃艮第等地区，甚至将扩展的矛头指向北意大利，引起了西欧诸国的恐慌。很快奥地利公国、威尼斯共和国、西班牙阿拉贡王国以及教皇国结成反法同盟。联军在伏尔诺沃（Fornovo）截住了正要撤回国的法军，法国的盟友米兰这时也见风使舵，加入了反法阵营。

法军当时只有1万余人，但其中有4000人的瑞士军团。联军有2万人，占据兵力上的优势，然而联军统帅却打算把法军引到沼泽边，限制其骑兵威力，然后再从三面压迫之并予以歼灭。当米兰军队试图引诱法军骑兵进入沼泽时，法国人却果断发动总攻，用大炮轰散了联军的弓手，瑞士方阵也向联军阵地发起有力冲锋，结果在炮兵和长矛兵的联合攻击下联军一共设置的9条防线毫无用处，还没等到法国骑兵出击已支撑不住。最终，他们撤出了战场，让开了法军回国的道路。

当双方在伏尔诺沃鏖战的同时，贡萨罗·德·科尔多瓦正率阿拉贡军及南意大利联军在塞米纳拉与法军交战。这时的西班牙已经建立了欧洲第一支常备步兵，主要武器是长剑和圆盾，骑兵则是使用弓箭的轻骑兵。这样的军队用来对付北非的摩尔人还颇有效果，但在没有强力远程火力的掩护下与瑞士长矛方阵作战就毫无胜算了。阿拉贡军队被毫无悬念地击败，但贡萨罗却通过此战总结经验，在战后建立了初级的西班牙方阵。贡萨罗综合了意大利军队和瑞士军队的战术优点，彻底抛弃了造价昂贵的弩弓，给三分之一的步兵配备了火枪和佩剑，剩下的全部装备长枪。与瑞士方阵不同，贡萨罗将步兵排成线列阵，前四排装备火枪，后八排装备长矛，另有一些零散的火枪手和长矛兵部署在外围以掩护侧翼。由于单个火枪兵占据的空间比弩手要小，因此他们可以排成更密集的横排，用来弥补射速上的不足。经战术改造后的步兵很少发起主动进攻，更不会像瑞士方阵那样发动长矛突击，他们一有空就挖掘工事，主要任务是控制后勤要点以及掩护炮兵。

1503年，阿拉贡和法国之间又因瓜分那不勒斯时分赃不均爆发战争。在那不勒斯的西班牙军只有1万人左右，法军却有4万。为了利用海军优势，西班牙军队慢慢从整个那不勒斯收缩到沿海要塞中。到了4月份，西班牙军又发起反击，出动8000人的军队和20门炮，占领了察里诺拉（Cerignola）。法军也渐渐集结兵力，打算在这里决战。贡萨罗沿着城北那条路布置了一道壕沟和矮墙，并将大部分的步兵和炮兵布置在这里。工事一直向西南延伸到一片开阔地，在这里贡萨罗只部署了少量长矛兵，而大部分轻骑兵则被埋伏在更靠南的位置。法国人由于补给不足，希望靠兵力优势一举打垮西班牙。4月20日夜，32000名法军携带40门火炮到达战场，他们打算把兵力沿宽大正面展开，但是因为军队成分复杂、彼此语言不同，结果在夜间行军中乱成一团，一晚上什么事也没做成。天快亮的时候法军发起进攻，大约13000名瑞士佣兵迂回到了城北的位置，15000名意大利佣兵迂回城西北，炮兵则远远地放在后面。太阳一出来，意大利佣兵率先和西班牙军队接战，由于弩的射程只有火枪的三分之一，再加上西班牙军队还隐藏在工事后面，意大利佣兵很快失去斗志，被对方火力压得止步不前。法军统帅一边强令意大利佣兵进攻，一边调出一支重骑兵从城南开阔地迂回到西班牙军队后方，结果却被西班牙骑兵击败。

瑞士军团迂回到预定地点后也开始冲锋，西班牙的大炮从900米外开始射击，火枪在300米的距离开始射击，瑞士士兵时而蹲下时而快跑，始终保持着方阵队形。等到接近对方壕沟时，瑞士军队已经伤亡五分之一，西班牙军队却仍然没什么损失。瑞士戟兵跳过壕沟爬上胸墙，与西班牙军队展开近战，长矛兵隔着壕沟直接刺向对方。在近战中长矛方阵的威力就体现出来了，西班牙军队虽然也有不少长枪手，但相当一部分装备的是长剑和火枪，无法阻挡瑞士军队悍不畏死的长矛冲锋。到了中午的时候，西班牙第一道防线已被突破，炮兵被全歼，而瑞士军团剩下的11000人又损失了4000人，甚至连指挥官都换了五次。这时法国统帅下令撤退，但瑞士指挥官对传令兵怒吼道："上帝保佑，我们就要把这些放火的西班牙人给串起来啦！"之后瑞士军队排起密集方阵，顶着对方强大火力在崎岖的地形上追击敌人，将每个来不及逃走的西班牙人都"串"在了长矛上。为了守住第二道防线，贡萨罗调集了全部预备队在这里死守。由于阵地上布满障碍物，瑞士长矛方阵被迫分成了许多小队，靠整体力量的方阵战斗力被大大削弱。西班牙步兵纷纷用长剑拨开长矛，将长矛后面的人砍死，战场形势顿时改观。这时西班牙骑兵已经击败法国骑兵，从瑞士方阵的背后杀来。战斗意志惊人的瑞士军队仍然没有崩溃，他们转入防御阵型，西班牙骑兵围着方阵转圈，用手枪像打靶一样地把长矛兵打倒。到了这个地步，瑞士军团只好选择了撤退，但西班牙骑兵随后进行追击，俘虏了很多瑞士士兵。此战的胜利对西班牙军队来说具有里程碑式的意义：贡萨罗的新式军队凭借工事击败了所向无敌的瑞士方阵。

通过在那不勒斯的战争中总结的经验，贡萨罗将所有军队编成20个纵队，每个纵队有1000人至1250人，包含长矛兵、火绳枪手、戟兵、剑盾兵等兵种。这是第一个根据兵器用途建立起来的正规战术编队。在接下来的20年中，西班牙军队逐步又改为步兵团的编制，每个步兵团拥有 3 个纵队一共 3000 多人，此外戟兵和剑盾兵也从步兵团中消失，所有的士兵都配备长矛和火绳枪，两个兵种的比例大致为 1：1。这种步兵团又被称为西班牙方阵。将长矛兵与火枪手混编，一来火枪手可以给长矛兵提供火力支持，使之不再像瑞士方阵那样对远程火力毫无办法，二来长矛手也可以在火枪手装填时给他提供保护。战场上长矛兵排成密集的三个横队，每个横队正面为 50 至 60 人，纵深为 20 行，四个边角上分别有一个火绳枪密集方阵。这种阵型非常坚固，而且还能向外发射火力，同时又具有机动能力。为了适应复杂多变的战场需要，方阵还编有一支类似散兵的独立分队，专门从事小规模出击。

西班牙方阵由瑞士方阵演化而来，在本质上仍然是一个传统的长枪方阵，只不过在长枪方阵的四周编有数量相等的火枪手。在战场上以步兵方阵为核心，稳步推进或固守阵地，而以火绳枪和火炮为主要远程打击力量，骑兵作为预备队安排在两翼和侧后，随时应对敌方的包抄兵力。当长枪方阵向敌军阵地推进时，火枪兵随即前进到方阵侧前方，逐排对敌实施射击，在敌军冲锋时予以火力压制，敌军接近后便退至长枪方阵后方，由长枪兵接敌。火枪手同时还可以对侧翼包抄

▲ 影片中的"老鼠战"

的敌军实施拦阻射击，此外还有少量持戟或长剑的散兵负责近距离的混战。作战时若干个方阵之间相互配合，往往可以形成有效的突破。

《佣兵传奇》最后阶段的战斗也很好地展现了西班牙方阵的这种战术。主角和他的义子担任的就是西班牙方阵中的火枪手。当法军骑兵冲锋之时，火枪手先是火力阻击，然后退入方阵自保。冲到方阵跟前的法军骑兵，面对林立的长矛束手无策，此时，主角又担负持戟散兵的任务，趁机袭击法军骑兵。而当法国步兵攻过来之时，主角及义子还有战友，则俯身冲入双方长矛的间隙，进行九死一生的，俗称"老鼠战"的近距离混战。

虽然，如主角这样的西班牙老兵拼死奋战，无论法军如何攻击，阵型都屹立不动，始终没有溃散，以至于法军决定给予他们不缴械撤离战场的机会。但西班牙方阵最后还是战败了。属于勇气的时代已经过去了，属于火力的时代来临了。

而火力时代的先声，则来自影片开始时提及和描写的尼德兰战争（又称"八十年战争"），以及影片中后段西班牙军团所参与的"三十年战争"。


## 火力的主宰战场

进入 17 世纪，火器的威力和精度不断提升，火炮和火枪逐渐成为战争中的主角，冷兵器在战争中的作用大大降低。到了 17 世纪中叶，西班牙方阵也进行大幅度改革，将火枪手比例提高至 75%，但已经跟不上军事技术的变革。

尼德兰共和国执政拿骚的莫里斯根据战争的需要，针对西班牙方阵的弱点加以改造，建立了"莫里斯方阵"。西班牙方阵虽然将火枪手与长矛兵有机结合在一起，但是火绳枪手却在长矛方阵四周平均分配，这样固然可以避免后方和侧翼遭受袭击，但是如果敌军只从一个方向进攻，则只有不到一半的火枪手能够射击，大大浪费了兵力。而且西班牙方阵很难指挥控制，训练也费时费力。莫里斯把火绳枪手一分为二，平均配置于长矛方阵的两侧，也可以后退至长矛方阵的后方结成一个新方阵，这个方阵还可放在长矛方阵的一侧，使得所有火枪手可以向正面射击，从而增强了方阵的正面攻击力。如果敌军冲到近前，长矛方阵或突前防御，或原地坚守，火绳枪手则退至长矛方阵后方重新结为一个新方阵，这样变阵也比西班牙方阵简单得多。为了避免侧翼和后方遭受袭击，莫里斯借鉴了古罗马军团的棋盘阵，将多个长矛阵、火枪阵组合在一起，呈棋盘方格状部署。此外莫里斯还大大缩小了方阵的规模，减少火枪方阵的纵深横排数，增加横向战线宽度，以利于火枪齐射。长矛方阵则由 5 个横排组成，每排约有 50 名长矛兵，士兵间距大约 1 米。在长矛方阵的两侧，分别有一个 120 人的火枪方阵，两侧共 240 人，与长矛兵的比例大致为 1∶1。正面接敌时，火绳枪手会被编成 12 路纵队，每纵队 10 人，采用和西班牙方阵一样的轮射反向装弹法，射击后从战友之间的空隙走到最后一排装弹，如此反复，形成持续不断的绵密火力。

然而尼德兰与西班牙之间进行的会战并不多，莫里斯横队并没有得到战争的全面检验，真正完成由长矛方阵到火枪阵列线改革的还是瑞典国王古斯塔夫二世。古斯塔夫认真研读了古罗马和荷兰有关军队训练和线式步兵部署的著作，并根据实战经验对荷兰步兵的线式部署也作了较大的改进。他将长矛方阵改为每排 36 人、纵深 6 排的长方形阵形，长矛方阵两侧各配置 96 名火绳枪兵，也是 6 行纵深（莫里斯横队是 10 行纵深）。因为这时火枪采用了火药定装技术，射速大大提高，装药时间的缩短为浅纵深提供了前提。后来古斯塔夫又给士兵更换了比重火绳枪更轻便的轻型滑膛枪，不必再像西班牙火绳枪手那样在射击的时候用架子架上。因而火绳枪手在战场上机动性更高。

瑞典军队遇到敌人时，待所有的士兵装弹完毕后，后排士兵会向前走填补前排士兵的间隙，队列由 6 行变为 3 行。第一排士兵跪着射击，第二排士兵弯下腰射击，第三排站着射击，这样一来，所有火枪兵就能在有必要的时候进行一轮火力齐射（被称作"古斯塔夫的雷霆"）。按照古斯塔夫的战术思想，火枪兵一次齐射就可以为长矛兵实施冲锋做好充分的准备。这样的一次齐射，不仅可以给敌人更大的杀伤，而且还可以极大地挫伤敌人的勇气。如果须要保持持续火力，阵型就会松散一些，后面两排不参与第一轮齐射，第一排火枪手开完枪后退到最后一排位置进行装填，后面两排向前进，由第二排进行射击，这样循环往复，可以形成对敌军的持续火力打击。正是凭借这些先进的战术，古斯塔夫二世的军队击败了许多敌人，成为当时最强的军队，然而长矛在他的战术体系中已经退居一个非常次要的位置。当军事近代化的曙光随着瑞典军的隆隆大炮声开始照耀欧洲大地时，更重视肉搏的西班牙方阵也慢慢走向没落。

而且走向没落的不仅仅是西班牙方阵，之前我们提过的波兰翼骑兵也遭遇到了古斯塔夫新式军队的挑战。

1621 年，古斯塔夫二世发动了对波兰的战争，虽然翼骑兵是瑞典军队的大敌，而且在交锋中占据上风，但波兰军队总体战力不如瑞典军，最后古斯塔夫二世占据了波罗的海东岸重镇里加。1625 年，瑞典军队再度入侵波兰，古斯塔夫二世占据了泛滥平原上的沼泽之间的丘陵，翼骑兵的进攻受到地形的严格限制，每次最多只能容纳不到 600 人的冲锋，而且这里的柔软沙地也不是适合骑兵冲锋的战场。在双方交锋的前两天，波兰翼骑兵一直无法突破瑞典的步兵阵线。这时波兰军队采取了一种新的战术，在翼骑兵冲锋的同时配置了一种穿中型盔甲持火枪的骑兵，当翼骑兵和敌阵对撞的一刹那，火枪骑兵冲上前填补翼骑兵之间的缝隙，侧着马身向敌人放出一排枪，然后向后撤退，翼骑兵则利用射击给对方带来的短暂混乱一举击溃敌人。这种战术非常有效，虽然瑞典军队建立了野战工事，但还是挡不住翼骑兵的冲击，渐渐被迫退出丘陵地带。到了圣诞节前后，因为瘟疫在军中蔓延，瑞典军队开始陷入困境，古斯塔夫二世在日记中写道："士兵们像狗一样死掉。"为了摆脱被动局面，古斯塔夫二世率领 1000 名步兵、2100 名骑兵和 6 门炮组成的一支部队，用 36 个小时在极其复杂的地形上运动到 50 公里外的波兰沃尔霍夫军

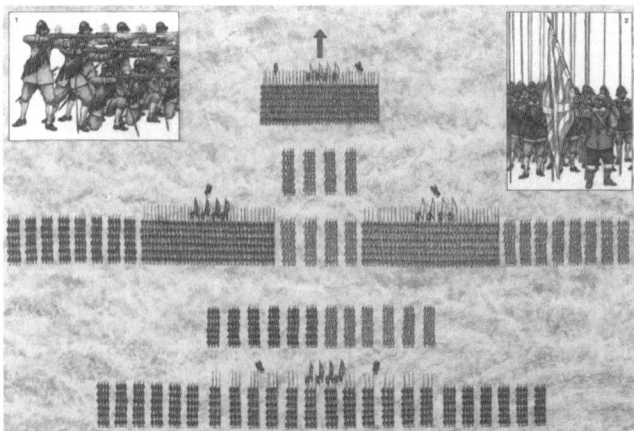

◀古斯塔夫方阵

营。1 月 7 日凌晨，古斯塔夫向这里拥有 3 门炮的 2000 名波兰守军展开了进攻。其他地方的翼骑兵赶来增援，但古斯塔夫二世将阵线设在森林中，翼骑兵无法从两翼迂回包抄，而且骑兵在森林中行动不便，正面冲锋的威力大打折扣，被瑞典步兵的密集射击打退。正当翼骑兵打算重整旗鼓再次发起冲锋时，瑞典骑兵在炮火的掩护下发起了冲锋，波兰军队阵型被打乱，最终被击溃。此战波兰方面大约损失了 1000 名士兵，而瑞典军队伤亡极为轻微，据古斯塔夫二世记载："瑞典军队没有损失一名士兵，每个人都在他应在的位置上。"这个记载可能存在夸张成分，但此战之后波兰指挥官扬·斯坦尼斯瓦·萨芬哈因战败而精神失常，足以证明瑞典军队取得了辉煌的胜利。

在新式瑞典军队的强大攻势下，波兰军队接连失败，即使翼骑兵参与其中也未能扭转战局。这些战例足以证明在军事理论突飞猛进、强调多兵种协调作战的 17 世纪初，仅仅靠强大的骑兵是无法取得战争胜利的。像吉尔霍尔姆战役那样单凭翼骑兵冲锋就能将敌军打垮的时代已经一去不复返了。

随着对瑞典战争的一系列失败，波兰—立陶宛联合王国的国运日渐衰落，翼骑兵也和国家的命运一起走向低谷，在"三十年战争"刚结束就开始的"大洪水时代"（波兰历史上一个内忧外患频发的时期），他们再度遭受了前所未有的惨败。在 1656 年的华沙战役中，以 950 名翼骑兵为核心的 20000 多波兰—立陶宛骑兵向将近 20000 名瑞典—德意志联军发起了潮水一样的攻势，瑞典国王卡尔十世所在的左翼一线部队几乎崩溃，连国王本人都被翼骑兵的骑枪刺成重伤，最后瑞典二线部队凭借钢铁般的纪律稳住了阵线，用火力进行顽强的抵抗。翼骑兵的战术是依靠高速冲锋迅速接近并击溃敌人，但在冲锋的过程中也要承受不小的伤亡，现在瑞典一线部队死守防线，后面的二线部队也没有被吓跑，对波兰军队进持续射击，因此随着时间的推移，战争的天平慢慢向瑞典军队倾斜。没过多久翼骑兵伤亡惨重，战马损失更大，以至于无法继续作战而败退下来，瑞典—德意志联军取得了胜利。此战让波兰—立陶宛联合王国彻底丧失了强国地位，翼骑兵也进入了历史最黑暗的时期。此后波兰国王索别斯基虽一度重振翼骑兵，在 1683 年的维也纳之战中大败奥斯曼土耳其军队，但波兰的国势却未能再度重振。随着近代军事的长足进展以及波兰的进一步衰落，波兰翼骑兵这支英雄的部队也渐渐淡出历史舞台。

就这样，西班牙方阵和翼骑兵，这一西一东以肉搏能力著称的劲旅，最终在火力时代都渐渐退出了历史舞台。而西班牙电影人则通过《佣兵传奇》再现了当年西班牙方阵战士的果敢与坚韧，让观众们重新领略了当年西班牙方阵不败的威名，也算是部分弥补了当年西班牙贵族们对这些忠勇老兵的亏欠。

不过，唯一美中不足的是该片因为预算和人力所限，最后一场关键战斗全场仅有一百多名临时演员参演。这么少的人数严重削弱了影片中的战斗气氛和战役规模。因为按照历史记载，在其他部队瓦解以后，四个西班牙步兵团的残部结成一个大方阵继续抵抗法军的攻击，一直战斗到了最后。当时的人记载如下：

这些西班牙的士兵在站立时组成了方阵。他们倒下时，他们的尸体也同样组成整齐的方阵！

# 外强中干，华而不实

## 清朝旧式战船、水师与海防

作者 / 李元骏

1840 年，英国发动鸦片战争，以坚船利炮轰开中国国门，清政府束手无策，最终战败求和，签订了不平等条约。自此，中国成了掠夺者啃噬的对象，不断承受切肤之痛，直到奋起反抗的人们把侵略者统统赶了出去。鸦片战争被定义为中国近代史的开端，但当我们回顾这场战争时，会发现一个非常奇怪的现象，那就是在这场历时两年多的战争中，几乎每场战役都是英军舰队与清军沿海炮台作战，清军水师在其中发挥的作用只能说是微乎其微。何以出现这种情况，是因为当时的清朝水师规模很小吗？

并非如此，鸦片战争爆发时，清政府拥有一支相当庞大的水师。自清军入主中原后，全国上下水师长期保持在 6 万人左右，其中八旗水师约 1 万人，绿营水师约 5 万人。除了这 6 万常备军之外，战时往往还会招募水勇作战。是以鸦片战争爆发时，清朝水师光是外海战船就有约 930 艘，广东、福建、浙江、江苏四省因大量招募水勇，水师兵力达 10 万人，大小战船有 700 多艘。

然而，这样一支庞大的水师，却在这场改变中国命运的战争中几乎没有发挥任何作用！我们不禁要问，清朝水师到底出了什么问题，以致如此乏力？

战船和武器无疑是水师的重要组成部分，那就先从它们开始讲起。


## 战船与武器

明代著名水师将领俞大猷曾说："海上之战无他术，大船胜小船，大铳胜小铳，多船胜寡船，多铳胜寡铳而已。"虽然现在看来，这话有唯武器论之嫌，但也明白无误地透露出海战中战船和火炮的情况对胜败有着决定性的影响。既然如此，就先来看看清朝水师战船的大小尺寸。

清朝旧式水师所用战船种类较多，主要有鸟船、赶缯船、艍船、米艇、同安梭船、大横洋梭等。

目前，有据可查的、清朝最大的旧式战船是鸟船，"长为十五丈（50 米），阔二丈六尺（8.67 米）"。这一数据出自《琉球入学见闻录》，但它并非专门记载清朝战船的书籍。在另一份较权威的史料中，清朝旧式战船的尺寸如下："每船长十一丈至一丈九尺（6.33 米—36.67 米），阔二丈三尺五寸至九尺六寸（3.2 米—

7.83 米）。"（《皇朝政典类纂》卷三百六十四）所以清朝是否有长 15 丈的大型鸟船作为战船，是有争议的，《琉球入学见闻录》可能夸大了清朝战船的尺寸。

除了鸟船之外，赶缯船和艍船也是清朝前期和中期水师的主力战船。赶缯船和艍船原是福建浙江一带的商用运输船，后被清朝水师改作了战船。这两种船只型号多样、尺寸各异，各个时期又各不相同，但总的来说其趋势是越来越小。

以雍正时期为例。雍正十年（1732 年）规定："山东外海战船照雍正六年浙江题定之例，赶缯船身长七丈三尺（24.33 米），板厚二寸七分（9 厘米）；双篷艍船身长六丈四尺（21.33 米），板厚二寸五分（8.3 厘米）。福建大号赶缯船身长九丈六尺（32 米），板厚三寸二分（10.7 厘米）；二号赶缯船身长八丈（26.67 米），板厚二寸九分（9.7 厘米）；三号赶缯船身长七丈四尺（24.67 米）及七丈二尺（24米），均厚二寸七分（9 厘米）；双篷艍船身长六丈（20 米），板厚二寸二分（7.3厘米）。"（《清朝文献通考》卷一百九十四，《兵考》十六）

有些赶缯船也由鸟船改制而来，"海波既恬，当事者以各港水浅，海船急难摇动，且修理估计不赀，节浮费而资实用，尽改鸟船为大赶缯。"（《清代前期海防：思想与制度》）

鸟船改大赶缯船也从一个侧面说明，15 丈长的大型鸟船作为战船很可能并不存在。不过，广东官员对制造赶缯船、艍船有不同的看法："或船篷之长短不合船身之丈尺，或梁头之阔狭不配船底之平梭……稍遇风浪而不堪主，于各项杠根配搭违法，不特不能冲锋破浪，亦且驾驶维艰，此皆相沿旧制（《广东高雷廉总兵蔡添略奏陈因地制宜陆续改造各营战船管见折》）。"因此，广东船厂在仿造赶缯船、艍船时，

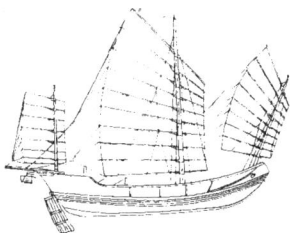
▼浙江沿海一带的鸟船

▼赶缯船

▼艍船

又进行了"船底加平、船舱减浅"的技术改造。所以广东的大赶缯船长为七丈一尺（23.67 米），宽为一丈七尺九寸（5.97 米）；艍船长五丈三尺四寸（17.8 米），宽为一丈四尺八寸（4.93 米），比闽浙的同类战船规格更小一些。显然，这种技术改造不是为了深海远洋，而是为了便于在浅海近岸航行。赶缯船与双篷艍船作为雍正、乾隆时期的主力战船，不要说与日新月异的欧美战船相比了，就是与明末清初的战船相比，也都处于退步状态。（《清代前期海防：思想与制度》）

从这些资料可以看出，赶缯船、艍船性能较差，难以担当起海防重任，是以到乾隆晚期东南沿海的海盗越来越猖獗时，清朝水师是屡战屡败。广东的官员们痛定思痛，决定改进战船，于是一种性能优于赶缯船和艍船的船只进入了水师序列，那就是米艇。

米艇原是民用运输船，以航速快、船体坚固出名。在被仿制为战船之前，民用米艇就已经屡因性能优异而被清朝水师租用，用于打击海盗了。乾隆五十八年（1793 年），米艇被正式仿制成战船，《清史稿》对此有较为详细的记载：

历年捕盗，俱赁用东莞米艇，而船只不多，民间苦累。乃筹款十五万两，制造二千五百石大米艇四十七艘，二千石中米艇二十六艘，一千五百石小米艇二十艘，限三月造竣。按通省水师营，视海道远近，分布上下洋面，配兵巡缉，以佐旧船所不及。

米艇分为大、中、小三种型号，其中大米艇"长九丈五尺（31.67 米），阔二丈零六寸（6.87 米），深九尺三寸（3.1 米）"；中米艇"长八丈六尺（28.67 米），宽一丈八尺五寸（6.17 米），深八尺六寸（2.87 米）"；小米艇"长七丈六尺（25.33 米），阔一丈六尺四寸八（5.49 米），深六尺五寸一（2.17 米）"。（《清代前期海防：思想与制度》）

经此改造之后，清朝广东水师的战船变得更大更强，让水师的总体实力有所提升。

除了米艇，另有两种战船也在乾隆晚期与嘉庆年间的清朝水师中有较多使用。

一是同安梭船。从乾隆晚期开始，福建方面将赶缯船与艍船按照民用同安梭船进行改造。"一号同安梭船长七丈二尺（24 米），阔一丈九尺（6.33 米）；二号同安梭船长六丈四尺（21.33 米），阔一丈六尺五寸（5.5 米）；三号同安梭船

▼同安梭船模型

长五丈九尺（19.67米），阔一丈五尺五寸（5.17米）。"（《清代前期海防：思想与制度》）

二是大横洋梭。大横洋梭，是在嘉庆年间由同安梭船改造而来，"集"字号大横洋梭"船长八丈二尺（27.33米），宽二丈六尺（8.67米）"，"成"字号大横洋梭"船长七丈八尺（26米），宽二丈四尺（8米）"。（《清代前期海防：思想与制度》）

大横洋梭船体并不是很大，虽然名为"大横洋梭"，但其实徒有其名，也不具备远洋能力。这导致清朝水师在剿杀海盗时，只能在沿海被动防御，难以主动出击。嘉庆十二年（1807年），时任两广总督的吴熊光对水师战船孱弱的性能忍无可忍，欲仿造民用登花船，制造出一种能够远洋作战的战船。然而清廷对该计划态度并不十分积极，最终导致其夭折，实在颇为可惜。

除此以外，清朝水师还有"巨艇"（应比米艇更大一些，但无具体尺寸资料）、捞缯船、哨船、唬船等船只，它们有的用于海上，有的用于内河，不过绝大部分船体都较小，就不一一介绍了。

那么，同时期的西方战船情况如何呢？《风帆时代的海上战争》《世界海军史》等书详细介绍了当时英国舰船的情况，大体上可以归纳如下：

军舰分成六个等级，第一、第二、第三级称为"战列舰"，其余称为"巡洋舰"。一等舰长度在200英尺（60.96米）以上，有三层甲板，火炮约有100门。军舰按照尺寸大小与火炮多寡依次分级，等级越低军舰尺寸越小，火炮数量越少。但即便是处于末等、在沿海作为炮艇使用的六等舰，也长达125英尺（38.1米），配备火炮约20门。

由此可以看出，清朝中期的战船，即便与同时期的英国六等舰相比，都有一定差距，在整体实力上是根本无法与英国军舰相抗衡的。

事实上，清朝中期的船，不说与当时突飞猛进的西方船相比，就是与明朝时期的船相比，也都处于退步状态。由于各种史料上关于战船的记载十分散乱，要进行十分详细的罗列对比十分不易，因此不妨用另一种能代表国家造船能力的船来看看明清两朝的造船能力。

在明清时期，有一种船虽不是战船，但却同样能代表国家的造船水平，那就是封舟。封舟，是明清时期派往琉球册封琉球国王的使团所乘坐的船。为了彰显天朝威仪，历届册封使团所乘坐的船，基本上都是当时国家能造的最大船只。研究中国古代船舶与海防多年的学者王宏斌教授，通过对明清时期的《使琉球录》等文献的研究，在《清代前期海防：思想与制度》一书中对明清两朝数次出使所用封舟的大小进行了归纳总结。

首先是明朝封舟："1533 年封王尚清，舟长 17 丈（56.67 米），宽 3.16 丈（10.53 米），深 1.33 丈（4.43 米），造船度量约为 537 个单位；1633 年封王尚丰，舟长 20 丈（66.67 米），宽 6 丈（20 米），深 5 丈（16.67 米），造船度量为 1200 个单位。"

王宏斌教授还指出："这些封舟的船底、船肋的木板厚度均为 7 寸（23.3 厘米），相当于 1 英尺左右。有的船只为了钉钉的方便，将一层七寸厚的木板，改为双层木板，每层 3.5 寸，整个厚度仍不少于 7 寸。这个厚度与英国战船的厚度基本相当。"

那么，清朝的封舟又如何呢？我们也来看看："1663 年封王尚质，张学礼出使乘坐的封舟长 18 丈（60 米），宽 2.2 丈（7.33 米），深 2.3 丈（7.67 米）；1684 年封王尚贞，汪揖等使臣所乘鸟船长 15 丈（50 米），宽 2.6 丈（8.67 米）；1719 年封王尚敬，使臣徐葆光雇商船为封舟，长 10 丈（33.33 米），宽 2.8 丈（9.33 米），深 1.5 丈（5 米）；1756 年封王尚穆，周煌雇到的商船长 11.5 丈（38.33 米），宽 2.75 丈（9.17 米），深 1.4 丈（4.67 米）；到了 1800 年封王尚温，赵文楷、李鼎元为使臣，在福建所雇商船长只有 7 丈（23.33 米），首尾虚梢 3 丈（10 米），宽 2.2 丈（7.33 米），深为 1.3 丈（4.33 米），'较历来封舟几小一半'，赵文楷问为什么如此小，'抚军以闽县海船但有此等'对。"

由此可见，清朝早期由于继承了明朝造船的"底子"，封舟还是相当大的，然而随着时间的推移，清朝的造船能力越来越低，已经到了连国家的面子都难以维持的地步。

说完船只，我们再来谈谈清朝水师的武器。

在水师的武器装备中，火炮无疑是主力。不得不说的是，火炮，或者说包括火炮在内的火器，在清朝的中前期，经历非常坎坷。

清朝的旧式火炮主要有武城永固大将军炮、神功将军炮、制胜将军炮、威远将军炮、奇炮等，种类虽多，但基本都是明末清初引进的红夷大炮的衍生型火炮，直至鸦片战争前仍然没有大的改进，甚至还存在倒退的情况。

明朝末年引进红夷大炮之后，掀起了一波火器热潮。明末著名火器学家焦勖和孙元化，分别在自己的著作《火攻挈要》和《西法神机》中，提出以口径为基数，按一定的比例科学设计火炮的各个部分。这是中国火炮发展史上的一大突破，却没能在清朝发扬光大。

由于清朝统治者实行文化高压政策，大兴文字狱，大规模毁书、禁书，明朝留下的《武备志》《火攻挈要》等一系列军事书籍相继成为禁书，以致到鸦片战争前夕，丧失了科学理论指导的清朝火炮铸造陷入了严重倒退的境地。

嘉庆四年（1799年），清廷下令将160门明朝遗留下来的神枢炮改为得胜炮，结果改造后的得胜炮射程还不到百步，居然比原来的神枢炮射程还近，实在是让人哭笑不得。

道光二十年（1840年）三月三日的一份《澳门新闻纸》，以轻蔑的语气评价清朝火炮道："中国只知道用铁铸成炮身，不知道做炮腔，且铸成炮身……全无科学分寸，所以施放不能有准头……大约不能为害人物。"

此外，清朝统治者对汉人的猜防之心也对火炮的发展产生了直接的不利影响。据《清实录》和《清会典》记载，康熙五十四年（1715年），山西总兵官金国正上疏表示，自己标下的军队没有子母炮，愿意捐资造22门分给各营。然而这样一个十分诚恳的请求，却换来了康熙皇帝的严厉训斥："子母炮系八旗火器，各省概造，断乎不可！前师懿德、马见伯曾经奏请，朕俱不许。"到了雍正时期，雍正皇帝更是按照他父亲的这一旨意，进行了一场全国性的"废武备"运动，具体做法如下：除保留盛京、吉林、黑龙江三地的子母炮外，其余各省的子母炮全部收回；其他各种火炮，每1000名清军士兵只准留10门炮；水师战船及海防、边防、省城要隘的原有火炮予以保留。虽然水师保留了火炮，但这种全国性回收、限制火炮的做法，严重阻碍了火炮的使用与发展。

这子母炮究竟是何方神器，竟让清朝统治者将其作为"八旗火器"，而拒绝给由汉人组成的绿营军队使用？说来滑稽，这子母炮，其实就是明朝的佛郎机。明朝中期，西方人将佛郎机传入中国，并很快为中国人仿制。到明朝中后期，各种样式的佛郎机已广泛装备明军，并应用于战场。佛郎机采用母铳和子铳的结构，具有射速快的特点，因而在清朝被称为"子母炮"。这样一种明朝早已装备的火器，在清朝却被基本限制在八旗军范围内，实在让人感到既可笑又可悲。

除了不准地方上制造子母炮之外，康熙皇帝还将清朝最好的火器制造厂，设在养心殿里，即"养心殿造办处"。除它之外，工部下辖的"景山炮鸟枪监造处"，制造的火器质量也很不错。不过这两处生产的"御制"火器，只供给皇室和八旗兵使用，汉军只能使用质量很差的"局制"火器。

火器衰落的另一个原因在于，清朝统治者一直保持着"弓马骑射为本"的思想。"五年，以满洲凤重骑射，不可专习鸟枪而废弓矢，有马上枪箭熟习者，勉以优等。"（《清史稿》卷一百三十九·志一百十四·兵十）这道出自雍正皇帝的旨意发布之后，清军兵丁纷纷疏于对枪炮的训练，转而崇尚弓箭，对火器发展产生的负面影响不言而喻。

据《八旗通志》记载，雍正时期的天津水师，每艘大赶增船装备有大炮 4 门、斗头炮 1 门、百子炮 4 门、子母炮 2 门、鸟枪 28 杆，小赶增船装有大炮 4 门、百子炮 4 门、子母炮 1 门、鸟枪 16 杆，除此之外还有一些诸如火箭、火罐、弓箭、排刀、钩镰枪之类的兵器。由此可以看出，清朝水师的武器装备十分落后，火箭、火罐、鸟枪、子母炮等武器，明朝水师早就装备了。这还是当时装备最好的八旗水师，汉人的绿营水师在装备上还要逊色一些。

到鸦片战争爆发前夕，清朝水师的装备依旧没有任何起色。根据《清实录》和《筹海初集》等资料记载，当时的清朝水师，不仅装备着数百年前明朝水师装备的大小火箭、五虎箭、神虎箭、喷筒、火罐、火号、箭箱、溜桶等火器，还出现了明朝初年的碗口炮（明朝晚期时明军都已经不用了）。

时任广东水师提督的关天培为了巩固海防，曾组织人手铸造了一批新炮，但在试射时频频发生炸膛现象。关天培仔细查看火炮后发现，这些新造的火炮内外凹凸不平，其中最大的凹陷居然可以倒入 4 碗水而不溢出，实在让人瞠目结舌。

造成这种情况的原因，除了铸炮技术落后外，还因负责造炮的各级官员贪污经费，一再偷工减料。

而同时期的英国，大量科学技术与先进知识被应用于火炮制造。例如在炮身铸造方面，他们采用先铸成实心圆柱形金属铸件，再用镗床镗钻成炮管的方法，来科学铸炮。与当时清朝凭借有限经验的低端模铸法相比，这种铸炮方法不仅铸炮效率高，而且其铸造的火炮在射程、精度、威力、稳定性等各方面都远在清军火炮之上。

1832年，美国传教士裨治文在广州创办《中国丛报》，主要刊登清朝的时政、经济、军事等内容。这份报纸的文章常由到过中国的西方人撰写，站在更加宏观的角度看待当时清朝各方面的情况，史料价值极高。在该报1836年第5卷第4期的内容中，出现了一篇介绍当时清朝水师与海防状况的文章，现将部分内容摘录如下：

中国的战舰庞大而笨重，像一堆木材，有着席帆、木锚、藤缆。船身的弯度颇大，船首平直，船尾没有企柱，但又格外高，并用金黄色与画图装饰着，中间开一大洞，使那个异常庞大的木舵能够于天气不好时扯上来挡往船尾的大望台，但这样便削弱了船尾的效能。甲板上有守望台，船平底，吃水浅，船身红色或黑色，船首有凸出的大眼睛，整个样子正如尼克博克所描绘的"戈德夫罗"号那样，在风平浪静中显得迷离恍惚、庞大笨重，这便是清帝国"第一等"舰队的外貌。它们之中没有一只超过250吨，一般只有大炮二门至四门，都安装在一固定的炮床上，这使它们如前所述，除非在平静的海面上，否则就全无用处。不过，我们有时也看见负有特别任务的大战舰，架有六门大炮。"律劳卑事件"中，泊在澳门南湾炮台前的两艘中国战舰，各架有八门大小不等的大炮，其中两门是旧式的铜制野战炮，足足占据了舱面全部宽度，如果开起炮来，即使战舰不沉没，炮也会反撞到舰舷侧面跌下海去。每舰船的水手有四十人至六十人，至于载员多少，要看准备去对付的敌人是本国人还是外国人而定。武器包括枪矛、几把刀剑和大量石头。

……

中国火药粒子粗糙，大小不一。发射后留下的臭味，显然是因为含有硫黄过多，它们受到空气的影响后很快就分解了，在纸上留下黑点和湿气。知道这点以后，我们就能理解为何中国大炮缺乏扩张力了，这是凡看过它发射的人都能注意到的。

……

许多大炮是葡萄牙或荷兰造的，各个时代、各种长度、各种形式、各种口径都有，其中不少已陈旧不堪，百孔千疮，以致无用，名副其实的海军大炮一门也没有。安装在帆船上的野战炮或攻城炮，情形也是如此。土炮是中国人铸造的，而我们相信一般是铁的，其炮膛不像欧洲大炮那样钻得平滑；炮架只是一种木架或固定的炮床，上面用藤把炮捆住，因此炮只能直射，极难瞄准任何目标，除非目标就在炮前面。虎门周围的炮台就是安装着这种光怪陆离的大炮……中国的火绳枪是制作粗劣的武器，子弹多是铁的，他们不知道有刺刀这种武器，燧发枪、卡宾枪、手枪和其他的火器都不用。

从这些资料可以看出，清朝的水师战船与武器十分落后。再加上官僚机构的腐朽低效，以致不少战船与武器年久失修无法使用，更降低了水师的战斗力。想要凭借这样的水师抵御当时强大的英国海军，自然是不可能的了。

## 闭关锁国与限制民船

稍对清史有所了解的人都知道，清朝中前期的对外政策是封闭和僵化的。清朝早期，为了对付以郑成功为首的东南抗清势力，清廷实行野蛮的迁界禁海政策[①]。收取台湾后，清廷的政策有所放开，一度有限制地开放部分口岸与西方国家通商。然而之后的对外政策却逐渐收紧，到了乾隆二十二年（1757 年），清廷终于开始实行仅开放广州一口与西方通商的政策。在一口通商的枷锁下，不仅西方国家与清朝的贸易被广州十三行垄断，甚至就连外国商人在清朝的人身自由也受到很大的限制。清廷的封闭性对外政策，被史学界称为"闭关锁国"。围绕闭关锁国这一清朝国策，历史学家们所写的书籍和论文已经太多太多了，笔者就不再班门弄

---

① 康熙年间，清政府为了让明郑政权得不到大陆的物资，划定一个濒海范围，强制要求处在这个范围内的沿海居民迁移。

斧了。不过值得一提的是，很多人总是着眼于闭关锁国阻碍中外交流所产生的巨大恶劣影响，却对清朝中前期的其他一些政策没有足够关注。事实上清廷的不少畸形政策与闭关锁国相辅相成，给清朝的战船、水师、海防造成了极为严重的不利影响。

这些畸形政策中最值得注意的，当属限制民船。清朝在长时间内，对民用船舶的大小尺寸、帆装数量等方方面面进行了相当严苛的限制。

清廷最早关于民用船舶的限令，发布于顺治十二年（1655年），原文如下："下海船只除有号票文引许令出洋外，若奸豪势要及军民人等，擅造二桅以上违式大船，将违禁货物下海前往番国贸易，潜通海贼，同谋结聚及为向导劫掠良民者，正犯处斩，枭示，全家发边卫充军；其打造海船卖与番人图利者，为首处斩，为从发边卫充军；若止将大船雇与下海之人，分取番货及纠通下海之人，接买番货，并探听番货到时，私贩苏木、胡椒至一千斤以上者，俱发边卫充军，番货入官。"（《清会典·雍正会典》卷一百三十九）

到了第二年也就是1656年，限令变成了禁令："凡沿海地方口子，处处严防，不许片帆入江，一贼登岸。"（《清会典·光绪会典事例》卷七百七十六）

考虑到当时东南沿海活跃着郑成功领导的抗清势力，清廷的这一举措可以理解。康熙二十二年（1683年），清朝福建水师提督施琅率军在澎湖海域大败郑军。同年七月五日，郑成功之孙、郑经之子郑克塽下令投降。八月十三日，施琅率清军接管台湾，台湾明郑政权宣告终结。

消灭了这最后一个反清政权后，清廷开始有限制地开放一些沿海口岸与外国通商。而在民用船只方面，与开海通商政策有种种限制一样，清廷也有着严苛的限令，只准许民间使用五百石以下的船。之后又进一步规定渔船只允许单桅，梁头不得超过一丈（3.33米）；商船只允许双桅，梁头不得超过一丈八尺（6米），并对每船的人数也做了限制。康熙之后的雍正、乾隆、嘉庆三朝，对民用船舶的限令虽有反复，但总体来说是越收越紧，不仅进一步限制船只大小和出海人数，甚至连船上用来压舱的石块都被视为武器禁止携带，简直荒诞至极！

清廷对民用船舶的限制，不仅严重摧残了东南沿海的渔业和商业，更对中国船舶的发展产生了非常深远的消极影响。而清廷之所以这样做，直接原因是民间船只过大过快，性能大大超过清朝水师的战船，使清朝水师难以对海盗和走私进行打击。但按理说，清廷面对海防问题时，理应改进水师战船，而不是限制民船。清廷的做法之所以如此奇怪，归根结底，还是因为根深蒂固的"防汉"心理。女真人擅长骑射，不擅长水战，因此在水师上，必须大量任用汉人，是以康熙平定台湾，不得不用汉人施琅为水师提督。清朝统治者不希望民用船只强大，甚至也不想让以汉人为主体的清朝水师强大，于是一味限制民船，最终也束缚了自己。

王宏斌教授对此有两段非常深刻的分析：

为了防止海外结集反清武装力量，为了保持水师战船相对民船的某种优势，从清初开始，清廷便对民船实行种种限制，直到嘉庆时期仍不许民船制造业自由发展，或下令片帆不准下海，或禁止往贩南洋，或限定梁头规格，不许高桅大蓬，不许装设"插花""头巾"，不许"首尾高尖"，不许装设"盖板""皮水"和"假柜"，限制携带军器、口粮、舵工水手甚至淡水多少、石子、石块。加之各种烦难的出海造船和查验手续，一切的一切，都是要把民船制造技术、性能限制在低水平状态，以便官府控制。统治者在制定这些条例时，毫不掩饰其赤裸裸的扼制意图。在各种条例的限制、束缚下，中国的民船制造技术无法提高，处在停滞，甚至退化阶段。

……

限制民船制造技术、性能，不仅严重阻碍了民船的发展进步，而且严重影响到战船水平的提高。例如，乾嘉之际，中国的战船进行了大规模改造，仿制的是东莞米艇和同安梭船。米艇和同安梭船在当时虽是性能较好的民船，但其本身的制造技术和尺度都受到定例限制。既然这些民船受到定例的限制和束缚，那么，战船的仿造也受到其影响。所以说，限制民船的发展，也就限制了战船工艺的进步。这是作茧自缚。在近代世界，许多国家都把民船看成是国家海上力量的重要组成部分。这是因为民船一经征用，稍加改造，就会成为军运船只和战舰。我们在研究时，也时常看到沿海水师雇用民船追捕海盗的事例。从这个意义上讲，民船就是国家海上力量的重要组成部分。倘若在鸦片战争时，中国有大量性能良好的商船，即使战船完全无用，也可以征用民船，进行民族抵抗战争。因此说，限制民船技术性能进步，也就是限制国家海上力量的成长。清朝官员腐败无能，目光短浅，只考虑控制的便利，意识不到民船事业发展的重要作用，把商渔船只的技术进步看成是异己的力量，千方百计加以限制控制，最终是彻底丧失机动作战能力，在战争中一败涂地，自食恶果。这是历史上最为典型的作法自毙事例。这也是封建政权蛮横阻止中国社会进步的典型事件之一。

## 红溪惨案与清廷态度

自明朝中期以来，一直有中国人赴南洋，也就是现在的东南亚谋生。到了清朝中期，在东南亚的华人数量已经相当庞大。此时东南亚地区早已沦为西方国家的殖民地，西方殖民者对殖民地的华人和土著实行严厉的压迫政策，当地华人与西方殖民者的矛盾日益突出。华人虽屡屡反抗西方殖民者的压迫，但终因实力有限，基本处于被压制的地位。

乾隆五年（1740年），荷兰殖民当局为了彻底解决"华人问题"，开始在巴达维亚（今印度尼西亚首都雅加达）大肆搜捕华人，强行霸占华人财产。部分华人逃到巴达维亚郊外，在一个名叫黄班的华人领导下，联合部分土著，试图与巴达维亚城内的华人里应外合，与荷兰殖民者决一死战。

遗憾的是，华人群体中出现了叛徒，将这一情况通报给了荷兰殖民当局。荷兰人当即出动军队，对巴达维亚城内的华人进行大肆屠杀。血腥屠杀持续了7天之久，共有近万名华人遇害，城内的华人财产几乎全部落入荷兰人手中。因巴达维亚城内一条名叫红溪的河流在大屠杀中被华人的鲜血染红，此次屠杀也被称为"红溪惨案"。

海外华人惨遭屠戮的消息传回国内，引起了不少清朝官员的同情与愤慨，他们纷纷上疏，主张对荷兰采取报复措施，有人甚至认为应该派兵赴南洋"惩戒"。但是乾隆皇帝却认为这些华人违抗清廷召回的旨意，本来就该被正法，现在在外被杀，完全是咎由自取，冷冷地驳回了官员们的请求。

18世纪中期，曾经的"海上马车夫"荷兰已经衰弱，因此对庞大的清帝国有所忌惮。荷兰殖民当局大肆杀害华人后，怕遭报复，遂派人向清廷解释说，是因为当地华人寻衅滋事，他们才迫不得已大规模镇压，现在荷兰国王觉得此事做得太过，已经将镇守当地的官员撤换了。对此，乾隆皇帝回复说："天朝弃民，不

惜背祖宗庐墓，出洋谋利，朝廷概不闻问。"（《中国殖民史》）

乾隆皇帝的这种表态，大大助长了西方殖民者的嚣张气焰，更让以黄班为首的华人反抗军陷入了孤立无援的境地。到了1743年，这支与荷兰殖民者英勇作战的华人军队全军覆没，轰轰烈烈的华人反殖民活动宣告结束。

此后，清廷一面加强对百姓出海的管制，一面将历经千辛万苦回国的老华人陈怡老等人逮捕治罪，大寒海外华人之心。

诚然，东南亚华人中有一些是明末清初之际不愿受清廷统治而逃走的拥明人士，但绝大多数依然是为了生计赴海外谋生的普通百姓。他们比当时的国内人员更了解外部世界的情况，在当时西方殖民世界的大潮中，本可以充当中外交流的桥梁，而清朝统治者却一味将这些海外华人视为"前明余孽"，不仅不在他们惨遭屠杀时伸出援手，更是残酷迫害归国华人，让海外华人陷入悲惨境地的同时，也让自己隔绝于世界之外。

清廷对红溪惨案的态度，充分暴露了其极度保守消极的海防与对外政策。在这样的政策下，清朝水师自然也别想拥有发展的机会了。


## 康熙年间的海盗

前面说了清朝的旧式战船、武器、水师以及清廷的一些政策，但说一千道一万，实战才是检验一支军队的利器，所以接下来，我们说说实战。清朝水师在鸦片战争中发挥的作用很小，偶有出场也基本都是配合陆上炮台作战，战果实在惨不忍睹，没什么好说的。由于当时的英国海军实力远在清朝水师之上，清朝水师如此表现似乎也属正常。为了探明清朝水师的真实实力，我们不得不通过别的交战情况来进行了解。相比英国海军，在东南沿海劫掠的海盗总是软柿子了吧？不过遗憾的是，这软柿子对清朝水师来说，还真有点硬。

以康熙年间的海盗为例。康熙皇帝在收取台湾后，一度实行相对开明的对外政策，因此东南沿海大体上还算太平，不过仍时不时有海盗出没。这一时期的海盗大多是由受到贪官污吏压迫的沿海贫苦渔民演变而来，康熙皇帝本人对此亦有比较中肯的见解："闻浙江海中渔船甚多，凡此等船进海口时，防汛官兵索钱方令入口，其中有不聊生之穷人不得入海口，从此遂为海贼，观此则海贼即内地渔人，是官兵迫而驱之海中为贼者也。"（《圣祖仁皇帝圣训》卷八）

鉴于沿海的这种情况，康熙皇帝对海盗采取了剿抚并用的政策，取得了一定成效：以徐荣、蔡三十二、陈显五为首的多股海盗势力或被剿灭，或受招抚。然而海盗犹如野草一般，割不尽、烧不绝。到了康熙晚期，由于官僚机构的腐朽低效，曾在消灭台湾明郑政权的澎湖海战中有着不错表现的清朝水师日渐废弛，不仅战船、武器年久失修，训练与巡航也基本流于形式，海盗问题是越来越严重。此时的海盗无论是战船、武器还是战斗力，都强于水师，以致水师在与海盗作战中屡战屡败。

笔者将《清实录》《清通鉴》等史书中有关康熙晚期海盗活动的记载汇总一番，罗列如下：

康熙四十七年（1708 年），福建提督蓝理的家人田福，定海镇总兵官标下的中军王天贵之弟王思，加上商人、水手等共 80 人，从浙江乘船渡海赴福建。结果在途经温州南九山时遭遇 3 艘海盗船打劫，80 人中有 73 人被海盗所杀。

康熙四十八年（1709 年），南澳镇标守备潘成龙带兵出海巡哨，遭遇海盗，结果潘成龙被杀，船只、器械被海盗夺走。

到了康熙五十一年（1712 年），杭州织造孙文成的一份奏报，显示情况愈发严重："本年五月十八日，温州总兵胡伴标下把总万易安遇贼船七艘，不战欲逃，以贼船疾速，兵船为贼船逼赶，把总万易安带兵八人登小舢板逃出，兵丁二十四人被杀，兵丁坐船一艘及船上枪炮兵器一并为贼劫去。五月二十三日，黄岩总兵李进标下把总张世祯等领兵巡海，于牛头门外乌石洋海遇贼船二艘，交战不敌，张世祯领十五人乘小舢板逃走，兵丁一百余人皆为贼所杀，坐船二艘及船上枪炮兵器皆为贼取。六月间，温州总兵胡浮标下千总、把总领兵守海口，有船一艘排列枪旗，顺风而来，兵丁以为非贼船而是上司巡海船，击锣往迎，略近，贼船发炮，官兵皆乘小舢板逃走。"

这些史料中记载的还只是官兵及其亲眷被劫的严重事件，至于商船和渔船被海盗抢掠的情况，恐是不胜枚举。不过，康熙时期的海盗纵然猖獗，却还基本处于零散的小股状态，没有形成大规模海盗集团。这样的局面一直延续到了乾隆晚期，最终被安南的一场动乱所打破。

# 东南海防危机

东南海防危机，亦称"乾嘉海防危机"，在一些清朝资料中则被称为"洋盗之乱"。其持续时间之长、影响之大，实属罕见。

乾隆五十三年（1788年），安南爆发内战。由于安南名义上是清帝国的藩属国，乾隆皇帝下令出兵安南进行干预。清军在安南的军事行动起初较为顺利，但第二年在安南阮氏军队的大反击下遭遇惨败。战乱使不少安南军民流亡海上，而安南的阮氏政权由于痛恨清朝出兵攻打自己，积极鼓励和支持这些流亡军民骚扰中国沿海，以致在中国东南沿海迅速形成了大大小小的"洋盗"团伙，并由此引发了一场持续20多年的海防危机，让中国沿海民众深受其害。

"洋盗"形成之初，屡屡打劫中国东南沿海的商船与渔船，但清廷并没有予以足够重视。结果"洋盗"很快与国内的"土盗"结合，势力迅速膨胀。所谓"土盗"，其实原本是中国沿海的百姓，以往依靠海外贸易为生。但清廷颁布的闭关锁国政策，断了这些人的生计，他们无奈之下只得沦为海盗。

在与"洋盗"合作的"土盗"中，以蔡牵为首的海盗集团势力最大。蔡牵是福建同安人，父母早亡，早年靠弹棉花勉强维持生计，屡受官吏士绅欺凌。乾隆五十九年（1794年），忍无可忍的蔡牵率领一批沿海贫苦百姓下海造反，从此逐渐成了清朝统治者的心头大患。

对于蔡牵的历史评价，史学界颇有争议。有的历史学家认为蔡牵是反抗清廷的起义领袖，值得肯定与赞扬；有的历史学家则认为蔡牵不过是个海盗头子，应被否定和批判。笔者无意为蔡牵的所作所为定性，只想从这个人物入手，向大家讲讲这一时期极为严重的海盗情况。

乾隆六十年（1795年）六月，一支由水师护航，从浙江驶向福建的官粮运输船队先后被70多艘海盗船袭击，损失颇为惨重。这是一个危险信号，它预示着此时东南沿海的海盗已经形成实力强大的海盗集团，而且嚣张到了根本不把清朝水师放在眼里的地步。

乾隆皇帝闻报后雷霆大怒，严令各处水师剿杀海盗。然而此时的清朝水师腐朽不堪，根本不是海盗的对手。水师战船不敢打击海盗船，却频频向商船下黑手，

杀良冒功。"哨船不敢近盗船，见商船则横索货财，商船不与，便指为盗船。"(《清经世文编》卷八十五)

水师如此做派，自然激起了沿海百姓的严重不满，不少商人、百姓转而向海盗提供情报与物资。虽然清廷一再严令禁止沿海百姓"私通"海盗，但由于各级地方官府低效无能，很难将禁令落到实处。各个海盗团伙也因此不断壮大，不但在浙江、福建、广东、广西的宽阔海面上劫船越货，甚至还公然划分势力范围，封锁航道，向过往船只征收"保护费"。

在海上嚣张了一段时间之后，海盗们开始不甘于只是横行海上，将手伸向了沿海陆地。嘉庆二年(1797年)正月，一股海盗趁清军新年松懈之际，突然登陆台湾鸡笼(今基隆)。当地守军不战而逃，海盗轻而易举地占领了鸡笼炮台。虽然海盗不久后就撤走了，但依然给清廷带来了极大的震撼。

到了嘉庆四年(1799年)，由于海盗问题越来越严重，嘉庆皇帝无奈地下了这样一道旨意："谕军机大臣等。有人条奏，近来洋盗充斥，皆由抢掠商船粮食，暗地勾通行户，重价购米，得以久留，请一律禁止，并于海口陆路添设重兵等事。此种情节，沿海各地方谅所不免。但应如何设法办理，朕难以悬断。著传谕凡有海疆将军督抚等，各就该处地方海口情形，悉心确核，务使洋面日渐肃清，而于商民仍无妨碍。各抒所见，据实奏闻，候朕指示施行。其水师各营，作何训练整顿之处，亦著一并详议具奏。"(《清仁宗实录》卷三十七)

不过海盗们自然不会体谅皇帝的无奈，到了第二年六月，"洋盗"和"土盗"在浙江台州附近海域集结近百艘大小船只耀武扬威，准备干一票大的。时任浙江巡抚的阮元心急如焚，急向朝廷求助。然而此时东南沿海的水师官兵大多胆小如鼠，面对如此巨大的海盗团伙不被吓尿裤子都算不错了，更别说敢去剿杀。

就在清朝官员无计可施之际，老天爷帮了他们一把。一场飓风突袭台州，狂风巨浪之下，海盗船纷纷倾覆，大量海盗葬身海中。飓风过后，港内的清朝水师趁机出动打击海盗，取得了不错的战果，算是"洋盗之乱"以来清军取得的第一次"大捷"。

台州之战成了东南海防危机的一个转折点。由安南海盗组成的"洋盗"受到重创损失惨重，自此逐渐衰落；而以中国海盗组成的"土盗"则继续壮大，迅速

▲ 清朝水师战船

发展成海盗主力。

两年之后，安南国内的政局再次发生变化，让这一趋势变得更加明显。1802 年，阮福映称帝，成为安南新国王，他改变对外政策，选择与清朝交好，不再支持安南海盗劫掠中国沿海，并于嘉庆八年（1803 年）接受清朝册封。中国东南沿海的"洋盗"，原本是利用清朝水师不具备远洋作战能力的弱点，抢劫后迅速逃回安南，让清朝水师只能望洋兴叹。而阮福映一改前任政策，不再给这些海盗提供庇护，以致"洋盗"们很快成了丧家之犬，纷纷投靠此时如日中天的蔡牵。蔡牵领导的海盗团伙，也因此从众多海上匪帮中脱颖而出，成为最让清廷头痛的海上势力。

嘉庆七年（1802 年）五月，蔡牵率领船队突袭福建厦门海口的大担山、二担山炮台，清军一败涂地，13 门大炮被蔡牵劫走，福建全省震动。此战过后，蔡牵声威大震，不仅大批"洋盗"前来投奔，沿海的不少贫苦百姓也加入了他的队伍。此时的蔡牵团伙规模庞大，拥有船只百余艘，还装备了一批"夷艇夷炮"，战斗力十分强悍。在战术上，蔡牵灵活机动，与各地海盗团伙时分时合，活跃在南至广东、北至山东的宽阔海面上，让清朝水师晕头转向。

就在蔡牵威风凛凛地四处抢劫时，他的对手出现了，这个人是蔡牵的同乡，名叫李长庚。李长庚，福建同安人，乾隆三十六年（1771年）武进士。"洋盗之乱"爆发后，时任福建铜山参将的李长庚于乾隆五十九年将袭扰福建三澎的一股"洋盗"击退。嘉庆二年（1797年），李长庚升为澎湖协副将，后又升为浙江定海镇总兵。之后的数年里，李长庚屡率水师与海盗交战，虽没有大的战功，但在清朝水师整体萎靡、屡战屡败的情况下，也算是鹤立鸡群了。

嘉庆五年（1800年）六月，海盗大举集结，准备大掠台州（即前文提到的台州之战），李长庚奉命征剿海盗。由于海盗势大，李长庚不敢进攻，率领三镇水师在海门伺机而动。结果天降大运，海盗遭遇飓风，损失惨重，李长庚趁机俘获海盗800余人，并抓获被安南国王封为侯的伦贵利以及其余三位"洋盗"大头目。

立下如此"奇功"，李长庚很快被升为福建水师提督，成为征剿海盗的重要将领。就任后，李长庚鉴于海盗船只高大，性能超过水师战船，决定改进战船与武器。在浙江巡抚阮元的支持下，李长庚赴福建组织人手建造了30艘大战船，并配备400余门火炮。

修船造炮之后，李长庚麾下的水师实力大增，接连打败蔡牵。嘉庆八年（1803年），蔡牵率领残部到达浙江定海，随即到普陀山进香，结果遇上了老对手李长庚。一番激战之后，蔡牵再次落败，被迫退到福建海面。

此时的蔡牵仅剩下24艘船，情况大不乐观，再加上船只受损，粮食耗尽，已经无力再战。蔡牵为了活命，派人向闽浙总督玉德乞降。玉德信以为真，下令让李长庚回师不得追击蔡牵。获得喘息之机的蔡牵立即整修船只，修好后扬帆而去。结果没过不久，蔡牵又被清朝水师追上，被击毁6艘船只。

接连惨败之下，蔡牵痛定思痛，决定改进战船。他出巨资向福建商人购买船只，其船比清朝水师的战船性能更好。得到船只补充后，蔡牵东山再起，很快在台湾附近海域劫走大量大米，并用这批大米支持主要在广东海域活动的另一个海盗头目朱濆。朱濆得到厚礼后，与蔡牵联手作乱，东南沿海的局势又紧张起来。

嘉庆九年（1804年），蔡牵与朱濆的80余艘海盗船组成"联合舰队"大掠福建，总兵胡振声兵败身死，东南沿海的官吏对海盗谈之色变。

面对此危局，清廷命李长庚率福建、浙江两省水师剿杀海盗。就在李长庚紧急部署之际，蔡牵又有了大动作。同年四月，蔡牵率部突袭台湾鹿港，当地清军作战不力，被蔡牵击溃，游击武克勤、守备王维光战死，台湾全岛震动。大胜之后，蔡牵还不肯罢休，又一举毁掉鹿耳门军营。驻守安平的清军总兵爱泰新吓得瑟瑟发抖，龟缩不敢出战，竟眼睁睁看着蔡牵的海盗团伙大肆劫掠后离去，甚至连水师的几艘哨船也没能保住，同样落入蔡牵手中。

在台湾耀武扬威之后，蔡牵又于同年八月与朱渍联手到浙江沿海抢劫。不过这次就没那么幸运了，早有准备的李长庚在定海北洋将蔡牵与朱渍的船队截断为二。李长庚命令部分战船对付朱渍，自己则率主力剿杀蔡牵。蔡牵乘坐大船杀出重围逃走，不久后朱渍也突围而出。虽然没能彻底剿灭这两股海盗，但李长庚的这次行动引发了海盗内讧。朱渍因自己的船队损失惨重而怨恨蔡牵临阵脱逃，愤而离去。

嘉庆十年（1805年），蔡牵又先后在浙江青龙港和斗米洋被李长庚击败。蔡牵落败后，觉得还是台湾的清军比较好欺负，于是在福建沿海整顿船队后再次杀向台湾。到达台湾的蔡牵，得到了当地反清武装和贫苦百姓的支持，先后攻克淡水、凤山（今高雄）等地，队伍迅速发展到2万余人。蔡牵自号"镇海王"，建元"光明"，打出"反清复明"的旗号，组建政权与清政府对抗。之后，蔡牵麾下军队先后攻占沪尾、洲仔尾等地，兵临府城。台湾清军一败再败，只得据守府城苦苦支撑。

台湾情况危急，清廷不可能坐视不理。嘉庆十一年（1806年），李长庚奉命率军赴台湾作战。由于鹿耳门被蔡牵下令用沉船封锁无法登陆，李长庚于是派遣部将许松年、王得禄率船队绕道大港进入安平港登陆，自己则率领水师守在南汕和北汕港外，以防蔡牵部逃走。清军登陆后，在洲仔尾等地击败蔡牵部。蔡牵率军反攻，李长庚又趁机出兵南汕夹击蔡牵军。蔡牵大败，想要突围而出又被李长庚的水师挡住，只得困守北汕。同年二月六日，天降暴雨，原本沉在鹿耳门的船只浮起，蔡牵趁机率军夺鹿耳门逃走。

李长庚因为没能在台湾一举剿灭蔡牵，被清廷追究责任，摘去顶戴花翎，闽浙总督玉德也被撤职查办，阿林保成为新任闽浙总督。福建的官员们怕被追究责任，居然集体向阿林保诬告李长庚，将未能剿灭蔡牵的责任全部推到李长庚头上。阿林保也不详察，就先后三次上疏弹劾李长庚。所幸浙江巡抚清安泰上疏为李长庚辩解，才让李长庚幸免于难，继续指挥水师打击海盗。

蔡牵逃出台湾后回到福建沿海，继续干抢劫的老本行，不过他虽然实力有所恢复，但已经大不如前。同年秋，蔡牵与李长庚在渔山相遇，一番激战后蔡牵落败。李长庚在作战中负伤，清廷念其"忠勇"，恢复了他的顶戴花翎。

嘉庆十二年（1807年），蔡牵先后在广东沿海的大星屿和福建沿海的浮鹰山遭遇李长庚。由于蔡牵实力大损，而李长庚却得到了朝廷送来的30艘大战船的补充，蔡牵两战皆败于李长庚之手，其势更衰。按常理来说，蔡牵应该很快就会被剿灭了，然而蔡牵不愧是海盗老手，竟又一次创造奇迹，取得了翻盘大胜。

同年十二月，时任浙江提督的李长庚与福建提督张见升率水师追击蔡牵至广东沿海的黑水洋。此时的蔡牵只剩下3艘大船，就连他本人的座船也被水师战船打坏了，形势岌岌可危。但是蔡牵和手下拼死抵抗，不断发炮击中水师战船，使战局陷入僵持状态。李长庚为了打破僵局，亲自乘坐火攻船用钩挂住蔡牵所乘之船的尾部。挂稳后，李长庚欲亲自带兵登船擒拿蔡牵，不料正好被对方射出的一发炮弹打中身亡。

张见升懦弱无能，见李长庚战死，吓得肝胆俱裂，竟不顾水师战船数十倍于对方、蔡牵已穷途末路的事实，仓皇撤退。失去统帅的清军水师大乱，蔡牵又一次逃出生天。

蔡牵率残部逃到安南海域，经过一番休整后重回中国东南沿海活动。李长庚死后，清廷任命王得禄为福建提督，邱良功为浙江提督，让他们全力剿杀蔡牵。与此同时，其他各路水师也加紧了对各个海盗团伙的打击。嘉庆十四年（1809年）二月，朱濆在广东长山尾被清军总兵许松年击败身亡。同年八月，王得禄和邱良功率领的水师在浙江渔山与蔡牵船队相遇，随即展开激战。两军火炮对射，战况十分惨烈，从白天一直打到黑夜。夜里风大浪急，清军战船不便进攻，于是依靠数量优势形成包围圈，不让蔡牵逃走。到了第二天，大战再起，清军水师逐渐占据上风。邱良功为了尽快结束战斗，指挥自己的座船撞击蔡牵的座船，结果邱良功的座船被蔡牵手下用大碇扎住，邱良功本人也在激战中被长矛刺伤。好在清军船多，大量战船将蔡牵军分割包围、各个击破。蔡牵手下拼死奋战，炮弹打光之后，将银碇塞入炮膛继续开炮，致使王得禄也在战斗中受伤。战到最后，蔡牵的座船尾部被清军战船发射的炮弹击中燃起大火，舵杆也被撞坏。蔡牵眼见势穷兵败，再无生还可能，于是选择沉船自杀。"牵知无救，乃首尾举炮自裂，其船沉于海。"（《圣武记》卷八）

作为曾经实力最强、影响力最大的海盗头目，蔡牵在东南沿海的众海盗中有着巨大的威望。他的死引发了一系列连锁反应，不少海盗头目不敢再与朝廷对抗，朱渥（朱濆之弟）、郭婆、张保仔等人陆续向清军投降。尤其是具有传奇色彩的张保仔率领部众15000余人、船只278艘、火炮1000多门投降后，东南沿海的大股海盗已经基本不复存在。

## 东南海防危机暴露出的问题

持续20多年的东南海防危机虽然结束了，但它暴露出的问题，却是非常深刻与沉重的。

对于海盗难以剿灭、水师屡战不力的局面，一些清朝官员进行了相当深入的分析。首先来看李长庚给清廷的上疏："蔡逆未能歼擒者，实由兵船不得力，接济未断绝所致。臣所乘之船，较各镇为最大，及逼近牵船，尚低五六尺。曾与三镇总兵原预支养廉，捐造大船十五号，而督臣以造船需数月之久，借帑四五万之多，不肯具奏。且海贼无两年不修之船，亦无一年不坏之樯料。桅柁折则船为虚器，风篷烂则寸步难行。乃逆贼在鹿耳门窜出，仅余船三十，篷朽硝缺；一回闽地，装篷燖洗，焕然一新，粮药充足，贼何日可灭？"（《清史稿》卷三百五十·列传一百三十七）

李长庚在上疏中，指出了难以剿灭蔡牵海盗团伙的两点重要原因：一是水师战船太弱，李长庚本人乘坐的指挥船是当时各镇水师战船中最大的，却依然不如蔡牵的座船；二是海盗在沿海地区很容易获得物资补给，一旦逃过水师剿杀，不仅船只修葺一新，粮食弹药也能得到大量补充。

《清经世文编》中收录了另外一位曾参与剿杀海盗的官员程含章所写的《上百制军筹办海匪书》，他在文中对海盗长时间难以剿灭的原因进行了更细致的分析，大致可以归纳为如下几点：

其一，水师战船数量过少，性能较好的战船数量更少。当时水师在东南沿海有大小米艇120艘，但是规模较小的海盗团伙都有船三四十艘，大的海盗团伙更是有100艘以上的船只。要剿灭这些海盗，清朝水师的战船数量远远不够。

其二，水师的武器远不如海盗。水师的大炮大者不过二三千斤，而海盗的大炮大者四五千斤；水师火罐受药不过二三斤，喷筒大不过径寸，长不过二三尺，而海盗的火罐受药五六斤，喷筒大径四寸，长八九尺。武器装备上的严重劣势，让水师在与海盗作战时常落于下风。

其三，战船质量太差。程含章回忆说，自己出海作战时，发现各艘将官座船上的士兵都在一边航行，一边奋力将漏进船舱的水舀出倒掉，"见各将官座船日夜戽水数百桶"。将官的座船尚且如此，其他的水师战船漏水有多严重就更不用说了。这皆因各级官吏中饱私囊，导致战船制造偷工减料，保养维修更是一塌糊涂。驾驶这样的战船出海，不沉没都已是幸事，更别谈打击海盗了。

其四，水师的训练与巡航流于形式，士兵对海况不熟悉，更不具备远洋能力，行动十分笨拙；而海盗却恰恰相反，他们灵活机动，常把水师耍得团团转。程含章在文中生动地描绘了水师的无能："海上之兵无风不战，大风不战，大雨不战，逆风逆潮不战，阴云蒙雾不战，日晚夜黑不战。暴期将至，沙路不熟，贼众我寡，前无收泊之地，皆不战。及其战也，勇力无所施，全以大炮相轰击，船身簸荡，中者几何？幸而得胜，顺风而逐，贼亦顺风而逃，一望平洋，非如陆地之可以伏兵截获，必待其船伤行迟，我师环而攻之，然后获其一二船，而余船已飘然远去。贼从外洋逃遁，我师不敢冒险，只得回帆收港。故其殄灭最难。"再看海盗，却是"海洋之路，熟若门庭，波涛之险，安如平地。我师转形怯懦矣。兵去则分据各港，无求不获；兵来则连帮抗拒，莫之敢樱，我师转形困瘁矣"。

东南海防危机，可以称得上是鸦片战争的前奏。从这些亲历者留下的珍贵文献可以看出，清朝水师问题繁多，对付海盗尚且如此乏力，就更不要谈抵御比海盗强大得多的英国舰队了。应该说，乾嘉年间的清朝水师将士还是幸运的，因为纵然他们装备落后、腐朽无能、屡战不力，但最终还是平息了海盗之乱，巩固了国家海防。而等到数十年后坚船利炮的英国舰队到来时，清朝的水师就再也无力回天了！

# 参考文献

[1] 清实录 [M]. 北京：中华书局 ,2008.

[2] 清会典 [M]. 北京：中华书局 ,2013.

[3]（清）刘锦藻 . 清朝文献通考 [M]. 杭州：浙江古籍出版社 ,1988.

[4]（清）关天培 , 施琅 . 筹海初集 靖海纪事 [M]. 哈尔滨：黑龙江教育出版社 ,2016.

[5]（清）福隆安 . 钦定八旗通志 [M]. 长春：吉林文史出版社 ,2004.

[6]（清）魏源 . 圣武记 [M]. 长沙：岳麓书社 ,2011.

[7]（清）贺长龄 , 魏源 . 清经世文编 [M]. 北京：中华书局 ,1992.

[8]（清）席裕福 . 皇朝政典类纂 [M]. 台北：文海出版社 ,1969.

[9]（清）潘相 . 琉球入学见闻录 [M]. 北京：方志出版社 ,2017.

[10]（英）安德鲁·兰伯特 . 风帆时代的海上战争 [M]. 上海：上海人民出版社 ,2005.

[11]（美）E.B. 波特 . 世界海军史 [M]. 北京：解放军出版社 ,1992.

[12] 赵尔巽 . 清史稿 [M]. 北京：中华书局 ,1998.

[13] 中国第一历史档案馆 . 雍正朝汉文朱批奏折汇编 [M]. 南京：江苏古籍出版社 ,1991.

[14] 张西平 . 中国丛报 [M]. 桂林：广西师范大学出版社 ,2009.

[15] 王兆春 . 世界火器史 [M]. 北京：军事科学出版社 ,2007.

[16] 清代档案史料选编 [M]. 上海：上海书店出版社 ,2010.

[17] 王宏斌 . 清代前期海防：思想与制度 [M]. 北京：社会科学文献出版社 ,2002.

[18] 杨金森 , 范中义 . 中国海防史 [M]. 北京：海洋出版社 ,2005.

[19] 张铁牛 , 高晓星 . 中国古代海军史 [M]. 北京：解放军出版社 ,2006.

[20] 杨槱 . 帆船史 [M]. 上海：上海交通大学出版社 ,2005.

[21] 许毓良 . 清代台湾的海防 [M]. 北京：社会科学文献出版社 ,2003.

[22] 史冬辉 , 顾双飞 . 世界帆船发展漫谈 [M]. 大连：大连出版社 ,2010.

[23] 钦定福建省外海战船则例 [M]. 台北：台湾大通书局 ,1987.

[24] 王兆春 . 中国火器史 [M]. 北京：军事科学出版社 ,1991.

[25] 刘旭 . 中国古代火炮史 [M]. 上海：上海人民出版社 ,1989.

[26] 辽宁省档案馆 . 清圣训 [M]. 北京：中国档案出版社 ,2010.

[27] 戴逸 . 清通鉴 [M]. 太原：山西人民出版社 ,1999.

[28] 李长傅 . 中国殖民史 [M]. 上海：商务印书馆 ,1937.

[29] 苏精 . 林则徐看见的世界：《澳门新闻纸》的原文与译文 [M]. 桂林：广西师范大学出版社 ,2017.

# 黑火药时代的最后狂想

## 19 世纪过渡时期的步枪简史

作者 / 南山

自 13 世纪出现手持式管形火器后，枪械经过火门枪、火绳枪、燧发枪、击发枪四个阶段后才进入快速发展期，这段技术突飞猛进的时代被称为步枪变革的年代，也就是通常所说的过渡时期（1855—1888 年）。在这段时间里，步枪的发展呈现出百花齐放、百家争鸣的情况。这是一个变革的时代，也是一个丰富多彩的时代，从未有如此多的步枪在短短几十年里争相出场，各领风骚。在此之前，燧发前装枪及其改进型火帽前装枪一统天下两百年，在此之后，是旋转后拉枪机步枪占据了绝对优势地位。只有在这个历史惯性和技术进步冲撞得如此激烈的过渡时期，枪械设计师们才发挥各自的想象力，创造出了如此多种类的步枪。

　　在介绍过渡时期的步枪前，我们先简单回溯下枪械的发展史：最早出现的火门枪采用明火引燃引信发射，中国最早的是元代的铜火铳，西方则是马达法

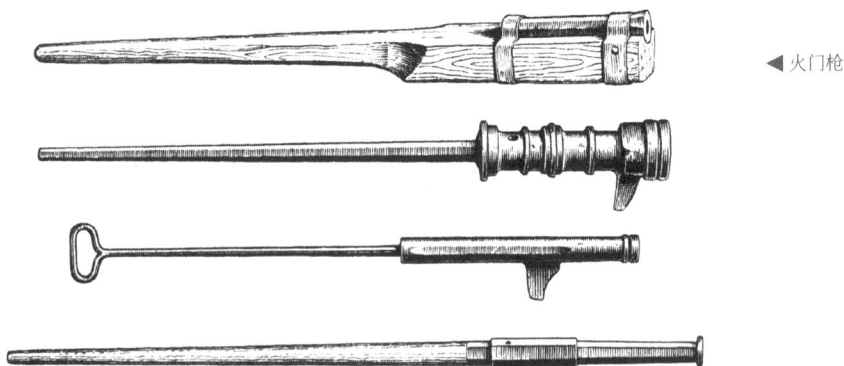

◀ 火门枪

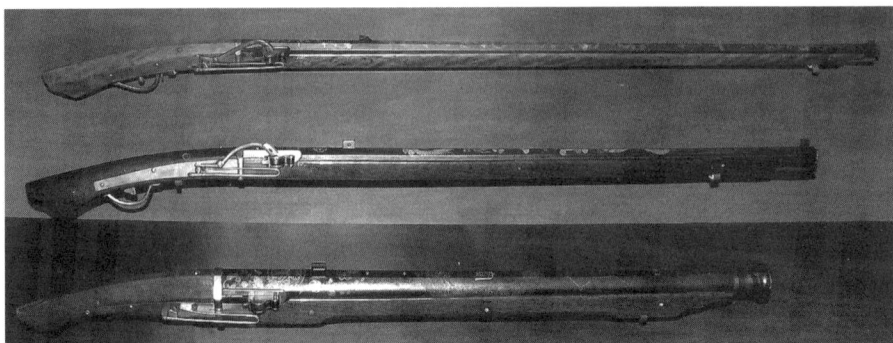

▲ 火绳枪

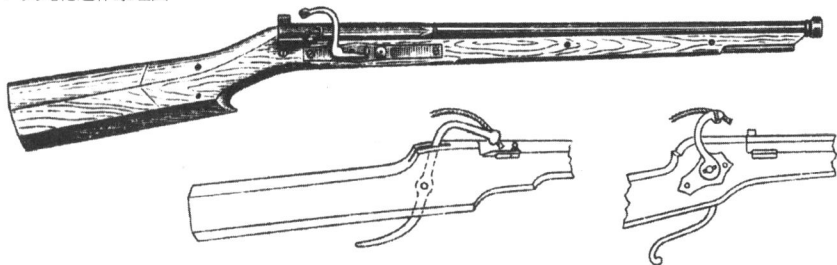

▼火绳枪运作原理图

（Mardafa，阿拉伯语中对步兵使用的一种手炮的称呼）。之后，欧洲人结合点火机构与火铳，发明了火绳枪（Matchlock）。这种步枪使用简单的C型弯钩，一端夹住火绳，一端固定在枪托一侧，可以绕轴转动。火绳采用化学处理，能够缓慢燃烧。发射时扣下扳机，火绳向下运动，点燃药池里的火药，继

▲燧发机

而通过传火孔引燃枪膛里的发射药，这样，枪手可在举枪瞄准的同时射击。火绳枪有个很大的缺陷，就是使用带明火的火绳引燃，使用时必须小心，不但需小心自身携带的火药，还要小心旁边射手身上的火药。因此，火绳枪射手的队列不能密集。火绳枪装弹较慢，这极大影响了火力密度和射速。夜间，火绳的亮光极容易暴露目标，据说，火绳燃烧的气味也会被某些嗅觉敏锐的人觉察到，因此特别不适合伏击、偷袭之类的战斗。日本电影大师黑泽明的经典力作《七武士》里就有这样一个桥段，久藏嗅到空气中火绳燃烧的味道后，发现了埋伏的山贼。

接下来出现的是簧轮枪，靠发条驱动的钢轮与黄铁矿石摩擦产生火花，从而点燃引火药。簧轮结构既复杂又昂贵，因此很快被燧发枪取代，燧发枪有几种结构，17世纪初法国人马林·布尔吉瓦设计的燧石发火（Flint lock，击铁和药池盖联动式）结构成为最成功的设计，一直被使用到击发枪出现。

燧发枪使用更强力的板簧驱动击铁，通过击铁上夹着的燧石与药池上方的火镰钢片敲击产生火花，点燃药池里的引火药。燧发枪的扳机力和扳动击锤花费的

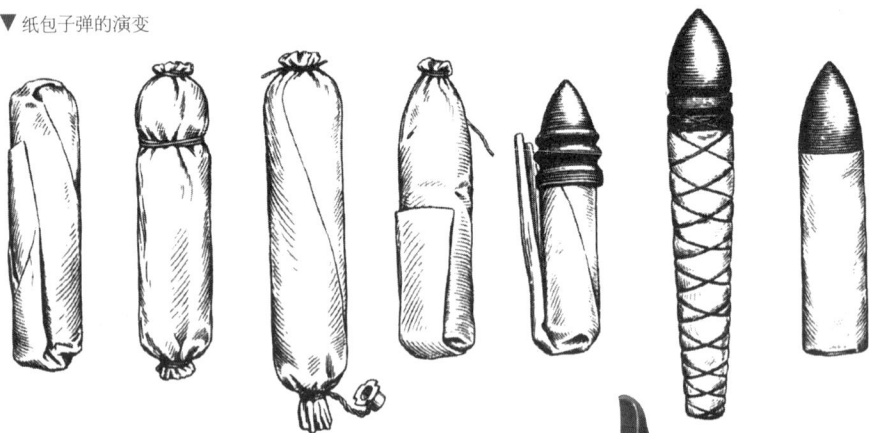

力气比火绳枪都要大，相对火绳枪的优势也很明显。使用燧发枪时，不仅不用担心夜晚有燃烧火绳的光和气味，而且队形可以更密集，射速也更高。燧发枪与法国巴荣纳城发明的刺刀结合后，步兵的武器被统一成一种，长矛被取消，阵列纵深被压缩——传统的方阵变为横队和纵队，冷兵器以来的战争方式彻底变了。与火绳枪只有50%左右的点火成功率

▲ 刺杀林肯的德林杰手枪

相比，燧发枪的点火成功率有85%。17世纪初出现的纸包子弹与燧发枪结合，让燧发枪的射速进一步提高。纸包子弹用纸质药筒将火药和子弹包装在一起，使用时咬开子弹的反端，将火药倒在药池和枪管里，弹丸和包装纸用通条塞入枪管捣实，包装纸还能起到一定闭气作用。咬开子弹包装的一个小副作用就是，士兵们在战斗中会变成满嘴乌黑的乌鸦。

1793年，苏格兰牧师亚历山大·约翰·福赛斯在试验中提炼出一种灰褐色晶

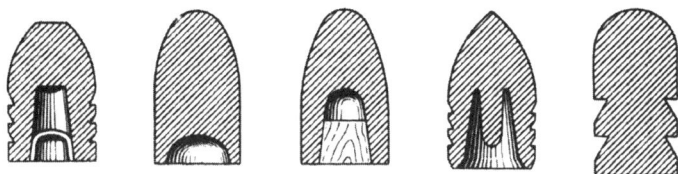

▶ 各种前装线膛子弹

状粉末，即雷汞。雷汞非常活跃，受到轻微撞击就会发生爆炸。1807年，福赛斯与詹姆斯·瓦特合作，制造了第一支击发枪。接着，福赛斯创立了福赛斯枪械公司，生产名为香水瓶的击发枪。香水瓶击发枪采用器皿装雷汞。使用时，装在香水瓶里的雷汞撒在底火盘，扣动扳机后击锤击打底火盘，雷汞起爆。后来，福赛斯又把雷汞放在两张纸之间制成纸火帽。1808年，法国枪械工程师

▲ 南北战争中使用过的恩菲尔德M1853、斯普林菲尔德M1861、雷明顿M1863、M1855 US骑兵短枪、柯尔特3号转轮手枪、亨利1860杠杆步枪

包利应用纸火帽，使用针刺发火。1814年，美国人齐叔亚·肖发明铜制火帽，使击发点火技术进一步发展。1825年，美国人德林杰发明了使用火帽的击发手枪，德林杰手枪成为最早成功的击发枪，并因是杀死林肯的凶器而名声大噪。

　　击发枪的发火率比燧发枪提高了一大截，从每7次射击就会出现1次瞎火提高到每200次射击才会出现1次瞎火。因为不必再向药池倒发火药，也就不用关药池盖，击发枪的射击步骤比燧发枪减少了，射击速度因此提高。此外，火帽对天气的适应性也更好，风雨对枪械使用的影响降低了。比如在三元里抗英斗争中，滂沱大雨里英军派出的就是使用贝克式击发枪的连队来解围。击发枪的出现刺激着枪械迅速发展，膛线与火帽的结合进一步提高了步枪的射击精度和射程。圆锥形的米涅子弹把线膛枪的射击速度提高到滑膛枪的水平。精度上，线膛枪比滑膛枪有质的飞跃，200码距离上，线膛枪精度是滑膛枪的2倍，300码处是滑膛枪的5倍，400码处是10倍，甚至在800码处，线膛枪还可以射击连横队目标。克里米亚战争中，使用米涅弹的英法和撒丁军队击败了使用滑膛枪的俄军，显示出前

装线膛枪的巨大优势。但当时风头正劲的米涅步枪已落后，后装步枪出现并成熟起来，枪械发展进入了一个新的阶段——过渡时期。过渡时期初期就迎来了一场血腥的战争：南北战争。

## 子弹和步枪带来的新时代

在了解步枪发展前，先了解一下过渡时期的子弹。与先有鸡还是先有蛋的争议不同，步枪和子弹的发展肯定是先有弹才有枪。事实上，关于枪弹，有这样一种说法：枪械设计就是为了更好地发挥子弹的威力。最初的定装子弹将前装枪使用的纸包子弹和底火简单结合起来，击发药在子弹的中部，改进型的夏斯波步枪弹则布置在底部。1828 年，巴黎著名的枪械工程师勒富夏（Casimir Lefaucheaux）发明了针刺发火枪弹（pinfire）。刚开始，这种针刺发火枪弹的弹壳是纸质的，只有底部是金属的，勒富夏将击发药装在底部。尽管这种枪弹比全部是纸壳的枪弹进了一步，但其还是属于纸壳枪弹。后来，他使用了全金属弹壳，这种弹壳很奇特，弹壳壁上伸出一根金属针，击锤通过打击金属针撞击击发药，这就是带针枪弹或针刺发火枪弹。

1835—1847 年间，法国枪械工程师福芬拜发明了将击发药装在弹底缘周围、击针撞击底缘即可发火的底缘发火枪弹。1866 年，伯丹和伯克塞分别在美国、英国发明了中央发火式底火，即伯丹式底火（BERDAN PRIMER）和伯克塞式底火（BOXER PRIMER，或翻译为拳师式底火）。这些发明为后装步枪的出现准备了技术基础。值得一提的是，伯丹式底火虽然是在美国发明的，但它在欧洲却非常流行，伯克塞式底火虽然在英国发明却更受美国人喜爱。因为伯克塞式底火更方便自己复装弹药，只用冲子一顶底火就能取下；伯丹式底火则需要专用设备才能拆除底火，而且很容易伤到击砧。喜欢动手重装弹药的美国人自然更欣赏伯克式底火枪弹。我国国内曾常见的猎枪弹使用的也是伯克塞式底火。在勒贝尔步枪弹出现前，枪弹使用的还

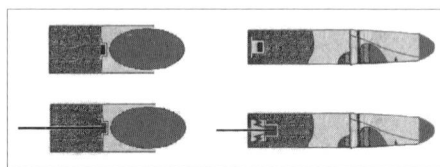

▲ 德莱塞步枪弹和夏斯波步枪弹（法）

▲ 勒富夏弹

▲ 勒富夏弹及转轮手枪

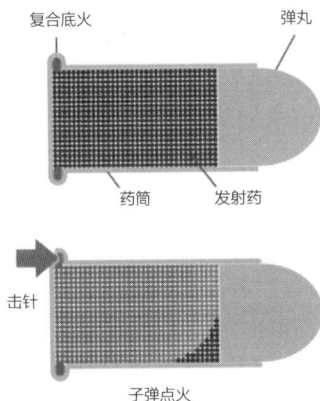

复合底火　　　　　　弹丸

药筒　　发射药

击针

子弹点火

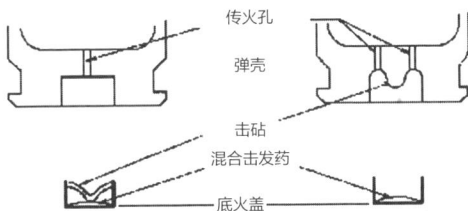

传火孔

弹壳

击砧

混合击发药

底火盖

▲ 伯克塞式和伯丹式底火

◀凸缘式底火枪弹

是黑火药发射药，裸铅弹头。裸铅弹头穿透力差但杀伤力高，由于弹头钝圆，因此可以应用于管式弹仓[①]。

通过子弹，简单梳理过渡时期的各种步枪，我们就会发现其中出现最早的其实是旋转后拉式步枪。德莱塞击针步枪是在让·塞缪尔·泡利（Jean Samuel Pauly）的发明基础上由约翰·尼古拉斯·冯·德莱塞（Johann Nikolaus von

---

　　①管式弹仓由于子弹排列方式为纵向，位于后方的枪弹弹头尖部可能会在供弹弹簧压力下击发前弹。因此，进入尖弹时代后，步枪就不再使用管式弹仓，但在平头猎枪弹和0.22口径步枪中仍然有管式弹仓的身影。

▶ 怎么拆除伯丹式底火

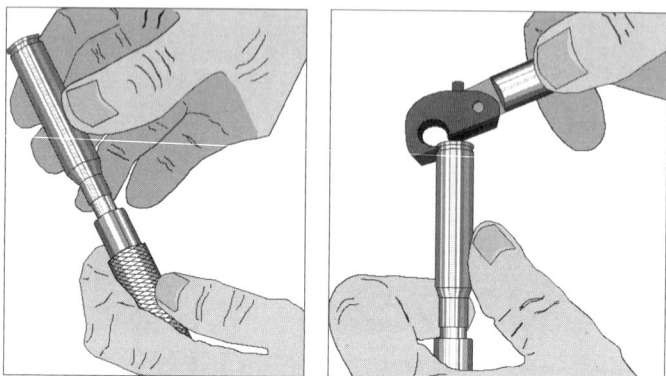

▶ 毛瑟11mm黑火药弹
和7.92mm无烟弹

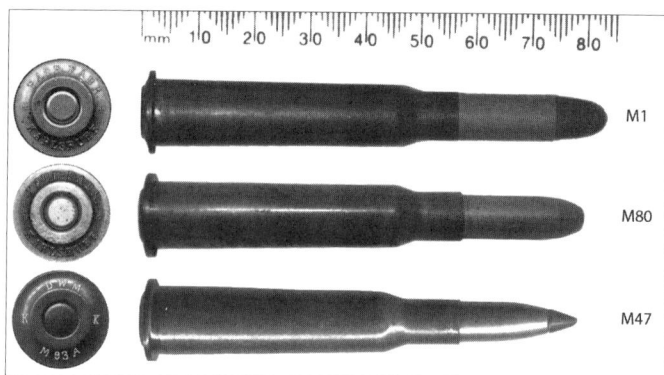

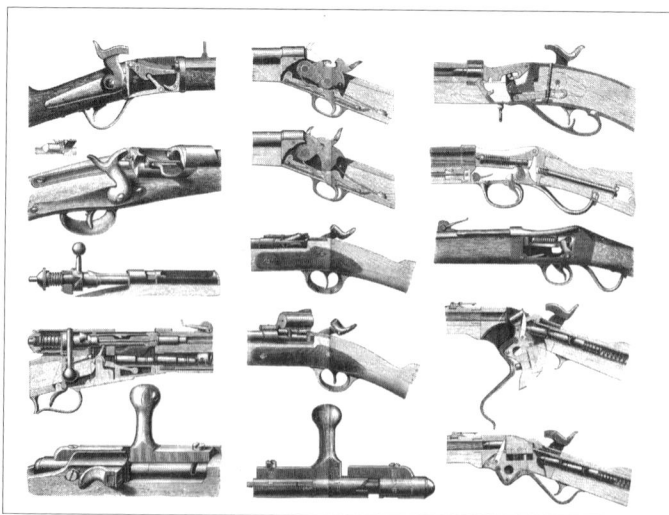

M1

M80

M47

◀ 手动后膛步枪的主要
款式，包括皮博迪步枪、
沃恩德尔步枪、维特利
步枪、维特利-威利兹步
枪、雷明顿步枪、士乃得
步枪、皮博迪-马提尼步
枪、亨利-马提尼步枪、
斯潘塞步枪、毛瑟M71步
枪、毛瑟71/84步枪、曼
利夏M88步枪、Schweizer
Gewehr M89步枪、莫辛
纳干步枪、勒贝尔1886步
枪、李-迈特福德步枪、
88委员会步枪、李海军
步枪、西班牙毛瑟M93步
枪、曼利夏M93步枪、毛
瑟98步枪

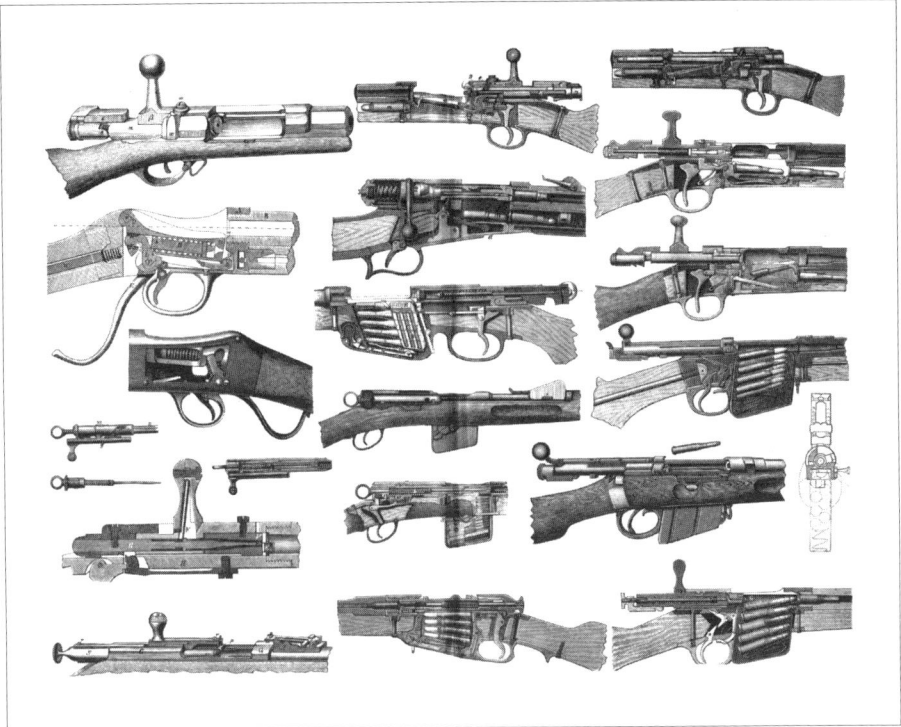

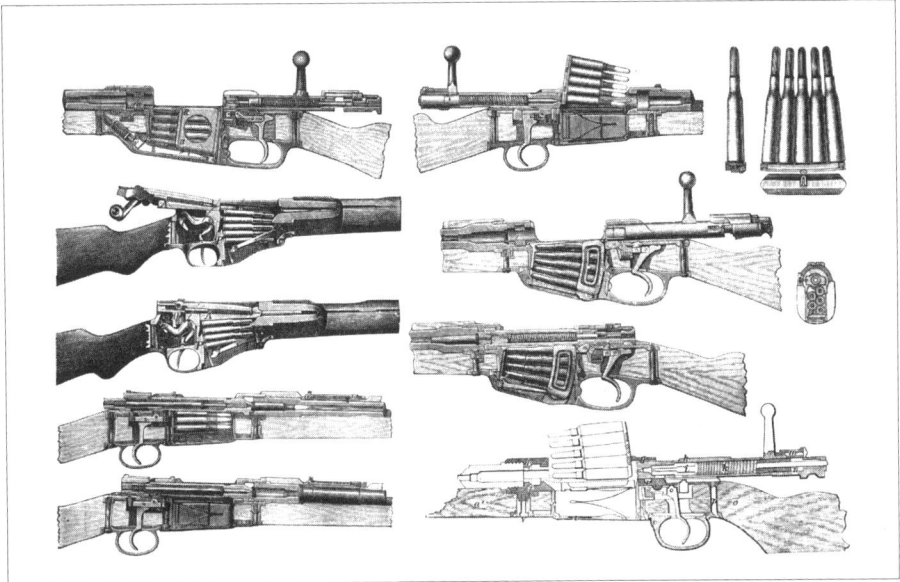

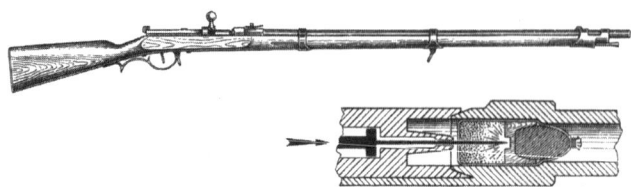

◀德莱塞击针步枪

Dreyse）在 1824 年设计制造的。使用时，射手从后方将子弹推入枪膛，扣动扳机时击针刺破弹壳，撞击位于中部的底火，引燃发射药，将子弹射出枪膛。因为发射时击针穿破弹壳底部，所以叫作针刺发火枪。这种非金属定装弹步枪打开了一个时代的先河，从后方装填的步枪不仅射速比前装枪快，而且与必须将步枪竖起装填的前装枪相比，后装步枪可以在移动或卧姿、跪姿射击时装填子弹。

新式枪械再次改变了战争的方式，在普奥战争中，装备德莱塞击针步枪的普鲁士军击败了奥地利军队。新式步枪让普军总参谋长毛奇相信，一场武器杀伤效果的革命正在进行，他曾这样写道："很明显，阵地攻击比防御更为困难，防御战斗的第一阶段往往具有压倒优势，巧妙进攻的任务也包括迫使敌人攻击我方选择的阵地。当敌伤亡惨重、士气低落、疲惫不堪时，我们就进行战术进攻……我们的战略必须是进攻性的，战术是防御性的。步枪在 1864、1866 和 1871 年的战争中造成 85%—90% 的伤亡，这与 19 世纪初期的情况明显不同。步枪超过大炮，成为主要的杀伤火力。德莱塞击针枪存在严重的漏气现象，火药燃气能够直接与击针接触，对击针有腐蚀作用。1857 年，法国圣埃迪安兵工厂工程师安东尼·阿方索·夏斯波（Antoine Alphonse Chassepot）发明的夏斯波步枪枪机上附有橡皮圈，射击时能起到一定闭气作用，在精度和射程方面比德莱塞更优良，但仍有漏气现象。泄露的燃气对射手存在威胁，每次射击后橡胶都会因为燃气作用收缩变硬，因此橡胶圈需要经常更换。"

其他主要步枪有 1848 年出现的落下式枪机步枪，落下的枪机配合金属弹底更能有效实现闭气，能让步枪使用更大威力的步枪弹；然后是 1860 年前后出现的各种活门式步枪；1860 年出现的杠杆式步枪；1862 年出现的皮博迪起落式步枪；1863 年出现的枪机下转式步枪。除了这几种外，还有几种较少见的，比如霍尔式、

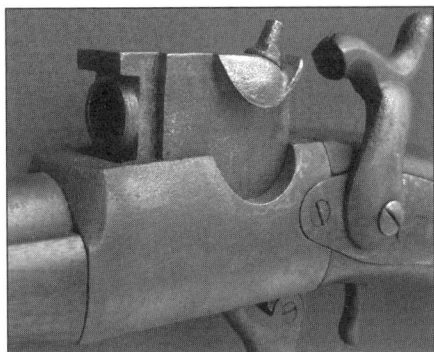

▲ 枪膛上升式步枪

▲ 沃恩德尔-霍布步枪

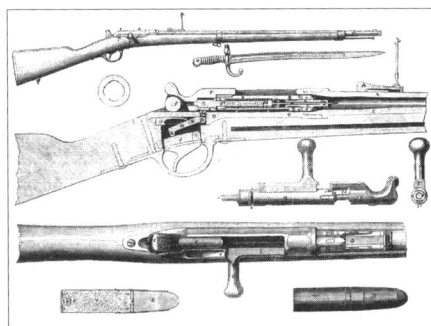

▲ 卡曼尔莱德式步枪

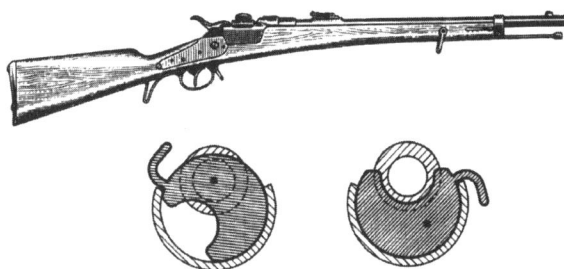

▲ 夏斯波步枪的结构

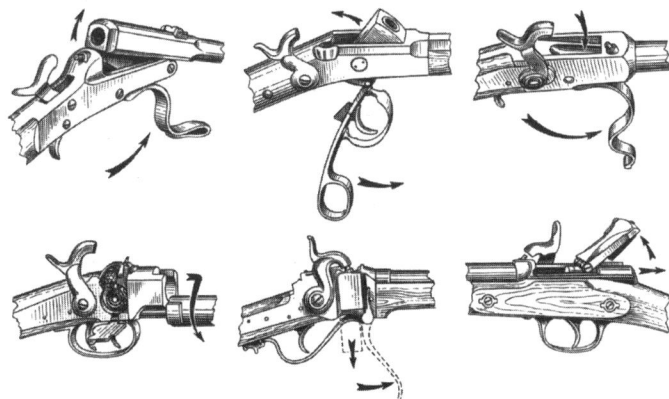

◀几种后装步枪结构，按照从左到右、从上到下的顺序，依次为撅把式（Break-action，也就是猎枪中常见的撅把式结构）、霍尔式、皮博迪、枪管偏转式、落下式枪机的夏普斯、活门式步枪

卡曼尔莱德式（kammerlader）、枪膛上升式（Rising Breech）、奥匈的 M1867 沃恩德尔－霍布（Werndl-Holub）步枪。

# 落下式枪机步枪（Falling block action）

　　我们最先要介绍的是落下式枪机步枪。落下式枪机步枪从结构上看，与之前的霍尔式枪机和之后的起落式枪机步枪有相通之处，他们的关系也很密切。但落下式枪机的枪机结构为滑动式，枪机在杠杆作用下上下滑动，向下拉动杠杆枪机向下运动，枪膛露出，此时可以装弹；杠杆向上收起，枪机向上滑动实现闭锁。

而与起落式枪机相比，落下式枪机的长度更小，整枪的长度也相应缩短。落下式枪机步枪流行一时，包括夏普斯步枪。

　　比利时的康布莱恩（Comblain）、智利的 M1872 米伦纳斯（Mylonas）、英国的法夸尔森（Farquharson rifle）、美国的 1890 斯蒂文森（Stevens）、夏普斯－博查特 M1878（Sharps-Borchardt Model 1878）、温彻斯特 M1885（Winchester Model 1885）、勃朗宁 M1885（Browning model 1885）、勃朗宁 M78（Browning M78）和鲁格 1 号步枪（Ruger No.1）应用都非常广泛。

　　落下式枪机主要是民用，其远距离射击精度冠绝一时。在雷明顿枪机下转式步枪出现前，美国队在世界步枪射击比赛中长期使用夏普斯步枪。1877 年的长岛克里德摩尔世界步枪射击比赛中，美国队 6 名射手中 3 人使用雷明顿

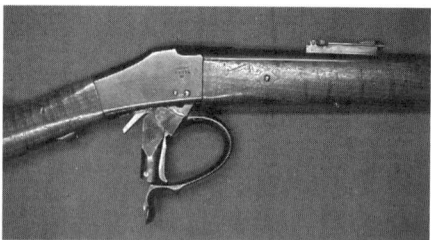

▲ 康布莱恩步枪枪机

步枪，3 人使用夏普斯步枪，另 2 名替补队员也是使用夏普斯步枪。当时的射击比赛每名选手要射击 45 发，其中 800、900、1000 码每天各射击 15 发。美国队的拉斯伯恩（Rathbone）打出 402 环的最高成绩时，使用的就是夏普斯 M1877 长距离 NO.1 号步枪。

夏普斯步枪的设计者克里斯汀·夏普斯生于新泽西州华盛顿市，20 岁时来到弗吉尼亚的哈珀斯费里兵工厂做学徒，师傅是约翰·霍尔——霍尔式后装枪的设计者。1848 年，夏普斯设计了夏普斯 M1849 步枪，该枪使用的还是纸壳弹，装入子弹后，关闭枪机同时切掉药包尾部，让火药外露，然后装上火帽，扳动扳机击发火帽，进而引燃发射药。该枪发展到 M1852 时已经非常完善了，改用紫铜弹壳定装弹。夏普斯步枪的操作步骤如下：

首先，扳动击锤到装弹\保险位置，向下扳动兼任扳机护圈的杠杆，将枪机降下，从后方机匣上的 U 型凹槽上将

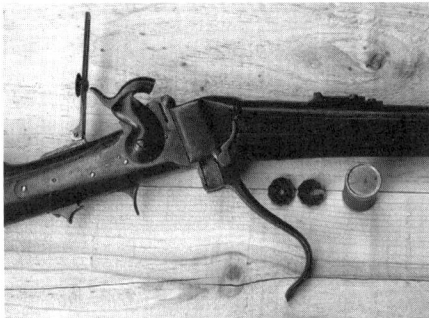

▲ 夏普斯步枪

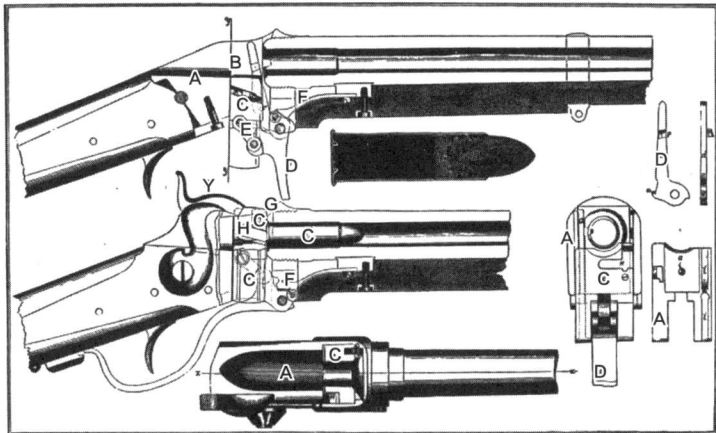

◀ 夏普斯步枪装弹

A: 推弹槽     D: 杠杆     G: 退壳器
B: 枪机卡榫     E: 杠杆连杆     H: 击针
C: 枪机     F: 杠杆弹簧     Y: 击锤

枪弹装入弹膛，然后回扳杠杆，使枪机复位，完成闭锁，接着再向后扳动击锤到待机位置，完成装弹。

夏普斯步枪的 M1852、M1853、M1855 型号，枪机起落滑动方向与枪管轴线不垂直，枪管与枪机间有缝隙，射击时会有火药燃气泄漏。从 M1869 型起，枪机起落滑动方向改为与枪管轴线垂直，大大减小了火药燃气的泄漏。也是从 M1869型起，弹膛左侧安装了一个抛壳器，向下扳动枪机杠杆时，枪机下降，抛壳器自动翘起将弹壳抛出弹膛。

夏普斯步枪最早为美国人所知是源于约翰·布朗。约翰·布朗，著名废奴主义者，在斯普林菲尔德成立民兵组织基列人同盟后，购买了很多夏普斯 M1850 步枪。1859 年 10 月 16 日，约翰·布朗率领 22 名白人和黑人组成的队伍进攻哈泊斯费里，占领军火库，与海军陆战队血战了两昼夜。大部分起义者战死，包括布朗的两个儿子。1859 年 12 月，布朗被判处绞刑。布朗起义震动美国的同时，也让美国人知道了夏普斯步枪。

在之后的内战中，夏普斯步枪成为联邦军队的制式武器，深受士兵们的喜爱。海勒姆·柏丹（Hiram berdan）上校组建了第一和第二神射手团，使用夏普斯步枪、柯尔特五发转轮步枪、摩根·詹姆斯·塔吉特步枪进行狙击作战，其他联邦步兵团也建立了自己的神射手部队。柏丹上校的特等射手团是世界上第一支真正意义上的狙击部队，应征者们必须通过严格的射击测试——在 200 码的距离射击 10 发，每发必须落在 10 英寸直径的圆圈内。经过严格训练后，士兵们的射击成绩在 600英尺距离上 10 枪散布不超过 5 英寸。第一特等射手团编为 10 个连，第二特等射手团下辖 8 个连。射手们身着暗绿色上衣、头戴绿色法国平顶帽、穿着蓝色裤子（后来是绿色裤子），"绿装杀手"很快在阵线上威名远震。

1862 年 4 月，北军在麦克莱伦的指挥下对弗吉尼亚州约克镇（Yorktown）发动攻势，特等射手被指派为前锋部队。在最初前进的几千米中，神射手们几乎没有遇到什么抵抗。行进了大约 30 千米后，他们在溪流交叉口发现了一个临时土木工事。柏丹下令一个连队成散兵阵型对工事发起进攻，其余连队作为火力支援。

"我们马上布置好散兵并向据点靠近，那里只有一撮炮兵，我们盯得很紧，他们只要一从工事里露头出来就会被我们击毙。"柏丹的手下都"以树桩和其他物体

▲ 陆战队进攻布朗的阵地

▲ 约翰·布朗

▲ 夏普斯射手

▲ 海勒姆·柏丹

▲ 柏丹绿衣射手

▲ 南军逼迫黑人装弹

作掩护,让叛军们找不到可以瞄准和射击的目标。"这一撮炮兵很识相地撤离了工事。

到达约克镇外围后,柏丹的射手被命令去压制敌人的炮兵火力,当时的前膛滑膛炮有效射程尚不如夏普斯步枪。从南军那儿逃过来的奴隶曾经讲述了发生在1862 年 4 月 5 日的"屠杀":

当时,"南军在桃园附近有一个连的炮兵,到第二天早上就只剩下 12 个能动的了"。由于前装火炮装填需士兵绕到大炮前面——装填手将完全暴露于敌方的射手枪口下,伤亡尤其严重,因此,南军甚至用枪逼着黑人去装填弹药。

柏丹手下有许多让叛军心惊胆战的神射手。其中,第一特等射手团有一个叫作杜鲁门·海德(Truman Head)的射手,尤其让叛军士兵感到害怕。海德生于1809 年,当内战爆发时已 52 岁。1861 年 12 月,他在华盛顿参加第一特等射手团,获得了同伴的好感和高度评价,同伴都叫他"加州大兵(California Joe)"。他第一次参战就是在约克镇,他的名字出现在当时很多神射手关于约克镇一战的记录里,他被称为第一叛军杀手。有一次,叛军的一门 32 磅大炮正在轰击,海德和几个射手被命令对付它。他们在黎明前靠近了阵线,然后,海德看到炮组正准备装弹。当一个炮手刚要把手伸向炮刷,海德就打倒了他——他在约克镇的第一个战果。紧接着是第二个炮手、第三个炮手。在海德的监视下,那一天,没有一个炮手摸到了炮刷。

"对方一枪打过来,我们立刻就会还上一枪,然后对方每个一千码射程内的枪

254

眼都会归于沉寂。"瑞普利中校这样骄傲地描述他们的成绩。柏丹手下的神射手们也有力压制了叛军轻武器的火力。他写道："叛军的步兵刚开始还能对我们进行有力地回击，但他们发现只要一露头就会面临被打死的危险后，就不敢轻易露头了。"

当时，大部分南军军官还没有意识到狙击手的威胁，经常暴露在壕沟外。一次，一名穿白衬衫的叛军军官走出工事，海德说："这真是个好靶子啊！"他迅速瞄准目标，射击，目标倒地。除了海德，还有很多射手，波特将军曾命令儿名射手把一名在远处工事的南军军官"从他负责修筑的那些工程上赶走"。随后，其中一个神射手跟随参谋来到前线。当参谋把目标人物指给他之后，这个神射手马上找到一个好位置，然后小心地瞄准并开火。第一枪他失败了。调整射程后，他又试了两枪，都放空了。因为距离太远，对方甚至没有意识到自己已成了别人的目标。反复检查后，射手将枪口抬高又开了一枪。这一次，目标倒下了——据说，当时的距离已经超过 1000 码。柏丹射手的战绩甚至引来了南军的狙击手，双方展开了对决。

"到达约克镇后不久，我们就发现叛军也有了装备着夏普斯步枪的神射手，"一名第一特等神射手团的军官写道，"我敢说，他们的枪法都非常好，一点儿也不比我见过的差。"

有一次，1 名使用夏普斯步枪的南军神射手与 8 名使用柯尔特五发转轮步枪的柏丹射手展开对决，打死了一名特等射手。北军的回应与斯大林格勒的瓦西里扎伊采夫完全不同，史密斯·布朗中尉跑到附近的第三纽约炮兵连，让他们用一发炮弹把那个南军射手及其掩体送上了天。类似兵临城下的对决大概有一次，一个南军的黑人神射手躲在 1000 码距离上的一棵中空树干里，不断射击北军警戒哨。第一特等射手团 G 连的布朗和另一名射手被派来解决这个麻烦。他们埋伏了很长时间，但这个黑人一直没有再开枪暴露自己的位置。天快黑的时候，南军射手忍不住射了一枪，一名神射手反击了一枪，没有击中对方，却吓得他从隐蔽处跳了出来，与此同时，布朗开枪击倒了这名黑人。不过也有人认为这个战绩是杜鲁门·海德的，第十一罗德岛志愿兵团的团史说他们的营地有一颗约 6.5 米围长的中空大树，叛军的黑人夏普斯射手就是被加州大兵射杀在这里的。

总之，约克镇的南军士兵陷入了噩梦，身穿暗绿色制服的特等射手活跃在阵线上。一个南军工事里的老黑人说："我们只要竖起一顶帽子，马上就会有一颗子弹在它上面开个洞。"整个内战，联邦军队共装备了9141支夏普斯步枪、80512支夏普斯卡宾枪。

战后，夏普斯步枪成为成功的狩猎步枪，亨利、斯潘塞和温彻斯特杠杆连珠枪威力过小，用于自卫还可以，狩猎的话大概只能打到兔子。夏普斯.50-70步枪弹威力大得多，甚至出现了使用.50-120的大威力步枪，发射药使用9g黑火药，枪口初速达到413m/s，足以在914米的距离上猎杀一头北美野牛，成为野牛猎人们最喜欢的武器。

# 杠杆式步枪（Lever-action）

1845年，法国枪械设计师尼古拉斯·福洛拜（Nicolas Flobert）设计的.22英寸底缘发火枪弹出现了。很快，这种枪弹就被史密斯维森用在第一种转轮手枪上。

不久后出现了.22L弹，也就是.22长弹，随后又出现了加长弹头的.22长步枪弹，并被用在步枪上。这种.22LR弹恐怕是世界上最普遍的金属定装弹，我们俗称的小口径步枪就是使用这种弹。它也是美国最普遍的子弹，因为实在是便宜——促销时，1000发才20美元——虽然杀伤力不足，但因为庞大的使用量，它成了美国杀人最多的子弹。后来，更大口径的底缘发火枪弹也陆续出现，并在美国内战中

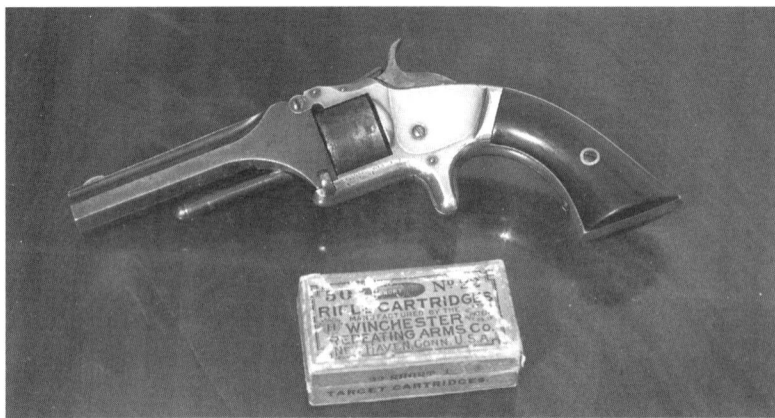

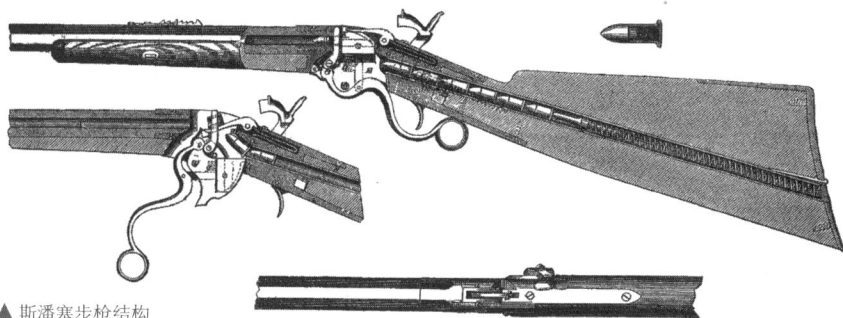
▲ 斯潘塞步枪结构

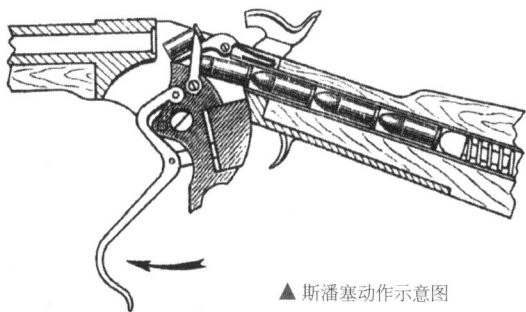
▲ 斯潘塞动作示意图

登场。这就导致亨利式步枪和斯潘塞步枪这两种杠杆式"连珠"步枪的出现。

如果简单说杠杆的话，夏普斯类的落下式枪机、皮博迪类的起落式枪机都是用杠杆来实现枪机运作，但它们都不叫杠杆步枪，只有亨利、斯潘塞及后继的温彻斯特才被叫作杠杆步枪。绝大多数杠杆式步枪使用底缘发火枪弹，只有温彻斯特 M1894 和 M1895 是采用中心发火枪弹的杠杆枪，尤其是温彻斯特 Modle1895 为了使用大威力步枪弹，结构相当复杂，比同类的旋转后拉式步枪复杂得多。亨利式步枪使用 .44 亨利弹，16 发弹管，弹管在护木里，每分钟射速高达 28 发。

斯潘塞步枪使用 .56-56 斯潘塞弹，7 发弹管，弹管在枪托里，可以抽出快速更换，射速 14—20 发。

这两种步枪在美国内战中赢得了火山步枪[1]和装一次弹打一周的传说。1862 年，美国海军测试了亨利枪，测试报告称："在快速射击中，3 分 36 秒射击了 187 发（不

---

① 个人以为，"火山步枪"这个外号可能有两个所指，一是此步枪的火力猛得如火山喷发，二是亨利步枪没有护木，快速射击后枪管热得不能碰。枪中仍然有管式弹仓的身影。

含装填时间）或 5 分 45 秒射击 120 发（含装填时间），打完枪里的 15 发弹最快只需 10.8 秒。精度测试中，向 348 码外边长 45 厘米的正方形靶子射击 15 枪，命中 14 发。耐力测试中，不清理弹膛射击 1040 次后，拆开枪机检查，发现弹膛和枪膛里满是火药残渣和弹头上刮下的铅粉末，膛线都塞满了，但所有部件完好无损，不需要更换。"

从 1862 年开始，不停有军人给生产亨利枪的新港武器公司（New Haven Arms Company）去信，讲述自己手中连珠枪的优异性能和获得的战功。来自肯塔基第 12 骑兵团的威尔森上尉，遇到 7 个南军围攻，他用亨利枪 8 发打倒了全部敌人；1863 年 7 月，威尔森上尉与装备了亨利枪的 67 名部下，遭遇近 400 名南军骑兵的攻击，战斗持续了两个半小时，他以伤亡 6 人的代价打死南军 31 人、打伤南军 40 人。

与亨利步枪相比，作为军用步枪设计的斯潘塞维护性和可靠性更好，价格也便宜一点。不过，该枪 40 美元的售价是当时单价 18 美元的前装线膛枪的 2 倍，即使当时的后装夏普斯也只要 28 美元一支。亨利步枪这种民用货更贵一点，是 42 美元一支，到后来斯潘塞产量大增后的短管骑兵卡宾型才把价格降低到 25 美元。但因这枪可怕的子弹消耗能力，使用这种步枪对后勤军官来说还是噩梦，以至于到 1865 年时也只有 4.8 万支斯潘塞被销售出去（私人购买和军事采购）。

内战中，北军发展出了诡诈战术，先用连珠枪射一枪，然后停止等待，当习惯单发步枪的南军以为己方人员正在装弹而射击时，再连续速射打得南军措手不及。南军也非常青睐斯潘塞和亨利步枪，但他们无法大量生产该枪的子弹，只能依靠缴获，导致仓库里堆积了千余支无弹可用的连珠枪。

美国内战后，杠杆式步枪——主要是亨利步枪的后继型号温彻斯特（曾译作云者士得）M1866、M1873 等型号，在美国西部被大量使用，成为西部片里与柯尔特转轮并列的两大标志性武器，被称为"征服西部之枪"，这些枪甚至被散布到了印第安人手中。在印第安战争中使用杠杆式步枪（亨利、斯潘塞等退役武器以及温彻斯特 M1866）的印第安战士，用炽热的火力淹没了使用斯普林菲尔德活门式步枪的美国骑兵，赢得了小巨角河战役的胜利。战场附近一座山头因被发现大量亨利步枪弹壳而被命名为亨利山。

该战役的美军指挥官乔治·卡斯特（George Armstrong Custer，1839—1876）

生于俄亥俄州的新鲁姆雷，于1857年1月1日进入西点军校，是该校第1966名毕业生，以最后一名毕业。南北战争期间，他对杠杆式连发步枪一点都不陌生。葛底斯堡战役之前，卡斯特指挥的骑兵旅就有两个密歇根骑兵团装备了斯潘塞步枪，并在葛底斯堡战役中击退了斯图亚特将军数倍骑兵的进攻。战役之后，卡斯特给斯潘塞公司写信："如果我的部下能全部装备上斯宾赛卡宾枪，我有信心打败两倍的南军骑兵。"在温切斯特，他手下的500名密歇根骑兵击溃了整整一个南军骑兵旅，俘虏了720人。后来，卡斯特还想发动关系给自己的骑兵旅全部换装斯潘塞，但因其价格实在太贵而作罢。南北战争期间，他表现出惊人的勇气，置个人的生死于不顾，使他迅速从中尉升至少将。他曾经身先士卒冲杀在枪林弹雨中，却从未负伤——因而被老百姓认为是一个英雄，但不受自己部下的信任和爱戴。虽然他自己未曾受伤，但在战争中他部下官兵的伤亡人数比同期其他骑兵部队要多——战士们不想拥护一位随时都可能让他们捐躯的指挥官。

战后，美军的装备是活门式的单发斯普林菲尔德步枪，不知卡斯特在周围弹落如雨时心里做何感想。1874—1875年，他负责阿伯拉罕·林肯堡的防务，率兵摧毁沃希托河畔夏延人村庄。1876年春季，作为特瑞将军指挥纵队的一部分，第七骑兵团向苏族前进一个月后，抵达了罗斯巴德河（Rosebud river）河口。卡斯特派侦察兵推测出苏族驻扎在小巨角河河畔。特瑞将军派遣卡斯特的第七骑兵团往西南行，到山上去，而他自己的部队则带着大炮从侧边逼近。他的战略是包围印第安人，以全军之力在小巨角河击溃他们。

三天后，卡斯特和他的骑兵团接近搭建在小巨角河河畔的巨大印第安营帐。也许卡斯特是没有发现印第安人的营地有4000—5000名印第安人（其中约2500名战士），又或者他是急于挽回自己岌岌可危的声誉故视而不见。卡斯特不理会特瑞让他按兵不动等待会合的命令，准备立刻发动攻击。1876年6月25日，他面对优势敌人

卡斯特中校

▲ 疯马酋长

▲ 坐牛酋长

▲ 苏族印第安战士

又一次分兵：把骑兵团分成三路，两路从侧边进攻，他自己则带着211名骑兵从正面进攻。

卡斯特的独断招致了覆灭性的结果：他的部队很快陷入重围，被印第安战士四面攻打。骑兵们依托死马拼死抵抗，但这抵抗是无力的。三个小时后，由卡斯特亲自率领从正面进击的211名骑兵除3人外全部战死，印第安战士战死40余人，疯马酋长身中数弹仍在战斗，最终摧垮美军阵线。其他两路美军部队也遭受到猛烈的进攻，一直到两天后特瑞率军而来，剩余部队才被解救。以此为背景，美国拍摄了《晨星之子》和《魂断伤膝谷》。《晨星之子》是以卡斯特为主角的较早的一部影片，后一部则是以坐牛酋长为主角。后者的电影道具很真实，可以看到印第安人使用杠杆式连珠枪，美军使用斯普林菲尔德步枪，与历史照片一致。

## 杠杆式步枪的世界流行

杠杆式步枪在美国之外的其他地方也很流行，主要是温彻斯特M1866及其发展型号M1873。温彻斯特M1866还曾被清朝政府、奥斯曼土耳其帝国、瑞士、墨西哥等多国使用，作为军用武器它虽然存在各种问题，但其近距离火力的猛烈当时可是首屈一指。

M1866定型投产后，温切斯特就极有远见地送了几支特制的豪华版给奥斯曼高官，从1869年开始，奥斯曼陆续定购了5000支卡宾型和4.5万支带刺刀的

M1866 步枪以及数百万发子弹。

1877 年俄土普列文纳战役中，土军装备有两种步枪：皮博迪－马提尼步枪和温彻斯特 M1866，前者是皮博迪系统（下落式枪机）的大威力步枪。与俄军装备的卡恩克步枪（活门式步枪）、M1868 别旦 1 式（活门式步枪）、M1870 别旦 2 型步枪（旋转后拉式栓动步枪）相比，皮博迪步枪性能上没有什么优势。因此俄军认为，他们的步枪优于土军，只要士兵士气高昂、训练有素，一旦接战就会迅速击溃土军。俄军的训练一向残酷，造就了"灰色牲口"般坚韧强悍的战斗力，执行命令坚决且迅速。虽然俄军做决策比较慢，但一旦进入状态就将不可阻挡。

▲ 马提尼–亨利弹药带

大规模的军购完全无法保密，因此俄军虽然可能知道土军装备有温彻斯特步枪，但并不在意——大概是因为底缘发火枪弹有严重缺陷。这个缺陷就是它的强度——底火位于弹壳后端的弹壳底板，即底缘里，对枪支的设计与使用带来很大的方便，然而，弹壳底板也是弹壳的一部分，为了让枪支的击锤能经过打击有效引发底火，弹壳不能太厚。如果用在较大口径或装药量高的子弹上，火药气体膨胀后就会造成弹壳与弹壳底板的分裂，而这也就是

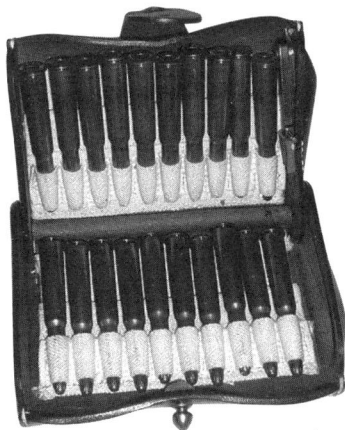
▲ 20发弹药盒

▲ 斯潘塞弹药盒

大口径底缘发火子弹停止应用的原因。温彻斯特 M1866 使用的 .44 亨利弹同样有这个问题，该弹长 34 毫米，弹壳长 22.2 毫米，弹头重 13 克，发射药重 1.8 克。这个药量大概相当于马提尼 – 亨利步枪 0.577 弹的 35%。装药少，射程就近，一个平均水平的射手能有效命中目标的距离只有 200 码。威力低，穿透力也小，影片《与狼共舞》里科斯特纳在 10 米的距离内连发数枪才打倒一头水牛。即使是 .50 的斯潘塞步枪也有这个问题。在美国南北战争期间田纳西的塔拉霍马战役中，自费装备斯潘塞步枪的印第安纳闪电骑兵旅，在怀尔德上校指挥下迂回攻击南军侧翼，强大的火力让南军的哈迪（Hardee）将军以为自己碰到了北军主力，下令撤退了 24 千米，第二道防线还没布置好就被下马骑兵冲破了。两次交火中，北军士兵们几乎打光了携带的 142 发子弹，对方的伤亡却不到 500 人，可见其杀伤力。不过，这个射击次数在当时可以说是非常奢侈。当时，在前装枪的传统影响下，士兵的携弹数量很少超过 70 发。如果估计战斗烈度不强，士兵仅会携带容弹量为 40 发的弹药带或 20 发的弹药盒，与这种弹药盒或弹药带相比，斯潘塞的弹药盒简直就是个庞然大物。

鉴于这些问题，俄军并不觉得温彻斯特步枪在几万军队拉开阵势的战场上会起什么作用，这个轻忽就造成了"土耳其式开局"的悲剧。

1877 年，西路俄军在尼古拉斯大公（Grand Duke Nicholas）的指挥下越过了多瑙河。7 月 16 日，俄军在努里帕夏的援军到达前攻克了尼克珀尔（Nikopol），努里帕夏不得不转向增援普列文纳。俄军则马不停蹄进攻重镇普列文纳。7 月 18 日，1500 名俄国骑兵抵达普列文纳外围，轻易驱散了少量土军。经过侦察，俄军认为普列文纳只有少量防御力量。这个判断是准确的——这次战斗前，帕夏仅有 4000 人。

此后，俄军不断增兵。到 9 月初，加上 3 万罗马尼亚军队后，俄罗联军的总兵力达到 8.4 万人，424 门火炮（其中有 12 门 24 磅攻城炮）。9 月 7 日清晨，俄军开始对土军防线进行持续四天四夜的炮击。后来，土军的报告称，大规模炮击对战壕里的士兵没多少效果，因为土军的锯齿形战壕有效减少了杀伤力。

11 日中午，俄军开始进攻。与前一次攻势一样，队形密集，各路部队毫无协同意识。比前一次更糟糕的是，预备队的集结处就在进攻发起点后几百码处，离土军防线才 1000 多码。结果，预备队还没投入战斗就遭到土军火炮和远射程步枪皮博迪 – 马提尼式的沉重打击。进攻部队的命运更糟，靠近防线后还要面对连珠

▲ 尼克珀尔投降图

枪射出的火墙。克勒纳及其参谋似乎从上一次的失败中什么也没学到。

格瑞维提撒一号堡垒（Gravitza Ridge Redoubt No.1）是克勒纳将军特别重视的目标，付出重大伤亡的俄军终于攻克该阵地，将旗帜插在了阵地上。但占领阵地的俄军却发现，一直保持沉默的格瑞维提撒二号堡垒突然爆发。在其火力的扫荡下，俄军不得不放弃了付出高昂成本夺来的阵地，向下撤退。斯科别列夫试图阻止军队撤退，但溃退已不可阻挡。

第二天中午，战斗就结束了。俄军损失了 300 名军官和 1.25 万名士兵，罗马尼亚损失 56 名军官和 2500 名士兵，土军伤亡只有 4000 人。斯科别列夫的英勇努力勉强取得了一点成果，俄军占据了靠近城镇的 14、15 号堡垒，但周围的友军都撤退了。坚持了 24 小时后，得不到增援的斯科别列夫部于 12 日下午撤退，损失高达 8000 人，超过兵力的 53%。10 月 19 日，罗马尼亚工兵把战壕接近到 2 号堡垒 40 码，罗军向其指挥官卡罗尔求战，为了不打击士兵的求战热情，卡罗尔同意了罗军的作战计划。

战斗开始后，土军堡垒不停喷出火焰。帕夏对堡垒进行了改进，三层战壕 1

分钟可喷射出 2 万发子弹。在密集火雨的打击下，罗军依然夺取了第一道战壕。但 20 分钟后，罗军顶不住了。付出 1000 人伤亡的代价后，罗军停止了这次为时 25 分钟的攻势，此后也不敢再提出继续攻击的请求。普列文纳战役失败的消息传出后，欧洲各大交易所里俄国股票全部崩盘，卢布贬值逾三分之一，各家银行都拒绝再购买俄国的战争公债。

杠杆式连珠枪最早进入中国的是斯潘塞七连发，被左宗棠誉为利器，但从未实现国产。温彻斯特步枪在中国也相当流行，被称为十三音云者士得，广东、江南制造局和金陵枪炮局都生产过该枪，金陵厂产的质量最佳。该枪使用范围也极广，使用时间长达 70 年。中法之战中，冯子材在镇南关曾集中一批杠杆式连珠枪，痛击了法军。此后，甲午、庚子均大量使用此枪，甚至滇西反攻时还有民团使用。

## 普列文纳阻击战

7 月 20 日，得到侦察报告的俄军指挥官尤里·希尔德－司库德纳（Youri Schilder-Schuldner, 1816—1878）命令他的主力 7500 名俄军步兵在少量炮火支援后进攻城镇，少量土军被驱赶进镇里，俄军认为土军已经无力再战，便入城了。但帕夏一直隐藏着自己的主力，将他们埋伏在街巷的房屋和仓库里。因此，放松警惕的俄军被埋伏在镇内的土军痛击了。温切斯特枪在这种近距离交火中体现了极大的优势，溃退的俄军又遭到皮博迪步枪的追射。在不到 20 分钟的战斗中，俄军伤亡 2845 人（74 名军官和 2771 名士兵，其中包括 1 名旅长和 2 名团长），遗弃了 17 车弹药。土军仅 30 人受伤、12 人阵亡。俄军这次轻率的进攻损失惨重。

此后 10 天，双方都大量增兵，奥斯曼努里帕夏指挥的土军达到 4.5 万人（一说 2.2 万人），拥有的温切斯特枪数量不详，据后来估计有 8000—12000 支。俄军也得到了部分增援，包括罗马尼亚卡罗尔亲王指挥的罗马尼亚军队，但总人数只有 2.6 万。俄军总司令尼古拉斯大公也

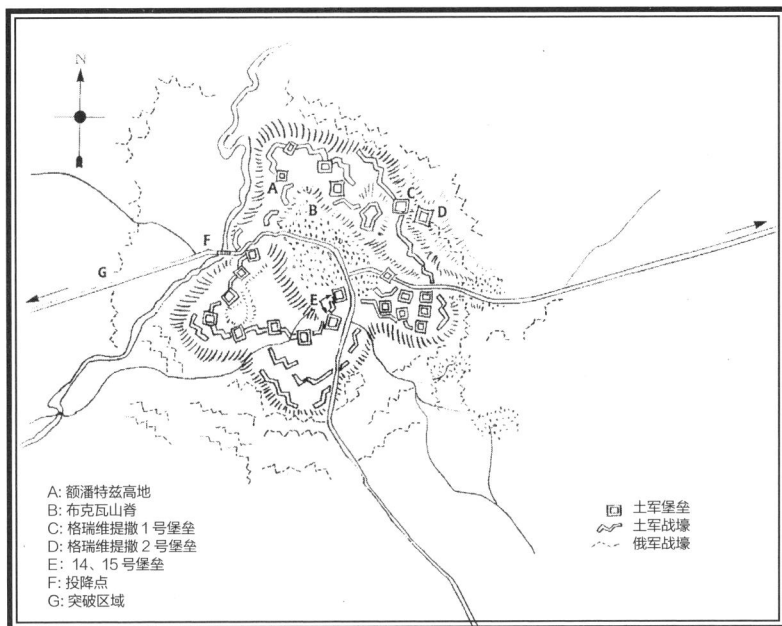

A: 额潘特兹高地
B: 布克瓦山脊
C: 格瑞维提撒 1 号堡垒
D: 格瑞维提撒 2 号堡垒
E: 14、15 号堡垒
F: 投降点
G: 突破区域

土军堡垒
土军战壕
俄军战壕

▲ 普列文纳防御图（1877年12月10日）

到了后方营地，他和他的参谋人员意识到，无法绕过普列文纳。根据大公的情报，普列文纳的土军仅有 2.7 万人，但其拥有远射程的克虏伯大炮。7 月 31 日，大公下令前线指挥官克勒纳（Krudner）中将立即进攻。《俄土 1877 战争》（*The Russo-Turkish War 1877*）一书里，土军拥有 2.2 万人和 58 门炮，俄军 3.5 万人和 170 门炮。

克勒纳中将回报，他只有 2.6 万名士兵，对面的土军有 5 万人。大公却回复，根据他的情报土军只有 2.7 万人，应立即进攻！

迈克尔·斯科别列夫（Michael Skobeleff）将军指挥的第 11 旅强渡奥斯马河（osma），试图驱逐普列文纳南部约 32 千米的洛维奇的土军。他发现了大量的土军，但并没意识到普列文纳双方的兵力对比已出现巨大变化。

克勒纳中将在得到大量弹药补给后决定进攻。这是一次三面钳形攻势，分别从普列文纳东边和北边发起，东边是俄军左翼，左翼外侧为斯科别列夫（Skobeleff）少将指挥的 1 个哥萨克旅和 16 门野战炮；左翼内侧为雅科夫·彼得洛维奇·沙霍夫斯科伊亲王（Schachowskoi，一个以野蛮和猪突战术出名的指挥官）指挥的 2 个步兵旅、2 个枪骑兵中队和 48 门野战炮；另有两个枪骑兵中队在中央负责联络。

俄军右翼外侧是拉扎列夫（Loscharef）少将指挥的 1 个团和 1 个骑炮连（6 门）；内侧是这次进攻的主力，维利亚米诺夫（Veliaminof）中将指挥的 2 个步兵师和 80 门野战炮；同样，2 个枪骑兵中队负责联络。

中路是总指挥克勒纳中将控制的预备队：1 个步兵旅、4 个枪骑兵

▲ 普列文纳战役

266

中队和 30 门大炮。

俄军不但兵力处于劣势，作战计划也是一大败笔，左右翼距离太远，攻势开始后无法相互支援。对俄国人更不利的是，土军共修了三道战壕，由于地形起伏，俄军在接近第一道战壕前看不到后两道战壕。

7 月 30 日清晨，双方开始炮击。俄军炮火对有良好掩护的土军杀伤很小，土军的克虏伯大炮却给进攻的俄国人不小的打击，炮战持续到下午 3 点仍没有结果。俄军展开攻势，在左翼外侧，斯科别列夫少将一直将大炮推进到离土军防线 600 码处，结果被步枪火力大批杀伤，只好把炮兵撤到后方。这时，沙霍夫斯科伊亲王率部攻占双方战线之间的一个村子，消灭了屈指可数的土耳其守军。被这次胜利所鼓舞，沙霍夫斯科伊亲王不顾命令——占领村子后原地待命——决定进攻。下午 2 点，他指挥的 2 个步兵旅排成横队，向土军的第一道战壕前进。

战后，俄军的幸存者称他们在 3000 码外就受到土军步枪火力的杀伤，这肯定是夸大，因为当时土军装备的皮博迪－马提尼式步枪的初速为 410 米／秒，最大射程只有 3200 码，在 3000 码外几乎没有杀伤力。大约从 2000 码起，队伍中不断有人被击中倒地，随着距离的接近，损失数字也在逐渐增加。到了六七百码处，俄军原来整齐的队列已开始破碎，一些士兵卧倒在地躲避四射的子弹，但他们马上被军官们踢着屁股爬起来继续前进。

土军步枪的火网持续收割着俄国大兵的生命，同时还有后方大炮射出的榴霰弹加强效果。随着俄军的前进，土耳其军官不断发出调整步枪表尺的命令。在士兵们的身后，安静地躺着无数支温切斯特连珠枪和大

▲ 皮博迪－马提尼步枪

量500发的弹药箱。

　　一向以坚忍和服从著称的俄国步兵顶着弹雨前进着，一直到土军战壕前200码处。这时，土耳其人的大炮停止了轰鸣，士兵们换上连珠枪将更加密集的弹雨倒在俄国人头上。但俄国人没有被吓倒，他们端着上了刺刀的步枪开始冲锋，准备用拿手的肉搏战击溃土耳其人。土军却没有计划拼刺刀，当俄国兵距离战壕50码时，他们就迅速撤退到了第二道战壕。已经损失惨重的俄军无力追击，只能跳进战壕里躲避土军居高临下从第二道战壕发出的弹雨。

　　这时，沙霍夫斯科伊亲王收到通知，一个团正从中路赶来支援。但一直等到下午4点，援军都没有出现（后来得知是迷路了）。于是，沙霍夫斯科伊亲王决定就用现存的力量进攻土军的第二道防线。同样的一幕发生了，土军在远距离上使用皮博迪－马提尼步枪射击，等俄国人靠近了就换上连珠枪。在这样的火力打击下，俄军仍突破了土军的几处防线，有2个连甚至冲进了普列文纳。但土军司令努里帕夏准备了强大的预备队，很快夺回突破口。

　　到下午6点，俄军的两翼都停止了攻势。总司令克勒纳中将却在这时投入预备队谢尔普霍夫团，从中路进攻，但这个团连第一道防线没拿下就被击退了。指挥官博节日诺夫（Bojerianof）将军阵亡，就倒在土军防线外100码处。

　　下午7点，左翼，土军已经完全夺回第二道防线，开始攻击正在后撤的俄军，沙霍夫斯科伊亲王给其左侧的斯科别列夫少将送去了一封短信："尽你所能赶快撤退，我撤回来的部队每个连只剩5—10个人了。"沙霍夫斯科伊亲王的警卫也全部战死了，他本人在一小队哥萨克的掩护下逃回了普列文纳北方6.5千米的营地。因为土军不停追击，俄军所有伤员都被遗弃在战场上，入夜后被土耳其人全部杀死。

　　一些记者这样报道："上一次俄军这样被摧毁还得追溯到拿破仑战争。"俄军军官也报告说，接近土军战壕时火力密集得如同进了地狱。

# 活门式步枪（Hinged breechblock）

虽然旋转后拉式步枪最早出现，杠杆式步枪最出风头，但在第一代金属定装弹后装步枪中，它们却不是最普遍的装备。当时，各国普遍装备的是各种活门步枪（扩大点说是铰链闭合式枪机步枪）。究其原因只有一个——费用问题。

在后装枪前，大量装备部队的是各种前装击发枪，数量巨大，如要全部换装新式步枪，花费也将是巨大的。于是，除了少数小国家，军事大国们都选择将现役的前装线膛枪进行改进，最简单的方法就是将枪膛部分截掉，加一个铰链活门作为闭锁——前装步枪就成了后装步枪。为了减小工序，通常将击针布置在侧面。活门步枪包括上开活门的斯普林菲尔德 M1865\1866\1868\1870\1873\1888 型步枪、侧开活门的英国 M1853/66&1866 士乃的步枪，奥地利的万泽尔（Wanzl）M1854/67 & M1862/67 步枪，比利时的特森（Terssen）M1777/1868 & M1848/68、阿尔比尼-布伦特林（Albini–Braendlin）步枪 M1777/67, M1841/53/67、M1853/67 &1873（南澳大利亚、意大利以及日本也使用该步枪）。特森与阿尔比尼步枪差异不大，它们是由一种步枪改造而成的。同样是侧开活门的俄国卡恩克步枪，西班牙使用的西班牙伯丹 M1859/67，西班牙伯丹步枪属于较老式的活门枪。瑞士米尔班克-阿姆斯勒（Swiss Milbank–Amsler）M1842/59/67。

活门步枪大同小异，差异仅在活门的开启方向上。活门步枪中，性能较好的

▲ 斯普林菲尔德步枪

▲ 上开活门步枪

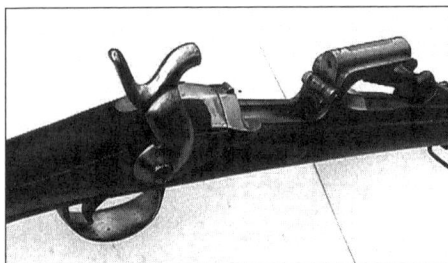

▲ 特森步枪

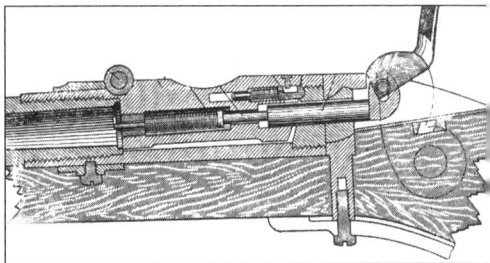

▲ 阿尔比尼结构图

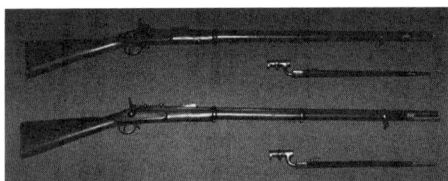

▲ 阿尔比尼步枪

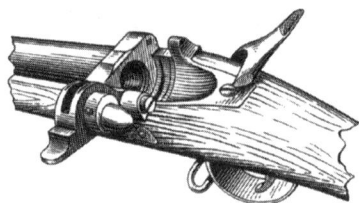

▲ 侧开活门的卡恩克步枪

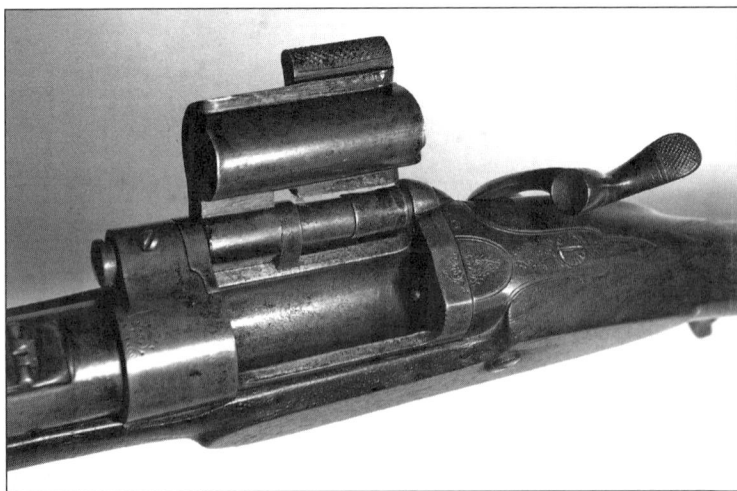

◀ 侧开活门步枪

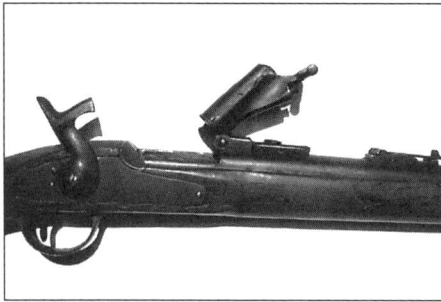

▲ 西班牙伯丹

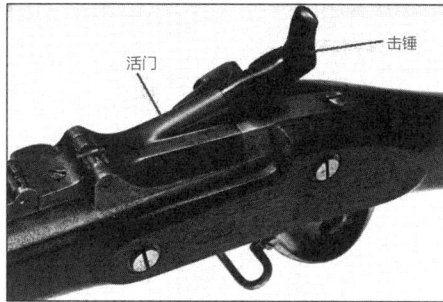

活门　　　　　击锤

▲ 斯普林菲尔德1866细节

是斯普林菲尔德 M1865 步枪。该枪是内战后，美国政府考虑到资金因素选用的一款步枪，由斯普林菲尔德工厂总设计师厄斯金·奥林设计。当时，与其竞争的是雷明顿公司开发的 M1866 枪机下转式步枪。与雷明顿这种全新设计的步枪相比，这款步枪是从内战中总产量达 70 万支的斯普林菲尔德 M1863 步枪改造的，比采购全新的雷明顿要便宜得多，算上每支 5 美元的改造费，与夏普思步枪每支 42 美元的价格相比，便宜太多了。虽然 M1865 系活门枪相当成功，被称为最好的活门步枪，但比起雷明顿还是要差一点，后者参加 1867 年巴黎世博会时被评为全世界最优秀的步枪，为世界多国广泛装备，包括阿根廷、中国、埃及、卢森堡、墨西哥、丹麦、新西兰、挪威、秘鲁、西班牙、瑞典、乌拉圭。后来还出现了使用 7 毫米毛瑟小口径弹的雷明顿 M1897 型，在 1916 年的美墨冲突中用来对抗美国的新锐步枪斯普林菲尔德 M1903。

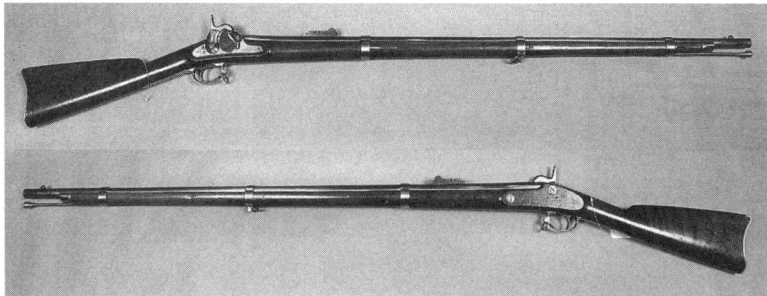

◀ 斯普林菲尔德M1863

与其他活门枪一样，斯普林菲尔德M1865 的活门起闭锁作用，尾部有个突笋用来在关闭时卡住。为了方便射手用右手扳开击锤，活门步枪的击锤往往设计在枪身右侧，因此击针就不得不倾斜向下安置在活门中。扣动扳机后，击锤回转击打击针，进而击发枪弹。早期斯普林菲尔德活门枪击锤有两个挡，分别为保险装弹和待击。将击锤扳到上方位置为保险装弹，此时可打开活门装弹。装弹后将击锤继续向后扳，进入待击挡。

▲ 斯普林菲尔德击针和抛壳器

后期型号击锤分为三挡：保险、装弹和待击。活门连着一个抛壳器，实际上就是一个金属片，这样打开活门后，弹壳随即会被抛出。但这个功能并不是总好用，

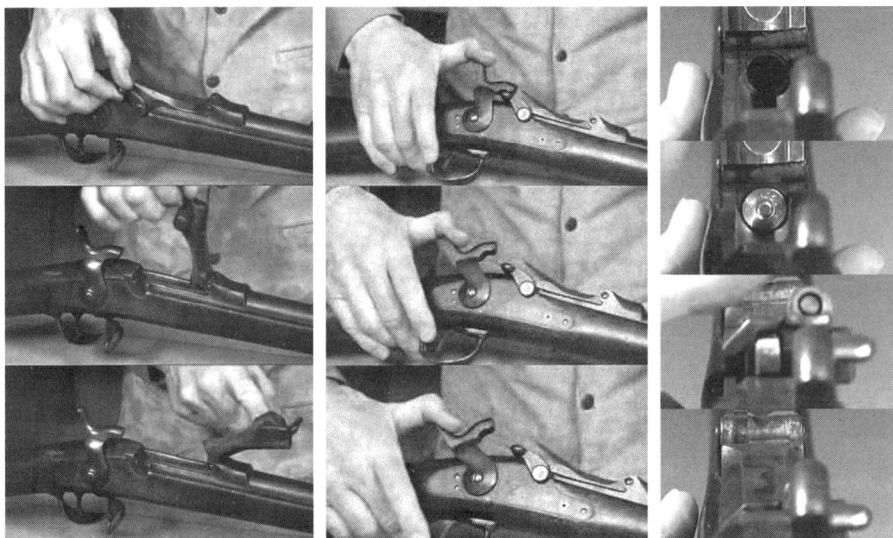

▲ 斯普林菲尔德活门演示

▲ 斯普林菲尔德击锤三个挡位

▲ 斯普林菲尔德活门枪装弹过程

纯铜弹壳受热后容易过度膨胀造成抽壳故障，只能用小刀将弹壳撬出。在小巨角河战斗中，卡斯特部队使用的 M1873 型步枪据信就遇到了类似问题。此后的 0.45-70 政府型枪弹就换成了黄铜弹壳。斯普林菲尔德 M1866 型在生产过程中，普法战争爆发，法军将采购的一半用于普法战争。

总体上，面对印第安人使用的温彻斯特杠杆步枪，斯普林菲尔德活门枪并非不堪一战。该枪的射速虽然不如连珠枪，但其射程威力远胜使用小威力短弹的连珠枪，而且该枪的射速也不是特别慢，1 分钟 10 发左右的射速还是可以达到。正规军队选择斯普林菲尔德作为步兵武器更能兼顾射速和威力，各型号的斯普林菲尔德活门枪总产量高达 69 万支，在活门枪中仅次于士乃得步枪。

士乃得-恩菲尔德步枪设计于 1860 年，是在 M1853 恩菲尔德步枪的基础上改造而成的，同样是减少支出的产物。恩菲尔德 M1853 产量高达 150 万支，要替换自然是一笔巨大的开销，改装则便宜得多，费用大概是每支 1 英镑。改装的士乃得-恩菲尔德步枪总产量高达 87 万支，是产量最大的活门步枪，使用国家包括英国、日本、奥斯曼土耳其、葡萄牙、埃及、加拿大北西警察、中国、阿富汗等，参加了阿富汗战争、祖鲁战争、第一次布尔战争、新西兰战争。它的性能一般，与上开式的斯普林菲尔德相比，侧开活门的步枪没有抛壳器，须要手动退壳，严重影响射速。俄国的卡恩克步枪也没有抛壳器，但其有垫片垫起底缘，方便退壳。另外，卡恩克将击针设计在中间，击锤设计成拐角，这个设计避免了击针在活门里倾斜到中间，有效缩短了活门长度，使卡恩克步枪成为活门步枪中活门最短的步枪。击针设计在中间的还有比利时的阿尔比尼-布伦特林系步枪，以及其俄国仿制品巴拉诺夫（Baranov）步枪，但它们的活门都没有卡恩克步枪的短。活门步枪最麻烦的是装弹，而且活门闭锁也不太严密，因此，各国研制出新的步枪后，就纷纷将其退役，活门步枪因此成为过渡时期最短命的步枪。


# 枪机下转式步枪（Rolling block）

南北战争导致各式新步枪新鲜出炉，纷纷投入这个大试验场。作为最早采用镗孔制造膛线身管和生产装配线的雷明顿枪炮厂，成为当时大生产线制造枪械的引领者。雷明顿公司的设计师雷纳德·盖格( Leonard Geiger )在1863年设计出了0.46英寸定装铅弹的后膛步枪，并生产了5000支装备联邦军骑兵。后继生产的15000支0.50口径则没赶上南北战争的末班车，被急需武器的法国政府买去服役普法战争。约瑟夫·立德改进该枪，在1866年推出了较成熟的0.50-70雷明顿枪机下转式步枪。该枪成为最成功的后膛单发步枪，产量高达400万，使用国家也很多。普法战争时，法国购买了21万支这种枪，是第一个将该枪用于实战的国家。后来，雷明顿被改成各种口径，直到1914年还有使用。10多万支只用8毫米勒贝尔弹的改型被法国人订购作为紧急补充，一直生产到1916年。使用过该枪的国家有二十多个，其中不乏军事大国，如奥匈、法国、意大利、日本，甚至英国海军也订购过4500支用来武装蒸汽船船员，很多欧洲和南美小国更是直接采购或者授权生产该枪作为制式武器。

雷明顿公司原本希望该枪进入联邦政府的新型后膛步枪采购计划，但由于美国政府压缩开支，选择了便宜的斯普林菲尔德步枪。雷明顿被推荐给美国海军，海军觉得雷明顿步枪非常可靠，于是订购了5000支短管的M1867海军型卡宾枪。由于当时的美国是军事小国，雷明顿公司因此把目光投向了海外。1867年，雷明顿公司携其新产品参加巴黎世博会，在展会上一经展出就受到各国重视，被誉为"全世界最优秀的步枪"。第一笔大订单来自北欧三国：丹麦4.18万支、挪威和瑞典各订购了1万支和2万支，三国还购买了生产权。挪威由国家兵工厂康斯贝格兵工厂生产雷明顿枪机下转式步枪，以生产射击比赛用枪著称的挪威斯图鲁斯公司生产部分零部件。

雷明顿枪机下转式步枪能够获得如此的好评和追捧，原因就在于它拥有当时比较先进的枪机下转式闭锁结构。这种闭锁结构比同期的活门步枪要简单可靠得多：动作连贯、射速更高。下转式枪机被固定销连接在机匣上，枪机可绕固定销转动，击针布置在枪机内部，位于枪机后方的击锤也由固定销连接在机匣上。扳开击锤使其处待击状态，扳动枪机上的枪机扳杆，向后扳动枪机，枪机下转露出弹膛，装入枪弹，向前扳动枪机，枪机回转完成闭锁。扣动扳机，击锤回转时随着击锤向前运动，枪机下方的圆形突笋旋转，防止枪机被燃气打开，击锤击打枪机上露出的击针，击针向前动作击发枪弹。射击过后，再向后扳动击锤进入待击状态，

▶ 雷明顿步枪
（第二支除外）

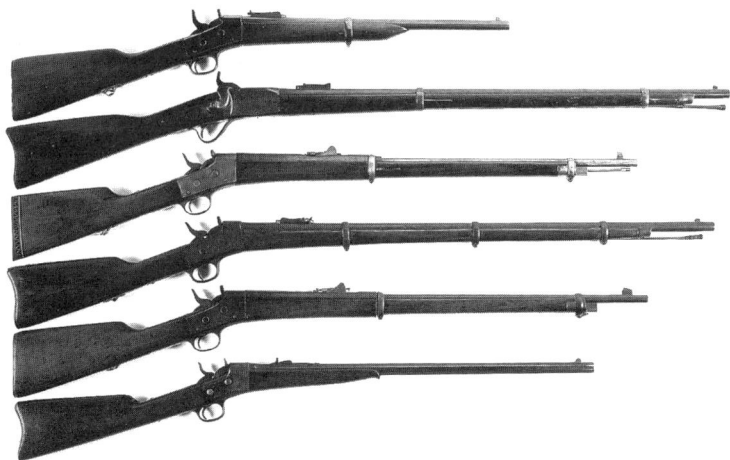

▶ 雷明顿枪击结构

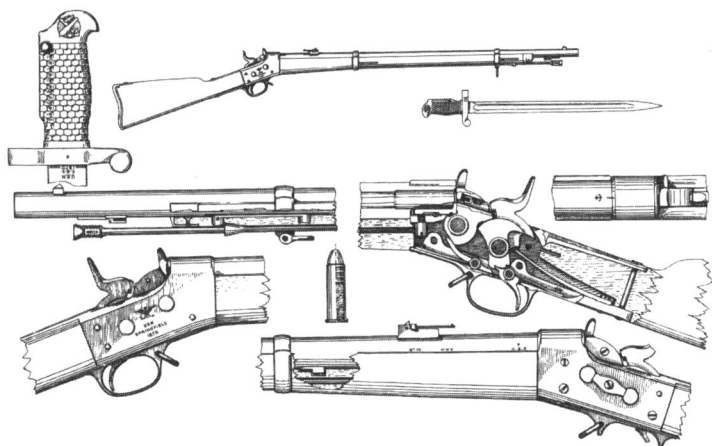

向后扳动枪机的同时，枪机上的抛壳钩把子弹抛出，进入再装填状态。虽然不如弹仓装弹步枪快，但熟练射手还是能达到每分钟 20 发左右的射速。

雷明顿枪机下转式步枪在海外的成功也吸引了美国陆军的目光。陆军虽然已经装备斯普林菲尔德活门枪，但得知海军两次订购雷明顿枪机下转式步枪，也产生了兴趣。由于雷明顿公司海外订单太多，忙得不可开交，便将陆军的订单交由

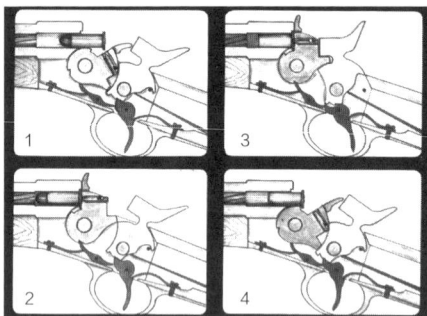

▲ 雷明顿工作原理

▲ 雷明顿装弹

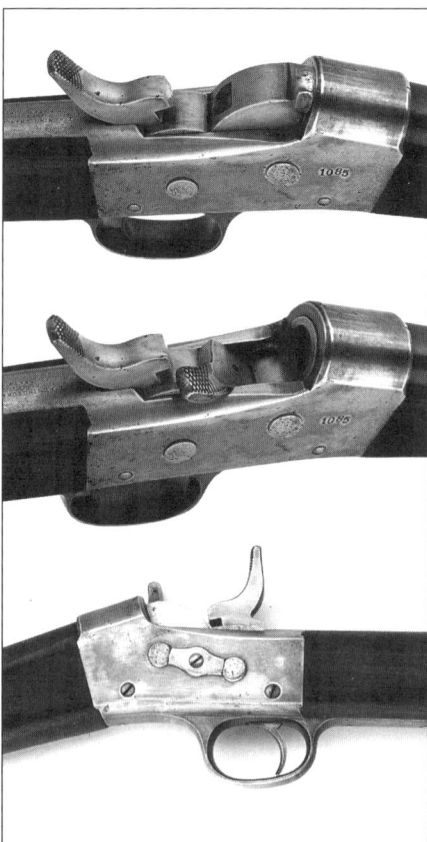

▲ 雷明顿枪机

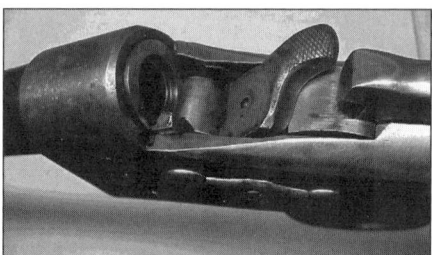

▲ 雷明顿后膛

斯普林菲尔德兵工厂生产，陆续生产了 10 万支。另外，纽约州国民警卫队也订购了 2 万支。美国国内更多的市场来自民用，在雷明顿之前，狩猎用枪基本被夏普斯占领。雷明顿公司利用广告，在报纸上做足了宣传。1877 年，美国长岛世界步枪射击比赛中，美国队装备了 3 支雷明顿步枪。到 1881 年，雷明顿逼得夏普斯步枪制造公司破产后，完全垄断了大威力狩猎步枪市场。

美国军队装备雷明顿枪机下转式步

枪的时间不长，很快就换装了卡拉克乔根森步枪。该枪也很短命，不久就被斯普林菲尔德M1903（也就是俗称的春田03步枪）代替。在美国，雷明顿主要参加了印第安战争和菲律宾战争，短暂服役期后，退出美国军用步枪市场。不过，1916年美墨冲突时，美军还跟使用雷明顿的敌军交过一次手。

墨西哥当时有大量使用7mm毛瑟步枪弹的M1897型雷明顿枪机下转式步枪。不仅独裁者迪亚斯和韦尔塔的军队大量装备该枪，墨西哥农民军也是。美国支持迪亚斯独裁统治，惹恼了农民领袖弗朗西斯科·潘乔·比利亚。他决定对美国施以颜色——骚扰美国境内。他得到情报新墨西哥州哥伦布镇仅驻扎着少量美国士兵后，遂决定带领500名骑兵突袭哥伦布镇。1916年3月9日清晨，比利亚的部队越过美墨边境。

但比利亚的情报并不准确，因为美国第13骑兵团的330名骑兵刚刚调防到哥伦布镇附近。战斗初期，美军措手不及，但很快镇定下来，借助两挺哈奇开斯M1909机枪对比利亚进行反击，镇内居民也纷纷参战。8个小时的激战后，墨西哥人虽然摧毁了镇内很多建筑设施，但最终被击退。战斗中，美军18死8伤，比利亚军伤亡80余人。事件发生后，美国总统伍德罗·威尔逊以此为借口，马上命令潘兴将军率军武装干涉墨西哥革命。

雷明顿枪机下转式步枪在中国被称为林明敦滚轮式步枪、林明敦边针或林明敦中针枪，由江南制造局大量制造，但官办兵工厂的生产质量一贯不佳。即使是从美国进口的雷明顿步枪，到1894年时也使用了20余年，以清军的储存和保养习惯，早已不能使用了。翰林编修曾广均曾经在呈文里将清军洋枪分为三等，德国毛瑟、德国新马提尼（.402口径）、单音哈奇开斯、黎意和快利被列为甲等，英国马提尼、十三音云者士得为乙等，林明敦为丙等。"系美国极旧之式，乃上海制造局同治十二年（1873年）起造，至光绪十五年（1889年）止，所造至百余万杆，除已发各营外，实存六十余万杆。""后膛走火，又易炸裂，又不甚准。"江南制造局生产的"林明敦中针兵枪多有走火之弊，故各营未肯领用"。考虑到清朝洋务运动低效的生产能力，这也是可以理解的。

# 起落式枪机步枪（Peabody action）

起落式枪机步枪指的就是皮博迪（Peabody）系步枪，包括各种皮博迪、皮博迪 – 马提尼、皮博迪 – 马提尼 – 亨利、马提尼、亨利步枪以及巴伐利亚的温德尔步枪。该枪机结构由亨利·皮博迪于 1862 年在美国马萨诸塞州波士顿发明，是当时最坚固的闭锁结构，因此，皮博迪系步枪也是当时威力最大的军用步枪，标尺射程高达 3200 码，实际射程也有 2000 码。俄土战争中，俄军就宣传他们遭到 3200 码外装备了 M1872 皮博迪 – 马提尼步枪的土军的射击。如果这不是俄军被吓得惊慌失措了，就是土军训练太差，与清军一样喜欢盲目远射。

皮博迪系起落式枪机使用扳机护圈作为杠杆实现枪机起落，因此也算是一种杠杆步枪。但与杠杆式连发步枪相比，它使用中央发火式枪弹，枪机结构更大。皮博迪步枪与之后的马提尼步枪的差异是，皮博迪步枪有击锤，必须手动扳起击锤待击，通过击锤敲击击针击发枪弹，枪机下降时自动抛出弹壳。1866 年，瑞士设计师弗里德里希·冯·马提尼改进了这一设计，将笨重的外露击锤改为内置式弹簧击针，并重新设计了机匣，加固了抽壳钩。这些改进使得击发时间更短，从而大大提高了射击移动目标的准确性。

马提尼在向瑞士军方推荐无果后于 1867 年来到英国，参加英国陆军选型。当时，英国陆军对士乃得步枪很不满，宣布将选择一种步枪为替代品。从 1868 年起，恩菲尔德皇家轻武器制造厂开始测试马提尼步枪，并在 1873 年被英军正式采用。该枪使用了苏格兰工程师亚历山大·亨利设计的线膛枪管，因此被命名为马提尼 – 亨利步枪。与皮博迪步枪相比，马提尼步枪不再用扳机护圈作为杠杆，而是单独设计了杠杆由射手用三指下压杠杆实现枪机起落，较

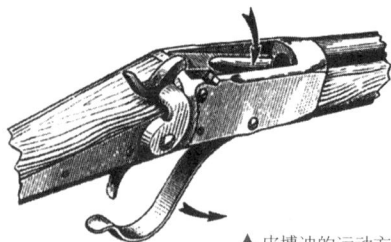
▲ 皮博迪的运动方式

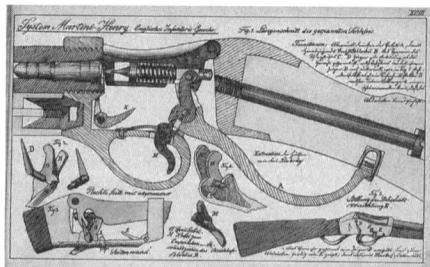
▲ 马提尼的结构图

278

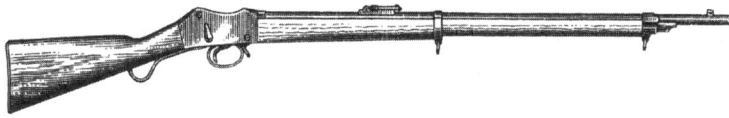

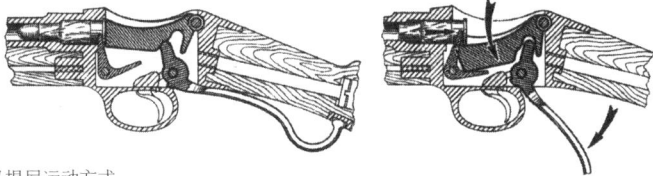

▲ 马提尼运动方式

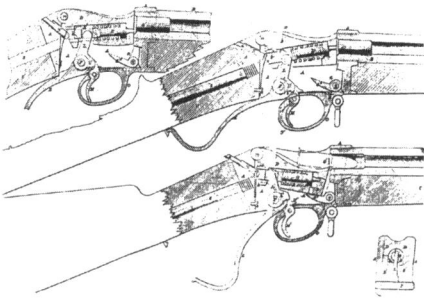

▲ 开闭锁状态的马提尼步枪

▲ 马提尼保险

皮博迪结构更省力。射手向下压动杠杆，击针缩进枪机前部；枪机回转下落露出弹膛；扳机嵌入阻铁槽；装入枪弹，松回杠杆，枪机升起，实现闭锁，进入待击状态。待机指示器在机匣右侧，呈水滴状，待机时指向十点钟方向，击发后指向十二点钟方向。

　　该枪使用范围很广，如果算上皮博迪步枪的话，使用国家有十几个，参加过英国殖民战争、俄土战争、南美硝石战争、祖鲁战争、希土战争、第一次布尔战争、第二次希土战争。中国更是一个重要客户，李鸿章在其奏折中曾称马提尼步枪"实为第一等好枪"，采购价为白银20两，"惜乎太贵"。但中国军队仍多有装备，甘军改编的武卫后军装备的就是马提尼。

　　马提尼步枪的缺点也很明显，后坐力较大，因为其使用的.577/450弹装药太多。但其最大的问题是子弹，尤其是早期型号的子弹。因为该枪的卷制弹壳子弹使用

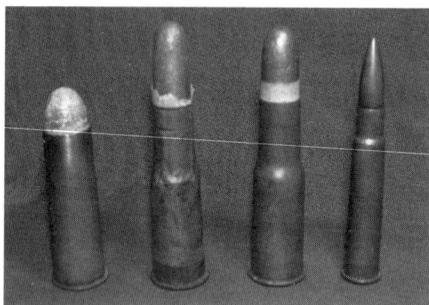

▲ 土乃得弹、马提尼弹与.303弹尺寸比较，左二为马提尼–亨利步枪早期使用的黄铜卷制子弹，右二为黄铜弹壳，弹壳上露出的白色物质是纸垫（弹壳内衬），右一为.303步枪弹，左一为士乃得步枪弹。可以看出，马提尼步枪弹明显比士乃得弹大

伯克式底火，卷制黄铜皮弹壳，铁制弹壳底部。这个设计有很多问题，薄铜皮弹壳易变形、撕裂、受潮，而且经过连续发射后温度升高，薄铜皮会粘在弹膛阻碍抽壳；强行撬出弹壳又会导致铁制弹壳底与弹壳撕裂，黄铜皮弹壳留在枪膛里，一旦出现这个故障，就不是短时间能解决的。因此，后来用黄铜弹壳取代了卷制弹壳。

马提尼步枪的杀伤力很大，裸铅弹停止效果好，枪口动能高达2533—2634焦耳，对人员杀伤效果好。这枪在银幕上给人印象最深刻的应该是英国拍摄的祖鲁战争影片《祖鲁》（*ZULU*）和《祖鲁黎明》（*ZULU DAWN*），尤其是第一部充分反映了马提尼步枪的杀伤力。此外，该枪还在其他影片出现过，如《成为国王的人》——描写一个冒险家在帕米尔山中找到亚历山大大帝宝藏的故事，以及描写英国与苏丹战争的《四根羽毛》。

洛克渡口之战发生在祖鲁战争中著名的伊散德尔瓦纳战役后。伊散德尔瓦纳是影片《祖鲁黎明》主要描述的战斗，由于指挥失误，1700名英军被全歼。9.7公里外的洛克渡口变成祖鲁军队的下一个目标，2名从伊散德尔瓦纳战场逃出来的士兵给洛克渡口守军带来了英军惨败的消息，以及祖鲁军队正在接近的情报。洛克渡口位于图盖拉河支流水牛河（图盖拉河和水牛河是祖鲁与纳塔尔的边界），水流宽阔平缓，属于吉米·洛克（Jim Rorke）。渡口是他修建的，因此被命名为洛克渡口。战争爆发时，英军工程师在这里建造了两条拉缆渡船，并在渡口的传教点布置了仓库和野战医院。

当时，进攻的祖鲁军有4个兵团，3000—4000名士兵。英军则只有第24步兵团2营B连和约翰·查德中尉指挥的皇家工程兵团第5战地连的小分队，总兵力139—141人，另有平民4人、殖民地步兵11人，以及第2、3纳塔尔土著辅助部队100—350人。B连有82人，连长是33岁的中尉布鲁海德。布鲁海德有严重的听力问题，因此被安排看守渡口这种没有风险的工作。除了 B 连的士兵，还有医院的工作人员和修养的伤兵以及代理粮秣助理多尔顿指挥的几名负责后勤的士兵。另有约 100 名纳塔尔土著骑兵，他们在开战前 1 小时由亨德森中尉指挥从伊散德尔瓦纳战场撤退到渡口，并自愿留守。但开战后，纳塔尔土著士兵就逃走了，他们的主要贡献是用玉米袋构建了防御阵地。

渡口之前的负责人是斯波尔丁少校，一名文职军官。22 日，他离开渡口去寻找 G 连，任命资历较深的查德为临时指挥官。午饭时一切还风平浪静，查德也没想过会有危险，毕竟祖鲁人和他们之间有英军大部队。

后来，士兵们看到了伊散德尔瓦纳方向升起的硝烟，但爬上山顶后也看不到什么。人们听着隆隆炮声议论纷纷，对英军的失败毫无准备。一点钟发生了日食，士兵们发现伊散德尔瓦纳山后面有大队秩序井然的土著，以为是纳塔尔土著兵团。到三点钟时，一名 H 连的士兵逃到渡口，告诉官兵们伊散德尔瓦纳的惨败。当时，

▲ 洛克滩

查德正在修路，布鲁海德立刻派人去找他。接到祖鲁军接近的消息后，查德召开临时军事会议。代理粮秣助理多尔顿指出，寻找G连得携带伤员和辎重穿过开阔地带，在野外很可能被祖鲁军击败，因此，他们决定坚守渡口。士兵们用玉米袋垒成胸墙，胸墙连接着仓库、医院和畜栏，医院在防线的西部。（见洛克渡口防御图）

伤员们用枪支在建筑外墙上凿出射口，用家具堵住建筑外门，所有的窗口都用床垫堵住。从医院东南角开始，用玉米袋垒成的胸墙连到了仓库。英军为节省时间，用两辆堆满箱子和玉米袋的牛车搭建了部

▲ 洛克渡口的指挥官，从左到右分别为约翰·查德、布鲁海德、梅尔维尔、柯吉尔

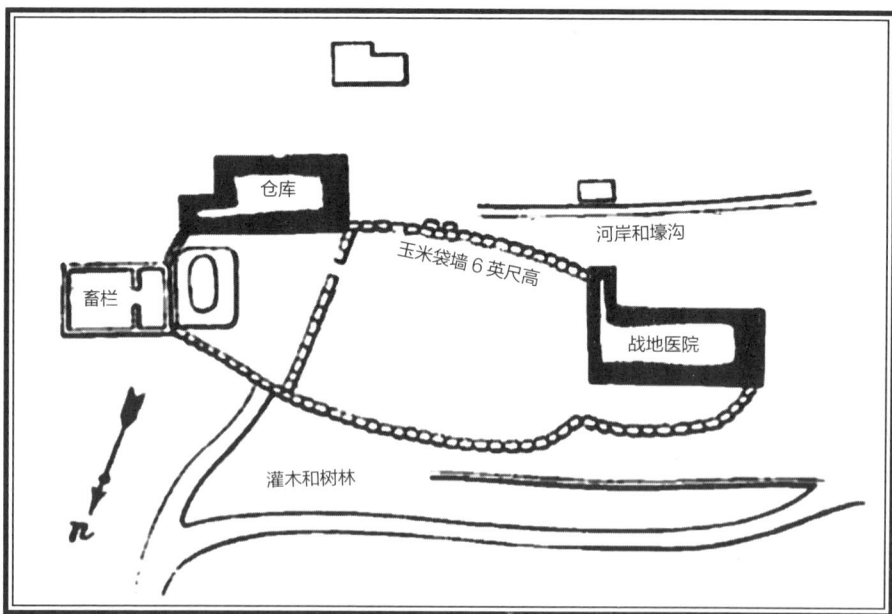

仓库

畜栏

玉米袋墙 6 英尺高

河岸和壕沟

战地医院

灌木和树林

▲洛克渡口防御示意图

分工事。仓库也开凿了射击口，门和窗户同样被堵死。仓库构成防线的东南、东北部是畜栏。胸墙沿着原来的石阶搭建，较外侧高约 2 米，内部及胸高。

祖鲁军早上 8 点出发，急行军 30 公里，8 个半小时后于到达了洛克渡口。他们使用轻型短矛和牛皮盾牌，部分士兵拥有缴获的英国步枪。但祖鲁人对枪械并不感冒，他们认为这是一种懦夫武器，而且他们也不怎么会使用。在为时 11 小时的战斗中，只有 5 名英军士兵被枪械打死。

4 点 20 分，执行警戒任务的土著骑兵与祖鲁前锋交战，但很快逃走了。他们的逃跑吓坏了本来士气就不高的土著辅助部队，后者也跟着逃走了。辅助部队的一名英国军官在逃走过程中被 B 连士兵打死。此时，守军只剩下 139 人，主要是 B 连和医院里 39 名伤员，能作战的只有 80 人。查德不得不缩短防御阵地，用饼干盒垒了一堵胸墙，以便不利时放弃医院退守仓库。当时，作为军用干粮的饼干是用燕麦粉、小麦粉、小苏打加盐做成的，硬的能砸死人，士兵一般须要把它煮上半个多小时才能吃，用来垒工事倒也是不错的选择。所幸补给站子弹较多，大约有 2 万发，如果是野战的话，以英军当时 70 发子弹的单兵携带量，他们必死无疑。战后经过点验只剩下 900 发子弹，平均每人打了 137 发。为什么英军单兵携弹量会那么少呢？一是传统，保守的旧军官们认为，不能让士兵们乱放枪，他们年轻时，打一场战只需要五六十发；二是当时的大口径黑火药步枪弹很重，马提尼的 .577 裸铅弹头重 350—500 格令，标定为 480 格令，装药 79 格令，即 36 克，加上弹壳，重量直奔 50 克。70 发就是 3.5 千克，再多就带不动了。

最开始，少数祖鲁士兵大声呼喝，试图诱使英军射击，查德命令不得开火。仓库顶上的哨兵发现祖鲁人大约有 4000 人。进攻洛克渡口的祖鲁兵团是其预备队，没有参加过伊散德尔瓦纳的战斗，对其他队伍的战果非常羡慕。祖鲁人的指挥官是祖鲁王开西瓦（CetshwayokaMpande）的弟弟达布拉曼姿（DabulamanzikaMpande）。他非常鲁莽，决定越过边境攻击纳塔尔。洛克渡口力量薄弱，正是个好目标。路上，他们还劫掠了几个纳塔尔村子。他们的行军速度在这种山地里算是相当惊人了，用整齐的步伐慢跑是祖鲁兵团的拿手好戏，他们是整个非洲最有纪律和战斗力的军队，也是其他部族模仿的对象。可以说，电影里的对他们令行禁止、勇猛无畏的描述并不夸张。祖鲁兵团的恩戈尼人模仿者后来还上演过人海攻击车阵（有马克沁机枪加强）的传说。但这个4挺机枪杀5000人的传说，既夸大了战果，又无视了参战的250名殖民地民兵和1000名土著辅兵，甚至把229名南非警察、224名边境警察也无视了。按理说，漏了谁也不能漏了边境警察啊，因为那4挺机枪是他们的。

600名祖鲁人首先从南方发起进攻，距离英军600码时开火。祖鲁人阵型密集，不断有士兵被击中，但这无法阻挡祖鲁兵团的攻击。祖鲁人冲到距英军50码处时，英军突然排枪齐射。猛烈的火力阻遏了祖鲁人的进攻。另有上千人从西面的灌木丛发起攻势，祖鲁人猛攻西北角。很快就有祖鲁战士冲到胸墙下面，有的开始挖胸墙的底部，有的试图翻越胸墙，但没有成功。他们蹲在墙下，用短矛向上挥砍，试图抓住伸出的枪管夺走步枪。一队祖鲁战士冲到医院门口，试图打开门窗，但布鲁海德发起反击，并在屋顶士兵的火力支援下，打退了这次进攻。

不久，医院的屋顶就起了火苗——祖鲁人点燃了屋顶。夜色已经降临，英军原本担心天黑后祖鲁人会有更大优势，但燃烧的屋顶照亮了战场。查德发现很难防御这么长的防线，便下令撤出医院的伤员，所有人退守第二道防线，集中防御仓库。祖鲁人三面包围了医院，并进入到医院内部。英军不得不在墙壁上凿洞转移伤员，2名伤员被杀，1名士兵被拖住没能通过墙洞。英军逐屋穿墙，终于把伤员转移到医院东面。燃烧的医院屋顶被烧塌，医院成了一片火海，这反而阻止了祖鲁人从这里进攻。

19点，天色完全黑下来，很多祖鲁人渗透到仓库墙角，试图再次火攻。借着医院的火光，英军不断射击。22点钟，祖鲁人势头明显弱了，他们从8点出发后就一刻没有休息，也没吃过饭。最重要的是，这次攻击并没有得到开西瓦的同意，完全是达布拉曼姿的主意。英军也到了极限，弹药越来越少。如果祖鲁人继续进攻，他们也坚持不到天亮。因为祖鲁人不留战俘且经常肢解敌人，厨师希契（Hitch）甚至请求战友打死自己。但也是因祖鲁人不留战俘的习惯迫使英军坚持到底。

午夜，祖鲁人不再发动进攻，医院的火熄灭后，祖鲁人也没有借着黑暗发动进攻，英军士兵都不敢相信战斗结束了。英军死亡14人、伤13人，另有1名纳塔尔骑警死亡、2名纳塔尔辅助士兵死亡。祖鲁人约有500—600人死亡。纳塔尔骑警在记录中写道："我们埋葬了375名祖鲁士兵，并且将伤兵投入坑中。在见到医院的伤员被肢解后……我们的心情非常沉重，所以没有放过受伤的祖鲁士兵。"B 连的一名战士则对《西部邮报》说："我们估计（杀死的祖鲁人）有 875人，但官方会告诉你只有 400—500 人。"

# 栓动式步枪（Bolt action）

手动步枪竞争中最后的成功者是栓动式步枪。从德莱塞开始，经过夏斯波步枪、格拉斯（Gras）步枪、毛瑟 1871 步枪、伯丹式步枪，克罗帕切克步枪（Kropatchek，旧称哧暗士得），最终发展出毛瑟式（毛瑟 Kar98、日本三八式、九九式、春田 M1903）、李－恩菲尔德式、莫辛纳干式、勒贝尔及混合式五种枪机，淘汰了曼利夏枪机后完全统治了手动步枪世界。

其中，过渡时期较为成功的有毛瑟 71/84 步枪，该枪是毛瑟兄弟在法国夏斯波步枪基础上进行改进设计而成。普法战争中，德军发现自己使用的德莱塞击针枪不如法国人的夏斯波步枪后决定换一种步枪。在竞争中，毛瑟 71 击败了巴伐利亚温德尔步枪（一种在皮博迪起落式枪机步枪基础上开发的步枪，其杠杆在上部），成为德军的制式步枪，并推广到海外市场。中国和毛瑟的渊源起自 1880 年伊犁危机。当时，各国从冲突中看到商机，纷纷向清廷推销武器。德国接着为中国建造镇远、定远的机会，向李鸿章推销了 2 万支毛瑟步枪。以此为契机，毛瑟步枪迅猛抢占中国市场。

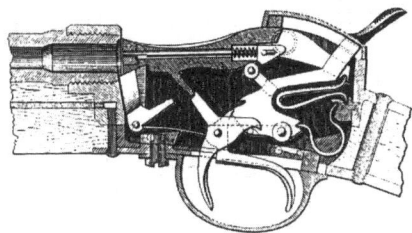

▲ 温德尔结构

普列文纳战役让德国人学到了重要的一课，他们意识到了单发步枪面对弹仓步枪时的劣势，于是考虑采用一种弹仓式连发步枪代替 71 步枪。保罗·毛瑟参考了温彻斯特步枪的弹仓，在 71

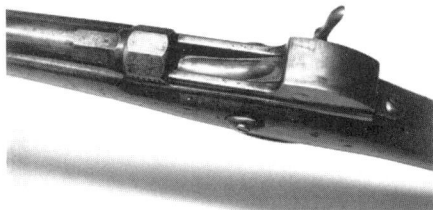

▲ 开锁状态的温德尔

步枪的下枪管护木中安装了一个管式弹仓，该枪被命名为 71/84 步枪。管式弹仓可以容纳 8 发子弹，加上弹膛里的 1 发，共可携弹 9 发。在中国，它被叫作 9 响毛瑟，俗称 9 响棒棒。71/84 步枪在中国装备非常广泛，西部的军阀一直使用到抗战初期。

不管是 11 毫米的德国毛瑟，还是 9 毫米的土耳其 9.5 毫米步枪，毛瑟 71/84 步枪一直使用黑火药弹。一战时期，德国本土的部队基本不使用该枪了，但在非洲的海外殖民地里，由土著组成的步兵还装备该枪。在与英印军进行的坦噶战役中，英印军组织混乱轻敌冒进，钻进了德军的伏击圈。激战中，躲藏在猴面包树上的东非步兵用毛瑟 71/84 步枪射击英印军，黑火药步枪冒出的白色硝烟浓密巨大，大部分是文盲的印度士兵以为德国人使用了什么新式武器，吓得丧胆而逃，一口气逃到海边跳进海水里。

栓动式步枪中比较特别的一个是曼利夏步枪，采用 5 发弹仓的曼利夏步枪包括 M1886、M1888/1890 以及 M1895 步枪。M1886 和 M1888 采用的直拉枪机下方有个楔子，因此又被叫作楔闩式闭锁，枪机运动时，楔子被与拉机柄相连的衬套推倒或竖起，起开闭锁作用，保险位于枪机左侧。

曼利夏步枪枪机有闭锁不稳固的缺点，因此很快便被 M1895 取代，M95 步枪采用直拉式枪机。这种枪机可以说是现代回转枪机的始祖，依靠枪机体内侧突耳，通过机头上的曲线槽导引机头回转达到开闭锁枪膛的目的，而且机头曲线槽上还带有直槽。这两条对称的直槽与抽壳钩尾部的突起相配合，这个突起会在闭锁及开锁时分别卡在枪机头的两个直槽上。

M1895 与之前的步枪外形上最容易辨识的是，M95 步枪的弹仓与扳机护圈连接在一起，之前的 M86/88/90 是分开的。曼利夏步枪枪机结构比较复杂，制造难度大，同时，直动式枪机的开锁速度比旋转后拉式枪机要慢得多，原因是旋转后拉式枪机的抽壳钩抓住发射完的弹壳后，在机柄向上运动的同时，弹膛内会产生杠杆作用将弹壳拉出弹膛，实现同时开锁，向后拉枪机时能顺势抽出弹壳。而直动式枪机不产生这个杠杆作用，且由于枪机与机头分离，枪机后坐行程较长，枪机的开锁速度要比旋转后拉式枪机慢。但开锁后，直动式枪机的运动很顺畅。曼利夏的另一个特色是弹仓，装弹原理跟后来的加兰德半自动步枪颇有相似之处，必须使用五发弹夹，装弹时将枪机拉到机匣尾部，露出装弹口，弹夹插入弹仓，到位后

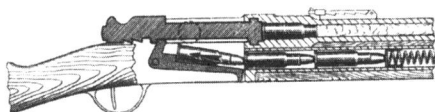

▲ 曼利夏M1895装弹

▲ 毛瑟71/84供弹结构

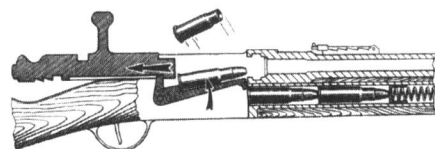

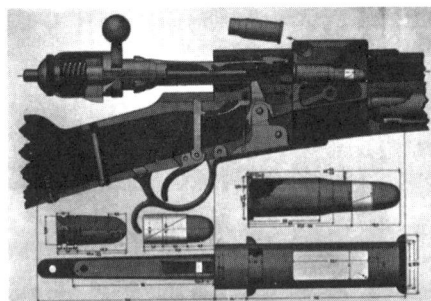

▲ 曼利夏M1895结构图

▲ 威利兹步枪

◀ 毛瑟71步枪

▲ 曼利夏枪机的三个状态

弹仓后上方的卡笋便将弹夹固定在弹仓里，向前推枪机时推弹入膛。最后一发子弹射击完毕后，再将枪机拉到机匣尾部露出弹夹，按下扳机护圈后的按钮，弹仓内的弹簧机构就把弹夹弹出。

　　另一种比较特别的是瑞士的维特利步枪，该枪的一个改进型M1870/87在中国被称为威利兹步枪。

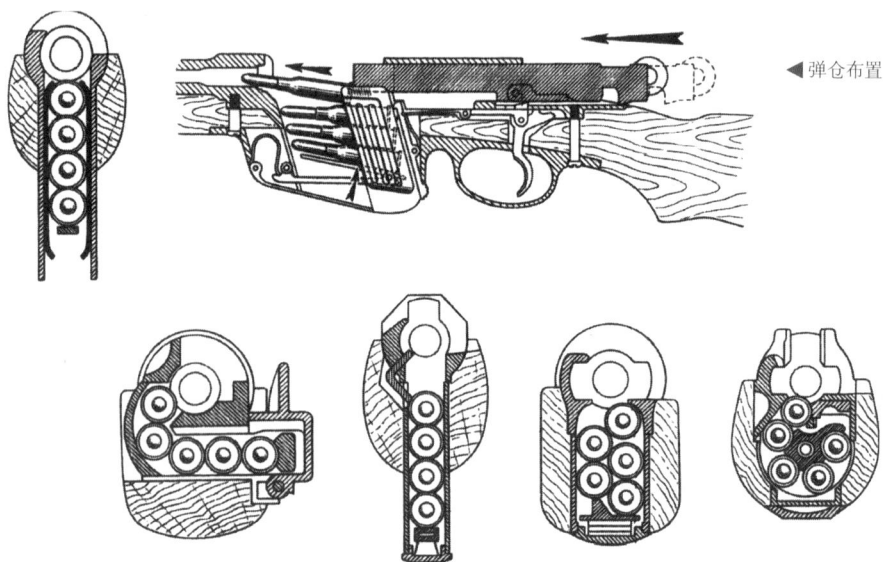

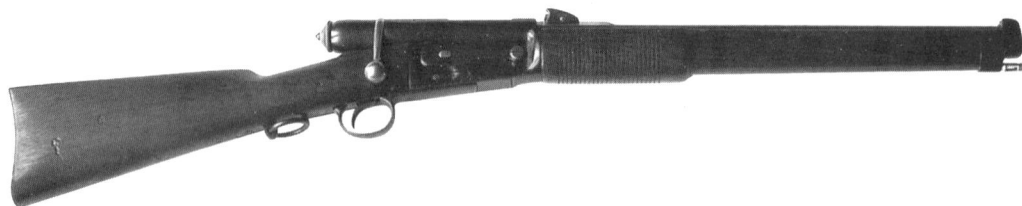

◀ 弹仓布置

▲ 维特利步枪，在瑞士步枪选型中击败了马提尼设计的步枪，最早的设计为单发步枪，由SIG的设计师弗雷德里希·维特利（Friedrich Vetterli）在1866年设计。后来的1867式采用12发管式弹仓，加上弹仓那发就是13发，1869型为11发弹仓。侧面的空洞就是装弹孔

维特利步枪的枪机结构后来为意大利卡尔卡诺步枪所借鉴。卡尔卡诺步枪由于意大利糟糕的战绩和薄弱的工业似乎在军事史上名气并不大，但在政治史上却颇有名气。肯尼迪就是被一支卡尔卡诺卡宾枪打死在敞篷汽车里，从那以后，美国总统都不坐非防弹轿车了。

从勒贝尔步枪开始，制式步枪便不再使用管式弹仓，新式弹仓的布置有几种形式。

## 过渡时期中国使用的步枪

晚清时，中国政局混乱，军事采购方面各自为政。从洪杨之乱起，各地督抚就自行购买枪械，但绝大多数官员对枪械一窍不通，常常被洋商玩弄于股掌之间。因此，枪械采购异常混乱，性能并不在考量之内，回扣才是重中之重。大批被西洋淘汰的武器倾销到中国，以至于当时各国生产的枪械在中国都可以看到。除采购枪械外，还有品种繁多仿造的枪械。

清廷裁汰湘淮改为防军后，各军武器也得到了整理。盛军（淮军提督周盛传所部）在小站驻防初期装备士乃得、云者士得等枪万余支，伊犁危机时购进哈乞开斯步枪6000支，冬训中以三百步悬靶五枪全中者为上。直隶练军一直装备着最先进的武器，光绪十年（1884年）前主要是林明敦、士乃得步枪，之后为黎意和毛瑟步枪，原用旧枪调拨其他各省练军。至甲午战争，淮军主要装备马提尼、士乃得、哈乞开斯、老毛瑟、林明敦和黎意步枪。

其他练军装备则很差，东北练军有大小洋枪1784支、来福枪648支、鸟枪23支、抬枪67支、云者士得枪270支、马林枪440支和哈乞开斯枪1073支，七项共4272支。

山东部队装备更差，李秉衡奏称：

旧存军械本属无多，现经各营纷纷请领，几无以应。且尽系旧式洋枪，难以及远……战端一起，各地督抚大量采购外国枪炮，饥不择食之下乱买一通。驻德国公使许景澄购得新式小口径五连珠快枪3000支、十响毛瑟1250支、平响毛瑟5000支。刘坤一购得马提尼14000支、毛瑟马枪1000支、比利时快枪10000支。李鸿章买的更多，包括哈乞开斯7000支、毛瑟枪12000支、小口径毛瑟五音快枪

10000 支、马提尼 10000 支。吴大徵购得奥地利小口径快枪 8000 支……

　　相对日军当时装备的单发村田 13/18 步枪，清军在枪械上并不落后，组织混乱和落后才是致命缺陷。士兵缺乏训练，军官素质低下，致使装备不能发挥作用。袁世凯在发给盛宣怀的电报中说："至兵枪，只知托平乱打，不起码牌（标尺），故弹及近，难命中，有用弹数十条，伤寇十余人，何能御敌。"清军有先进枪械，却并不是一支近代军队，对近代军队的内涵所知甚少，失败也就不可避免了。

# 打开潘多拉魔盒

## 一战早期毒气战的装备和战术（1914—1916）

作者／刘萌

······

毒气！毒气！孩子们，赶快！

一阵慌乱地摸索后，

正好及时戴上那笨重的防毒面具；

但还是有人在呼喊、跌倒和挣扎，

就像正被火海与烟雾吞噬一样。

透过玻璃片和深绿色的光，

朦胧地看见他淹溺在绿色的大海之下。

似在梦中，我束手无策地看着，

他在火中燃烧、喘息，在水中淹溺，

他向我扑来！

或许你也做过这样的噩梦：

跟在马车后随行，

车里装着你那中毒的伙伴，

他的双眼因痛苦而翻向一边，

他耷拉着脸，像害了邪症。

伴随着马车的震颤，

你都能听见血液在他那腐烂的肺里涌流的声音，

像不治的癌症一样令人厌恶，

像反胃的食物一样令人恶心。

对那些爱听勇士故事的孩子们，

我的朋友，你不可以告诉他们会使舌头长满恶疮的传说，

也不要再兴致勃勃地去讲述那个古老的谎言：

"为国捐躯，虽死犹荣。"

——威尔弗雷斯·欧文

在前段时间热映的以一战为背景的超级英雄电影《神奇女侠》中，新式毒气被影片中的反派——鲁登道夫将军认为是能扭转战局的秘密武器。整部影片的剧情主线也是围绕着如何摧毁这种新式毒气而展开的。那么，在第一次世界大战中被大量使用的毒气，真的能起到扭转战局的作用吗？毒气确如影片所塑造的那样是德国人的专利，而协约国则未曾沾染吗？

这一切都请听笔者慢慢道来。

毒气，在军事学上一般指的是用于作战的、除炸药以外的化学物质的总称，它在数千年前就已经被人发现，并作为武器使用了。不过，古代的"毒气"，只存在于历史的零星记载中，并不能认定它和现代的毒气是同一种武器。

历史上，斯巴达人在第二次伯罗奔尼撒战争（公元前431年—公元前404年）中，就曾用燃烧剂——如将硫黄、树脂及焦油等物混合——攻击敌人。公元前1世纪，罗马共和国将领赛多留亦曾派人在疏松的土地上扬起沙尘，使蛮族敌人无法睁眼，并因为发生剧烈的咳喘而不得不投降。

1604—1668年间，正值奥斯曼人威胁欧洲，大化学家格劳柏极力推崇制造烟幕弹和燃烧弹退敌，但由于当时的化学工业非常原始，并没有获得成功。不过在1700年的埃斯特兰战争中，瑞典国王查理四世便以烟雾扰乱敌人，这是历史上有明确记载的事迹。

到了拿破仑战争时期，英国化学家曾提议将氰化钾装填于炮弹之内，而法国将军佩利舍则曾在北非用烟雾去攻击卡拜尔人。在1855年的克里米亚战争中，英法联军攻打塞瓦斯托波尔要塞的时候，英军的邓唐纳德将军曾力推过一种毒气弹：这种毒气弹装填了恶臭的四甲二砷以及氧化四甲二砷，这种混合物质呈液状，流出弹体后遇空气可以自燃，因此有燃烧弹的效果，同时还会放出含砷的有毒气体。受到这种武器试用成功的鼓舞，邓唐纳德将军还想用三氧化硫作为毒气弹装填物，但并没有实现。在1870—1871年的普法战争期间，德国的一位药剂师还曾建议将喷嚏药装入子弹，以增强其杀伤力。

尽管1899年的海牙会议禁止了化学武器的使用，但在日俄战争（1904—1905年）后，法国、德国和英国都相继尝试了催泪瓦斯，而且认为这不算违反了《海牙公约》。一战爆发后，协约国的奋力抵抗使德军打速决战的计划破灭，于是从1914年9月第一次马恩河战役结束以后，如何打破堑壕战的僵局就成为一大难题。在试验了各种武器都无法破局之后，各参战国军方把目光重新投向了化学武器。

法国率先将战前巴黎警察使用的催泪瓦斯弹进行改进并投入实战。1915 年 1 月初，法国陆军工兵技术部门的负责人寇姆（Gen Curmer）将军命令巴斯德研究院和巴黎大学的加布里埃·伯特兰（Prof Gabriel Bertrand）教授设计一种新型的催泪瓦斯手榴弹。

在英国，1914 年底，伦敦南肯辛顿帝国理工学院的赫伯特·贝克（Profs Herbert Baker）和乔斯林·索普（Jocelyn Thorpe）教授在校内的一条模拟战壕内试验了大约 50 种可能的化学物质。1915 年 1 月，他们终于发现碘代醋酸乙酯可以作为一种有效的催泪瓦斯，而且不会腐蚀金属容器；但英国最高统帅部仍然不确定这种物质是否有效，直到他们派了一个人去帝国理工学院的模拟战壕中亲身体会，才打消了怀疑。通过考察后，这种物质被命名为 "SK"（South Kensington，即 "南肯辛顿" 首字母的缩写）。此外，一种以高爆手榴弹为原型改装而成的毒

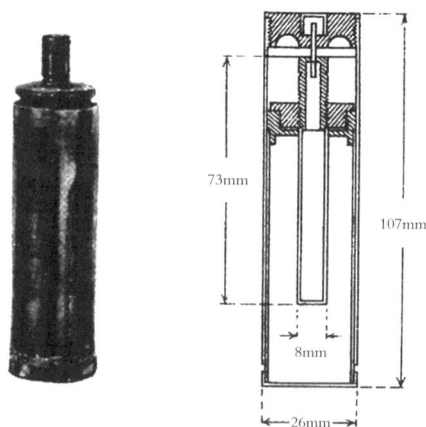

▲ 战争中的第一种化学武器——法国26毫米窒息性毒气枪榴弹，可以使用发射照明弹的卡宾枪发射。这种枪榴弹内部装填了35克溴乙酸乙酯，具有催泪效果，于1914年秋投入战场，但对德军没有产生什么威胁。1915年2月之后，法军开始使用一种尺寸更大的枪榴弹

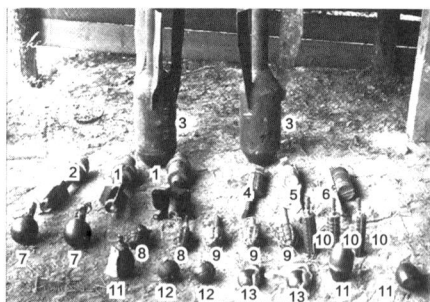

▲ 1915年，法军装备的各种毒气弹。其中，右下角标号11的是窒息性毒气手榴弹，它于1913年7月装备部队，使用黄铜（后来改为铅）制作，外面覆盖一层铁皮，采用一个摩擦点火装置引爆，内部装有少量炸药和160克溴乙酸乙酯；照片底部中心位置标号12的是伯特兰手榴弹，于1915年4月24日首次在战场上使用，这种手榴弹由铸铁锻造，包裹着一个玻璃球，投掷出去的时候玻璃球会发生破裂，将内部装填的25克氯丙酮释放出去；照片上部标号1和4的是57毫米战壕迫击炮弹，内部充满了光气

气手榴弹（因外形而得名"果酱罐"）在查塔姆（Chatham）进行了测试。1915年3月，一种用于榴弹炮的 4.5 英寸毒气炮弹也在舒伯里内斯（Shoeburyness）进行了测试。

　　德国人则试着在他们的 105 毫米榴霰弹中装填一种刺激性物质——氯磺化邻联茴香胺以增强威力，并于 1914 年 10 月在新沙佩勒（Neuve Chapelle）进行了实战测试，但并未引起对面英军的重视。汉斯·塔彭（Hans Tappen）是一位供职于德国陆军部重型火炮部门的化学家，他建议自己担任德军最高统帅部执行分部负责人的哥哥，将溴化苄和甲苄基溴（xylyl bromide）制成的催泪瓦斯投入战争。1915 年 1 月 9 日，装填这两种物质的 150 毫米榴弹炮炮弹在科隆附近的瓦恩炮兵射击场试射成功，并以塔彭名字的首字母命名为"T 炮弹"。1915 年 1 月 31 日，德军在博利姆（Bolimov）战役中，首次将 T 炮弹投入到攻击俄军的行动中，但数量的短缺限制了这种炮弹发挥更大的威力；此外，寒冷的天气也阻碍了这两种液

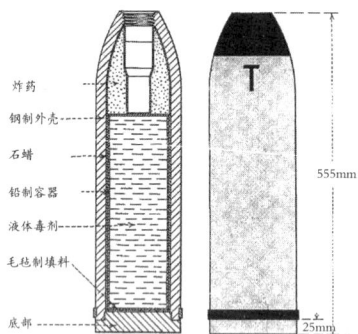

▲ 德国150毫米T炮弹，这是德军第一种投入实战的毒气弹。其铅制的弹体内容纳了大约2.3升催泪毒剂，还在弹头部位装填了少量炸药

标注：炸药、钢制外壳、石蜡、铅制容器、液体毒剂、毛毡制填料、底部；555mm；25mm

▲ 弗里茨·哈伯（1868—1934年），德国著名化学家，1918年诺贝尔化学奖获得者，被后人称为"毒气之父"

体毒剂的气化。因此，德军的尝试又一次被协约国忽视了。随后，德军在炮弹中装填了溴丙酮，并在3月发生于比利时海岸的战斗中，用这种炮弹攻击了法军。

炮弹的不足促使德国威廉皇帝物理化学研究所的主任、大化学家弗里茨·哈伯（Fritz Haber）教授研究新的毒气攻击手段。最终，他建议军方使用工业气瓶施放氯气。氯气在常温下为气体，加6个大气压就会开始液化。氯气与空气的比重为2.5∶1，比空气要重，所以在施放后冷却、体积增大的过程中可以长时间沉降在地表，适于用作攻击手段。其他战斗武器不能侵入的掩体内部，氯气也能渗透进去。而且，氯气还能在施放后逐渐与气流混合，随之流动，扩大杀伤范围。不过，因其易扩散、易溶于水的特性，故而在水网密布的地区效果不佳。利用其流动性，攻击方的步兵可以随风向紧跟在毒气云之后前进，且可以利用浓密的毒气云遮蔽敌军双眼，达到突然袭击的效果。

德国人认为，法军早已在战场上使用了窒息性毒气（cariouches suffocantes），这让他们有了使用催泪瓦斯炮弹和氯气瓶的合理借口，而且德国人还辩称，使用这两种武器并不违反《海牙公约》的某条具体规定。

1915年1月，德军总参谋长冯·法金汉将军（von Falkenhayn）批准了施放氯气的试验，并下令让哈伯教授负责代号为"消毒"的整个行动。1月25日，德国军方决定在比利时佛兰德斯战线以南形成的突出部——伊普尔镇（Ypres）对协约国发动毒气攻击。

为执行这次行动，德军专门组建了一支 500 人的毒气工兵部队，指挥官是奥托·彼得森（Otto Peterson）上校。该部队最初被称作"彼得森工兵指挥部"（Pionierkommando），不久后就扩充到 1600 人，被指定为第 35 工兵团。德军总部征用了 6000 个大型商用气瓶，每个可以装 88 磅液氯，还订购了 24000 个小型气瓶，每个可装 44 磅液氯。2 月，在步兵的帮助下，彼得森的人开始了布置氯气钢瓶的危险工作。每个钢瓶有 4—5 英尺（1 英尺 =30.48 厘米）高，约 187 磅（1磅 =0.4535924 千克）重，一开始都被部署在伊普尔战线的南部。发动攻击之前，一些钢瓶被盟军炮火击毁，泄漏的氯气毒死了 2 名德军士兵，另有 50 人受伤。3月 10 日，布置工作终于完成了，但风向一直不对，工兵们不得不耐心地等待风向好转。然而风向总是不利于攻击，直到意识到选择了错误的地点之后，他们才更换了阵地，这次选在了面向伊普尔镇的北部某处。截至 4 月 11 日，第 35 工兵团已经布置好 1600 个大气瓶和 4130 个小气瓶，共计装罐了 340 吨液氯，对准了由法军第 87 本土师和第 45 阿尔及利亚师据守的阵地。但行动前，德军就因风向不

## 德国化学工业与毒气战

强大的化学工业是发动毒气战的基础。

一战前，即使将所有协约国的化学工业生产量加在一起，也远远不能与德国八大化学联合企业的生产能力相匹敌。这八大化学联合企业均集中在被称为"法本工业托拉斯"的鲁尔区。打一场毒气战需要高效率的大规模生产。据估计，法本工业托拉斯当时拥有 4 亿美元的资金，完全能够满足战争需要；此外，它还能用生产染料的普通机器和制法大批量生产一战中所需的大部分毒气。截止到一战爆发，德国实际上已经垄断了全世界染料的生产，而英国当时只能生产自身所需的十分之一。

生产能力的这种不平衡状况成了协约国进行化学战的一个严重障

碍，甚至到战争结束时，英国的化学战能力还落后于德国。事实上，正是由于德国在化工生产上拥有的绝对优势，加之英国海军当时封锁了一条海上通路，断绝了德国制造高效炸药的原料——硝酸钾的供应，才促成德国最高统帅部产生了使用毒气的念头。化学工业是德国战争机器的基础，如果没有法本工业托拉斯的建立和大规模合成硝酸盐的生产，1915年德皇就不得不乞求和平了。可以说，毒气战的发动，既加强了法本工业托拉斯在德国的地位，又复兴了濒临破产的染料工业，要知道战争爆发前，德国的染料工业实际上已经停产了。

其实早在1914年秋德国最高统帅部的一次特别会议上，法本工业托拉斯的总裁卡尔·杜伊斯贝格（Carl Duisberg）就极力主张使用化学武器，他还亲自研究了各种战争用毒气的毒性。普鲁士人杜伊斯贝格是当时科学界和工业界的名流，但同时也是个极端自负和跋扈的人，甚至远在阿道夫·希特勒出名之前就大谈并坚信"元首原则"，是化学武器最积极的鼓吹者。

## 毒气瓶

无水液态氯，可以收容在铁制圆筒气瓶内（德军使用"孟涅斯曼"钢瓶贮存）。这些气瓶要留有一个阀门，施放的时候，只要打开阀门，液氯就会立刻气化。德军在1915年4月第一次发动毒气攻击的时候，使用了约6000个大型商用气瓶。根据使用经验，德军对商用气瓶进行了改进：缩短其长度，增大其直径。改进后的毒气瓶可以不必依赖较深的战壕，且转运也更加便利。初期，德军对毒气瓶的装填要在本土进行；其后为了降低转运成本和风险，各毒气工兵团才自行装填毒气瓶。每个毒气工兵团装备有专用贮藏车40辆，这些贮藏车所存的氯仍然是在本土装填的，但是在战线后方就可以使用钢制毒气瓶进行分装。德军的标准毒气瓶每个可以收容20千克毒气；法军的则分为轻、中、重三种，各收容15、27、40千克的毒气。

对而连续两次推迟攻击。雪上加霜的是，预计伴随毒气云突破敌军阵地的步兵部队被调往东线，参加对戈尔利采—塔尔诺夫的攻势。如此这般，第35工兵团的攻击一共推迟了4次。这期间，步兵突击队员一直隐藏在战壕中待命。

# 1915年春，伊普尔战役

1915年4月22日下午5点，伴随着尖锐的"嘶嘶"声，大量气瓶喷出的氯气聚集在德军阵地前，形成一堵厚重的云墙向法军阵地飘去。很快，法军战壕的守卫者们就在这种从未见过的黄绿色浓云中惊慌失措，他们本能地四散奔逃，而德军步兵则紧跟在毒气云后面。由于法军阵地上大部分官兵失去作战能力，纵深防御和野战炮兵近距离支援也陷入瘫痪，战线很快就被德军突破。不过在某些区域，德军的攻势陷入了停顿，尤其在侧翼比利时和加拿大军队的阵地上——毒气仍然停留在那儿。在法军阵地中心的扇形区域内则呈现出一片肃杀景象，用一名德军军官的话来说就是："敌人像一群受惊的绵羊一样逃跑。"受到毒气攻击的英军由混杂着苏格兰高地团的加拿大军组成，法军则由阿尔及利亚军团构成。浓密的毒气云给防守该区域的协约国军队留下了极其惨痛的印象，甚至在后方都引起了巨大的混乱。那些回到战线后方的法军官兵，很多都还来不及庆幸，就倒毙在了前往卫生所的途中。

紧跟在毒气云后方小心翼翼前进的德军士兵见到了一个前所未有的恐怖场面：协约国士兵横七竖八地躺在地上，胳膊伸得老长，像是要逃离毒气袭击的样子。在满是尸体的战场上，那些伤兵

▲ 1915年4月22日，德军发动史上首次大规模毒气攻击时的场景。为施放氯气，需先将钢瓶半埋入战壕中，再用铅管连接钢瓶的瓶嘴。图中的德军毒气工兵部分戴着浸渍了海波溶液的口罩（图上），还有部分佩戴着"德尔格"氧气呼吸器（图右）

和快要死去的士兵趴在地上拼命挣扎，喘息，咳嗽，从肺里大口大口地吐出黄色黏液，然后慢慢死去。凡是和氯气接触过的金属全都生了锈：纽扣、表壳、硬币都变成了暗绿色；步枪的金属部分全都锈坏了，看上去就像在泥淖中浸泡了好几个月似的。

德军趁机夺取了英法联军的前线阵地，还夺下了他们的预备阵地，就连数月来爆发最激烈争夺战的协约国交通枢纽点——兰赫马尔克村都被德军轻松占领。

一些还能走动的法军士兵都逃走了。英国人突然发现在他们扇形战区内的通路和桥梁上挤满了撤退的士兵，他们中的大多数人只能指着自己的喉咙示意。到下午 6 点前，甚至在 10 英里（1 英里 =1.609344 千米）外的地方，氯气云团仍然能使人咳嗽，刺痛人的眼睛。快到晚上 7 点时，法军所剩无几的枪炮声也沉寂下来。

其实，氯气并不能直接使人窒息，但它能刺激人的支气管和肺的内壁，使人中毒。一旦气管和肺发炎，就会分泌出大量液体，堵住气管，使口内生出水泡，液体充满整个肺部。为了逃避被氯气毒害，有些士兵竭力把嘴巴和鼻子埋到土中，有些士兵则惊慌失措地逃走，但试图远远逃离烟云的人由于呼吸急促反而中毒更深。毒气使他们呼吸困难，憋得脸色发青，有的士兵甚至因为剧烈的咳嗽，导致肺部破裂；由于血液无法携带氧气，氯气受害者的嘴唇和面部呈现出天蓝色。后来英军的一份死亡报告

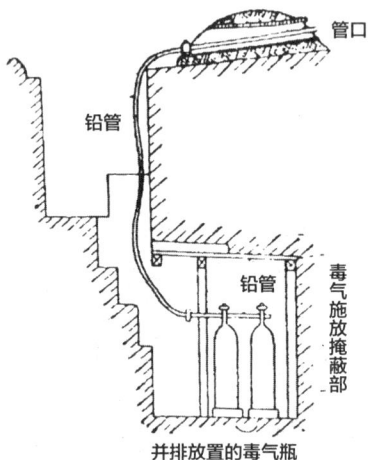

▲ 1915年4月22日的德军毒气施放装置示意图

▲ 1915年4月22日，遭到毒气攻击的伊普尔地区普尔卡普勒（Poelcapelle）的一处法军战壕，德军在占领该战壕后拍下了这张照片。照片中，毒气受害者仰面倒在地上，拳头紧握，暴露在氯气中的脸和嘴唇呈现出蓝色

称这些被害者："被淹死在自己的分泌物之中。"在这次攻击中，协约国军队共有 800—1400 人丧生，另有 2000—3000 人受伤。据德军第 35 工兵团的战斗日志记载：此时战斗中，德军共俘虏协约国士兵 5000 人，缴获大炮 60 门——但大部分炮的尾栓皆被锈坏不能使用了。

许多人都认为，如果德军能够正确估计他们的攻击威力，并做好充分准备的话，将会取得更大的突破。然而实战证明，大量步兵紧跟在毒气云后面进攻是不可能的，因为合适的风向无法被提前准确预知，这就导致没有足够的时间来集中大量部队。

## 协约国的防护措施

事实上，在遭到攻击之前，协约国已经从德军逃兵那里获得了警报——其中一名逃兵身上携带着防毒面具；并且比利时也收到了来自防毒面具制造商传来的信息。这些情报在伊普尔突出部的多国部队内部流传，但是当时并没有人理解这样的攻击究竟意味着什么，他们假定这是一次小范围的局部袭击。在 4 月 22 日之前，突出部内的协约国部队并没有进行任何相关防护。

4 月 23 日，法国战争部长命令巴黎市政实验室的主任安德烈·克林（Andre Kling）博士去调查这次毒气攻击事件。此外，克林博士和伯特兰教授还应寇姆将军的要求，开始研制防毒面具。他们有两种德国防毒面具可供参考，克林选择了结构相对简单的一款作为原型进行设计。设计完成后，寇姆将军组织巴黎百货商店的女裁缝们赶制生产，但由于毒气的种类还没有被最终确定，因此也就无法选择中和剂，这些防毒面具只能先用水润湿凑合使用。4 月 24 日，战争部决定先生产 10 万件这种防毒面具，并要求陆军方面做好生产相同防毒面具的准备。

4 月 25 日，克林博士抵达伊普尔，确认毒气为氯气。一份来自前线药剂师的报告称：一具缴获的德军防毒面具上浸渍了硫代硫酸钠（即"海波"，通常用于冲洗照片）和碱性水合物溶解在甘油溶液内的混合物，这些信息立即被传播至全军。28 日，寇姆将军召开了一次有化学工业界代表出席的专家会议，要求他们首先考虑如何采取报复行动。此外，会议还决定将防毒面具的订单数量增加到 100 万件，并尽快发放到士兵手中。为了保护关键人物，譬如机枪手和军官，高层特地为他们准备了矿山救援用的氧气呼吸器，这些装备会被立即送往巴黎。30 日夜间，防毒面具连同2800枚窒息性毒气手榴弹和3500枚伯特兰手榴弹率先被配发给了法国陆军第10军。

4月23日，英国远征军总部（GHQBEF）发布了第一条关于毒气防护的指令。总部认定德军使用的毒气为氯气，并指示前线官兵将战地止血包浸泡在小苏打溶液中制成简易的防毒面具。将布片浸渍碱性溶液，例如尿液当中，也可以中和氯气，甚至白开水也有一定的效果。由于后方的防毒面具姗姗来迟，很多部队只能先自己动手制作。伊普尔突出部内，波珀灵厄修道院（Poperinghe Convent）的修女们用软麻布条捆扎成简易防毒面具，第二天晚上便将3000具这种防毒面具送到了英军第27师的战壕。

4月24日凌晨2点，德军对法军阵地右翼的加拿大第1师发动了一次小规模的毒气攻击。当天晚上，由大约15吨氯气组成的浓厚云墙飘过荒凉的无人区袭来。加拿大第1师下属的温尼伯第8步枪团第8营的博特伦上尉发现"一股黄绿色的烟雾从大约600码以外的德军阵地前沿升起，这股烟雾以每小时8英里的速度沿

▲ 反映1915年4月24日，德军对加拿大军队发动氯气攻击的油画

着地面向我方战壕飘移，到达我军前沿阵地时离地面不过 7 英尺"。浓密的氯气烟雾笼罩着加拿大士兵。在之后的几个小时内，他们接二连三地遭到毒气云的袭击。毒气云十分密集，以致把太阳都给遮住了。有一两次他们透过烟雾，看见德军步兵作潜水员模样的打扮——戴着前面装有一块玻璃眼镜的大兜帽。协约国军战线后方的人们也如同前线的士兵一般，惊慌失措，狼狈逃窜。在前沿战壕到各支撑点的一小块空地上，博伦特清点出了 24 具惨遭毒气虐杀的士兵尸体，这些死者生前都曾拼命地挣扎，试图逃离毒气云覆盖的地区。博特伦本人也呕吐、腹泻、呼吸困难，身体十分虚弱，"胸中有一种十分沉重的感觉"。

当时，温尼伯第 8 步枪团只能用手帕和塞满棉花的弹药袋进行防护——由哈里·诺伯尔（Harry Knobel）中士首创，他们将这些东西放进盛满水的行军大锅中浸湿，再用其掩住口鼻。透过湿润的布料呼吸，可以过滤掉一部分氯气，使人不至于马上中毒，但前提是氯气在从德军阵地飘过来的途中浓度有所下降。马修斯（Matthews）少校描述道："一堵黄绿色的气体云墙至少有 15 英尺高，在不到 3 分钟内就吞没了我的人。"有一些毒气继续飘向后方，但大部分都停留在战壕的胸墙之后："人们剧烈地咳嗽、吐痰、咒骂着，匍匐在地上并试图呕吐。"（加拿大国家档案馆 CAB45/156）

迅速保持站姿，并且不在毒气云中乱跑，这两点极大地增加了拿大人的生存几率，因为毒气云不久后就飘过了阵地。但最终，氯气和炮击还是迫使他们撤离了战壕。

此次，德军的毒气施放和大炮袭击杀死了约 5000 名协约国士兵。加拿大温尼伯第 8 步枪团第 15 营的格林·德利中士是被从战场送到简易卫生站的数百名士兵之一，但医生对毒气中毒的病人束手无策，两天后格林·德利在喘息中死去。给他治疗的军医称这种死亡是由"空气饥饿"导致的，他用蓝铅笔在死者的尸检报告中写道："死者的脸、颈部和双手明显变色。打开胸腔，左右肺叶皆已肿胀。移动时，肺中渗出大量淡黄色带泡沫的分泌液。显然这是一种高蛋白物质，因为轻轻敲打足以使它凝固成鸡蛋白似的东西。大脑表面的血管大量充血，所有的小血管都明显凸起。"

在这次毒气袭击中幸存下来的士兵里，有 60% 的人不得不被送回家。到战争结束时，他们中有一半人都成了残废。

4月26日，英国远征军总部根据情报军官、工业化学家乔治·波利特（Genorge Pollitt，他刚刚在苏黎世组建了一个间谍网）中尉的建议，发布了一条指令：毒气来袭时，将一条用水浸湿的折叠成正方形的法兰绒或一条团成小球的手帕塞入口腔之中。

时任英国战争大臣的基钦纳（Lord Kitchener）勋爵会见了一名研究气体中毒的专家——约翰·霍尔丹（John Haldane）教授，他同时也是潜水病成因——由潜水员上升过快所导致——的发现者。英国海军大臣温斯顿·丘吉尔曾建议将海军施放烟雾演习时使用的一种棉绒口罩作为防毒面具来使用，但霍尔丹直言这毫无用处，因为一旦棉绒被中和剂溶液浸湿，就不能透过它呼吸了。然而，陆军部已经根据丘吉尔的建议在《每日邮报》上发出了号召，要求民众制作这种棉绒口罩以及用一小块针织布料制作的另外一种防毒面具。这则启事发表在4月28日的头

▲ 在1915年5月1日的氯气攻击中受害的第60高地上的英国士兵，拍摄于第二天位于巴约勒的第8号伤员急救站。为了缓解伤员呼吸困难的问题，医护人员特地将病床设置在露天。伤员身旁的盆是为了承接从他们肺部涌出的液体。此次共有17名氯气受害者被送到这个急救站，但最终只有3人活了下来。来自多塞特郡第1步兵团B连的军士长欧内斯特·谢泼德在日记中详细记载了当时的情景："这些气体是致命的毒药……接下来的场景令人心碎……发现身边的战友不断死在烟雾中，我们想要冲出去，但上级不允许这么做……如果是在真正的战斗中伤亡惨重我们不会太在意，但亲爱的战友就像陷阱中的老鼠一样死去……多塞郡团现在的口号是'不留俘虏'。"

▲ 1915年5月或6月初，一群来自苏格兰高地团阿盖尔郡第2营的士兵们佩戴着临时制作的简易防毒面具，当时他们的阵地位于博伊斯·格勒尼耶地区。他们手里的瓶子中装有海波溶液，用来润湿防毒面具口鼻部的衬垫。在5月3日的毒气攻击中，伊普尔以南的英军第3集团军普遍装备了无效的、《每日邮报》召集的防毒面具，这种状况引起了在苏格兰第1步兵团服役的莱斯利·巴利中尉的忧虑，不久后他在阿尔芒蒂耶尔一所中学的科学实验室内研发了自己的防毒面具。巴利的防毒面具先将废棉絮浸泡在海波溶液中，再用一条棉布带包裹，以掩住口鼻，棉布带则可以系在佩戴者脑后。佩戴这种防毒面具，巴利成功用一个装满海波溶液的手动农药喷雾器清理了一个房间内的氯气。几天之后，共有8万个巴利防毒面具由当地村民和修女制作出来，喷雾器也成了战壕的标准装备

版头条上，标题为《妇女们忙起来——为我们的战士们赶制防毒面具，每个家庭都能起到作用》。第二天，陆军部宣布已经募集到了3万个防毒面具，不再需要更多的了。《每日邮报》号召制作的"防毒面具"是完全无效的，尽管当局向霍尔丹保证这些不会被送往前线，但还是有很多热心的民众通过自己的方式把自制的"防毒面具"寄给了前线官兵。

5月1日，德军以60罐氯气对伊普尔以南第60高地上的协约国军队发起了攻击，在此处，双方战壕最近的地方只隔了20码。傍晚，多塞特郡第1步兵团下属的一个连正按照波利特中尉的指令，迅速将布料浸湿；另一个连则焦急地等待着水运抵阵地。这时候毒气已经弥漫了战壕，许多人立即窒息倒下，可是战壕底部的毒气浓度更高——氯气的比重比空气大，一旦倒下很快就会被毒气包围。绝大部分官兵开始发现：干布条对抵御毒气攻击完全无效。一名军官试图用擦枪的绒布掩住口鼻，直到就快要窒息的时候，才改为用浸过水的手帕，这让他一直坚持到了傍晚6点。他和另外一名军官聚拢了连里所剩无几的幸存者，爬上射击台并一直开火阻击进攻的德军。往上爬的幸存者们脱离了滞留在战壕底部的毒气，湿布条终于开始发挥防护作用，让他们得以继续战斗。这时候风向发生了改变，德国人反而陷入了自己施放的毒气中，并产生伤亡。多塞特郡人顽强的防御使得德军首波毒气攻击未能拿下阵地，但协约国军的损失也十分惨重：C连只剩下38人还能行动。

▲ 德军在战争初期装备的防毒面具，由防毒口罩和眼罩组成，口罩中容纳的废棉絮浸泡过海波溶液，英军的黑面纱防毒面具就是在它的基础上设计的

▲ 黑面纱防毒面具，这些浸渍过海波溶液的防毒面具在1915年5月24日的氯气攻击中，拯救了数以百计的生命。照片中没有陈列出与之配套的眼罩，在不使用的时候，眼罩通常被放入一个防水袋里，以防止浸渍的溶液被蒸干

5月2日，德军对由英军9个营据守的、长3英里的阵地施放了毒气，英军的损失极为惨重——他们只有一块绒布、羊毛腰带或没用的、《每日邮报》征集来的防毒面具。这些防卫者们顽强地给进攻的德军再次造成了重大伤亡，使得他们未能夺取任何一道战壕。但5月5日，德军在另外两次毒气攻击的帮助下，终于夺取了第60高地。

4月27日，英军俘获了一名携带防毒面具的德军士兵。正在前线调查毒气攻击的贝克和霍尔丹教授如获至宝，他们把这具防毒面具带回本土进行测试，并准备改造后投入大规模生产。贝克教授的设计是：将一张浸泡过硫代硫酸钠、碳酸钠和甘油溶液的棉垫包裹在纱布内，用其掩住口鼻，可以阻挡氯气、溴、二氧化硫和一氧化二氮等气体。因为毒气通过棉纱时，棉垫中的盐溶液会与其发生化学中和反应，去除毒性。此外，贝克还设计了一种眼罩：将纱布切成18英寸长，再将布条从三分之一处对折，沿两侧缝合，以在其中心形成一个口袋；纱布的末端可以绑在头部，但为了调整松紧，末端并不缝合。由于贝克选择的材料是黑色的哀悼纱布（因为其最有效），因此这个设计被称为"黑面纱防毒面具"。

5月3日，黑面纱防毒面具的生产被迅速批准，但两天后霍尔丹从法国回来才发现：陆军部直到不久前才刚下订单。贝尔公司和希尔思＆卢卡斯制

▲ 海波兜帽。最初一批产品采用标准的陆军灰色法兰绒衬衫布制作，直到这种布料短缺，才改为使用羊毛、棉绒的混合物，例如维耶勒法兰绒等。此外，卡其色染料也被加入到兜帽的浸渍溶液中。图中的海波兜帽属于戈登高地人团第10营的大卫·福根中士，他参加了英军在洛斯前线的战斗。图中右侧是存放兜帽的包，福根在上面绣了自己姓氏的首字母"F"，这种兜帽包从1915年8月5日开始装备英军部队

▲战壕中，佩戴海波兜帽的英印部队

药公司开始赶制这种防毒面具，然而一起事故的发生又使生产被迫中断了一段时间——公司错把烧碱（氢氧化钠）当成碳酸钠使用，致使浸渍防毒面具的女工烧伤出血。

5月初，来自英国远征军总部的一小部分专家应协约国军总司令部的要求，聚集在一所高中的科学实验室内，包括莱斯利·巴利（Leslie Barley）中尉，一名服役于苏格兰第1步兵团的化学家；伯纳德·莫阿特－琼斯（Bernard Mouat–Jones），他曾是贝克的助理教授，眼下在伦敦的苏格兰部队中作为列兵服役；还有一名来自纽芬兰步兵团的军医，克吕尼·麦克弗森（Cluny MacPherson）上尉。他们都很清楚黑面纱防毒面具的缺陷：匆忙之间很难戴到嘴部；毒气可能会从面具边缘漏进来；只能防护很短的时间。他们戴上这种防毒面具进行测试时，都受到了氯气的伤害。

于是，麦克弗森上尉将法兰绒袋浸渍在海波溶液内，再镶嵌一片云母作为窗口，从而制成了一种能将佩戴者的头部完全封闭的防毒面具。这种防毒面具穿戴容易，不仅解决了漏气问题，而且防护时间更长。伦敦方面认为麦克弗森的发明优于黑面纱防毒面具，但是后者已经开始大量生产，如若更换产品，将会耗费不少时间。尽管在陆军部的命令中，麦克弗森的发明被称为"防烟兜帽"，但这种防毒面具却更多地以"海波兜帽"的名字闻名于世。5月8日，海波兜帽被运抵法国，按每个师1000具的比例分配。然而在运输过程中，由于汽车排出的热气，不少海波兜帽的云母窗发生了破裂。厂方尝试以三乙酰纤维素代替云母，但并未完全解决这一问题。同时，手动的喷嘴式农药喷雾器也被下发到一线部队，里面装填了海波溶液，用于中和滞留在战壕内的氯气。

对黑面纱防毒面具的真正考验是在5月24日，当天德军对伊普尔突出部发动了大规模氯气攻击。毒气的体积和密度都远远超出了英军的预计，在半英里长的阵地内，至少46个营暴露在毒气中，时间超过一个小时。在这样浓烈的毒气攻击下，英军的防护手段并不能帮助他们脱离危险，况且也不是人人都装备了黑面纱防毒面具，戴上海波兜帽的人则更少。当天只刮起了微风，毒气花了整整45分钟才通过英军战壕，而士兵的防毒面具每隔5分钟左右就得重新浸泡一次。皇家都柏林燧发枪团第2营的军官们不得不强迫手下士兵把重新浸泡过的防毒面具拧干后使用，这样他们才不会窒息死亡。严重中毒的士兵随处可见，他们脸色发青，呕吐不止。距离前线3英里的树木和房屋全都被毒气笼罩；6英里外仍能闻到臭味；即使在9英里外的地方，氯气依然能使人呕吐，并刺痛眼睛；再往后3英里就是普雷城，那里的房子、树木都被毒气和硝烟遮盖住，医院的地下室"充满了烟雾"。在战壕中——距离德军毒气瓶只有几百码的地方，这次毒气攻击制造了大量惨象。威尔逊将军曾这样写道："一开始，士兵们都正确使用了这种防毒面具。可是在毒气的熏灌下，他们开始窒息，不得不一次又一次地用布置在战壕里的苏打水来浸渍防毒面具。""毒气烟雾不断涌来，士兵们焦躁不安，他们没等拧干苏打水，就把防毒面具捂在嘴上。结果，他们无法通过饱和了苏打水的防毒面具进行呼吸，却以为是受毒气影响而正在窒息，便又在较短时间里再次浸泡防毒面具。而在浸泡的间歇，他们不是屏住呼吸而是艰难地喘息，结果毒气使他们失去了知觉。"

这次攻击长达4个多小时。在以后的几天里，近3500人须要治疗毒气引起的中毒，其中一半多需送回英国治疗，死亡数字不详。德军攻占了炮弹陷阱农场（Shell Trap Farm）和环绕贝莱沃尔德湖（Bellewaarde Lake）的战壕，但进一步的推进却被英军未受毒气波及的机枪火力和炮火所阻挡。转天，第二次伊普尔战役接近尾声。这次攻击在英国本土引起了轩然大波，对毒气军事效果的夸张描述深刻影响了军

▲ 佩戴C2式防毒面具的法军士兵

◀ 早期的法国"敷料纱布1号"防毒面具。1915年8月，根据加布里埃·伯特兰教授的建议，士兵们开始佩戴浸渍过蓖麻油的护目镜

方的复仇计划。

法军方面，从4月22日起便开始全面装备防毒面具，共花费了将近3周的时间。幸运的是，在此期间他们没有遭受毒气攻击。5月12日，15万具巴黎制造的防毒面具被配发给战线北方的部队。一天前，军方对尚未收到防毒面具的部队下达了一条指令，告诉他们将干草或其他植物纤维浸泡在水中，数小时后再用手帕包起来，可作为临时防毒口罩使用。令人欣喜的是，法国驻伦敦武官德·拉·帕努泽（de la Panouse）上校收到了一份关于防毒面具的详细报告，法国军方随即决定仿制英国的黑面纱防毒面具和海波兜帽。克林博士造访了5月24日遭受德军毒气攻击的地区，之后他在报告中称所有部队均应装备防毒棉垫或海波兜帽，而且法军的防毒棉垫应该更大一些。从5月27日开始，法军的防毒棉垫尺寸增大到5×10.4英寸，但由于废棉絮短缺，麻絮也被作为替代物填充了进去。

同时，法国的另一种新型防毒面具也在研制之中，它被命名为"敷料纱布（Compresse）2号"，简称"C2"。C2整体外形类似黑面纱防毒面具，但将布条更换为宽大的布带，末端逐渐变窄（可以系在头上），并且加入线框以保持填充物的均匀分布。一些C2式防毒面具的填充物中被加入了甲基橙，作用是预警——一旦吸收剂消耗殆尽就会变红。在经历了生产和运输上的一系列拖延后，到1915年8月中旬，法国已有超过100万具C2式防毒面具被配发给部队。

在伦敦，法国军方要求帕努泽上校订购33000码卡其色维耶勒法兰绒面料用于制作海波兜帽，并对其他织物进行了测试。首批8000具法制海波兜帽于5月21日被派发给战线北方的部队；第二天，另外40000具也被派发给各条战线上的法军部队。由于易于装备，海波兜帽在前线官兵那里十分受欢迎。然而，已经下了200万海波兜帽订单的英国出于对自身产量不足的担心，拒绝再向法国交付维耶勒法兰绒。法军各支部队只能就地寻找公司为他们生产海波兜帽，以致其面料和设计变得五花八门。

此时，德军毒气部队转移到了东线。从5月31日开始，德军连续发动了多次云状毒气攻击。在当日的第一次攻击中，德军抓住了俄军防备松懈的时机——俄军部队正在换防；在毒气云的袭击下，俄军的伤亡高达5000人，但前去探查情况的德军侦察部队同样遭到了意想不到的阻击，而且风向的改变还让德军自身伤亡了 56 人。在 6 月 12 日的第二次攻击中，毒气又被风吹了回来，造成德军 350 人伤亡。最糟糕的是 7 月 6 日的第三次攻击，有接近 1450 名德军官兵因吸入毒气而中毒，其中有 130 人死亡。

自 1915 年 5 月起，德国炮兵开始采用新的毒气战术和化学武器攻击法军。他们集中使用 T 炮弹进行炮击，以赶走战壕中的法军，但这让德军自己也无法占领染毒的战壕。1915 年 6 月 20 日，德军发动阿拉贡攻势首日，就使用了 25000 枚 T 炮弹，毒气形成的白色云墙使得 C2 式防毒面具都完全无效了。3 天后，当克林博士勘查现场时，这片区域已经成为无人区。他发现德军战壕迫击炮发射的炮弹中含有溴，能形成一种浓密的红棕色蒸汽，对人的眼睛和呼吸道具有强烈的刺激作用。法军的 C2 可以防止吸入溴，但并不能对眼睛进行防护，而即便是极低浓度的溴，也能让眼睛产生强烈的刺痛感。10 天后，德军继续采用 T 炮弹攻击法军，这次他们捕获了 3000 名俘虏，并迫使法军撤离阵地。

7 月 16 日，德军首次使用了氯甲酸氯甲酯（又被称为 "C 液" 或 "K 液"），这是一种比氯气毒性更强的肺毒剂，具有强烈的催泪效果。他们再次捕获了大量俘虏，但未能趁机突破法军阵地。克林博士确认了一份来自前线样本中的化学物质，并将其命名为 "拜拉特"。此外，德军还尝试了其他催泪毒剂，包括在 7 月试用的溴丙酮（B 液）和 8 月试用的甲基乙基甲酮（Bn 液）。通过这些毒剂，德军在圣米耶尔（St Mihiel）又抓到了 5000 名战俘。

## 英国 P 兜帽

最令协约国的科学家们感到恐惧的是，一旦德军使用比氯气毒性更强的毒气发动攻击，他们现有的防毒面具将会毫无用处。为解决这个问题，位于伦敦米尔班克（Millbank）的皇家陆军医学院进行了相关研究，担任项目负责人的是一名陆军医学教授珀西・S. 勒林（Percy S.Lelean）中校。

在德国人可能选择的毒气种类（一度超过 70 种）中，有两种毒气威胁最大，那就是光气和氰化氢。科学家们最青睐的解决方案是将一层层过滤不同毒气的材料装入一个盒子内，但被军方拒绝，因为此方案与现有的设计差别太大，投入生产将耗费大量时间，这是非常危险的。因此研究的重点仍旧放在了寻找可以同时过滤多种毒气的化学物质上，然后将这种物质填入海波兜帽中。

　　米尔班克皇家陆军医学院设计了一种防护化学武器的装备后，先用老鼠做测试；一旦老鼠能够幸存，就换用猪来做实验；最后再用人类志愿者测试新型兜帽。所有参加过这项工作的科学家都曾在试验中中过毒。贝克一直与位于圣奥梅尔（St Omer）的英国最高统帅部的麦特·琼斯（Mouat Jones）保持着联系，他们几乎同时发现了一种至关重要的化学防护物质——苯酚钠。贝克是在自己家中做试验时发现这种物质的，当时他用浸渍了苯酚钠的布片掩住口鼻，然后吸入氯气和光气。随后，一种叫"苯酚盐兜帽"（Phenate Helmet）的防毒面具在米尔班克进行了试验，

▲ 图中显示的是P兜帽内侧的呼气阀，这个呼气阀可以固定在牙齿上。当时，在兜帽上安装这种阀门或通气管是有争议的，因为需要佩戴者用鼻子吸气，用阀门呼气，这个流程在毒气进攻的压力之下被认为太复杂了，不容易记得住。图中的P兜帽来自英国皇家工兵博物馆，制作它的布料中还包括从睡衣裤上剪下来的绒布布头

▲ 1915年，佩戴P兜帽、手持恩菲尔德长步枪的军官学校学员在位于珀弗利特的模拟战壕进行训练

▶ 博物馆中现存的两个P兜帽，其中左侧的外形与标准的差别较大，可能是自制的版本

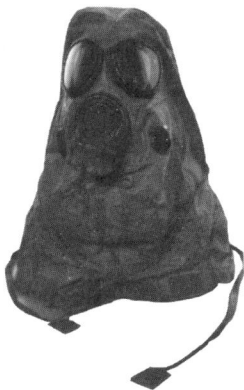

科学家们发现它能够同时阻挡光气和氰化氢。

新型兜帽由两层棉绒布制成，因为具有腐蚀性的苯酚盐会导致海波兜帽的羊毛法兰绒腐烂；窗口被两片玻璃目镜取代，边缘用锡钢圈压紧，确保密封。由于佩戴者呼出的二氧化碳会减弱兜帽对氰化氢的防护作用，为解决这个问题，兜帽上安装了一个阀门，以将二氧化碳排出，由此在陆军命令中这种兜帽被称为"管盔"。反对"管盔"的意见十分微弱，因为有确切的情报证明德军将会使用一种更致命的毒气，而现有的协约国防毒面具在它面前是完全无效的；其中，光气是最大的怀疑对象。因此，采用简称为"P（苯酚盐的首字母）兜帽"的苯酚盐兜帽作为英军的新型防毒面具势在必行。到1915年11月中旬为止，前线英军官兵至少每个人都发放了一具P兜帽，而作为备用装备携带的海波兜帽不久后也被配发的第二具P兜帽所取代。

# 英军的复仇：1915年9月，洛斯战役

除了配备防护装备外，英军对德军的毒气反击也拉开了序幕。不过，英军的第一次毒气攻击准备得很仓促，而且高估了毒气云对步兵突击的价值。5月26日，一位皇家工兵部队中校——查尔斯·H.福克斯（Charles H.Foulkes）被任命为英军毒气部队司令。他观看了6月4日的一场氯气施放演习，氯气紧贴地面并渗入战壕的能力给他留下了深刻的印象。福克斯报告说："停止施放一两分钟后，在开放区域内，未采用防护手段的步兵可以紧跟在毒气云之后。"但当时正吹着每小时20英里的风，这对云状毒气的攻击来说实在太快了，由于气体过快流散，对敌军的影响将会被削弱。然而，福克斯过于自信的报告仍然使英军启动了对首次毒气攻击的准备工作。当年6月到9月间，4支"特别皇家工兵连"被组建了起来。

为了支援法军的总攻，英军第1军在指挥官道格拉斯·黑格（Douglas Haig）将军的命令下，决定在洛斯（Loos）发动一次攻势，其中就包括毒气攻击。黑格将军对这次攻势持悲观态度，但也认为如能利用毒气复制德军在4月22日的成功，并抓住机会的话，还是大有可为的。8月22日，在黑格面前进行的一次演习再次坚定了他对毒气攻击的信心。黑格将军也曾被告诫：由于风向的不可预测性，不

▲ 1915年9月，英军在洛斯发动毒气攻击前夕，一名特别皇家工兵连的士兵在远征军总部附近的埃尔福演示毒气施放，注意他佩戴着P兜帽。图中毒气瓶连接的是活动的钢丝包皮软管，但实际上大多数英军毒气瓶采用的是刚性铅管。当毒气瓶放空之后，不论是哪种毒气管都要先拆除，再重新连接

▲ 1915年9月25日，英军特别皇家工兵连在洛斯发动了毒气攻击。由于毒气管接头处发生硬化并破裂，毒气被泄漏在己方战壕内。图中右二的士兵正在用装满海波溶液的喷雾器清除己方战壕内的氯气

要把成功的希望完全寄托在毒气上。然而攻势发起日的清晨，他已经不可能在风向改变的时候下令取消整个行动了。参加突击的80个步兵营被提前告知：防毒兜帽会给他们带来凌驾于德军的决定性优势，因此要充分利用毒气，出其不意，攻其不备。实际上，正是这些步兵连夜来吃力地把毒气钢瓶扛到前线，又不得不在施放毒气后立即发起进攻。

9月25日清晨5点40分（总攻时间为6点30分），英军毒气部队打开5900个钢瓶，开始施放毒气。英军还使用了烟幕弹（被称为"蜡烛"），从而将表面上的毒气施放时间延长到40分钟。因为军方确信：德军机枪手装备的"德尔格"氧气呼吸器只能维持30分钟。这些烟幕弹是由一种新型迫击炮发射的。早在1915年7月，福克斯就视察过这种迫击炮，并要求发明者扩大其规格以发射毒气弹。攻势发起当日，英军一共使用了29门这种4英寸"斯托克斯"迫击炮，共计发射了1万枚"蜡烛"烟幕弹；弹射器和其他型号的迫击炮也发射了不少这种烟幕弹。

毒气和浓烟引起了德军战线后方的恐慌，很快洛斯镇就被英军攻占。然而，

在很多地方，毒气基本聚集在施放地几码外的无人区，并向北或向后飘过挤满英军部队的战壕。尽管毒气横扫了德军防线"霍亨索伦堡垒"，但同时也影响了英军第1军下辖第1师的阵地，使这些进攻者不得不在毒气和烟雾的笼罩下重新整队。本来福克斯曾下令由他的人单独负责确认风向是否合适，但被参谋人员数次否决，其中一名参谋甚至警告福克斯：如果没有按时施放毒气，他将会被立即枪毙。英军毒气部队使用了多种气瓶，这意味着拧开它们的扳手并不总是合适的，结果很多毒气管接头处发生硬化并破裂，将毒气泄漏在己方战壕内。许多时候，释放毒气导致的气瓶阀门冻结①，就连特别皇家工兵连的下士们也无法使其恢复。于是，成千上万全副武装的步兵正准备出击，却发现自己的战壕充斥着气瓶与气管接头破裂所泄漏的氯气。

雪上加霜的是，英军装备的防毒兜帽也带来了困扰。虽然高层曾发布过指令，要求发动攻击时，优先佩戴对单纯氯气防御效果更好的海波兜帽，而不是新型的P兜帽，但实际上很多人都佩戴着后者。这些防毒兜帽平常戴在头上，随时准备拉下来盖住脸；但天气很潮湿，防毒兜帽布中的化学物质随着水分的饱和淌了出来，对皮肤和眼睛产生了强烈的刺激。戴上这两种防毒兜帽的前十分钟，会感到十分闷热，很多人忘记通过管阀向外呼气，更加剧了这一效应。有的士兵为了呼吸一些新鲜空气就摘掉了兜帽，可也吸进了氯气。不少官兵误以为戴上兜帽会感到非常不适，因为兜帽布散发着浓烈的化学药品的气味，透过它呼吸又会对喉咙产生刺激，因而不肯佩戴导致中毒。

内心陷入恐慌的患者使各营军医应接不暇，他们中既有中毒的伤员，也有仅仅觉得自己中毒的人——一名士兵称自己呼吸困难，但其实是他跑到急救站的速度太快了而已。医生也缺乏经验，无法将毒气中毒与疲劳、暴晒和爆炸震动产生的症状区分开。1918年，生理学家克劳德·道格拉斯（Claude Douglas）博士的一项研究得出结论称："因9月25日的一次毒气攻击而疏散的英军士兵共计2652人，

---

① 气瓶在快速放气时，由于气体膨胀吸收了大量的热，致使阀口急剧降温，从而使空气中的水汽在阀口处凝结成冰霜。

其中 1696 人的症状非常轻微，有一些则根本没有中毒。"

此后，英军分别于 9 月 26 日和 10 月 13 日（洛斯战役的最后一天）再次发动了云状毒气攻击，但收效甚微。战役过后，英军无能的毒气攻击和近乎无用的防毒兜帽受到了广泛谴责。当时发给毒气部队的扳手尺寸也不合适，打不开钢瓶的阀门。"施放毒气的士兵到处乱冲乱闯，狂呼着要借用可调节的扳手。"结果最后还是只打开一两个钢瓶施放出毒气。德军发现英军的行动后，立即开火还击：德军的炮弹"直接击中了几个毒气钢瓶，毒气弥漫了战壕，毒气连溃不成军"。而且早在发起洛斯攻势的 5 天以前，远征军总部的众多陆军化学战顾问便已得出一致结论：P 兜帽不能防御高浓度氯气。

# 1915—1916 年，防毒面具和兜帽

### 德国 M15 式橡胶防毒面具

虽然英军的毒气反击非常糟糕，但 1915 年秋，德军为了防患于未然和更方便地发动毒气攻击，引进了一种先进的多功能防毒面具。这种防毒面具由伯恩哈德·德尔格博士（他的公司专门生产各类呼吸器具）利用一种轻型橡胶面罩开发而来。他在面罩的口鼻部位增添了一个金属桶，桶内可以容纳过滤材料。德尔格博士设计的这种新型防毒面具可

▲ 持着手榴弹冲锋的德军猎兵和陆军军官，他们都佩戴着"线条面罩"

以覆盖住口鼻和眼睛，材料采用的是威廉皇帝研究院汉斯·皮克（Hans Pick）博士研发的不透气棉布①。防毒面具的目镜最初由防碎的赛璐珞制作，不久后改为防暴型赛璐珞。此外，面具上还有两个大皱褶，佩戴者可以从目镜内侧擦拭上面的

---

① 也有传闻说这种材料率先在法军飞艇"阿尔萨斯"号上使用，这艘飞艇于 10 月 3 日坠毁在雷特尔附近。

▲ M15式防毒面具、防毒面具罐以及备用的护目镜镜片

▲ 佩戴M15式防毒面具的德军士兵，注意他斜挎的防毒面具包

污物和凝结的水雾。为确保气密性，目镜和过滤器这些附件都是用亚麻线缝合在面具上的，而且在所有的接缝处都刷上了漆。面具的两个鬓角处有两条柔韧的松紧带，可以将其牢牢固定在佩戴者头上。处于备战状态时，防毒面具由一根携行带挂在胸前。由于这种防毒面具须要对不同佩戴者的面部线条进行匹配，以形成有效密封，因此被称为"线条面罩"（Linienmaske）。

过滤材料由法本工业托拉斯的总裁卡尔·杜伊斯贝格、1915年诺贝尔化学奖获得者理查德·威尔斯泰特（Richared Willstatter）以及威廉皇帝研究院的两位助理联合研制。杜伊斯贝格将浸泡在氢氧化钾溶液中的硅藻土颗粒（Diatomnit，一种轻质多孔矿物）投入生产，这种材料可以有效抵御氯气。为了进一步阻止有机物和光气，他们还在过滤材料中加入了打成粉末的活性炭，它是良好的吸收剂。

哈伯教授建议奥尔公司生产一种过滤器（滤毒罐），而欧司朗公司生产的用于路灯的螺旋接头正好可以将过滤器固定在防毒面具上。这种"单层过滤器"（Einschichteneinsatz）上面通常标着"26/8"，很可能表明其是在8月份研发成功的。凭借这样一种可迅速拆卸的过滤器，德国人不仅能在滤材消耗殆尽的时候马上进行更换，还能根据新型毒气的种类立即更改滤材而不须要取消整个防毒面具的生产。但这种设计缺陷也很明显：佩戴者呼吸都要通过过滤器，这使得面罩内的二氧化碳浓度不断升高。专家们曾考虑采用呼气阀来解决这一问题，但由于在野战中使用程序太过复杂而作罢。

这种防毒面具被命名为"1915年式橡胶防毒面具"（尽管并非全用橡胶制作），又被称为"M15式防毒面具"，最初投入实战是在1915年9月，很可能是在佛兰德斯战场，不久后又在10月的香槟战役中继续投入使用。它通常被装入一个圆柱形的马口铁罐内，再放入一个帆布包中携带。此外，每名士兵还随身携带一个稍小的铁罐，里面装有2个备用的过滤器。

1915年12月或1916年1月，德军完成了新型防毒面具的换装。

## 法国衬垫防毒面具

与此同时，为应对德军的催泪毒气，法国研发了唐蓬P型防毒面具（Tampon polyvalente，即"多功能棉条"）。在过滤材料上，法国专家用蓖麻油和蓖麻油酸钠的混合物代替了硫代硫酸钠，可以同时抵御氯气、溴和催泪毒气。为了在口鼻部位形成严格密封，该防毒面具采用了一种嵌入薄钢片的衬垫，这种衬垫在护目镜上也是必不可少的。随着光气的威胁逐渐增大，法军从1915年8月中旬开始启用了第二种防毒面具。除

▲ 三名佩戴唐蓬P2型防毒面具的法军士兵，由于这种防毒面具的密封性很差，他们都用布料将自己包裹得严严实实

▲ 法国唐蓬P2型防毒面具有三种衬垫，分别阻挡氯气、溴、光气和氰化氢的侵袭，这种防毒面具于1915年9月开始配发部队。唐蓬P2型防毒面具很难调整，而且佩戴之后无法讲话。为了改善其密封性，图中的士兵用一张大手帕包住了下巴。图中的橡胶护目镜于1915年初开始装备法军，最初的设计目的是为了防御法军自身使用的催泪瓦斯手榴弹

317

了在衬垫上浸渍对氨基苯磺酸钠外，这种防毒面具与 P 型防毒面具并无区别，最终被命名为"P1 型"。由于之后还增加了第三种浸渍了醋酸镍的衬垫①，P1 型防毒面具后被重新命名为"P2 型"。10 月下旬，防毒面具的过滤材料被简化，通过结合化学物质的方法衬垫被减少到两张。从 1915 年 8 月到 1916 年 1 月，法国共生产了 450 万具唐蓬 P 系列防毒面具。

1915 年秋天，德军毒气部队第 35 工兵团重新回到西线战场，转冷的天气对发动云状毒气攻击十分有利，法军的唐蓬 P2 型防毒面具将面临最严峻的考验。从 10 月 19 日开始，德军对 7.5 英里外、兰斯（Reims）周围的协约国军战线发起了一系列毒气攻击。据德军相关人员回忆，当时他们一共布设了 14000 个气瓶，而且首次使用了光气，其中光气瓶和氯气瓶的比例是 1 : 4。10 月 20 日，也就是德军发起毒气攻击的第二天，克林博士赶往前线进行调查，但当他沿交通壕走到著名的朋百尔防御工事（Fort de la Pompelle）正前方时，随着气体从钢瓶中喷出的呼啸声，德军突然发起了猛烈的炮击。由于情急之下没法使用气体采样设备，为了识别毒气的种类，克林只能故意吸入一些，但他只发现了氯气。克林博士亲身体会到在实战中调整唐蓬 P2 型防毒面具是多么艰难，而且它的防御效果也是差强人意。

毒气攻击共持续了半个小时，此后伴随着间隔发射的烟幕弹，德军步兵发起了突击。他们占领了一些由法军地方部队据守的战壕，后者在极度恐慌之下放弃了阵地；但当德军步兵发现这些战壕仍然充斥着毒气之后，也不得不选择撤退。在 10 月 19 日和 20 日的攻击中，法军的损失非常惨重：750 人当场死亡；4200 人被疏散，其中半数以上严重受伤。这么高的伤亡率似乎预示着毒气中含有光气，但克林没有发现相关证据。根据自己的亲身经历，克林及其他科学家甚至认为：防毒面具没有被一线官兵正确使用，如能妥善使用，他们几乎不会中毒。

10 月 27 日，德军再次发动攻击，释放出巨量毒气，距离前线 7.5 英里远的平民都受到了影响。毒气云笼罩了天空，大地陷入一片黑暗，甚至在 18.5 英里外的

---

① 该防毒面具采用的浸渍了蓖麻油和蓖麻油酸钠的混合物、对氨基苯磺酸钠、醋酸镍的三种衬垫，分别采用粉色、白色和绿色作为标记。

▲ 1915年11月26日，在兰斯附近的贝坦库尔，毒气弥漫了法军战壕。由于唐蓬P2型防毒面具无法防御德军新型毒气，法军在这天的毒气攻击中伤亡惨重。图中，左一的士兵正因为中毒而呕吐，右一的士兵则在往防毒面具上撒尿以增强其防御力

沙隆（Châlons）都能闻到氯气的臭味。这次攻击的唯一目标就是要造成法军人员的伤亡，以便摧毁其士气，所以并没有德军步兵跟进。11 月 26 日，在西北方向上的凡尔登（Verdun）地区，德军又一次以氯气云攻击法军，此战中，P2 型防毒面具的缺陷再次显露无遗，且法军的反毒气训练也急需加强。由于德军在这次攻击中使用了氯甲酸甲酯（Palite）炮弹，P2 型防毒面具对其完全无效，以致大量法军官兵中毒。

自 10 月遭受德军的毒气攻击以来，唐蓬 P2 型防毒面具始终不堪大用，法国军方遂下定决心尽快更换该防毒面具。唐蓬 P2 型防毒面具无法在高浓度或长时间的毒气云中保护佩戴者，因为这种防毒面具只在口鼻正前方的呼吸部位有衬垫，里面的化学物质很快就会被耗尽。这一事实促使克林急于研发一种能防御氯甲酸甲酯和其他催泪毒气的防毒面具，于是由巴黎药学高等师范学校毒理学教授保

罗·勒博（Paul Lebeau）领导的一个团队，以及法国毒气防护委员会的主要成员进行了如下试验：他们戴好防毒面具暴露于各种毒气之中，直到自己感到无法承受为止。在整个10月份，他们共试验了3种新型防毒面具，还对其进行了更严格的测试，包括戴着它们跑动和说话。

出人意料的是，最终脱颖而出的设计是由防毒面具生产线装配工奥古斯特·唐比特（Auguste Tambute）中士提供的。他用一种圆锥形衬垫封闭了佩戴者的鼻子和嘴，其最大的优点是浸渍过化学药品的衬垫并不紧贴在嘴上，允许佩戴者说话。同唐蓬P2型一样，新型防毒面具也采用了独立的橡胶护目镜以及三张不同的浸渍衬垫；但可以对面部及下巴形成更好的密封，并留出加入更多衬垫的空间，以发挥更好的毒气中和效果。11月3日，勒博教授建议如此改进这种防毒面具：在头顶增加一条松紧带（可以越过头顶固定），并模仿唐蓬P系列防毒面具，依照佩戴者鼻子的形状嵌入薄金属条。首批2000具这种唐蓬T型（以唐比特命名）防毒面具于1915年11月17日被发放至第5军。

在调查11月26日德军毒气攻击的过程中，一名医学化学家查尔斯·弗兰丁（Charles Flandin）发现了一种比氯甲酸甲酯更令人不安的化学武器存在的证据。当天共有300枚毒气炮弹落在阿沃库尔（Avocourt）附近，但以往常见的中毒症状，例如眼睛和嗓子受刺激导致的发炎并未出现。摘掉防毒面具的士兵起初并没有明显的不良反应，然而很快，感到头晕目眩和胸部发紧的人越来越多。两三个小时后，他们的症状变得愈加严重：当天晚上共有5人死亡；75或80人被迫疏散转移，其中有6人在接下来的几天内死亡。根据缺乏催泪毒气中毒症状以及延迟发作这两条线索，弗兰丁认为德军使用的毒气为光气，而不是氯甲酸甲酯，事后对死者进行的解剖检查也证实了这个致死原因。遭受炮击的区域并没有留下什么挥之不去的气味，这并不令人感到意外，但在一枚残存的炮弹弹片上，弗兰丁确信他闻到了光气的味道。克林博士对此持怀疑态度，因为先前，并没有在用过的防毒面具、弹坑和受害者的体内器官中检测出光气的确切痕迹。

有越来越多的迹象表明，即使德军现在没有使用光气，在不远的将来也会将这种化学武器投放到战场上。作为对11月26日毒气攻击的回应，法国政府于12月18日委托工业界生产光气，而法军防毒面具对这种新型毒气的防御能力也需再次加强。唐蓬 T 型防毒面具最初只有一张衬垫，后来军方增加到两张，接着又增加到三张，不过因为技术发展，最后减少到两张。其中，有一张浸渍蓖麻油和蓖麻油酸钠，这不仅可以有效应对催泪毒气，还能阻止氯气侵入长达半个小时。此外，军方还对 T 型防毒面具本身进行了改进，使之更易装备，并增加了一层防水材料。改进后的防毒面具被称为"新型唐比特式防毒面具"，简称"MTN 型"或"TN 型"，从 1916 年 1 月开始投产。

▲ 1916年4月，佩戴"新型唐比特式"防毒面具的法军宪兵。这种衬垫呈锥形的防毒面具上覆盖着一层三角形的防水布，因此它在士兵中间被戏称为"猪鼻"。注意，护目镜是独立的。如图，防毒面具包的携行带通常系在士兵的腰带上，防毒面具包本身则放置于左髋部

到 1916 年 2 月，据估计共有 350 万具 T 型防毒面具和 TN 型防毒面具被送往前线。战争期间，TN 型防毒面具的总产量达到了 680 万具，T 型防毒面具也生产了 100 万具。随着德军使用毒气炮弹的次数越来越多，防毒面具的复杂性也在不断增加——开始使用单独的呼吸口和护目镜，而在唐蓬 T 型防毒面具中，有两种型号——TNH 型和 LTN 型采用了一体式护目镜。

### 光气攻击与英国 PH 兜帽

历史上，第一次经过证实的光气攻击落在了英军头上。1915 年 10 月末，德军组建起第二支毒气部队——第 36 工兵团，并开赴伊普尔前线。在德国毒气工兵们围绕霍格（Hooge）布设毒气瓶的时候，他们突然发现风向有误，于是不得不重新布置在伊普尔运河到维尔特杰（Wieltje）以南宽 3 英里的战线上。实际上，英军已经从一名俘虏口中探听到德军将要使用光气的消息。负责审讯这位德军下士的包括一名情报军官和莱斯利·巴利，巴利眼下正担任第 2 军的化学战顾问。一开始，这位俘虏拒绝透露任何有关毒气攻击的信息，英国人便把他铐上手铐，扔在卡塞尔（Cassel）市政厅的屋顶。天气十分寒冷，这位德军下士在屋顶冻了一整晚。终于在第二天清晨 5 点，他说出了攻击的时间和地点——这非常及时。

1915 年 12 月 19 日上午 5 点 15 分，德军打开 9300 个毒气瓶，放出大约 177 吨氯气和光气（比例为 4 : 1）。在天未亮时发起攻击可以最大限度地达成突袭，而且地面温度较低，气体不易上升。毒气在英军阵地盘桓了半个小时。所有英军部队都及时发放了 P 兜帽，尽管有报告说一些兜帽在佩戴时已经损坏，但大部分官兵都能得到有效防护。6 点 15 分，德军步兵紧跟在毒气云后发起了进攻，伴随而来的是毒气炮弹的猛烈轰炸。这些炮弹爆炸时声音很沉闷，也没有碎片四溅，以致一些人在未意识到发生什么的时候就已经中毒了。此外，英军也暴露出了在毒气防护训练上的不足：一名第 6 惠灵顿公爵步兵团的准下士在中毒后直接开枪自杀。毒气刚刚飘过阵地，第 1 国王什罗浦郡轻步兵团的士兵们就对着冲上来的德国人唱起歌并大声咒骂他们。德军派出 20 支巡逻队前去探查情况，但只有 2 支成功接近英军阵地。英军共有 1069 人中毒，其中 120 人死亡。尽管这个数据反映了光气的致命性，但英军的伤亡仍然比 10 月份法军的损失要低。

对此次毒气攻击，英国陆军卫生队的艾迪回忆道："几乎在同一时刻，红色火箭从德军防线一齐射出……当时我正在司令部和上校喝茶。起初，我想泡茶的水或许被过分氯化了；稍过片刻，我就闻到了毒气味。"毒气云团——氯气和光气的混合物以高速向前飘移，比锣和电动喇叭报警系统的警报声还要快，打了英军一个措手不及，甚至有人在距离前沿阵地 5 英里的地方中毒。由于德军炮火打断了所有接通前线的电话线，恐怖笼罩了尚未破晓的隆冬之晨。艾迪到达第一条战壕时是下午 3 点左右，多数氯气中毒者已经死去，没死的伤员"脸色铁青，呼哧呼哧地喘着气"，口吐白沫。光气中毒者开始感到一天比一天虚弱。那些以为侥幸逃脱了毒气之害的人突然感受到，即使是最轻微的中毒反应也能令他们很不舒服。

"有 30 到 40 人去请病假。这些人必须要穿过一段大约 200 码长的崎岖不平的泥泞地段才能上路。他们竭尽全力，穿着沉重、汗湿的防护服，背上配备的全副器材，这些都使他们处于极为不利的情况之下。上路之后，他们精疲力竭，寸步难行。路上到处都是这样的人群，一直到第二天早晨 7 点他们才被全部收容完毕。那些仍在战壕中坚守岗位的人情况更加触目惊心，有一名士兵自我感觉良好，但他在填沙袋时，突然倒地死去。那晚还有两人也是这样猝死的。"此外，一名军官在救护车中突然死去，另一名则在准备去报告病情时突然倒地不起，第三名虽然在晚上 8 点半到医疗站报告了病情，但也毫无征兆地死在那里。"他说，他觉得不太舒服，但他看上去气色并不坏。我给了他一杯茶，他喝了下去。我们刚聊了一会儿，他突然在椅子上歪倒了。我给他输氧，但无济于事，1小时后他就死去了。"

巴利对德军使用的化学武器为光气非常肯定，一个简易测试是"烟草反应"：吸烟者会发现由于光气的存在，烟草会散发出一种古怪的味道。光气的毒性约为氯气的18倍。遭遇袭击时，尽管受害者会闻到一股类似干草发霉的气味，但在较低浓度（同样致命）时光气很难被察觉到，而且它被吸入后，不会像氯气那样造成人体痉挛。光气中毒还会延迟发作，受害者可能在死前几小时内都没有表现出明显症状。光气的出现大大加剧了人们对毒气的恐惧。吸入了致死量光气的受害者起初只不过觉得眼睛和喉咙处有一种很快就消失的、温和的刺激感，两天后中毒者可能还有一种舒适轻快感；但在这期间，中毒者肺中充满了液状物，身体很快就垮下来，即使是最轻微的动作，如在床上翻个身，也能使人的呼吸频率猛增到每分钟80次，脉搏猛增到每分钟120次，然后进入"窒息期"。官方报告描述说："由于濒临死亡的中毒者失去自控力，带着血丝的、水一样稀的液状物从病人的嘴里大口大口地流出来。病人死后，这种液状物产生的泡沫可能会干燥，从而在死者嘴边凝成白色的粉末。"据说，受害者每小时咳出的淡黄液体达4品脱之多，有病人咳了48小时后才死。

尽管英军的防毒兜帽有很多局限性，但为了应急，英军还是按以往的方式在织物中加入了新的化学物质，结果衍生出了很多新问题：P兜帽会散发出十分浓烈的化学药品的气味，尤其在接触氯气的时候；戴上P兜帽后能见度很低，而且它的防毒功能还容易因降雨而失效；苯酚盐具有腐蚀性，会在额头和颈部引发严重的水疱，尤其在雨后，或因天气炎热、兜帽不透气导致佩戴者大量出汗时。最重要的是，P兜帽只能防护浓度低于万分之一的光气，一旦德军将光气提到更高的浓度，这种防毒兜帽就会失效。

1915年9月中旬，一份来自俄罗斯的报告称乌洛托品（六亚甲基四胺）是一种可以有效吸收光气的物质。然而，米尔班克的专家们没办法将这种物质与P兜帽结合起来。直到10月底，前雷丁大学农业化学教授塞缪尔·奥尔德（Samuel Auld）上尉才利用阿布维尔（Abbeville，法国城市，位于英军战线后方）的设备和乌洛托品重新浸渍了 P 兜帽。从 1916 年 1 月 20 日开始，英军所有的防毒兜帽都浸渍了苯酚盐和乌洛托品混合溶液，并被重新命名为"PH 兜帽"。到 1916 年 7 月，几乎全体英军都装备了这种兜帽。

PH 兜帽的一种改型被称为"苯酚盐乌洛托品护目镜兜帽"，简称为"PHG 兜帽"，这种兜帽为了抵御催泪毒气，特别安装了一副海绵橡胶护目镜，由松紧带固定在佩戴者头部。PHG 兜帽从 1916 年 1 月 13 日开始装备英军炮兵，以保护其免受催泪毒气炮弹的困扰。最初，每门大炮配备 24 具 PHG 兜帽。

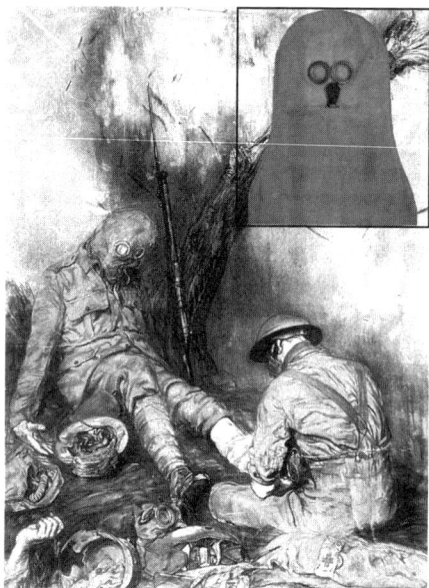

▲ PH兜帽与佩戴者

▲ 一名头戴PH兜帽的澳大利亚毒气哨兵与一口警钟，兜帽包挂在他的臀部后方，照片拍摄于1916年6月5日的博伊斯·格勒尼耶地区

## 英国大型盒式防毒面具

如上所述，PH 兜帽的浸渍布只能阻挡少量毒气，如果德军提高光气的浓度，这种兜帽就会失去作用。而且有充分的线索表明德军会继续使用新型毒气发起攻击，到时候 PH 兜帽是招架不住的。1915 年 8 月初，英国牛津大学的化学讲师伯特伦·兰伯特（Bertram Lambert）发现用石灰和高锰酸钠颗粒可以有效抵御一系列毒气。他提出了自己的想法：把过滤颗粒分层装在一个盒子里。这种设计为米尔班克的专家们所接受。德军研发的 M15 式防毒面具也是基于同样的思路，使用木炭作为毒气吸收剂的，但这个设计对英国来说很难实现，因为英国国产的木炭质量无法达到要求。在英国，只有用来给糖脱色的骨炭数量较为充足，但它吸附毒气的效果没有德国的木炭那么有效。

兰伯特协同米尔班克的爱德华·哈里森（Edward Harrison）和约翰·萨德（John Sadd）想出了一种大量生产过滤颗粒的方法。哈里森是一名经验丰富的化学家，是设计新型有效防毒面具的关键人物，因此这种防毒面具也被称为"兰伯特式"或"哈里森之塔"。实际上，这种防毒面具的原型使用了英国陆军的水壶作为"盒子"（即过滤器），内部的过滤材料则分为三层：一层是石灰和高锰酸盐颗粒；一层是在硫酸钠溶液中浸泡过的浮石碎片；最后一层是骨炭碎片。这个"盒子"可以被装入一个背包内，再由士兵背在肩上，并通过一根波纹橡胶管与佩戴者的口鼻部相连。萨德为防毒面具设计了金属咬口，固定在佩戴者的牙齿上，其底部则连接着一个橡胶呼气阀。面罩以松紧带固定在佩戴者头部，它由多层布料制作，这些布料都曾浸泡在由

▲ 大型盒式防毒面具主要装备机枪手、炮手以及毒气部队成员，但图中所示的佩戴者是一名澳大利亚随军牧师——享有盛誉的沃尔特·德克斯特少校，照片拍摄于1916年6月5日的博伊斯·格勒尼耶地区。图中，德克斯特少校还佩戴了橡胶海绵护目镜，这种护目镜与防毒面具是分离的，用于防御催泪瓦斯

▲ 四种防毒面具的对比图，佩戴者为美军士兵，从左至右依次为：英国大型盒式防毒面具、法国唐蓬P2型防毒面具、英国PH兜帽、德国M15式防毒面具

哈里森研制的锌－乌洛托品溶液中；而在面罩内部，则配有一个鼻夹以防止佩戴者用鼻子呼气。此外，这种防毒面具还搭配了一副独立的海绵橡胶护目镜。

最终，这种"兰伯特式"防毒面具的官方名称被定为"大型盒式防毒面具"，也被称为"塔式防毒面具"。这是一套复杂的装备，军方将这种防毒面具的制造交给了诺丁汉博姿公司（Boots of Nottingham）。不久后，人们在实战中发现，这种防毒面具对步兵来说太笨重了！最早发现这一问题的是特别工兵连，他们在1915—1916年冬天就装备了大型盒式防毒面具。1916年2月中旬，共有7500具大型盒式防毒面具被派发至西线英国远征军下辖的3个军，主要装备机枪手和炮兵部队。截至1916年6月，英国共计发放了20万具该型防毒面具。

当时，英军的主力防毒面具仍是织物兜帽，这在科学家中间引发了失望情绪。大型盒式防毒面具的装备数量非常有限，这促使他们建议当局必须立即扩大其装备范围。值得一提的是，英国毒气防御研究的三个关键性突破均诞生于米尔班克的皇家陆军医学院，除了之后于1918年发现的最后一个突破外，另两个已经发现的是：大型盒式防毒面具的发明；P兜帽测试错误的发现——很可能导致1915年末皇家陆军医学院的负责人勒林（Lelean）遭到辞退。

# 1916 年，毒气战的发展

## 1916 年，德军的进攻

战争到了 1916 年这个阶段后，对参战的两方阵营来说，云状毒气攻击已经被看作消耗战的一部分，而不是突破敌军战线的利器了。实质上，其目的只是为了造成敌军伤亡并削弱敌军士气而已，因此只有小规模的进攻或突击行动还依赖毒气云。在整个 1916 年，德军共施放了约 20 次毒气，一开始按 80 ∶ 20 的比例混合氯气与光气，不久后就将比例改为 50 ∶ 50。

在协约国军不断改进防毒面具的同时，德军也在不停地调整战术，开始采用快速释放毒气的策略，这样就可以在短时间内产生密度极高的毒气云，只要吸入一口即可导致窒息，以防止受害者从震惊中恢复过来并戴好他们的防毒面具。所有的毒气攻击都选择在夜间或清晨实施，这时候毒气不易从寒冷的地表上升，而且不易被事先察觉。德军通常选择在前线比较安静的区域施放毒气，并在不同的战线之间互相转换，但准备工作总能露出破绽，给协约国军发出警告。快速释放毒气意味着攻击只能持续很短的时间，有时甚至只有 10 分钟。一旦士兵调整好防毒面具，毒气对他的伤害就十分有限，因此德军努力创造更密集的毒气云并加大光气的比重，试图使协约国军的防毒面具失效。

为了达成突然性，德军尝试了各种诡计。1916 年 4 月 27 日，在于吕什（Hulluch），尽管英军已经通过一些迹象得到了德军即将施放毒气的警告，包括一名德军逃兵的供述以及大批老鼠的反常出现，但德军还是用先施放无毒烟雾一个半小时、后施放毒气的伎俩奇袭了英军。无毒烟雾迷惑了英军，大量士兵在烟雾飘散后就丢弃了自己的 PH 兜帽，因此在接踵而至的、真正的毒气袭击下伤亡惨重。高伤亡率通常是由训练和防毒纪律太差导致的，包括士兵不堪忍受兜帽散发的强烈气味或因为太闷热而摘下了自己的兜帽；还有人在毒气云中丧失了理智，就如同在洛斯战役中一样。

总之，德军施放的毒气多次攻克了协约国军的防毒面具。在这些案例中，英军 PH 兜帽的局限性表现得非常明显。

在双方战壕接近带，因毒气产生的伤亡最为严重，一则士兵们没多少时间戴好他们的防毒面具，二则这里的毒气浓度最高。4 月 29 日，在毒气攻击过后的欣克（Kink），一条距离德军阵地只有 50 码远的协约国战壕中挤满了受害者的尸体。这条战壕中的士兵绝大部分死于中毒，即便他们都正确佩戴着防毒面具。同样在这次毒气攻击中，英军第 16 师也出现了受害者，他们都戴着 PH 兜帽。官方将损失归咎于糟糕的防毒纪律和一部分兜帽的质量问题——没有正确浸渍化学药物；但事实上，真正的原因是一旦光气达到了一定浓度，英军的防毒兜帽就无能为力了。防毒兜帽的失败清楚无误地表明：前线迫切需要正在研制的小型盒式防毒面具。1916 年 8 月 8 日，在伊普尔，德军对英军发动了本年度最后一次毒气攻击，很多英军新兵对此没有经验，而且他们在拥挤的战壕中很难戴好防毒面具。毒气云的密度是空前的，以致在距离战线 8.5 英里的波珀灵厄都不得不戴上防毒兜帽。在整个 1916 年，英军因云状毒气攻击而产生的伤亡共计 2796 人，其中有 893 人死亡。

4 月 29 日，德军针对于吕什的攻势遭受重大挫折。霍亨索伦堡垒的前线官兵对这一情况做了多次汇报，最终使毒气云攻击战术在德军指挥层心中迅速失宠。

不久后，德军又使用 3600 罐毒气发动进攻，但正在释放的时候风力突然下降，毒气慢慢飘回己方阵地，造成了不小的混乱和恐慌。第 36 工兵团的毒气工兵们没能第一时间关闭阀门，也没有命令战线最前方的步兵撤退——他们正预备发起突击。这些巴伐利亚步兵很多都只佩戴着简陋的防毒面具，其中一些还是损坏的，刚施放的毒气密度极高，足以令他们的防毒面具失效。最终，毒气造成了德国一方约 1500 人的伤亡。毒气工兵虽然刚刚装备了先进的 M15 式防毒面具，但情急之下没有时间一一戴好，导致他们自己也产生了伤亡。这次严重事故使毒气云攻击战术从此在步兵中声名狼藉，而且得到的回报也远远比不上其巨大的投入。

而对于法军率先使用的光气炮弹，德军迅速做出了反应：在凡尔登（Verdun）战场，将生产的致死性毒气炮弹投入使用，并先后于 3 月 9 日、4 月 4 日—5 日夜间在杜奥蒙（Douaumont）进行了实弹射击。当时，德军已经决定要大力发展这种武器。作为光气的替代物，军方选择了毒性较低的变体——双光气，并将其填充到炮弹中，因为这种物质发生气化或泄漏的风险较低，而这两种状况都会干扰弹道。德国将这种炮弹称为"双光气"或者"绿十字"，后者是根据炮弹外壳上的彩色编码而得名的，其大规模生产始于 1916 年 4 月。

最初，德军试图复制毒气瓶施放时所产生的毒气云，但这会耗费非常多的炮

▲ 佩戴M15式防毒面具，正在进行毒气施放演示的德军毒气工兵，照片大概拍摄于1916年，可见施放阵地上用沙袋筑成的围墙。图中约有14根毒气管，也就是说连接了14罐毒气瓶，因为每根毒气管只能用于一个毒气瓶

▲ 跟随毒气云墙冲锋的德军士兵

▲ 哈伯教授（前排左二）与德军高层视察毒气弹的准备情况

▼ 德军使用的各型毒气弹

1. T 催泪弹
2. 光气或双光气弹
3. 双光气和喷嚏式毒气弹
4. T 催泪弹
5. 芥子气炮弹
6. 喷嚏式毒气和氰化氢毒气弹
7. 双光气弹
8. 光气或双光气弹
9. 烟幕弹
10. 210 毫米重榴弹炮的双光气和喷嚏式毒气弹
11. 光气弹
12. 氰化氢毒气弹
13. 普通榴霰弹
14. 燃烧弹

弹。5 月 7 日，在塔瓦讷（Tavannes）附近，德军使用了 13800 枚炮弹；5 月 19 日至 20 日，在沙唐库尔（Chattancourt），德军使用了 13000 枚炮弹。在凡尔登战役高潮期间，德军于 6 月 22 日夜间至 23 日清晨用 116000 发绿十字炮弹攻击了位于蒂欧蒙（Thiaumont）和苏维尔（Souville）的协约国军阵地，成功突破了法军的唐蓬防毒面具，并使其大部分炮兵陷入沉默。德军趁机攻下了不少阵地，但由于缺乏预备队，并未达成全面突破。不久后，德军在苏维尔进行了另一次尝试，这次共用了 63000 发绿十字炮弹，但并未取得上次那样的成功，因为法军机枪手装备了最新的 M2 式防毒面具，他们可以在毒气的笼罩下继续开火还击。其实在 1916 年初，德军就曾使用过绿十字战壕迫击炮弹，但这种武器在当时是非常危险和不受欢迎的。

而在索姆河战役中，德军在 7 月进行了约 12 次绿十字炮弹射击；在 8 月至 9 月进行了 9 次绿十字炮弹射击，它们大部分落在了英军头上，造成后者 2800 人伤亡；而在 10 月到 12 月，德军分别进行了 13 次毒气弹炮击，造成英军大约 1300 人伤亡。英军伤亡数字的明显减小，很可能归功于小型盒式防毒面具的引进。

## 1915—1916 年，法军的进攻

1915 年，由于产量不足，法军用气瓶施放氯气的计划遭遇挫折。同时，军方对光气生产和装置的需求也十分迫切。此时，法军已经组建了专门的毒气部队——Z 工兵连，指挥官是苏尔（Soulie）上尉。靠着慢慢从基层卫生兵中招募人员，截至当年 11 月，这支部队已经达到 800 人。12 月初，Z 工兵连计划在香槟战场发动首次毒气攻击，但由于地表过于潮湿，三分之二已经布设好的毒气瓶都废弃了。

到 1916 年时，已经很少有法国陆军高层对毒气攻击感兴趣了，原因之一是怕危害到德军战线后方的己方平民。当年 2 月到 11 月之间，Z 工兵连只施放了 24 次氯气。其中，在兰斯北部的一次行动中，他们使用了 1300 或 1400 罐氯气；6 月，在该地东部的另一次攻击中，只使用了不到 1000 罐氯气。1916 年下半年期间，法军采用了数量更少但规格更大的毒气瓶来发动攻击。

除了毒气瓶之外，法军也使用毒气炮弹攻击德军。毒气炮弹相比毒气瓶，虽然没法产生大量的毒气，但优点同样显而易见：可以攻击某个特定目标；更容易

1916年，佩戴M2式防毒面具的法军炮手正在操作一门90毫米M1877榴弹炮。在当时，要想压制敌方炮兵，最有效的武器就是毒气弹。照片中，一些炮手携带着锡制的防毒面具罐，另外一些则携带着布制的防毒面具包

1916年7月12日，在索姆河战役中，法军发动了一次大规模氯气攻击。图中显示，毒气扫过了德军的战线，但是在该地区早些时候的一次氯气攻击中，风向突然改变，毒气被吹回了法军阵地，造成己方204人伤亡

达成突然性；更少依赖风力等自然条件。在法国的生产序列中，75毫米榴霰弹的数量最多，因此可以大规模改为毒气弹。1915年下半年，军方开始在战场上使用改装后的75毫米毒气弹。早期的法国毒气弹以陶瓷或搪玻璃取代榴霰弹原本的钢制内衬，直到1915年10月在法军总司令霞飞（Joffre）元帅的要求下，毒气弹才取消了内衬并在炮弹中填充光气。为了增加填充物的密度并利于观测弹着，生产商在光气中混入了烟雾，但这也同时降低了毒性。在12月29日的一次实弹测试中，只有20%的试验动物死亡，结果令人失望，但仍然强于之后在1916年2月19日和21日进行的两次试验。1916年2月21日，在德军进攻凡尔登的揭幕战当中，法军在前线使用了少量毒气弹，从敌方反馈来看有一定效果，至少达到了让德军做出相关报告的程度。

根据法军记录，首次光气炮弹实战射击发生在1916年3月，打击对象是凡尔登以东的德军阵地。这种致死性毒气弹的使用是化学战发展史上的一个重要里程碑。此外，法军还研发了文生毒气（Vincennite），这种毒气的主要成分是氰化氢。由于氰化氢比空气轻，须要加入一种添加剂使之重于空气，专家们选中了三氯化砷。

发起索姆河攻势的时候，法军共使用了3万枚155毫米毒气炮弹。不久后，法军改为用文生毒气弹不断压制德军炮兵。其中，10月9日至10日夜间，在索姆省的普雷苏瓦尔（Pressoire），法军使用了4000枚75毫米毒气弹和4400枚155毫米毒气弹。同一个月，在两次针对凡尔登杜奥蒙堡垒（Fort Douaumont）入口处的炮击行动中，法军使用了3000枚155毫米毒气弹，每次炮击时长都超过38小时。从俘获的德军逃兵口中得知，这些毒气弹作用甚微，随后法军增加了发射频率和持续时间，并选择更精确的目标开火，而不是在广阔的区域内漫无目的地炮击。

不论是德军还是英军都认为文生毒气没什么效果，但法军坚持使用它，一直持续到战争结束。

### 1916 年，英军的进攻

1916年，英军最常用的化学攻击方式仍然是用气瓶施放毒气，部分原因是福克斯的个人钟爱，更多的却是由于炮弹的持续短缺。1915年秋，英军决定采用按50：50比例混合的氯气和光气的混合气体，并将其命名为"白星"，但直到1916年4月前夕，毒气的产量才达到要求。在整个1916年，英军施放毒气的规模都小于德军。1916年1月，几个月前刚刚晋升为英国远征军总司令的黑格将特别工兵连扩编为一个旅，仍由福克斯指挥。截至5月，特别工兵旅的总兵力达到了5500人，每个连都配备了斯托克斯迫击炮和火焰喷射器。

在即将到来的索姆河攻势中，特别工兵旅虽然没有直接参与，但也在战役筹备阶段以及削弱德军防守力量的过程中扮演了重要角色。5月到6月，他们沿着整条英军防线的各处要点布设了24000个毒气瓶。发起总攻的是罗林森（Rawlinson）将军麾下的第4军，最初计划在总攻时将12000个毒气瓶部署在他的战线上，但由于天气的限制，这些毒气瓶没法同时施放，特别工兵旅只能分散地发起攻击。6月26日至30日，在索姆河协约国军的攻击正面，特别工兵旅发动了17次独立的毒气攻击；6月27日至7月1日，他们又在其他方向上发动了13次毒气攻击。总攻之日，特别工兵旅并未在第4军的突击方向上施放毒气，但仍然在保证安全的前提下留在索姆河战场上，因为英军发动突袭时经常需要他们的掩护。截至1916年11月末，特别工兵旅共参加了110次攻击行动，使用了38600个毒气瓶，施放了大约

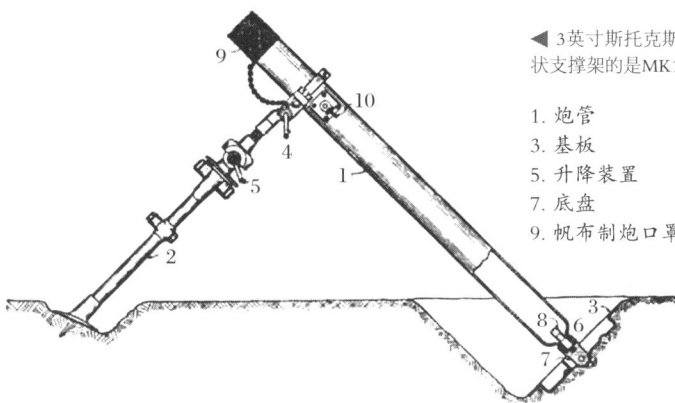

◀ 3英寸斯托克斯迫击炮MK2型，未配有管状支撑架的是MK1型

| | |
|---|---|
| 1. 炮管 | 2. 管状支撑架 |
| 3. 基板 | 4. 横动装置 |
| 5. 升降装置 | 6. 铜制垫圈 |
| 7. 底盘 | 8. 撞针销 |
| 9. 帆布制炮口罩 | 10. 扳机 |

▶ 现代迫击炮的鼻祖——斯托克斯迫击炮，最初用于发射烟幕弹

1160 吨毒气。

斯托克斯迫击炮首次投入实战是在洛斯战役，在索姆河战役中它也有不俗的表现，但遗憾的是常常受到弹药短缺的制约。虽然迫击炮本身的结构比较简单，但它的炮弹却很难制造，因而只有在 7 月 1 日的一次行动中，斯托克斯迫击炮才有机会大放异彩，它们发射的烟幕弹成功掩护了英军步兵从德军机枪手的眼皮底下安全通过。有经验的炮手可以在很短的时间内连续发射 15 枚炮弹，但以这样高的频率发射，会在几分钟之内就把全部 4300 枚红磷弹消耗光；那样的话，这一天中余下的时间就没法再提供支援了。

在 8 月 16 日和 21 日英军对吉耶蒙（Guillemont）发动的攻势中，特别工兵旅的烟幕弹再次发挥了作用。早在 1915 年 7 月，福克斯上校就要求国内生产 SK 催泪瓦斯弹，但直到 1916 年 9 月这种可以由斯托克斯迫击炮发射的炮弹才被运抵前线，随后于 9 月 24 日被投入到弗莱尔（Flers）和蒂耶普瓦勒（Thiepval）的作战行动中去。作为权宜之计，军方对超口径迫击炮弹——由 2 英寸战壕迫击炮发射的炮弹"焦糖苹果"进行了改装，在其内部填充白星。9 月 2 日，英军将这种新型毒气弹投入了海伍德（High Wood）、蒂耶普瓦勒以及博蒙特哈默尔（Beaumont Hamel）战场。

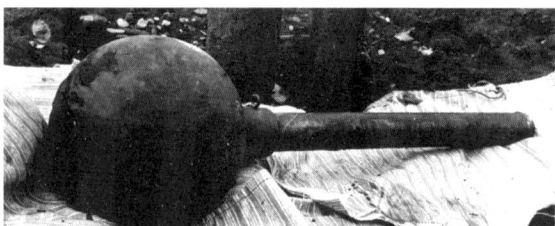

▲ 超口径迫击炮弹，可以由2英寸战壕迫击炮发射，绰号"焦糖苹果"。由于毒气弹不足，英军在这种炮弹内部填充了白星

◀ 特别工兵旅C连的马丁·福克斯中士与毒气瓶，照片拍摄于1916年的吕什地区。福克斯的连主要承担毒气云攻击任务，1916年10月5日夜间，C连使用2527罐氯气和光气对德军发动了大规模攻击

英军的另一种关键武器——李文斯毒气抛射炮，出现于索姆河战役期间。发明者威廉·李文斯（William Livens）是一名查塔姆群岛的实习信号官，他坚信自己的妻子在搭乘卢西塔尼亚号邮轮时死于德军潜艇的鱼雷攻击，发誓要杀够1100名德国人，因为这是当时随船沉没的乘客及船员人数。他开始试制各种毒气抛射装置和喷火设备，甚至在知晓妻子并未搭乘那艘邮轮之后仍然继续这个工作。1916年初，李文斯被任命为特别工兵旅Z连（火焰喷射连）的指挥官；7月1日，他设计的巨型固定式火焰喷射器出现在了索姆河战场。

在随后的几天内，李文斯和Z连的另外一名军官——哈里·斯特兰奇（Harry Strange）共同研制了一种简易迫击炮（抛射炮），用来抛掷油桶。这种简易迫击炮可以摆成一排埋在地里，只露出炮口，并且可以用电力同时击发。由于觉得这种武器太过危险，英军官方不愿在索尔兹伯里附近的波顿（Porton）化学武器试验场测试它，但Z连却将其率先投入了实战：7月23日，在波济耶尔（Pozieres），Z连使用20尊抛射炮发射了大量燃烧油桶；8月18日和9月3日，为支援英军在海伍德的攻势，Z连使用该抛射炮展开了更多行动。不久后，李文斯灵机一动：同样的原理，抛射炮是否可以朝敌军抛掷完整的毒气瓶呢？10月28日他率领Z连进行了试验，向德军据守的Y峡谷和赛尔（Serre）地区抛射了135个40磅重的"毒气瓶炸弹"，为两周后英军攻占这些阵地立下了汗马功劳。李文

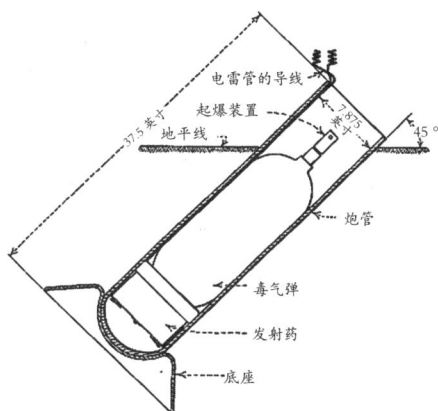

▲ 李文斯毒气抛射炮结构图

（单位：mm）

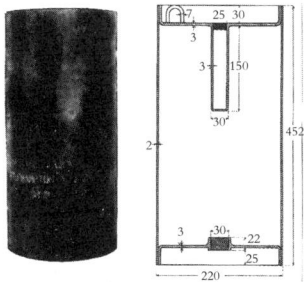

▲ 李文斯毒气抛射炮最初使用的炮弹，其内部填充了白星，即按50∶50比例混合的氯气和光气。1916年10月，这种炮弹在索姆河前线投入使用

斯管他的抛射炮叫"判官"，在清点完德军阵地上毒气受害者的尸体之后，他宣称只要大规模装备这种抛射炮，就能将杀死每个德国人的成本降至 16 先令……

总之，在整个 1916 年，英军对毒气弹的使用一直受到炮弹产量不足和填充化

▲ 李文斯发明的、可以同时施放四罐毒气瓶的设备特写

▲ 改进后的李文斯毒气抛射炮炮弹

▲ 1916年8月的皮舍维莱尔，英军工兵正在进行毒气施放演习。图中这种一端连接四罐毒气瓶、另一端连接毒气管的橡胶软接头由李文斯发明。在未经上级批准的情况下，他就把这种设备直接投入了实战，但结果证明其非常有效，英军毒气部队几乎立即在所有行动中使用了这种设备。另外需要注意的是，图中官兵装备的是大型盒式防毒面具

▲ 李文斯设计的大型火焰喷射器，照片拍摄于布雷斯劳的一条战壕中

学物质缺乏的双重阻碍。截至当年年末，英国只有 16 万枚毒气弹被生产出来，其中包括 1 万枚 SK 催泪瓦斯弹。这些于 1915 年 10 月订购的毒气弹，在 1916 年 4 月才交付到前线。英国的毒气攻击严重依赖三氯硝基甲烷（缩写为 "PS"），因为这种物质更容易生产。PS 是一种略带甜味的液体，在常温下会很快蒸发，可以在弹坑中留存大约 3 个小时。PS 不论是作为一种催泪瓦斯还是一种致死性毒剂都很有效，但它的毒性不如光气，其最大的优点是可以渗透大多数防毒面具。早在 1915 年 8 月俄军就使用了这种毒剂，德国人紧随其后，并将其命名为 "氯化苦"（Klop）。

在索姆河战役初期阶段，除上述毒气弹以外，英军手中唯一一种可用的致死性毒气弹只有 "吉列特"（Jellite），由当时著名的烟花制造商 F.A. 布洛克（F.A.Brock）发明。为解决氰化氢过快分散的问题，布洛克将三氯甲烷和纤维素乙酸酯加入氰化

氢的水溶液当中；因此，吉列特类似法国的文生毒气，但它的毒性甚至比后者更低。

协约国在发起索姆河攻势之前，先进行了长达 7 天的炮击，这对弹药的消耗是空前巨大的。5 月 16 日，黑格要求：将 20000 枚供 4.5 英寸榴弹炮使用的毒气弹、4000 枚供 4.7 英寸加农炮使用的毒气弹以及 16000 枚供 60 磅炮使用的毒气弹，于 6 月 15 日之前运抵前线；此外，还要再准备之后一周的弹药。虽然这次行动对毒气弹的需求量并不算大，但最终也没能提供全部所需。在揭开战役序幕的炮击行动中，英军共发射了 1732873 枚炮弹，其中只有 3772 枚是毒气弹（SK 催泪瓦斯）。7 月 17 日，黑格要求"任何能用大炮发射的毒气弹"都要送到前线，因为当时的状况是他手头的毒气弹大部分是从法国人那里借来的，英军发动毒气攻击的次数只能取决于从法军借来的文生毒气和光气弹的数量——这是个相当尴尬的局面。7 月 31 日，黑格将要求改为每周提供 3 万发毒气弹。

在整个索姆河战役期间，英国远征军的高层都在苦苦思索如何把德国守军从他们的战壕、碉堡和地下工事中赶出来。直到当年 11 月战役结束之前，这个问题都一直困扰着英军。8 月，一条新命令规定：所有 6 磅炮发射的毒气炮弹都要被投入到压制德军炮兵的任务中去。但实际上，这些装填了 SK 催泪瓦斯的炮弹更应该用于攻击德国人的地下工事和坑道，这样当德军暴露于地面时，就可以用榴霰弹杀伤他们。在英军的化学武器中，SK 可以使一片区域长时间无人停留；吉列特可

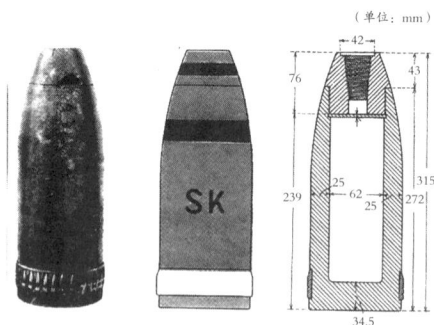

（单位：mm）

▲ 英国4.5英寸榴弹炮使用的SK催泪瓦斯弹。1915年9月，这种最初采用铸铁外壳的炮弹首次投入实战。炮弹上部的环和字母"SK"被漆成红色，中部的环则被漆成绿色

▲ 正在装填抛射炮炮弹的英国工兵，注意其携带的大型盒式防毒面具

▲ 1916年8月，索姆河战役中的英军4.5英寸榴弹炮炮组成员。其中，左侧4名炮手装备着PH兜帽，右侧2人装备着大型盒式防毒面具

以在步兵发动一次突击之前压制敌人并迅速起效；PS可以暂时渗透敌军的防毒面具，消耗其解毒剂，并为接下来的进攻开辟道路；而白星则对杀伤敌军人员最为有效。被SK毒气弹集中轰击过的地方，不但地下坑道和工事中没法驻留人员，地表也处于染毒状态，而且持续时间超过12小时，这让英军自己也很难占领这些阵地。据英军专家估计，要想攻克德军一座要塞化的村落，需要装填SK的4.5英寸毒气弹4950枚、装填PS的毒气弹6200枚，或者装填白星、吉列特的毒气弹7425枚。英军需要更多的白星，因为这种化学武器既具有较强的杀伤力又能在短时间内飘散，更适于与步兵攻击相结合。英军首次大规模使用白星是在9月13日至15日的弗莱尔-库尔瑟莱特（Flers-Courcelette）战役中，当时他们共发射了9000枚毒气弹——只占总量的很小一部分，该次行动中英军共发射了41万枚高爆弹。

## 德国橡胶防毒面具的改进

协约国军对光气和催泪瓦斯的大量使用，促使德军重新设计了线条面罩，并对26/8型单层过滤器进行了改进。1915年11月，威尔斯泰特制造了一种三层过滤器。相比26/8型单层过滤器，新型过滤器的最外层保持不变，只是增加了一个容纳针叶树木炭颗粒的中间层，用于吸附有机物和光气；还增加了一个内层，容纳用氢氧化钾和乌洛托品处理过的硅藻土，用来对付未被木炭吸收的光气。这种标记为"11/11"的新型过滤器于1916年1月末开始配发部队，到4月已全部配发完毕。

▲ 1916年1月，佩戴M15式防毒面具早期型号的德军官兵。注意他们携带的防毒面具罐

▲ M15式的改进型——框架防毒面具，注意其安装了11/11型过滤器

◀ 图中所示的是一具后期型（1917年式）框架防毒面具，是M15式防毒面具的改进型，不久后，制作防毒面具的材料就从图中的不透气棉布改为了皮革。同样是在1917年，防毒面具上的松紧带也改为了用布包裹的弹簧钢丝。图中的防毒面具是奥地利生产的，安装了一具生产日期为1918年1月的11/11型过滤器。在过滤器上可以清晰地看到三道互相平行的棱，内部是三层滤材——这是这种过滤器最大的识别特征。注意防毒面具罐上的短皮带

与此同时，德国专家对防毒面具本身也进行了改进，提升了与佩戴者脸型的契合度，因为以往经验证明脸瘦的人很难佩戴它。具体的改进步骤是：在防毒面具中加入一个贴近面部线条的布制框架，这样就可以保证更好的气密性，因此改进后的型号被称为"框架防毒面具"（Rahmenmaske）。此外，新型防毒面具还在上方增加了几条松紧带，呈"Y"字形跨过佩戴者的头顶。不久后，第三项改进措施开始实行：将防毒面具划分为四种尺寸，以号码的形式印在面具前部。值得一提的是，新型三层过滤器的金属螺纹直径从原来的10厘米缩小到8厘米，这使得防毒面具内的空气体积也相应减小，因此佩戴起来更加闷热。

随着法军光气炮弹用量的不断增加，虽然11/11型过滤器被认为是有效的，但毒气仍然会造成德军伤亡，因为毒气从炮弹中逸出很少的量或根本没有预警时，受害者通常无法及时戴好防毒面具。为解决这一问题，前线部队开始自己动手制作一种可以随身携带过滤器的防毒面具罐。其中有一部分防毒面具罐是用罐头盒进行改装的，以便将过滤器塞到里面随身携带，这样就可以将防毒面具一直挂在胸前，在必要时只需迅速戴好防毒面具并掏出过滤器拧紧即可。大约在1916年4月，一种特制的防毒面具罐被生产出来，其内部可以容纳已经拧好过滤器的防毒面具。5月，法军不停地用光气炮弹轰击德军阵地，德军重炮的炮手们被迫长时间佩戴防毒面具，这让他们感到精疲力竭。不久后，德国人对过滤器进行了改进，以减少呼吸时受到的阻力。改进后的过滤器中装入了大量的碳酸钾颗粒，于当年6月配发给炮手等必须长期佩戴防毒面具的人员。1916年夏天，德军又引入了"绿十字目镜"，原理是在防毒面具目镜的内侧刷上一个涂层，以防止其起雾模糊，但这些措施只取得了部分成功。

## 法国 M2 式防毒面具

随着德军将大量同时装有催泪瓦斯和窒息性气体的混合毒气弹投入作战，法军的唐蓬防毒面具变得越来越不合用。前线部队开始自行将护目镜与防毒面具连在一起以利于迅速佩戴，但是这并不能保证足够的密封性。只要有微量催泪瓦斯渗透防毒面具的衬垫，就会对眼睛产生严重刺激，法军最高统帅部不得不禁止了这些私下的临时改装。1915年10月，法国的专家们对一系列新型防毒面具和浸渍剂进行了测试。到 11 月时，专家们已经将浸渍了蓖麻油酸钠和对氨基苯磺酸钠的衬垫加入到了唐蓬防毒面具里，但最终他们选择了一名巴黎运动用品商人雷内·路易斯·格拉沃罗（Rene Louis Gravereaux）于当年 9 月份提交的新设计——一种完全覆盖面部的防毒面具，并决定立即投入生产。

格拉沃罗的设计采用了一张更宽、更厚的衬垫，并与一副目镜和一张防水盖布相结合。同早期的唐蓬防毒面具一样，新型防毒面具衬垫的底部也形成一个口袋，兜住佩戴者的下巴。1916 年 2

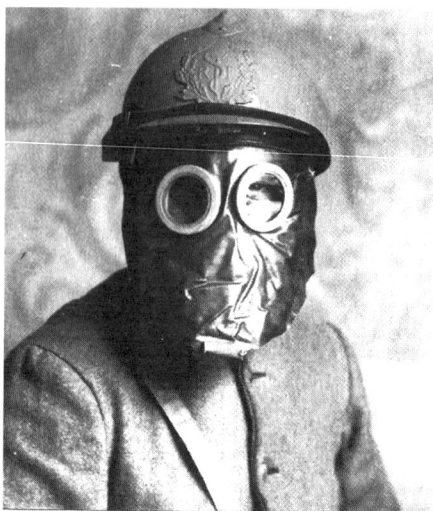

▲ 一名佩戴M2式防毒面具2型的法军医务官。M2式防毒面具2型在高浓度的光气中，至少能保护佩戴者长达5个小时，但是佩戴这种防毒面具会感到非常不舒服，因为不论是呼气还是吸气都要通过防毒面具的衬垫

▲ 法军装备的三种防毒面具的对比照片，从左至右依次为：C2式防毒面具、M2式防毒面具和唐蓬P型防毒面具

月 6 日，法军订购了 60 万具这种 M2 式防毒面具，并从 3 月开始正式配发部队。M2 式防毒面具的目镜由水解纤维素或玻璃纸制成，据研究，这两种物质均具有良好的吸水性，可以消除镜片上的水雾。新型防毒面具可以在短时间内迅速戴好，并用松紧带和棉带进行固定。最初，法国只生产了一种尺寸的 M2 式防毒面具，因此头部尺寸异常的士兵只能继续佩戴唐蓬防毒面具和护目镜。刚配发的时候，法军通常将 M2 式防毒面具收纳在统一的金属容器中，但必须折叠放置，这使不少目镜在这一过程中被损坏。

针对上述缺点，专家们进行了改进，于 1916 年 4 月推出了采用两片圆形目镜的 M2 式防毒面具 2 型。圆形目镜起初被分为两层，外层由玻璃制造，内层由玻璃纸制造。然而，试验证明，防毒面具在佩戴半个小时后，目镜就会起雾，而且内层目镜难以擦拭。专家们只能将其更换为单层但较厚的玻璃纸或醋酸纤维素镜片，并刷上防雾涂层。M2 式防毒面具 2 型共有三种尺寸。从 1916 年 5 月到 11 月，法国一共生产了 620 万具 M2 式防毒面具 2 型。由于其后续改进型生产的延误，整个 1917 年法军仍然佩戴着这种防毒面具，甚至直到 1918 年 8 月还在使用。

## 英国小型盒式防毒面具

至于英军方面，大型盒式防毒面具的成功及前线的广泛需求促使英国的专家们继续研制一种更为紧凑的型号。爱德华·哈里森、约翰·萨德

▲ 图中所示的是小型盒式防毒面具的过滤盒，可以清楚地看到进气阀。这种进气阀由一个橡胶阀瓣与穿孔金属板的中心轴相连，过滤盒的外壳呈波纹状，这是为了确保气体可以均匀地通过过滤材料。过滤盒被漆成了黑色，并一直使用到 1917 年 7 月引入新型的 NC 过滤器为止

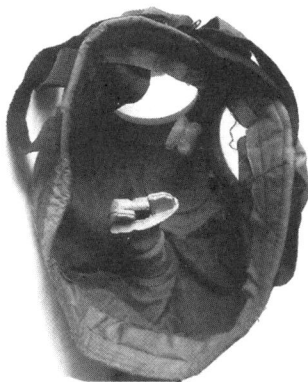

▲ 小型盒式防毒面具的内部照片。可见在呼气管的管头处有一个橡胶牙垫，可以将其固定在牙齿上；还有一个鼻夹，用于阻止佩戴者用鼻子呼吸，防止意外吸入毒气。仿造德军的设计，英军小型盒式防毒面具也采用了橡胶制的防水材料来保护佩戴者，而且将保护眼睛的护目镜嵌在防毒面具上，还可以折叠，使佩戴者不必脱掉防毒面具即可以从内侧擦拭镜片

和其他米尔班克的专家们共同设计了"小型盒式防毒面具"，这种新型防毒面具可以由一名步兵轻松携带，而不会成为他过重的负担。专家们缩小了大型盒式防毒面具过滤器的尺寸，内部结构调整为将石灰和高锰酸钾颗粒填充在两层骨炭中间，这样既可以过滤窒息性毒气，例如光气，又能过滤毒性较强的催泪瓦斯。防毒面具的金属咬口通过一个黄铜制的直角接头与波纹橡胶管连接，另一端则配有一个呼气阀，并在连接处设置了一个法兰，以阻止唾液顺着橡胶管流入过滤器内，使其顺着呼气阀排出。像德国一样，英国的小型盒式防毒面具也被分为四个尺寸，尺码以数字的形式印在面具前部。

1916 年 5 月，小型盒式防毒面具的原型被制造出来，一些样品被送往法国与德国防毒面具进行对比。1916 年 6 月 16 日，英军下了第一笔订单，共订购了 10 万具小型盒式防毒面具，不久后又将订单数提升至 50 万具。为了进行测试，前线的每名士兵都在戴好这种防毒面具之后，单独进入一个房间，暴露在催泪瓦斯下长达 5 分钟。

1916 年 8 月底到 9 月 19 日，伊普尔的英军第 2 军率先装备了小型盒式防毒面具；10 月末，第 1 军也配发了这种防毒面具；其他各军的换装工作在之后陆续完成，所有大型盒式防毒面具和 PHG 兜帽均退出现役。换装后，每名英军士兵只携带一具小型盒式防毒面具和一个备份的 PH 兜帽。直到 1918 年 2 月，小型盒式防毒面具才从一线部队退役。

此外，1916 年底，兼具研究和组织能力的爱德华·哈里森被任命为反毒气部门的领导人。


# 一战初期毒气战术的总结

纵观一战初期毒气战的技术要领，同盟国和协约国两方相差无几，但两大阵营对毒气的战术运用则各有特色。

德军早在毒气攻击初期，就已集中使用毒气，以密度极大的毒气云奇袭协约国军，其精髓在于无论对方是否进行了防备，都会因为毒气云的浓度惊慌失措。针对防护较为先进的英军，德军更注重突然性，力求将毒气云迅速转移到对方阵地。

在西线，尤其是在 1916 年 2 月 21 日的索姆河战场和当年 5 月 19 日的香槟战场上，德军的毒气攻击皆收到了不错的效果；在东线，德军的毒气攻击针对防护不良的俄军则更为有效，多次在毒气的帮助下突破俄军阵地。

协约国方面，则更喜欢采用多个毒气攻击波来扰乱德军，常制造局部的、密度较小的毒气云，因此效果总体上不如德军。但实际上，英军在毒气战术上的进步并不小于德军。1916 年，英军在索姆河北部至海岸的战线上频频施放毒气，但大都由于规模小和保密不良的缘故，没有达到预期的战果。

随着同盟国和协约国两大阵营毒气防御装备的不断进步，双方对毒气攻击提出了更高的要求。具体做法是，继续增大毒气的浓度（增加毒气瓶数量），并缩短毒气施放的时间。德军方面仍旧使用浓度较大的毒气云，在同一地点以 3 次以上的攻击波急袭协约国军；协约国军则以更多的毒气攻击波（4 次以上）攻击德军。其中，俄军曾使用 8—10 个攻击波（1916 年 10 月下旬在巴诺维契），英军曾使用 11 个攻击波（1916 年 10 月在索姆河），次数远远多于德军。但同时，协约国的毒气施放时间也变得越来越长。在西线上，一小时乃至一天以上的毒气施放攻击都有，协约国军企图借此消耗德军防毒面具的吸收剂，使之最终无效。然而，从效果来看，还是德军的急袭更为出色，协约国军分散且持续的毒气施放对防护技术进步的德军来说并无多大作用。

下面以第一次世界大战初期的技术程度为基础，综合战史对毒气战术的特性做以下总结。

首先，毒气施放受天候及地形的影响非常大。故而当风向和地形有利时，断然采取行动是非常有必要的，若拖延攻击时间，敌军很可能会察知企图，使战果锐减，还可能因为天气的急剧变化令攻击化为泡影。因此，发动攻击之前的侦测对毒气施放具有重大意义。

1916 年的德国第 1 军在毒气施放方面积累了宝贵的经验，它在报告中有如下叙述：

毒气工兵，除了精通化学的人士之外，还应该配备气象学者，至少要有气象学者的专门知识，并兼具战术眼光和大决断力。事实上，发动攻击之前，常常要进行数次无效的准备工作。即便这样，也可能在最后关头因为天候不良，最终放弃企图。有时只能将布设好的毒气瓶重新挖出来，改运到其他地方，这些问题会对指挥官的威信造成损害。毒气工兵自身的行动也受制于敌军炮火。在施放毒气时，处于战线后方等待出击的部队极易造成军纪松弛。除了这些因素外，假使毒气施放的正面过窄，则敌人很容易转移到其他阵地进行防御；如要扩大毒气施放的正面，则需增大毒气量，同时延长毒气施放时间，毒气攻击波次数也需相应增加。甚至在某个局部区域，容易因风向导致毒气逆流，造成己方官兵伤亡。

1916年10月至11月，在佩伦（Peroun）到亚尔伯特（Albert）之间，德国第1军发动了毒气攻击，报告如下：

英法两军，由于西风和西南风的有利因素，率先对我军发起毒气攻击。我军方面，假使地形、天气良好，可随时发动毒气进攻，但也有遭到敌人攻击的危险。因此，随着技术的发展进步，毒气施放这种手段的价值逐渐降低。而且在准备施放毒气的过程中，有时等待天气转好的时间长达数星期，很容易被敌人察知企图，并被炮击，以至将我军辛辛苦苦准备的毒气瓶全部破坏，这是毒气施放最大的缺点。此外，大雨和太阳暴晒也能减弱毒气的效能，阻碍毒气进一步发挥战力。

由此可见，第一次世界大战初期，各国将毒气施放的时间不约而同地选在风向稳定且无太阳直射的夜间或拂晓，绝非偶然。地形方面，毒气瓶置于地势较高的地方，使毒气流经敌军谷地最为有利，因此德军在西线战场发动毒气攻击最多的战线是在理姆斯东西两翼——协约国军队驻守在理姆斯东部谷地。值得注意的是，毒气云在飘向敌军阵地的时候，中途不能经过深谷、庄稼地、森林或沼泽，这些都会严重影响毒气的效果。至于对敌军据守的山丘高地，一战初期的毒气攻击只能达到围困效果，因为到了高处，毒气云的浓度会变得稀薄，无法发挥战斗力，攻击高地的敌人只能仰仗技术水平的进步，也就是大规模采用毒气弹射击。

1916年5月，德军在奥伯里夫（Auberive）以东对俄军阵地（处于谷地）发动毒气攻击，收到了奇效，但同时对驻守在博伊斯·拉谢斯（Bois la Chaise）高地的法军发起的毒气攻击效果却要差很多。

其次，毒气施放的准备工作耗时长、难度系数高。施放毒气表面上看很简单，然而在准备过程中，会耗费大量人力、物力以及时间，而且企图很容易被敌人看穿。一战初期，德军发动一次毒气攻击的平均准备时间需要7—11个夜晚。英军曾在报告中总结道：

德军在战争中期就很少采用施放毒气这种有效的攻击方式了，这要归因于它会消耗极大的人力和物力。视其预定攻击的阵地大小和地形之难易等，准备的时间需要2—6个夜晚……现在仅以将2000个毒气瓶部署到2英里长的战线上所需劳动量为例：这些毒气瓶不得不预先布置到战线后方的数条道路与交通壕的交叉点上，这种地方只能在入夜后乃至拂晓时采取行动，且不能集中大量马匹和汽车进行搬运——共计需要5000部以上脚踏式装卸车和90辆以上常用的四轮马车。在搬运的过程中还要随时注意防御敌军炮弹的袭击，因为装卸毒气瓶的场地通常是堆放补给物资和建筑材料的集散地，这些普通物资与毒气瓶经常得同时装卸（非常危险）。将毒气瓶从后方运送至前沿战壕，以最常见的战壕结构来说，要通过1—1.6英里路程，途中每个毒气瓶至少要配置4名士兵，也就是说2000个毒气瓶同时搬运需要8000名官兵的庞大部队。运抵前线后，要在堑壕这么狭窄的地方于深夜布置这些毒气瓶，需要专门训练的特种连，但即使他们也须要克服极大的困难……德军要想布置12000个毒气瓶发动毒气攻击，至少需要一个团的兵力连续工作3—5个昼夜。

吸取战争初期德军毒气攻击的经验和教训，英美军队于战争末期将毒气瓶用铁道小车运送至靠近战线的地方，还发明了一种可以由单兵携带的毒气圆筒，以解决毒气瓶运输的问题，但准备时间仍然比较长，且步骤烦琐，尤其在发动大规模进攻的时候。

另外，德军于伊普尔战场发动的首次毒气攻击，是由货运列车装载毒气瓶在黑夜的掩护下从德国内地出发，利用发达的铁道网将其运送至战场附近的。德军频繁发动毒气攻击的地区，都没有离交通枢纽太远。而且，即便当时的德国化学工业居世界第一，依然得没收工业家平时储藏的液态氯总量的一半以作军用。德军在首次毒气攻击中共计消耗液氯18000千克，至1916年秋，其在毒气攻击上的消耗仍能达到每个月40万—50万千克。美军在西线发动反攻的时候，也是准备了长达半年的时间才能发起毒气攻击。

最后，必须设法隐藏己方的真实企图。在发动攻击之前如何掩盖自己的企图，同样是个难题，必须隐藏的要素包括：其一，施放阵地及其他特种设备，例如习惯将毒气瓶部署在一线阵地的英军，将铁道小车藏起来不让敌人侦察到是非常重要的；其二，施放毒气时发出的特殊声音和臭味，这些在毒气云流动速度缓慢时，很容易被敌军查知，从而有针对性地完成防护准备。因此，德军在发起毒气攻击前，一方面想方设法隐蔽自己的企图，另一方面则以最大密度的毒气云迅速遮蔽协约国军，且不断实施欺骗性战术，从而瓦解对方的抵抗。法国珀尔勃罗少校曾报告：

当天气和地形适于敌军发动毒气攻击时，我军须要严密警戒。敌人发动毒气攻击的前兆是白天静默，夜间完成毒气施放所用器械的准备。一般可以侦察到敌军阵地上有新的土工作业或者配置沙袋等。从空中侦察照片来看，敌散兵壕附近通往后方的地域上出现大量新的车辙印，或出现新的工事，均应该特别警惕，尤其是呈直线形的新工事，因为敌人常将毒气瓶部署在这样的阵地内。敌人在毒气施放点附近，常放出烟尘，以测定风向与风速，这也是一个明显特征。毒气瓶在搬运及部署时，因互相碰撞，会发出连续的金属撞击声……敌人发动毒气攻击前夕，昼间或夜间常有小片毒气云飘荡或闻到氯气的臭味……敌人施放毒气初期，发射装置发出的锐利声音，可作为最明显的预警信号，而且这也是能在夜间感知敌人施放毒气的唯一破绽。敌军在布置毒气瓶的时候，常迫使数以百万计的老鼠窜过

▲ 在索姆河战役中，头戴PH兜帽的英军机枪手正在操作一挺维克斯重机枪

▲ 佩戴大型盒式防毒面具的英军救护队

▲ 正在列队接受检阅的英军士兵，他们都佩戴着防毒兜帽

▲ 头戴P兜帽或PH兜帽的英军足球队，照片拍摄于1916年的西线战场

无人地带，这也可以作为一种警报。

  防御的一方如果能迅速对毒气做出警报，官兵立刻采取周到的防护措施，则能将毒气的威力降到最低，仅能侵害到第一线。为了减少敌军预警时间，各国纷纷将布置于战线后方的毒气瓶装载于货车或者小船上，趁其不备，在距离敌人最近的地方施放。德军更是将毒气的奇袭作为第一要务，力求连续发动多次毒气攻击波，这比分散使用的协约国军队的攻击更具威力。比如作为第一次施放毒气舞台的伊普尔战场，德军主攻方向即为混有加拿大和阿尔及利亚士兵的英法军结合部，并收到了奇效。

1917 年，德军开始使用一种新型化学武器，其威力之大使得以往一切化学武器相形见绌。不过正是由于研制出毒气炮弹才使这种毒气的使用成为可能，这种毒气就是二氯二乙硫醚，即我们熟知的毒气之王——芥子气，这标志着毒气战迈入了一个新的阶段，从伊普尔战役开始，被打开的潘多拉魔盒将释放出前所未有的恶魔……而随着美军的参战，两大阵营的毒气战也将迎来高潮。笔者将在本文的续篇《杀人魔术——一战后期毒气战的装备和战术（1917—1918）》一文中继续为读者讲述毒气战的故事，敬请期待。

▲ 装备M15式防毒面具、手榴弹、信号枪和"盖德"式钢盔的德军突击队员

# 参考文献

[1] 罗伯特·哈里斯, 杰里米·帕克斯曼. 杀人魔法: 毒气战和细菌战秘史 [M]. 路明军, 译. 北京: 群众出版社, 1988.

[2] 训练总监部军学编译处. 毒气战史 [M]. 南京: 军用图书社, 1935.

[3] 夏治强, 化学武器兴衰史话 [M]. 北京: 化学工业出版社, 2008.

[4] 谭中英, 人类忌日: 毒气大战纪实 [M]. 北京: 军事谊文出版社, 1993.

[5] Simon Jones, Richard Hook. *World War I Gas Warfare Tactics and Equipment*[M]. Botley : Osprey Pubishing, 2007.

[6] Peter Barton, Jeremy Banning. *The Somme-the unseen panoramas*[M]. Londo : CONSTABLE Pubishing, 2011.

[7] Michael Freemantle. *Gas! Gas! Quick, Boys: How Chemistry Changed the First World War*[M]. London : The History Press Ltd, 2014.

# 杀人魔术

## 一战后期毒气战的装备和战术（1917—1918）

作者 / 刘萌

这个世界只要有战争，军事家们就绝不会对毒气置之不理……毒气是一种更高级的杀人形式。

——弗里茨·哈伯教授在1919年接受诺贝尔奖时的演说

下次世界大战，如若从表面上看还是血肉和炮弹的战争，那么从实质上看将是一场"科学战"，毒气是必须要使用的武器……将来肯定无法禁止毒气在战争中的使用，就像无法禁止战争本身一样。

——福熙元帅在战后回答《泰晤士报》记者提问时谈到

# 1917年，芥子气登场

## 1917年，德军的进攻

1917年，由于协约国军队改进了毒气防护技术，德军利用气瓶发动云状毒气攻击的次数也相应减少。鉴于英军防护良好，德军没有对他们采取进一步行动；法军的M2防毒面具增强了对光气的防护能力，但应对其他毒气较为吃力，因此德军试图利用氯化苦来对付他们。1917年1月31日下午，在兰斯（Reims）以东，德军在7英里宽的战线上放空了18600个气瓶，造成法军531人死亡、1500人受伤。此后，德军于4月和6月在法国海岸附近施放了氯化苦毒气云，分别造成法军470人和367人死亡。当年4月和7月，德军还在洛林这个相对平静的战区发动了两次毒气云攻击，每一次都造成法军约130人死亡。其中，7月份的攻击也是德军在西线最后一次使用毒气瓶。实际上，8月德军还计划在香槟（Champagne）发动一次毒气云攻击，但为此准备的钢瓶被法军炮火击毁，德军只能放弃这次行动。

当年9月，德军发动了一次特种作战：他们将近8吨的氯甲烷（chorine-chloropicrin）灌入法国贝德恩煤矿（Bethune coal mines），完全淹没了它。贝德恩煤矿只有一口矿井，这口矿井超过半英里深，位于德军战线后方，当时法国矿工仍然坚守在井下，维持着整个系统的运转。得知这一情况，英军赶紧派出隧道掘进机去营救被困井下的法国煤矿工人，但当掘进机沿作业面前进了1英里的时候，乘员们佩戴的小型盒式防毒面具就已经不堪重负，只能折返。跟随掘进机一同前进的还有一支救援队，虽然他们用布带将防毒面具和脸部密封得严丝合缝，但面对高浓度毒气也只能撤退。最终，还是来自英国皇家陆军军医队（RAMC）的洛根（Logan）中校用 1 副德制防毒面具和 2 个英制滤毒罐制成临时护具，冒险潜入井下，才找到了一些矿工的尸体。此后，德军毒气工兵将重心转往东线，继续对俄军发动了几次骚扰性袭击，直到当年 11 月俄军彻底崩溃为止。

1917 年 2 月，德军对使用毒气弹的条件做出了限定，包括"风速不能超过每小时 5.5 英里"，以及"必须在一段时间内采用慢速射击的方式用毒气弹逐渐覆盖目标"。值得一提的是，这些限定意味着消耗大量的炮弹，根据计算，覆盖 1 平方英里的目标区域就需要 21000 枚轻、中、重型毒气弹，相当于 41 吨绿十字毒气，这比施放气瓶产生的毒气量要少一些，但由于受天气的影响较小，可以更精确地击中目标，杀伤力并不亚于毒气云攻击。事实上，装填毒气的各种炮兵武器大大地征服了战争决策者中对化学战持反对态度的人——毒气弹更易于配合高爆炮弹对敌人发动袭击。直到此时，毒气战终于不那么依赖风向和漏气的钢瓶了，钢瓶常迫使数以百计的老鼠蹿过无人地带，给敌人带去将要发动突袭的警报，现在毒气瓶已经从堑壕里消失了。

1917 年年初，在寻找效果更持久的肺毒剂的过程中，德国的隆梅尔（Lommel）博士和施泰因科普夫（Steinkopf）教授重新找出了一种以前被认为毒性不足的纯净物——二氯二乙硫醚①，他们将其命名为"Lost"。后来，前线德军称之为"黄十字毒气"，法军称之为"Ypérite"，英国和美国则称这种令人谈之色变的毒气为"芥子气"（mustard），它逐渐成了战争中威力最大的一种毒气。芥子气在常温下是一种深棕色的油性液体，很像雪莉酒；它的沸点相对其他毒气较高；对它的气味有各种各样的描述，如"不愉快的"，像"大蒜"又像"芥末"等等。众所周知，它能引起水疱和结膜炎，但是专家们起初并不认为这些性状具备战术上的意义。

芥子气粉墨登场的舞台仍然在伊普尔（Ypres）。1917 年 7 月 12 日晚上 10 点，

---

① 这种物质曾被英军放弃，因为当时有人认为它作为地面武器杀伤力不够，后来持这种观点的人表示十分懊悔。

一个温和的夏夜，德军在伊普尔东部地区向协约国军的阵地发射了5万枚芥子气炮弹，当他们从俘虏口中得知这次炮击造成了成千上万人伤亡[①]的时候，大吃了一惊。实际上，德军当时一直等到储备大量芥子气的工作完成了并在大规模的炮轰准备就绪后才开始发动攻击——德国人只用了6个月的时间来大规模生产这种毒气。

从7月12日起，10天内德军向协约国军阵地倾泻了100多万发炮弹，大约共含有2500吨的芥子气；德国人一共打了3周黄十字炮弹，造成的伤亡数字几乎是前一年所有毒气攻击造成的伤亡数字的总和。到了第1周周末，英军卫生队收容的中毒人员是2934人；到了第2周周末，又增加了6476人；到了第3周周末，又增加了4886人。芥子气的特性使它成了一种可怕的武器：炮击过去很久后，芥子气沾染过的区域仍然很危险。液态芥子气在炮弹坑、战壕角落形成的毒液坑会令疏忽大意的人中毒。它还能污染水源。冬天，它像水一样结冰潜藏在泥土中，例如1917年冬季施放的芥子气在次年春季大地解冻时又使人中毒。用这种办法可以把整个战壕"封锁起来"。通过这类染毒地段的唯一办法就是铺一条用漂白粉消毒的路。在这种条件下求生，不仅要佩戴防毒面具，还要打绑腿、戴手套和眼镜；不仅要坚持作战，还要不断为装备消毒。毒气成了一种持久性武器。其军事效力绝非一张伤亡名单能说明的。即使毒气没有使人死亡，美国化学战部队首任指挥官费赖斯将军写道："体质的下降，以及被迫在整个作战期间戴上防毒面具造成的行动效率的降低，至少达到25%，这相当于一支100万人的部队有1/4的人丧失作战能力。"

1917年7月，德国人将另一种新型毒气投入战争，即二苯氯胂（diphenylchloroarsine，简称DA），在前线它被称为"蓝十字毒气"（或喷嚏式毒气）。作为一种细粉尘，它可以穿透防毒面具并造成人的鼻窦剧烈疼痛，迫使士兵们摘掉防毒面具，这时与"蓝十字"一同发射的光气炮弹就可以毒死他们。但这只是理论上的效果，实际上爆炸难以产生足够多的细粉尘，只有很少的蓝十字炮弹曾

---

[①] 不是由于肺部刺激，而是皮肤起泡溃烂和失明导致的。

354

对协约国军造成严重威胁。由于缺乏实战测试，德国人没有意识到这种战术有多么蹩脚，在1917—1918年间，他们浪费大量资源生产了近1000万发蓝十字炮弹。1917年年底，德军减少了芥子气和蓝十字炮弹的使用次数，部分原因是天气条件不合适，更多则是由于芥子气的毒性过于持久和猛烈，导致德军自己也无法占领染毒的阵地。

1917年，德军还对毒气炮弹进行了改进。首先，专家通过延长炮弹的弹体长度并减小厚度的方式使其容积扩大了一倍。夏末，德军开始在东线战场利用这种新型毒气弹对付俄军。鉴于当时俄国的混乱状况，在东线，德国人可以肆无忌惮地进行毒气试验，而不用担心法军和英军获取重要情报。另外，在1917年年末，德军专家还增大了毒气弹中高爆炸药所占比例，这样就可以在爆炸时发出普通炮弹那样的巨响，具有一定的伪装效果，但弊端是减少了毒气的携载量，使产生的毒气云变得更加稀薄。

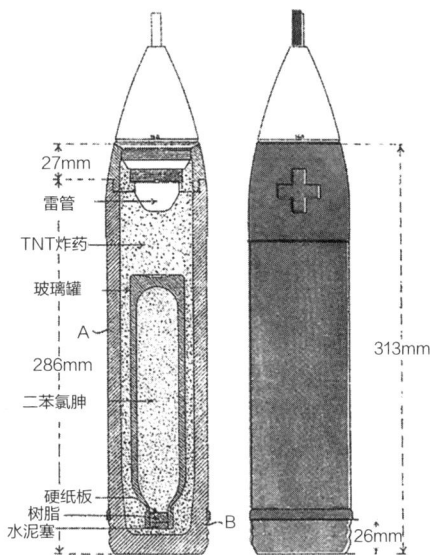

▲ 图为德国77毫米野战炮使用的蓝十字毒气弹，装有EKZ 16型瞬时触发引信。这种毒气弹是将填满二苯氯胂固体粉末的玻璃罐嵌入TNT炸药中，利用爆炸来散播粉末，但它实际上无法产生足够的微粒来渗透协约国军的防毒面具，因此直到大战末期英军才意识到这种毒气的可怕

## 德军一次典型的毒气攻击

1917年1月31日，在理姆斯东部，德军第3军下属的第35毒气工兵团和第36毒气工兵团2营发动了毒气施放攻击。以下是两支部队的报告：

1. 攻击准备

在第 3 军的命令下，第 35 毒气工兵团于 1916 年 12 月 13 日、第 36 毒气工兵团 2 营于 1917 年 1 月 9 日，分别在理姆斯东部地区施放毒气。根据情报，当面故军已经对氯化苦做好了防护准备，因此预定的毒气施放时间拖延到 1917 年 1 月 17 日，但一直到 1 月 29 日才完成准备，将大约 18600 个小毒气瓶（180 吨—270 吨毒气）布置妥当。

2. 攻击实施

1 月 31 日下午 5 点的气象情况：西北—北西北风，风速每秒 3 米（但时断时续），气温 7 摄氏度。施放正面约 2.5 公里。使用毒气类型：氯气及氯化苦的混合物。第一波毒气攻击于下午 5 点进行，持续时间 40 分钟。第二波攻击于下午 7 点进行，持续时间 40 分钟。施放效果很好，毒气云非常浓密，一直接触地面，并向敌人飘过去。一共打开了约 12600 个毒气瓶（120 吨—190 吨毒气），其余毒气瓶由于风向不良，恐怕会误伤友军，遂中止施放。我军阵地的守备队，在毒气攻击开始之前即从施放阵地撤退，只在第二线阵地留有监视哨和一些机枪手。

3. 攻击效果

此次毒气攻击，看起来达到了出敌不意的效果，敌人的炮火并不猛烈，而故军发动的反击也较为迟缓。由我军飞机的侦察来看，故军炮兵已经沉寂或陷于窘迫境地。在毒气施放的正面，我军侦察兵不得不冒险潜入故军阵地，尽管此时距毒气云覆盖阵地已过去两三个小时，但在故军阵地工事内，仍然存在毒气。此外，侦察兵还发现故军的防护极不充分。

根据上述两支部队的战报，德军步兵在毒气的掩护下突进了故军阵地，并未遇到激烈抵抗。综合俘虏所述及其他情报，可以得知这次毒气攻击的确切效果：毒气云不但覆盖了宽 20 公里的阵地正面，还飘到了距阵地达 15 公里的后方——苏帕河附近，并在那里毒死了人，甚至在 23 公里外都有人中毒，30 公里外需要戴上防毒面具，氯气的臭味则一直传到 40 公里远；共计有 2062 名协约国官兵中毒（占阵地总兵力的

20.6%），其中531人死亡（25人立即死亡）。

此次毒气攻击之所以能取得如此巨大的战果，主要因为当面的法军部队因天气寒冷，手脚运动不灵活，以至于不能在短时间内戴好防具，后方部队和该地的村民也因此深受其害。另外，当时法军对毒气攻击的防护也不得要领，现将法军的命令和手札摘录如下：

"A. 1917年2月1日，法军第2步兵师师长与部下注意：德军昨日在我军阵地正面30公里远处实施两次毒气施放，第一次在下午4点，第二次在晚上8点，这两次毒气攻击均在侦察我军情况后进行，所以在阵地前沿，没有携带防毒面具的士兵全部死亡。毒气很快就覆盖了我军后方，无防毒面具的士兵伤亡惨重。因此，不论是在阵地前沿防守的士兵，还是阵地后方的官兵，都必须随时携带防毒面具，这点特别重要。

"B. 1917年2月3日，法军第3步兵师第208步兵团报告：两日前遭受德军毒气攻击时，我军有的士兵虽然迅速而正确地戴好了防毒面具，但这些防毒面具质量粗劣，有的根本无法保持密封，造成一些士兵重伤，甚至有在毒气来袭的瞬间脱去防毒面具而甘愿被毒死的情况发生。"

## 如何掌握发动毒气战的时机

第一次世界大战中，德军在西线各处发动毒气攻击，皆以能观测到整个战场区域的系留气球投掷的闪光弹为信号。这种方法一直使用到战争结束，因为对毒气施放时机的掌握，除了仰仗指挥官的经验和决心外，考虑客观条件也非常重要。毒气施放的时候，为了阻碍敌机的侦察，达到奇袭的效果，通常选择天色昏暗或黎明的时候。但这种时候，通常也难以观测到敌军的动向，因此使用闪光弹作为信号。虽然在毒气瓶上打了记号，一旦攻击的信号发出，为了整齐划一地同时施放毒气，部队人员都要事先对好自己的钟表，并严格按照施放计划表（例如右侧表格）行动。到了大战末期，英美军用电气装置串联毒气瓶，一按开关即可同时释放，更为先进。协约国方面的俄国和德军一样，也采用连续的多个毒气攻击波。

▲ 图为索姆河战役期间，德军升起的系留观测气球

在一定风向下施放阵地毒气瓶计划表

| 区块号码 | 施放阵地总数 | 东北风时施放的阵地 | 北东北风时施放的阵地 | 北风时施放的阵地 | 北西北风时施放的阵地 |
|---|---|---|---|---|---|
| I | 18（1—17a） | 不施放 | 不施放 | 17、17a | 16、17、17a |
| II | 35（1—29） | 11a、2、9、14、14a、15、17、18、21、24、25 | 21 | 2a、22a | 1、1a、2a、3 |

## 1917 年，英军的进攻

1917 年，英国皇家特别工兵旅在毒气施放技术（仍然以使用气瓶为主）和研发新型毒气方面都有进步。除了继续在气瓶中填充标准的"白星"毒气（氯气和光气的混合物）以外，还将氯化苦与硫化氢（hydrogen sulphide）混合，制成"绿星"

毒气；或以氯化苦与氯气混合，制成"黄星"毒气，目的都是穿透德军的防毒面具。在拉巴西（La Bassee）—洛斯—于吕什地区，特别工兵旅 C 连发动了一系列大规模毒气云攻击，利用各种毒气反复扫荡这片区域的德军阵地。

1917 年 9 月 1 日，特别工兵旅在于吕什使用 1334 个装满"白星"、"红星"（纯氯气）和"黄星"的气瓶对德军堑壕发动了进攻。1 个月后，英军再次用毒气袭击了同一处德军堑壕。同时，英军还利用李文斯毒气抛射炮和斯托克斯迫击炮发射了大量光气和氯化苦炮弹，覆盖了周边区域的德军工事。此外，英军不断用毒气骚扰、消耗、杀伤远离主战场的德军部队，使他们找不到一处可供安静休整的地方。10 月 26 日，英军在法军防区迪克斯梅德（Dixmuide）利用 1000 个气瓶发动了一次毒气攻击，这完全出乎当面德军的意料。然而，高浓度氯化苦能渗透德军的防毒面具，同时也能渗透英军自己的防毒面具。11 月 5 日至 6 日，当特别工兵旅 C 连施放氯化苦时，风向突然发生改变，这种毒气旋即造成 C 连 1 人死亡、11 人严重受伤。从 1916 年 6 月 16 日至 1917 年 4 月 4 日，特别工兵旅共计施放了 42600 个气瓶，相当于 1145 吨毒气；1917 年 4 月至 11 月，该旅只施放了 12000 个气瓶，

▲ 阿拉斯战役中，位于维米岭的英军炮兵阵地，远处依稀可见笼罩在一片毒气烟云之下的德军阵地

相当于 328 吨毒气。

在增添新型毒气的同时，英军专家
还对斯托克斯迫击炮进行了改进。原先，
这种迫击炮的发射流程为先将毒气弹从
炮口装填到炮管中，再用一根电雷管激
发其底火，现在改用一根弹簧杆来激发
（这也是现代迫击炮普遍采用的激发方
式）。随着弹药供应逐渐充足，特别工
兵旅在整个 1917 年共发射了 10 万发斯

▲ 阿拉斯战役，英军的毒气攻击波，可见烟云非常
浓密

托克斯迫击炮弹。为最大限度地杀伤敌军，英军经常将光气和氯化苦炮弹搭配使用。
英军还研发了两种新式毒气弹：一种是白磷弹，既可以作为烟幕弹，也可以作为
燃烧弹使用，非常有效；另一种是铝热剂炮弹，内部装填铝粉和三氧化二铁粉末，
爆炸时能产生 3000 摄氏度的高温，可将敌军赶出掩体，并引燃树木和工事，杀伤
敌军人员。在阿拉斯（Arras）战役和梅西讷（Messines）战役中，为掩护己方步
兵安全通过双方阵地前的无人区，英军发射了大量铝热剂炮弹和烟幕弹。

此外，在上述两场战役中，英军还在进攻前的火力准备中发射了大量其他毒
气弹。其中，在梅西讷战役爆发之前 2 周，英军向利斯河（River Lys）畔的德军
阵地发射了 1000 枚氯化苦弹以及 992 枚 SK 催泪瓦斯弹——氯化苦弹可以杀伤敌
军人员，SK 催泪瓦斯弹则能迫使其长时间佩戴防毒面具，从而无法及时修复炮火
对阵地造成的破坏。几小时后，英军继续以 100 枚铝热剂炮弹轰击德军阵地，造
成了更大的破坏。攻击过程中，英军将斯托克斯迫击炮和李文斯毒气抛射炮结合
起来使用。出于对妨碍己方部队突入的担心，进攻前，英军在前线的某些区域没
有使用毒气弹，但不久后，为了应对德军反击，英军还是用 295 枚 SK 催泪瓦斯弹
和 190 枚氯化苦炮弹封锁了这些区域。实战中，英军发现 SK 催泪瓦斯弹不适合射
程较近的斯托克斯迫击炮，因为它的毒性太持久了。于是，在 1917 年 5 月之后，
英军就不在迫击炮上使用 SK 催泪瓦斯弹了，实际上当时这种炮弹的库存也已经
告罄。从 1917 年年中开始，装填混合毒气的迫击炮弹逐渐占据主流地位。1917 年
12 月 1 日，在进攻圣卢西亚（Monchy）的行动中，英军运用了一套毒气组合战术：

首先利用铝热剂炮弹将德军赶出战壕，紧接着使用光气弹杀伤他们，然后用氯化苦炮弹迫使其摘掉防毒面具，最后再用更多的光气弹清扫战场。这次进攻一共动用了44门迫击炮，总计发射了2300枚毒气炮弹——仅仅耗时15分钟。

1917年，李文斯毒气抛射炮成了一种令人望而生畏的武器，它能出其不意地在短时间内制造高浓度毒气，从而使德军的防毒面具失效。1916年10月，英军最高统帅部订购了15000门李文斯毒气抛射炮和5万枚炮弹。直到停战，英军共计装备了14万门李文斯毒气抛射炮和40万发炮弹。通常，英军都选择在夜间利用抛射炮发射毒气弹，这样既可以干扰敌军睡眠，又能杀伤其阵地前沿的士兵。这种战术迫使德军于1917年至1918年间收缩了他们的防线，并更多地采取纵深防御的策略。尽管如此，李文斯毒气抛射炮也存在一些缺点：首先，它的精度不佳，覆盖一个点目标有很大难度，因此通常采取几百门抛射炮同时向一片区域发射的战术；其次，李文斯毒气抛射炮是通过电力引燃发射药包来推进毒气弹的，发射时会产生巨大的爆炸响声、闪光和白色烟云，缺乏隐蔽性；第三，成功地进行一次抛射炮攻击所需的准备工作量太大——安装、装填和掩蔽这些武器都是危险的工作。尽管如此，英国人还是不断扩大其使用规模，经常是一次就动用数百门抛射炮。此时，英军还研制出新的高爆炸药和纵火剂，还有如骨油和醋酸戊脂之类的"臭气"，这种臭气的难闻气味可以迫使敌人戴上防毒面具。

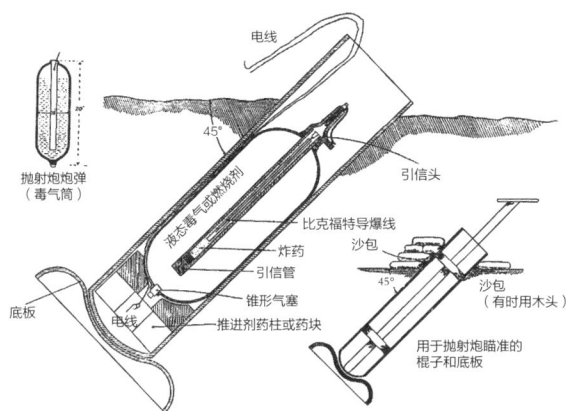

电线

45°

抛射炮炮弹
（毒气筒）

液态毒气或纵火剂

引信头

比克福特导爆线

炸药

引信管

锥形塞

底板

电线

推进剂药柱或药块

沙包

45°

沙包
（有时用木头）

用于抛射炮瞄准的棍子和底板

◀ 李文斯毒气抛射炮（待发射状态）。"其炮身与水平线呈45度夹角埋入地下；按装药量的多少来调节射程；英军一共使用过3种长度的炮管，但其中最常见的尺寸是36英寸；它的炮弹直径则为7.6英寸；我们曾用这种武器令整个加来都淹没在一片光气中……"——福克斯《毒气！》

▲ 正在给李文斯毒气抛射炮装填炮弹的英军士兵。照片中这些抛射炮完全由特别工兵旅自己进行搬运和布设，不需要像以往的钢气瓶那样依赖步兵运输部队；他们通常于夜间在支援壕和后备壕之间埋入抛射炮，并进行伪装；与此同时，全体人员从炮弹途经之地撤离

在一次演习中，李文斯毒气抛射炮发射的一枚炮弹偶然地准确命中了目标，这引起了英军著名统帅艾伦比（Allenby）将军的注意，随后，他立即为麾下部队配备了这种武器。阿拉斯战役中，艾伦比将军率领的第3军首次将李文斯毒气抛射炮大规模投入实战，其表现可圈可点，得到了英军最高统帅部的认可。而且，此战过后，德军方面也开始重视这种武器。

关于阿拉斯战役中毒气战的具体经过，有英方观察者描述道："总攻开始之前5天，为破坏德军的防御体系，第3军对德军阵地展开了大规模毒气攻击。总攻当天，即1917年4月4日，清晨6点15分，我军利用分别布设在31个阵地内的2340门李文斯毒气抛射炮，向德军堑壕、机枪阵地和战地指挥所发射了相当于50吨毒气的光气和氯气炮弹。实际上，炮兵还同时发射了毒气弹。在目力所及的整个前沿阵地上，暗红色的火光闪烁，大地微微颤抖，紧接着便发出沉闷的吼声。就这样，2340发邪恶的毒气弹腾空飞越，笨拙翻转，其中一些毫无疑问在飞行中互相碰撞，大约20秒后即大量落在德军阵地上。刹那间，烈性炸药炸开毒气弹，放出大量液态光气。液态光气迅速气化，形成非常浓密的毒气烟云。"当时，李文斯本人从一架飞机上观看了这次发射毒气弹的情况。他发现毒气烟云非常浓密，以致当烟云飘到维米村和巴耶尔村时，他仍然看得到这股浓烟。毒气烟云和大炮轰炸混在一起造成的恐怖景象令德国人分外胆寒。一份缴获的德军文件这样描述英军抛射炮袭击时"猛烈爆炸"的情况："（英军阵地）像火山喷发似的一片火海，万炮齐发时火光的闪烁持续了整整25秒……其轰隆声像是手榴弹仓库殉爆的爆炸声。"在阿拉斯，德国人的炮手被迫连续数小时戴着防毒面具，很多人打光了弹药，因为毒气毒死了数百头为前线运送军需品的马匹。

实际上，在整个战争中这是仅有的一次协约国利用新型化学武器突然进攻打败了德国人（这通常是德国人的拿手好戏）。尽管后来德国人企图如法炮制，加以报复。李文斯毒气抛射炮的发明是化学战开始向有利于协约国方向转变的一个重要转折点。

1917年4月到11月，为支援己方步兵突击及骚扰敌军后方，英军共发动了25次毒气攻击，使用毒气弹9.7万发。毒气炮弹的呼啸飞行声和轰击声成为喧嚣战场上经常出现的嘈杂。1916年年初，法军和德军就曾使用过毒气炮弹。1917年，英军也开始大规模使用它们。其中，规模最大的一次行动发生在梅西讷战役开始之前4天。当时，英军利用李文斯毒气抛射炮发射了1500个燃烧桶，还用斯托克斯迫击炮发射了大量毒气弹。在当年7月，就在第三次伊普尔战役开始之前，以及康布雷（Cambrai）战役中那场著名的历史上首次坦克突击之前，英军都发动了毒气攻击。此外，11月19日至20日夜间，英军向布尔隆森林（Bourlon Wood）

▲ 1917年，康布雷战场上的英军坦克。尽管当时还很笨拙，但这种新锐武器最终改变了战争的形态，把大规模静态堑壕战和大规模毒气战一起送入了历史

发射了 4200 枚毒气弹。本来英军还准备进行一次囊括毒气瓶、李文斯毒气抛射炮和斯托克斯迫击炮三种武器的超大规模毒气进攻，但英军在康布雷地区的迅速突破使他们推迟了这一计划。

实战证明，英军炮兵发射的毒气弹无法达到使德军防毒面具失效或将其赶出工事所需的毒气浓度，因此他们改变了战术，开始力求增加炮兵的精确度。但实际上，发射毒气弹很难达到较高的精度，只能尽量让它们落在目标的上风处。在整个 1917 年英军发动的攻势中，毒气成了反击敌军炮兵的首选武器，尤其在夜间观测条件不良时。一次典型的反炮兵作战流程为：首先向敌军炮兵阵地发射 70 枚致死性毒气弹，接下来每隔 1 小时发射 150 枚 SK 催泪瓦斯弹和致死性毒气弹。为了迫使德军炮手长时间佩戴防毒面具并阻碍他们操作大炮，这个流程通常要持续好几个小时。对英军来说，虽然这种新战术投送的毒气量比 1916 年采取的旧战术要少，但利用 SK 催泪瓦斯弹的持久性，也够给德军带来巨大的麻烦了。

1917 年 1 月至 2 月间，英军前线部队共计需要 9 万枚光气弹，但国内只能提供其中三分之一。当年 2 月，黑格元帅要求将毒气弹的比例提升至全部炮弹的 12%，但随着战况的发展，前线对毒气的需求量也在不断发生变化。当年 3 月月末，前线部队反映不再需要更多的 SK 催泪瓦斯弹了，尽管这是唯一一种达到预定产量的毒气弹。当时，黑格希望能够按 50% 氯化苦、50% 光气或其他致死性毒气的比例生产毒气弹。但到了 7 月，他却要求后方再次生产 SK 催泪瓦斯，不过这次是装填到 60 磅炮弹中由 6 英寸榴弹炮发射，从而作为一种远程反炮兵武器使用。当年晚些时候，英军将毒气弹中的纯氯化苦换成 50% 的光气和 50% 的氯化苦（命名为 PG）或 20% 的四氯化锡和 80% 的氯化苦（命名为 NC）。另外，英军还逐渐将 SK 催泪瓦斯替换成更有效的 KSK 催泪瓦斯，进而替换为芥子气（在它残酷的效果广为人知以后）。

1917 年，英军在进攻前的火力准备中越来越依赖斯托克斯迫击炮。这种迫击炮的设计十分简单，发射 4 英寸迫击炮弹，每个炮弹内装有 2 升毒气。训练有素的炮手可以连续发射 15 发炮弹，当后续发射的炮弹还在空中飞行时，第一颗炮弹就能准确地击中 1000 码外的目标。但实际上，在 1917 年年初，斯托克斯迫击炮使用的毒气弹大部分都是 1916 年生产的旧炮弹——这反映了后方生产难以满足前线需求的窘境。直到当年 4 月，英军共计在维米（Vimy）发射了 4 万枚毒气弹；6 月，在梅西讷发射了 12 万枚毒气弹；7 月，在第三次伊普尔战役中发射了 15.4 万枚，直到此时，毒气弹的生产刚能满足需求——平均每周有 3.4 万发毒气弹被运抵前线。阿拉斯战役中，英军在总攻开始之前的那个夜晚（7 点 30 分），利用 4.5 英寸榴弹炮和 60 磅炮发射了大量毒气弹，目标是德军的炮兵阵地，待这些阵地大部分陷入瘫痪之后，英军步兵再跃出己方战壕，发动总攻。战役过后，德军进行了总结，在报告中承认了英军毒气弹给他们带来的重大损失，并着重描述了毒气对补给部队的马匹产生的不利影响，以及由此造成的补给困难和弹药短缺。但德军同时注意到英军的致死性毒气弹，尤其是光气弹的数量较为稀少，这意味着直接支援步兵进攻的效果将大打折扣。

梅西讷战役中，英军主要利用毒气弹进行袭扰和反炮兵作战，在发起总攻的同时集中发射毒气弹来压制德军的炮兵阵地，这种战术再次取得了成功。第三次伊普尔战役中，英军炮兵阵地遭到德军芥子气的反击，作战受到了不小的干扰，但仍硬着头皮打了 3 天 3 夜。德军的重要据点不断遭受 4.5 英寸榴弹炮发射的毒气弹轰击，火力体系逐渐陷入瘫痪。又一次，趁德军炮火沉寂，英军步兵成功冲过了无人区。此次战役中，炮兵部队和特别工兵旅成了英军进攻的矛头。

1917 年，即便是普通的英军步兵也装备了白磷手榴弹、光气手榴弹，甚至 KSK 手榴弹——尽管这种毒气能令一个区域染毒超过 12 个小时，从而令人无法靠近。第三次伊普尔战役中，英军还装备了填充四氯化锡的手榴弹，它释放的毒气可以有效穿透德军的防毒面具，杀伤暴露在掩体外的德军士兵。

## 1917—1918 年，德军装备的毒气抛射炮

鉴于英军的李文斯毒气抛射炮在阿拉斯战役中大放异彩，战役结束后，德军对它进行了仿制。德军毒气抛射炮第一次，也是最成功的一次运用，是在 1917 年 10 月意大利前线的第 12 次伊松佐河战役／卡波雷托战役中。意大利军队几乎没有应对毒气的经验，防护也很差劲，故伤亡惨重。早在 9 月，身穿奥匈军队制服的德军毒气部队——第 36 工兵团的成员就前往卡波雷托对意军阵地的情况进行了详尽的侦查。10 月 24 日凌晨 2 点，他们利用 894 门毒气抛射炮向意军阵地发射了大

量毒气弹（相当于5—6吨光气），由于后者的阵地布设在山谷中，沉降的毒气造成了重大人员伤亡。此外，奥匈炮兵还利用毒气弹成功压制了意军位于山腰的炮兵阵地。当奥匈军队（其中有4000多人佩戴着从德国引进的皮制防毒面具）突入意军战壕时，发现那里横七竖八地躺着500—600具尸体。德军毒气部队在卡波雷托战役赢得的胜利甚至比在伊普尔首次发动氯气攻击更具有决定性意义。

从1917年12月开始，德军利用毒气抛射炮在西线发动了大约60次攻击，其中大部分集中在1918年4月到8月这段时间内。德军对英式毒气抛射炮进行了改进：在炮管内刻上了膛线，使其具备更高的精度和更远的射程，还将浮

▲ 1917年至1918年间，德军工兵正在布设抛射炮。通常，他们完成布设所需的时间要比英国同行更长，随后还要等待最佳风力条件，这使他们很容易被敌军发现，并遭到炮火攻击

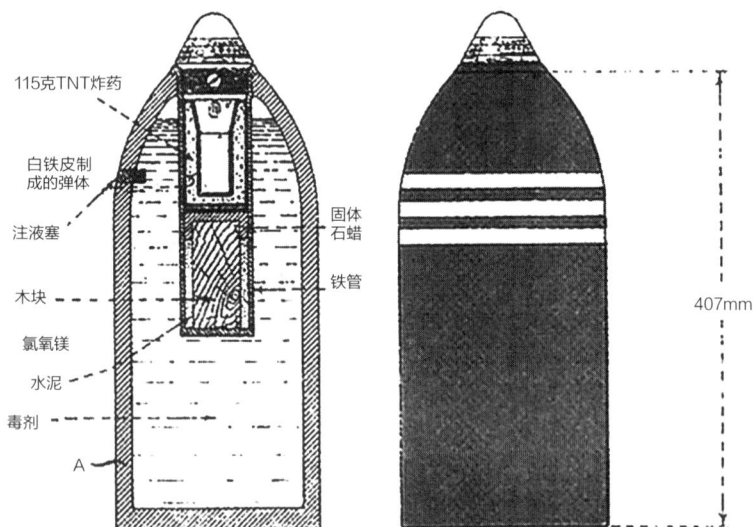

115克TNT炸药
白铁皮制成的弹体
注液塞
木块
氯氧镁
水泥
毒剂
A
固体石蜡
铁管
407mm

▲ 图为德国180毫米滑膛毒气抛射炮使用的炮弹。德国人将现有的滑膛战壕迫击炮的炮弹作为李文斯抛射炮炮弹的替代品，在卡波雷托战役中首次投入使用。弹体涂上3条白色带说明其内部装填的是光气，每颗炮弹可以容纳16.5磅液态毒气

石（一种火山岩）填进炮弹中，以防止光气过快分散。然而，这些改进有点"舍本求末"的嫌疑，因为这削弱了李文斯毒气抛射炮原本极佳的可靠性和简单易操作的优点。与英军大部分时间都是小规模使用毒气抛射炮不同，每次进攻，德军均使用多达1000门毒气抛射炮（相当于德军1个毒气工兵营的装备）同时发射，而且他们在发射后还要把抛射炮挖出来，以备下次重新部署（英军通常将毒气抛射炮固定在某些阵地中）。在德军使用毒气抛射炮发动的攻击中，英军的损失相对较小，但法军则再次伤亡惨重——德军只用了36次攻击就造成法军超过586人死亡，1718人严重受伤。

### 德军 M17 式皮制防毒面具

战争进行到1917年，德军普遍装备的M15式橡胶防毒面具的局限性开始显露无遗。英军李文斯毒气抛射炮发射得非常突然，因此德军在仓促佩戴防毒面具的时候，毒气很容易滞留在面具的皱褶中。而且，佩戴M15防毒面具超过一个小时就会感到非常不舒服，焦虑和炎热会导致大量流汗，佩戴者头上的静脉甚至都会肿胀起来，影响防毒面具的密封性。此外，随着协约国的封锁日益加剧，橡胶和棉布织物在德国变得越来越稀缺。在这样的形势下，1917年8月，德军推出了一款皮制防毒面具（Ledermake），采用来自保加利亚的铬鞣绵羊皮制作。具体制作过程为"先将羊皮浸入油中以增强其防水性，再剪切成锥形，然后缝合并刷漆（留出目镜的空间），最后安装目镜"。皮制防毒面具和M15橡胶防毒面具的目镜的倾斜角度不同，这意味着士兵们必须重新学习在佩戴防毒面具时如何使用步枪射击。皮制防毒面具不含用于擦拭目镜的皱褶，因此不容易困住浑浊空气或者毒气。为了防止其蒙上雾气和污物，皮制防毒面具的目镜被重新设计为两层：外层由赛璐珞制作，内层则覆盖着可拆卸的明胶涂层。佩戴者还可以在两层目镜中间插入新的镜片。此外，皮制防毒面具还用覆盖着织物的弹簧绳取代了M15防毒面具的松紧带，但这项改进使得皮制防毒面具难以保持气密性。

1917年6月，为应对英军的李文斯毒气抛射炮和氯化苦炮弹，德国人推出了新的"11–C–11"型过滤器。这种过滤器中增大了活性炭的比例，降低了碳酸钾的含量，较多的活性炭对呼吸的阻碍更小，而德军研发的另一套装置——AW–普吕

▲ 1917年至1918年间，一群来自维尔茨堡第1后备步兵营的巴伐利亚步兵们正在野战工事中待命，显然马上就要对敌人发起反击。他们都装备了"框架防毒面具"，为阻挡氯化苦和蓝十字毒气粉尘，他们还用布罩蒙上了防毒面具的过滤器。注意照片最右侧的士兵对他的胡须进行了修剪，以保持防毒面具的气密性；此外，他还额外装备了一个"德尔格"氧气呼吸器。照片中间的两名士兵身上穿着护甲

◀▼ 现存的M17皮制防毒面具细部照片

▲ 1918年，3名佩戴M17皮制防毒面具和"11-C-11"型过滤器的德军防空炮手，注意三人身上都穿着护甲

▲ ▶ M17皮制防毒面具目镜的特写，其外层由赛璐珞制作，注意内层覆盖的明胶涂层已经遗失

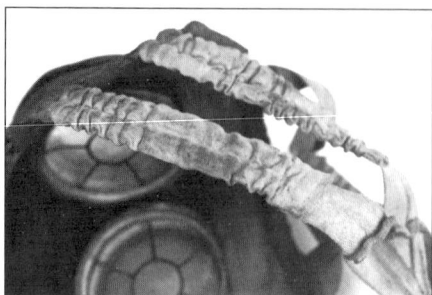

▲ M17皮制防毒面具绑带的特写，注意其用覆盖织物的弹簧绳取代了M15橡胶防毒面具的松紧带，这项改动是被迫的，会影响防毒面具的气密性

▲ ▶ "11–C–11"型过滤器的特写

▲ 防毒面具和过滤器连接处特写，注意其尺寸为"A2"

弗（AW–FeldPrüfer）检测仪可以识别哪些过滤器对呼吸的阻力过大，从而在生产过程中就淘汰掉这些不合格产品，以免在战场上造成不必要的伤亡。

## 协约国防护装备的进化

认识到 M2 防毒面具缺乏继续发展的潜力后，法国的一支由勒博（Lebeau）教授率领的团队设计了一款"德式"防毒面具。这款新型防毒面具囊括了当时许多最先进的功能，但花了超过一年的时间才研制并生产出来。实际上，早在 1916 年 4 月 20 日，勒博教授就提交了新型防毒面具的原型设计，并将其命名为 MCG（materiel chimique de guerre，即"化学武器战争"）防毒面具。同年 8 月，军方将 9000 副 MCG 防毒面具发放给一线部队进行实战测试。为防止防毒面具的目镜蒙上水雾，勒博教授采用了一种来自天梭（Tissot）仪表的专利技术。最初，MCG 防毒面具由橡胶制作，但实战证明这种材料并不能有效防御催泪瓦斯，因此勒博教授将其改为双层，外层仍是橡胶，内层由浸渍过亚麻籽油的织物制作。过滤器方面，勒博教授设计了一种三层滤筒，由进气阀和呼气阀连接在一起。1917 年 1 月，新型防毒面具被军方采用，并被重新命名为"特殊呼吸装置"

（appareilrespiratoire special），简称 ARS。然而，新型防毒面具的大批量生产直到 1917 年 11 月才正式开始，因为在量产之前，还要对原型设计进行完善并解决原材料供应的问题。

1918 年 5 月，为提高 ARS 防毒面具对蓝十字毒气的防御力，勒博教授对过滤器进行了改进。此外，他还开发了一种浸渍蓖麻油的过滤套（由织物制成），以

▲ 防毒面具罐的特写

▲ 图为一名法军步兵毒气净化队成员。注意他装备的浸油工作服、ARS防毒面具及装满漂白粉溶液的喷嘴式喷雾器。他戴的单层长筒手套后来被证明是无效的，1918 年，这种手套被唐比特中士的新设计取代

进一步提高对蓝十字毒气和芥子气的防御力，但这种过滤套直到停战时才配发给部队。战争中，法国共生产了超过 500 万副 ARS 防毒面具。法国人一直认为这是大战中最好的防毒面具，但英国人和德国人都不同意这一点。

1916 年至 1917 年的冬天，考虑到在自己的战壕迫击炮炮弹中填充了四氯化锡结晶颗粒以增强杀伤力（另一方面是出于对德军使用氰化氢毒气的担心），英国军方不得不对小型盒式防毒面具进行改进。伯特伦·兰伯特和 H. S. 雷珀（H. S. Raper）承担了这项任务，两人在过滤器中增加了新填料——纤维素棉和石灰—高锰酸盐颗粒。1917 年 4 月到 6 月间，英军将新过滤材料率先配发给驻伊普尔突出部的部队，因为他们受德军新型毒气的威胁最大。为容纳这些新滤材，前线部队不得不自行对现有过滤器进行改装：他们撬开过滤器的末端，将装有新滤材的延长段接在后面，再用橡皮膏缠好。这显然远非一种理想的解决方案，但幸运的是，

▲ 1917年年末，佩戴小型盒式防毒面具的英军军官，注意其安装的是经过改进的新型过滤盒

当7月德军开始在战场上使用蓝十字毒气和芥子气时，这种临时的改进措施派上了大用场，挽救了不少英军士兵的生命。

兰伯特和雷珀还设计了一种新的过滤盒，除了纤维素棉外，过滤盒中还填充了更有效的木炭以及石灰—高锰酸盐颗粒。和以往不同，这次滤材没有分装，而是混在一起。被指定为防御四氯化锡的专用设备后，这种过滤盒得到了"NC过滤器"的称号。1917年7月，军方开始将装有NC过滤器的防毒面具配发给部队，于年底配发完毕。同样在7月，英军还推出了一款小型盒式防毒面具的特殊版本，提供给坦克车组成员使用，这种防毒面具安装了一个独立的送话口和一副加强护目镜——坦克起火时，殉爆的弹药会产生大量飞溅的金属碎片，因而须要对眼部进行额外防护。

1917年7月12日至13日夜间，伊普尔战线的英军第一次出现了芥子气中毒的迹象，但这种毒气除了对眼睛和喉咙有轻微刺激作用外，并没有别的初发效应。当时有几个士兵甚至不愿意戴防毒面具。大多数人很快回去睡觉，但在第二天凌晨，他们由于眼睛"疼痛难忍"而醒来，觉得眼球就像被砂纸剐蹭一样，然后开始不停地呕吐。到天黑时，眼睛疼痛加剧，以至于不得不注射吗啡。第三天太阳升起，阳光下这支军队看上去好像是受了《圣经》上提到的瘟疫折磨似的。一些轻度患者撤出时，个个都像盲人一样，不得不由护理员领上救护车。随后，英军毒气部队的生理学顾问克劳德·道格拉斯（Claude Douglas）医生查看了这些伤员，在他们的臀部、生殖器和腋窝下发现了大量水泡。道格拉斯医生形容道："他们的脸常常充血、浮肿，尤其是一些重度患者。很多人的脸的下部、下巴，甚至脖子上出现了小水泡。少数患者的大腿、背部和臀部，甚至阴囊处都出现了令人感到刺痛的小水泡，阴囊和阴茎均浮肿。臀部起泡和生殖器浮肿，可能是由于坐在地上，沾染了有毒物质。"

随着时间的推移，伤员的病情逐渐加重，芥子气蒸气引起的皮肤上的湿红疹发展为大片的黄色水泡，有的足足有1英尺长。这种毒气很容易穿透衣物，伤害那些最敏感部位的皮肤：肘关节、膝关节、脖子、大腿内侧等处。甚至连第5军化学战顾问的手腕和手臂上也出现了很多水泡。这位顾问曾想收集一些芥子气炮弹的弹片进行分析，他试图走打进他手臂上的弹片，这些弹片使他的胸部出现水泡——芥子气竟然穿透了好几层衣服，发挥了毒性。英国陆军部专家罗德哈特利爵士说："由于其沸点高，一部分芥子气分散到地上后，在一段时间内仍然持续挥发出蒸气。在伊普尔炮击后的第二天还能闻到芥子气的气味。"英军的野战医院里塞满了伤病员。德军袭击两天后，英军出现了第一批死者。芥子气中毒后的死亡过程是一个缓慢而痛苦的过程。未必都是死于毒剂烧伤，有的是死于毒气在喉咙和肺部造成的糜烂。军医拉姆齐报告说："病房里已经挤满了在最近一次袭击中中毒的伤员，有一个伤员由于连续痛苦地咳嗽而十分虚弱。"很多人由于中毒，支气管的黏膜剥落。"有一次，"另一位军医写道，"一个人的气管黏膜竟然完全剥离成一个圆管。"受害者死时，气管从头到尾完全粘在一起。侥幸活下来的伤员中也有许多人患上了支气管炎，还有一部分人因严重的肺部感染在不久后死去。到了第6天，导致失明的结膜炎突然消退了，但是伤员们的呼吸依旧十分困难。芥子气的毒性非常大，有一次，很多人站在一个经过解剖的受害者尸

▲ 1918年4月10日，比顿的一座高级绷扎所门口挤满了因芥子气而暂时失明的士兵，他们只能排成一队，一个接一个搭着前人的肩膀，由医护人员引导才能进入绷扎所。4月7日至9日，德军在利斯河畔发起大规模进攻，为切断协约国军的侧翼支援，他们向战场北部和南部都发射了大量芥子气弹。注意后面盯着伤者看的士兵。由于担心损伤士气，英军曾对芥子气伤员进行保密治疗

体周围查看，这死者虽然是 10 天前中毒的，但人们仍然能感受到毒剂还在继续起作用。医生们观察了毒气造成的全部伤害情况："死者的喉咙和声带红肿了，气管里充满了稀薄的泡沫状液体，左肺分泌液中渗入了 6 盎司的血"；"肺本身的重量超过正常重量的 2 倍，摸起来硬邦邦的"，"部分肺叶沉入水里"；"心脏的重量是 20 盎司，而不是正常的 10 盎司"；"大脑表面的血管内充满了无数小气泡"。事实上，德军的首次芥子气攻击造成英军 1.5 万人受伤，其中 2% 至 3% 的伤者在接下来的 2 周内死亡。

对伤员进行迅速救治并严格保密阻止了芥子气造成的恐慌在英军中间蔓延，并将对士气造成的不利影响降到了最低。英军逐渐发现，可以从类似大蒜或英式芥末酱（English mustard）的气味中判断德军芥子气的来袭方向。不久后，德军改进了炮弹，增强了密封性，英军又用爆炸时发出的与众不同的"噗噗"声来辨别芥子气弹。德军经常在夜间发射芥子气弹，第二天白天，液状毒气就会在日光下蒸发，化作极度危险的芥子气蒸气，而且敌军很难发现。在冬天，芥子气液滴可以在染毒区域潜伏长达几周时间，暂时不发挥自己的威力。通常，芥子气中毒的人在几个小时内都不会觉得有什么异状，也不会感到疼痛，直到发生结膜炎和皮肤起泡，出汗的部位症状会更加严重。

7 月 20 日至 21 日晚上，德军用芥子气炮弹攻击了阿尔芒蒂耶尔（Armentieres，法国北部城镇），造成大约 6400 人伤亡，其中包括 675 名仍居住在该镇西郊的平民，他们中有 86 人死亡。这次袭击促使法国当局向仍生活在英国远征军防区内（尤其是人口稠密的矿区）的平民发放 M2 防毒面具，还建造了大量防毒屋。当时，去除芥子气的标准手段是将漂白粉撒到弹坑和弹片的周围，再用干净的泥土覆盖，因为这样可以躲避德军的侦查，而且漂白粉的气味容易干扰英军对芥子气的进一步探测。此外，漂白粉溶液还被用于清洗枪支、树木等染毒的东西。对衣物来说，最简单的净化方法是将其悬挂在空旷的室外 4 到 5 天，再用小苏打清洗。

从 7 月开始，法军也采取了反制芥子气的措施，包括向每个营配属一名药剂师，专门负责制订防御毒气的具体计划；还在每个步兵营和炮兵连中组建了专门的毒气净化队。然而受芥子气波及的地域通常都非常广阔，以至于没有足够的漂白粉来处理，因此毒气净化队只能净化关键地点，然后通过树立"禁止通行"的警示牌等措施来封闭其他染毒区域。

8月初，勒博教授和他的团队开始为毒气净化队寻找一种价格低廉、可以大量生产制造的防渗透服（防芥子气服）。法军的军需部门提供了大量浸过油的工作服以供测试——这种工作服通常由工兵使用，非常宽松。随后，勒博教授在药学院的实验室内对其进行了严格测试。8月17日，这种工作服竟然通过了重重考验，被证明是完全可行的。接下来，这一装备被首先配发给了炮兵部队。与此同时，军方要求进一步生产一种浸渍过熟亚麻籽油并染成蔚蓝色的工作服，以及浸渍过同样油料的长手套和绑带靴。勒博甚至还设计了一款由浸过油的织物制成的干粮袋，以防面包被芥子气污染。

一开始，英国人对法国的防芥子气服不以为然，他们发现，在实战中，不论是浸过油的手套还是靴子（包括常见的长筒橡胶靴或是惠灵顿靴），都无法真正阻止芥子气侵入。英方也曾设计了一款用黑色油布制成的带帽工作服并送到法国战场进行测试。然而，英国远征军的化学战顾问们在与前线部队进行深入交流后，得出了不同的结论：降低芥子气带来的伤亡率并不须要装备特殊的衣服，而是要加强训练和纪律。9月，去加拿大军团了解情况的化学战顾问报告了另外一个问题：由于芥子气造成的失明通常是暂时的，他相信有一些士兵为了去医院休息几周，故意把他们的眼睛暴露在芥子气中。

然而，普通士兵难以忍受这种化学污染环境中的紧张生活，甚至连最守纪律的士兵也会犯错误，其他人——得了弹震症的、粗心的、无经验的及吓坏了的新兵——更因毒气而伤亡惨重。负责征兵的莫兰勋爵曾写道："1917年7月以后，毒气部分地取代了高爆炸药的地位，使得应征士兵不适应战争的问题很突出。中了毒的士兵在堑壕中显得疲惫不堪，这对刚应征入伍的士兵造成一种精神上的挫伤。"

▲ 照片拍摄于1918年9月8日的马尔巴克，芥子气迫使战区平民纷纷戴起了防毒面具。这个家庭或小组中，除了照片最右的女孩手持M2防毒面具，第二排中间的女人手持ARS防毒面具外，其他几个孩子都拿着新型唐比特式防毒面具

尽管采取了种种措施，从1917年7月至战争结束，英国因芥子气伤亡的人至少达到12.5万，占整个战争期间英国因毒气伤亡的人的70%。保守估计，死亡数字是1859人。虽然死亡率仅有1.5%，但一个中毒士兵至少要离开战斗岗位2—3个月，甚至更长时间。他们的呼吸系统和皮肤还经常出现二次感染。在第一次世界大战中服役的医生都发现，患者的皮肤在治愈后常会突然出现新的水泡，或者在那些原来认为没有沾染到毒气的部位也出现感染。军医拉姆齐曾举例说："有一个人中毒后的第2天阴囊出现烧伤，第8天背上的皮肤开始感染。"1919年，英军在一份关于毒气伤亡的秘密报告中指出："就杀伤力而言，芥子气是第一流的"；"坦率地说，在某些情况下，毒气在1—2周内保持杀伤力，中了芥子气的毒，需要长期的积极治疗才能解毒，其消耗作用在数量上不亚于2个师的兵力"。在战争的最后18个月中，化学武器造成的伤亡数约占伤亡总数的1/6（占部队总伤亡人数的16.5%），这主要源于芥子气的威力。

# 1918年，毒气战的高潮

## 德军的最后攻势

　　1918年，德军在西线投入的毒气弹，数量之大，前所未有。对德军来说，毒气战是自当年3月启动的一系列攻势中的重要一环，这次"最后的进攻"被称为"春季攻势"或更为人们熟知的"皇帝会战"，其目的是赶在强大的美军部队抵达欧洲战线之前，最后一次试图彻底击败协约国。攻势中，德国人采取了由布鲁赫姆勒（Bruchmuller）上校发明的、高度复杂的炮兵战术。他曾经在东线亲自试验过这种战术：1917年9月，在针对德维纳（Dvina）的炮击行动中，布鲁赫姆勒曾首次将蓝十字毒气弹和光气弹混合使用。此时，德军的化学武器清单上已经有22种不同的毒气弹了，形成了异常复杂的体系。为便于使用，前线只能将它们简单地划分为"绿十字""蓝十字"和"黄十字"，其中"绿十字"代表窒息性毒气，"蓝十字"代表刺激性毒气，"黄十字"代表芥子气。绿十字和蓝十字毒气的效果都是非持续性的，可以在遭受敌军攻击的地域使用；黄十字毒气/芥子气的效果是持久的，因此德军主要利用它来对付敌军炮兵，进行战场遮断或防御己方部队的侧翼，以及封闭后方区域，防止敌军乘虚而入。这些复杂的火力计划被德军统称为"彩色炮弹射击"（德语 Buntschiessen）。

3 月 10 日到 13 日，连续 4 夜，德军用 15 万发黄十字炮弹对康布雷—萨利恩特地区进行了地毯式的炮击。后来又在 15 个小时内向阿尔芒蒂耶尔镇倾泻了 2 万发炮弹，液态芥子气像雨水一样在大街小巷中流淌。为了求生，人们佩戴防毒面具长达数小时，防毒面具里的空气变得腐臭难闻，令人不堪忍受。此地春季气候温和，芥子气从液态迅速挥发成气态，无孔不入。当人们解开衣服或者擦眼睛周围的汗水时，毒气就向他们进攻。至 3 月 16 日为止，在一周的时间内，协约国军有 6195 人中毒，被送进医院；接下来的一周又有 6874 人被送进医院。4 月 13 日之前的一周可能是他们伤亡最惨重的一段时间，有 7000 名受害者潮水般地涌进了野战医院。

3 月 21 日，德军针对英军第 3 军和第 5 军发动了"皇帝会战"中的第一次总攻，即著名的"圣米迦勒攻势"。纵观规模、强度、兵力与战果，这次攻势毫无疑问被视为是绝无仅有的当时世界上最强大、最猛烈的进攻。战斗中，德军将布鲁赫姆勒上校的毒气战术发挥得淋漓尽致，不但使英军炮兵阵地瘫痪，还给英军步兵造成了惨重的伤亡。袭击英军步兵的时候，德军将全部炮弹中的 50% 分给光气和蓝十字毒气弹；压制英军炮兵的时候，德军发射的芥子气弹所占比例更是高达同期发射的高爆弹的 80%。为阻止英军反击，德军使用大量芥子气弹封锁了己方步兵攻击区以外的地域。3 月 10 日至 16 日，德军曾在福莱奎尔斯（Flesquieres）突出部采取了此类行动：为防止英军在此处布置炮兵阵地，并阻碍英军救援部队与突出部内的被困部队会合，整整 2.5 英亩的长方形土地都遭到了芥子气炮弹的完全覆盖。

支援步兵进攻的时候，德军采用了"炮兵华尔兹"（Feuerwalze）[①]和"徐进

---

[①] 该战术的核心意义就是利用短时间大量投送炮兵火力的方式，先摧毁敌方的通讯和指挥中心，之后对敌方的炮兵阵地发动炮火攻击，最后对敌方步兵进行压制，而在这时，暴风突击队就在火炮边线待命，炮火一结束，暴风突击队就一拥而上，利用毒气、机枪和冲锋枪摧毁敌人。

弹幕射击"两种战术。这些战术对协约国来说并不新鲜，实际上英法军队都运用已久了。贯彻上述两种战术时，德军发射了大量毒气弹，著名的精锐步兵"暴风突击队"就跟在炮弹落点之后 328 码处。因此，虽然毒气削弱了当面英军的抵抗，但也对德军暴风突击队的进攻造成了阻碍，后者不得不一直佩戴防毒面具作战。德军制订的火力支援计划非常复杂，不同火力密度的武器配属了不同种类的毒气弹。不过，在反炮兵作战中，最有效的武器还是芥子气，甚至连英军苦心钻研的各项防毒措施也对它无能为力。3 月的攻势中，德国人几乎将这些复杂战术的潜力发挥到了极致。

4 月 9 日至 25 日，德军在弗兰德斯发动了代号为"若尔热特"（Georgette）的攻势。战斗中，德军使用的芥子气弹占到了全部毒气弹的三分之一；阿尔芒蒂耶尔镇再次遭到德军的重点"关照"，此地英军战壕内的芥子气液滴甚至多到可以流淌的程度。在于吕什和贝蒂纳（Bethune）有大约 4000 名平民暴露在芥子气中，但由于事前已经做好了预防措施，只有 230 人严重受伤、19 人死亡。另外，德军还利用芥子气来孤立凯梅尔山的英军阵地：在该山的北坡散播了大量芥子气液滴并派兵攻占了南坡。

尽管德军的攻势取得重大进展，攻占大片土地，却依然没有取得决定性胜利。

4 月 11 日，英国陆军元帅黑格发布了著名的"特殊命令"："我们前面没有路，但要打出一条路，每一块阵地都要坚守到最后一个人，任何人不许退却。相信我们的事业是正义的，我们是有强大后盾的，我们每个人都应坚持战斗到底。"在其后的几周内，德军 200 个师突进 40 多英里，俘获英军 8 万人，缴获大炮 1000 多门。特别工兵旅也在节节败退，其 A 连指挥官 A.E. 霍奇金上尉描述道："白天和夜间的任何时刻，都处在敌人袭击的威胁中。当夜，新月当空，轰炸的时刻又开始了，空中密布敌人的战机。"

6 月至 7 月，德军针对南部的法军防线继续展开一系列大规模进攻，连续发动"布吕歇尔（Blucher）攻势""格奈森瑙（Gneisenau）攻势"和"马恩河—兰斯攻势"，但毒气弹发挥的作用都不大。鉴于佩戴防毒面具作战十分容易疲劳，出于对影响己方进攻效率的担心，德军减少了毒气弹的用量，给协约国军队造成的伤亡也相应减轻了许多。7 月 15 日，马恩河战场的德军部队正在发射毒气弹时，风向突然改变，逆流的毒气杀死了大量猝不及防的德军突击队员。此战过后，德军开始将红色和紫色的苯胺染料填充到芥子气炮弹中，以便部队识别受芥子气污染的弹坑。当然，这对协约国军来说同样是个好消息，他们很快就意识到，如果德军用芥子气炮弹轰击某处地域，那就意味着在未来48—72小时内，德军将不会从这处地域发起进攻。由此可以预判

▲ 1918年"春季攻势"中，佩戴M17皮制防毒面具、手持MP-18冲锋枪、在毒气掩护下冲向英军阵地的德军暴风突击队员

相邻区域很可能是德军的主攻方向。为扩大毒气弹的杀伤面，德军研制了一种空爆定时引信。然而，一旦德军转入防御状态，这种引信就没法使用了，否则很可能误伤自己人。

德军进攻得逞主要得力于芥子气，协约国部队后来缴获了德军的军火库，发现里面有一多半都是化学武器。仅美军就有7万人因芥子气伤亡，占整个战争中美军全部死伤人数的1/4以上。德军虽然长驱直入，却为自己埋下了失败的种子。7月和8月，协约国军队恢复了力量，马上就对德军拉得过长的战线进行了打击。协约国军终于也可以依靠化学武器了——到了8月，英美两国从工厂订购的毒气弹已经增加到炮弹总量的20%—30%。

战争剩余的时间内，德军开始大踏步撤退，芥子气在这个阶段表现出更大的威力。实战证明，它更适合用于防御而非进攻。7月31日，为抵御美国远征军在凡尔登以西发动的一次进攻，德军发射了34万枚芥子气弹。9月至10月间，英军每周都有3000到4000人因芥子气而伤亡，但情况正在逐渐改善。随着英军在战场上不断推进，德军的目标越来越狭窄，炮击的效果也越来越差。由于补给和指挥都开始变得混乱，德军已经不可能制订复杂的火力计划。当法军开始推进时，德国人沮丧地发现他们并没有被芥子气挡住脚步，因为法军已经学会如何以较低的伤亡通过染毒区。9月份，德军芥子气炮弹的供应已经无法满足前线巨大的需求，但他们还是动用最后的库存延缓了美军对圣米耶尔（St Mihiel）的进攻。到了10月，毒气已经不再是阻挡协约国军队前进的重要因素了，德军战斗力发生了滑坡式的衰竭。

## 1917—1918 年, 法军的进攻

    1917 年, 法军对云状毒气攻击的
兴趣也在迅速减退, 事实上, 从 1916
年 12 月直到 1918 年 3 月 20 日最后一
次采取行动, 法军只发动了 14 次毒气
云攻击。值得一提的是, 从 1917 年年
初开始, 为增强毒性, 法军也开始使
用氯气—光气混合毒气。但如此之低
的攻击频率不可能给德军造成重大伤

▲ 1917 年, 法军发动的一次毒气云攻击

亡。因此, 法军改进了使用毒气弹的战术, 试图利用长时间制造较低浓度的毒气,
迫使德军士兵一直佩戴防毒面具, 从而消耗其体能。1917 年 10 月, 法军曾用毒气
弹轰击德军阵地长达 7 个半小时, 导致当面德军一个步兵师由于长期戴着防毒面
具而精疲力竭。实际上, 在德军大肆使用芥子气的同一时期, 法国就已经具备了
生产这种毒气的能力, 但限于工艺不佳, 事故频发, 在毒气工厂的工人以及前线
士兵因事故产生的伤亡降到一定水平之前, 法军不敢将其投入实战。终于解决可
靠性的问题 (花了整整 1 年时间) 之后, 1918 年 6 月 16 日至 17 日、17 日至 18 日,
连续两个夜晚, 法军首次将芥子气投入战场, 造成当面德军 265 人伤亡, 其中 26
人重伤。实战中, 法军发现, 数天内每隔一段时间就发射若干枚芥子气弹, 是在
目标周围保持一定毒气浓度的最佳方式。直到 1918 年 9 月月末, 法军宣称已经在
战场上投放了多达 984 吨芥子气。


## 英军最后的毒气攻击

    随着德国人逐渐将他们的部队从第一线后撤, 以加强纵深防御, 英国皇家特
别工兵旅的战果也呈直线下降, 因为他们手中的斯托克斯迫击炮和李文斯毒气抛
射炮的射程都很近, 无法对快速撤退的德军产生威胁。因此, 福克斯 (于 1917 年
6 月晋升为准将) 开发了一种新战术, 他称之为 "毒气集束行动" (gas beam)。
这种新战术甚至可以将毒气的攻击范围延伸至德军后方。"毒气集束" 实际就是
将毒气瓶安放在牵引机车的车厢中, 再将车厢布置在特别铺设的轨道上, 这些轨

道就位于英军战线后方不远处。之所以得到这个名称，是因为"毒气集束"可以在极其狭窄的攻击正面施放大量毒气，浓度足以穿透德军的防毒面具；还可以在没有任何预警的情况下，出其不意地向德军纵深发动攻击。1918 年 5 月 23 日，英军发起了一次经典的"毒气集束行动"。当晚，英军沿 2000 码的攻击正面投放了 3789 个气瓶，将 120 吨光气散播到斯卡尔普河谷（Scarpe Valley）中，浓缩的烟云以细柱状飘向敌人阵地，把沿途 1.2 万码内的植物都漂白了，烟云在河谷里集聚数小时不散。这样的袭击使驻守在防线后几英里外的村子和城镇里的德军士兵陷入一片恐慌。当一团毒气被发现时（常常在夜里），最靠近毒气的报警铃响了起来，部队和居民都急忙抓起防毒面具，跑到最高一层的房间里去，关闭所有的窗子和门。毒烟就在门窗下盘旋，花园里的花和蔬菜全部枯萎。这些袭击的威力远达德军防线之后的地区，第一次伤害到大批平民，使人心惊胆战。德国人生怕他们的伤亡情况泄露出去，据福克斯说："此事被德国人作为绝密情报严加封锁……埋葬尸体和撤出伤员的行动全部都在夜间进行。"

整个 1918 年，英军共采取了 9 次"毒气集束行动"，但这种新战术并没有撼动李文斯毒气抛射炮的主力地位。发动这种袭击常常是危险而艰难的。特别旅 A 连指挥官霍奇金上尉在他的日记中生动地描述了临战前几个月的情境："凌晨在靠近前线的地方工作，狂风怒号，天寒地冻，漆黑一片，部队在简易铁路上把数吨重的液态光气瓶搬运到前线，这些铁路从来没有好好维修过，运货时常常跳动。这种说法毫无夸张之处。每一辆车分别由 5—6 人推动，每走 100 码左右就要越过一条壕沟，不得不卸下毒剂人工搬运过壕沟，然后再装上车。执行这次任务扩大了我的脏话范围，而士兵们的话甚至比我的更加粗俗不堪……"一夜接一夜，A 连的士兵都在伺机施放毒气，霍奇金在一个"长满了菌类，老鼠横行"的坑道中通过电话进行联络，到黎明时他接到电话通知，可以把袭击一事暂放一边，等到第二天晚上再说。几百码外的德军哨兵常常听得见英军移动和工兵们谈话的声音。有一次，霍奇金在遭到大规模炮击时一筹莫展："凌晨 2 点，我们开始撤回，这个夜晚仍然静谧得令人害怕，我们走在简易铁路上，走到半途时，敌人突然开始发射毒气弹。敌人一次打了这么多炮，这是我从来没经历过的。我们钻进后备战壕的掩体处躲藏了一个半小时。敌人对我们的必经之路康布雷的炮击似乎已经结束，正在这时，我们的烟幕信号升起，战斗开始在运河的背面打响。接着在拉巴锡路上空出现了一片毒气和高爆炸药的火网。我全然不知道我们所有士兵是怎么返回的赛利，因为我们经过的地段全都弥漫着毒气，而整个地段又都是火炮轰击的目标。"等了数周后，霍奇金终于接到了施放毒气的命令。他们将钢瓶架到10辆载重为10吨的卡车上，用4辆机车牵引到距离德军前线700码的地方。凌晨1点，月光皎洁，霍奇金惶恐地注视着第一批毒气攻击波飘向德军阵地。其实，在德军阵地中，有哨兵报告说，在凌晨1点"可以听见敌方有响亮的谈笑声"。施放毒气的过程长达3个多小时，霍奇金怀着复仇的心理，不顾一切地向德军阵地施放毒气，至于攻击的效果如何，他全然不知道。唯一准确的伤亡报告是他回到基地时获悉的，这次攻击"杀死了3名自己人，这3个可怜虫，在发动袭击的时候，没有得到指挥官的警告，因而他们弄不清楚哪些是危险地区"。

尽管利用铁路发动袭击是一件冒险的事情，1918年3月，福克斯还是准备做最后一次尝试。这将是英军使用毒气以来最大的一次使用钢瓶的毒气攻击。这场毒气战的规模之大，用他自己的话来说，就是"堑壕战在一天之内可变为野战"。当时福克斯计划从几十辆牵引机车上打开20万个光气钢瓶，释放出6000吨毒气，时间持续12个小时。即使在前线后方20—30英里的地区，防毒面具也很少能经受得住这样的毒气攻击。据估计，敌人的伤亡可能会达到50%。英军高层原计划趁敌军一片恐慌之际，用坦克为先导，再次发起强大的攻势，突破敌军防线，结束战争。但德军的"春季攻势"打乱了福克斯的计划。1918年3月，德国和俄国媾和。这大大加强了德军的力量，使之能在西线发动大规模攻势。于是，德军使用近4000门大炮向协约国军队发动了狂风骤雨般的打击。当时法本工业托拉斯每个月能生产1000吨芥子气，这样德国人就有条件把毒气像倾盆暴雨一样喷洒到英国人和法国人头上了。为抵御德军进攻，大量人员被调离福克斯的部队，充作步兵部署在第一线。1917年，皇家特别工兵旅足有7000人，到了1918年3月，就只剩下了4500人。

福克斯只能继续利用抛射炮攻击德军，使他们一直保持惊惧不安的状态，从而无法得到休息。1918年3月，英军在圣康坦（St Quentin）和凯昂（Quéant）附近分别利用3000门和2900门李文斯毒气抛射炮挫败了德军的进攻。6月，在一次救援行动中,英军使用抛射炮向德军位于阿拉斯西南部的堑壕发射了975枚毒气弹,造成德军66人受伤、55人死亡。然而,第二天晚上德军就进行了报复,他们用芥子气弹轰击了英军的抛射炮阵地,导致126名英军士兵被迫撤离战场。

从7月开始,协约国军转入大规模反攻,随着战线不断移动,特别工兵旅的李文斯毒气抛射炮和斯托克斯迫击炮的使用效率大受影响。7月4日,在哈梅尔(Hamel)战场,特别工兵旅曾用斯托克斯迫击炮向德军阵地北翼发射了720发白磷弹和154发四氯化锡弹,以防德军探知自己真正的进攻方向——南翼;总攻开始后,为掩护步兵冲锋,英军又向德军阵地南翼发射了612枚烟幕弹。为遏制德军反击,英军还在7月6日和7日连续两次展开了小规模抛射炮射击。8月8日,即亚眠(Amiens)战役爆发之前2天,英军将斯托克斯迫击炮和李文斯毒气抛射炮部署在战场左翼,以掩护步兵突击。总攻发起之前1天,英军又用李文斯毒气抛射炮向战场北侧的德军阵地发射了175枚光气弹,以削弱德军防御。然而,在9月29日的圣康坦运河之战中,特别工兵旅几乎无所作为,只用抛射炮搞了一次小规模进攻,还发射了少量烟幕弹。到了这时候,战争的节奏已经明显加快,英军毒气部队手中那些为堑壕战特别设计的武器已经不再适应新的战争模式了。为此,福克斯研究出一种快速部署抛射炮的新方法,即在地面只挖一道1英尺深的沟,再将抛射炮成组埋入——每组抛射炮共计24门,安放在一架木制雪橇上,再由一辆坦克拖曳。然而,当特别工兵旅赶到目标地域并按新方法将抛射炮组部署妥当时,德军还是已经撤走了。

1918年的毒气战中,普通炮兵部队的重要性已经超越了特别工兵旅,只要弹药的补给跟得上,毒气就可以被视作常规火力体系的一部分。直到1918年秋天,有20%至33%的炮弹中装填了毒气;各国所用毒气弹的94%都是用大炮来投射的。整个战争中共使用了6600万颗毒气弹。这样大规模的炮击意味着,这种人类没有料想到的恐怖战争方式已经成为一种永恒的威胁。譬如,在7月4日爆发的哈梅尔战役中,除了特别工兵旅继续展开攻击外,英军炮兵部队也在每次进攻前的火力准备中任意发射毒气弹。以澳大利亚第4师为例,其师属炮兵发射的炮弹中有54%都是毒气弹;6月23日夜间,其装备的4.5英寸榴弹炮发射的炮弹中,毒气弹的比例更是高达95%(其余5%是烟幕弹)。但是,哈梅尔战役中,英军发动攻势的前一天晚上，炮兵部队并没有发射毒气弹，以免在第二天影响步兵前进。进攻当天清晨，英军炮兵发射了大量烟幕弹，想以此迷惑德军，诱骗他们戴上防毒面具从而妨碍其行动。此外，从总攻开始时刻直到其后的150分钟内，英军炮兵还利用大量KSK催泪瓦斯压制位于瑟里西峡谷（Cerisy Valley）的德军炮兵阵地，令其无法发挥作用。采取了这些措施后，英军当天的战斗主力——澳大利亚第4师取得了整个第一次世界大战中最轻松的一次胜利。值得一提的是，英军炮兵在进行徐进弹幕射击的时候，并没有发射任何毒气弹，这与德军的战术完全不同。但一旦己方步兵完成作战目标，英军炮兵就立刻将弹种更换为毒气弹。从进攻日晚上10点开始，直到第二天凌晨3点20分，英军炮兵持续进行反炮兵作战，不断以毒气弹压制德军炮兵，保护刚刚占领的阵地。英军的反炮兵作战获得了非常好的效果，甚至可以说是攻势取得成功的关键之一。战斗中，英军炮兵首先确定了德军炮兵阵地的位置，再用大量装填KSK的炮弹准确命中目标，在高浓度催泪瓦斯的刺激下，德军炮手不是眼睛看不见，就是被迫戴上防毒面具工作，大受干扰，其炮兵阵地很快就陷于瘫痪。

8月8日的亚眠战役中，英军炮兵以更大的规模将这一战术流程重演了一遍，但由于这次攻势的目标非常深远，已经超出了德军炮兵阵地的范围，怕影响己方步兵推进，英军没有在反炮兵作战中投入催泪瓦斯，只在目标有限的战场北翼使用了少量KSK弹。在英军发动总攻的时刻——凌晨3点20分，位于瑟里西峡谷内的德军炮兵阵地（尽管屡遭催泪瓦斯攻击，但出于不明原因没有撤离）再次遭到大量KSK弹轰击，而后陷入沉寂。由此可见，德军利用芥子气进行战场封锁和反炮兵（重中之重）战术已经被英军掌握，只不过后者采用的是SK和KSK催泪瓦斯。其中，KSK一直是英军最有效的反炮兵武器，直到1918年8月才被芥子气取代。在那之后，为了能将芥子气散播到战

▲ 照片拍摄于1918年7月的于吕什，图中人物是隶属于皇家特别工兵旅C连的马丁·福克斯少尉，他面前是一节轻型列车车厢，上面装载着为发动"毒气集束行动"而准备的毒气钢瓶。一共有60节这样的车厢，装载着1260个钢瓶，它们可以用电力装置同时开启

场的各个角落，英军为多种口径的大炮（从18磅炮到9.3英寸炮）都配备了相应的芥子气弹。此时，普通炮兵部队取代特别工兵旅，成为毒气战的主角。

亚眠战役是英军毒气战的最高峰，此后，英军的作战方式发生了改变——从阵地战转为运动战，使用毒气的机会也大幅减少，而且如果在战线游移不定的时候使用毒气，会给战区平民带来巨大的危险。只有9月29日的圣康坦运河之战是个例外，此战中英军首次将自己生产的芥子气投入使用（之前曾用过从德军那儿缴获的芥子气弹）。值得一提的是，相比德国和法国，英国人在大规模生产芥子气方面遇到了更多的困难。这不仅是因为其化学合成过程极其复杂，更因为它十分危险。日产20吨以上芥子气的一座英国大工厂坐落在阿冯默恩。1918年12月，这个厂的军医报告说："全厂的1100名工人中，有1400多种疾病直接和工作有关"；此外，发生过160起突发事故、1000多起烧伤事故；在工厂生产的6个月中，有3人因中毒而死，另有4人死于有关疾病。尽管英国人疯狂地生产自己的芥子气，但直到停战2个月之前，自产芥子气才被投入战场。

9月29日一整夜，英军都在用芥子气弹猛烈攻击德军的炮兵阵地和通信中心，不但使德军炮火沉寂，还造成大量人员伤亡。由于英军步兵在50个小时之后才发起冲锋，因此芥子气不会对他们造成阻碍。圣康坦运河战役中，英军炮兵发射的弹种不只有芥子气弹，还有光气弹、氯化苦弹、高爆弹和烟幕弹，毒气弥漫至战场的各个角落，只留下一个缺口——己方步兵的前进路径（从总攻发起时刻直到其后的6个小时内没有使用毒气）。另外，英军炮兵向运河隧道发射的唯一弹种就是毒气弹，试图用毒气淹没隧道，以杀伤躲在里面的德军士兵。

10月13日至14日，英军炮兵在佛兰德斯攻势中使用了芥子气弹。当时，在最后一次攻击中，英军的芥子气炮弹像雨点般落到比利时一个叫韦尔威克的饱经战火的村庄，疲惫不堪的德国巴伐利亚第16后备步兵团因此伤亡惨重。在停战的前几天，一列火车装载着韦尔威克战役中受伤的德国官兵返回国内。

## 大战末期德军的防护

作为"春季攻势"准备工作的一部分，1918年3月，德军为暴风突击队研发了一款卡扣式拓展过滤筒，它可以利用卡扣与现有过滤器的底部相连，以在战斗中保护突击队员——他们常常要伴随着蓝十字毒气弹的猛烈爆炸发动冲锋。拓展过滤筒是由魏格特（Weigert）博士和威廉皇帝研究院共同研制的，其内部包含特制的布料纸（布的纤维制成的纸）碎片，但只在低浓度毒气下才管用，并且对佩戴者呼吸的阻碍非常大。1918 年 5 月，德军再次改进了过滤器。为反制李文斯毒气抛射炮，新过滤器增强了对光气的防护——内部容纳了双倍的木炭。由于首批过滤器的生产日期是在周日，这款新型过滤器被命名为"S–E 过滤器"（德文 Sonntags–Einstaz）。S–E 过滤器可以承受 0.5% 的高浓度光气长达 29 分钟。

1918 年秋，德军对 M17 皮制防毒面具进行了一些微小的改进，但是对当时的技术而言，防毒面具已经达到了发展的极限，如果再想增强对毒气的防御力，就只能从训练和纪律着手了。德军在 1918 年 2 月出版的防毒手册中特别强调要对现有野战工事进行改造，以防英军李文斯毒气抛射炮进行突然袭击；还强调哨兵任何时候都要坚守在工事入口处，不断检查防毒遮挡物是否完好，一有异动就立即敲响警钟；负责挖掘战壕的工作队则被要求在距离前线大约半英里的范围内全部佩戴防毒面具。

协约国获得了大规模生产芥子气的能力，这令德国人感到万分震惊和严重关切。尽管从 1917 年 7 月起德军就在战场上使用芥子气，但他们自己的步兵仍然对芥子气导致的失明和皮肤起泡等可怕症状不甚了解。对一个被芥子气液滴沾染的士兵来说，最快的救治措施是将制服、内衣和靴子都更换成新的，但大战末期，由于受协约国长期封锁，德国国内已经严重缺乏纺织原料，因此也就无从更换染毒衣物。仅仅从这一点来看，德国人能否把战争继续打到 1919 年也要打上一个大大的问号。1918 年 6 月 21 日，德军发布了利用漂白粉处理芥子气沾染的训令，但同时也在训令中强调：要仔细甄别装病的人，他们很可能会假借染毒而逃离前线。7 月，德军在每个营都设立了 1 个毒气检测及净化班（Entgiftungstruppen），每个班由 7 名成员组成，由 1 名军士作为指挥官。此外，德军还制订了一套按前线士兵总量的 2% 储存备用制服的计划（实际难以完成），并为炮兵部队研发了一种经过特殊处理的制服，这种制服不易沾染芥子气液滴，但产量有限。

8 月，德军推出了一款抗芥子气药膏——"格尔博林"（Gelbolin，或称博林乳膏），这种药膏可以涂抹在受芥子气侵袭的患处，缓解中毒症状。从 9 月到 10

▲ 图中的士兵佩戴着特殊眼镜——"M-Brillen,for Maske"型，这种眼镜专门为配合德制防毒面具而设计，用耳环替代了普通眼镜的金属框架，戴上这种眼镜不会影响脸部周围的气密性；这张照片拍摄于1917年至1918年间，值得注意的是他腰带上还挂着一个备用过滤器

▲ 上图为1915年推出的"Atemschützer"（意为呼吸防护）式防毒面具。这种防毒面具于1915年8月至9月配发部队。它只能覆盖佩戴者的鼻子和嘴部，用一支弹簧夹夹住佩戴者的鼻子，并用一根绑带固定在佩戴者的头部后方。它通常被装入一个小巧的防水袋中，一同携带的还有一个玻璃瓶，瓶内装有海波溶液。瓶上的压印字样为"用于浸泡防毒面具的保护性盐溶液"

▲ 1918年8月，亚眠战役期间，佩戴着M17皮制防毒面具的德军士兵将两名同样佩戴防毒面具的加拿大伤员送往后方救治

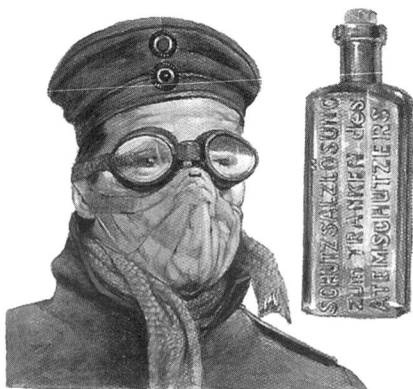

▲ 上图为军犬使用的防毒面具。战争中，德国人常常利用军犬来传递信息甚至运送伤员。相比于马，犬类对毒气更为敏感，因为它们的鼻子更贴近地面，而那里通常都是毒气密度最大的地方。图中军犬防毒面具的样式是根据1918年8月的一份英军报告绘制的，报告中描述这种防毒面具由纸纤维和一层层浸渍过碳酸钾和乌洛托品的纱布制作。此外，军犬防毒面具的颈部和耳部均有用兔毛制成的内衬，其目镜镜片由赛璐珞制作

▲ 图1为佩戴M17式皮制防毒面具的士兵和信鸽箱。德军在各种便携式信鸽箱上均安装了呼吸过滤装置。值得注意的是，图中这位德军士兵佩戴的防毒面具上安装了拓展过滤筒，这种装备于1918年3月配发部队，目的是防御己方的蓝十字毒气

图2为马使用的防毒面具。最初，德军将潮湿的干草或稻草填入马粮袋中充当防毒面具。1917年，他们推出了一款马匹专用防毒面具，并在意大利战线的卡波雷托攻势中率先投入使用。马防毒面具的制作材料和浸渍溶液跟军犬防毒面具相同，但眼部没有得到防护。由于马只能通过鼻子呼吸，因此其防毒面具必须将整个上颚密封才有效，而且只有如此才能令缰绳自由活动

图3为头部受伤的伤员专用防毒面具。这款类似兜帽的防毒面具于1918年装备部队，与M17皮制防毒面具一样，都是由浸过油的保加利亚绵羊皮制作，而且具有相同的过滤器和目镜。其特别之处在于目镜内部有衬垫，而且为防止过滤器堵塞，在其前端安装了一个多孔的金属圆筒

月，德军向部分医务人员发放了长筒手套和不透水围裙，还向净化班的成员发放了人造纸纤维制成的工作服——但这些工作服并不是每件都浸渍过必要的漂白粉，因此也可能毫无作用。9月27日，为回击德军内部有关芥子气影响的耸人听闻的

▲ 1918年2月，位于法国吉旺希的一处英军毒气警报哨站

◀▲ 第一次世界大战中协约国军使用的几种防毒装备

图1为1916年俄军使用的"泽林斯基—库玛安特"式防毒面具。这种复杂的防毒面具由一位化学教授和一位工程师联合研制。它包括：覆盖整个头部的模铸橡胶和一体式玻璃护目镜（后来改为赛璐珞制作）；还有一个用于擦拭目镜的类似长鼻子的袋状凸起。值得注意的是，这种俄制防毒面具的过滤器无法拆卸，永久地安装在面具上，其内部容纳了大量豌豆大小的活性炭颗粒——它们是制造伏特加酒的副产品。"泽林斯基—库玛安特"式防毒面具有很多缺点，它散热非常困难，对呼吸的阻力很大，而且容易因活性炭变脆而失去过滤能力。不使用的时候，这种过滤器底部的进气孔用一块软木塞密封，这也会产生问题——当士兵紧急使用时忘记将软木塞移除，就会因窒息而发生伤亡。

图2为英制马用防毒面具。从1916年开始，英军装备了马用防毒面具，它由一个拥有绒布内衬的棉布袋和一个帆布制成的呼气口组成；用一根橡皮筋将防毒面具的开口固定在马的面部。值得注意的是，图中为更好地将防毒面具固定在合适的位置，还将布袋上凸起的棉布系在了马的缰绳和鼻羁上。不使用的时候，马防毒面具就被装入一个小背包内，挂在马的缰绳上。然而，实战中，英军马用防毒面具的效果不如法军和美军的同类装备，因此在战争的最后几周内停止使用。

图3为1917年法军机枪手装备的"天梭·格兰德"型防毒面具。1915年年底，朱尔斯·蒂索博士设计了一款非常有效的防毒面具，其外形像英军的大型盒式防毒面具，但不同之处在于它将一层层过滤材料安放在一个箱子里，由佩戴者背在身后。此外，这种防毒面具为保证清晰的视野，还采用了一套可从目镜中抽出空气的系统。1916年7月，法军将这种大型防毒面具配发给防区相对固定的部队，例如机枪手和炮兵观察员。1917年至1918年间，法军对过滤箱中的填充物做了进一步改进。另外，1917年3月，法军还生产了一种体积较小的改型。

图4为法制军犬防毒面具。本图根据一张历史照片绘制，看起来像是M2防毒面具的复制品，也由护目镜、一张浸渍过化学药品的衬垫和一个防水罩组成。

图5为1917年法军使用的ARS防毒面具。ARS防毒面具非常先进，但研发和改进花了整整一年时间。早在1917年3月，法军炮兵部队已经率先装备了ARS防毒面具，但直到1918年2月，法军才开始着手解决这种防毒面具的诸多问题，当年5月才完全发展成熟。ARS防毒面具共有3种尺寸，不用时存放在圆柱形的面具罐中，罐内还有多余目镜以备替换。

传言，安定军心，"毒气之父"哈伯教授亲自发布训令，他保证："芥子气造成的失明都是暂时的，而且芥子气也不会导致胳膊和腿从身体脱落……"10月，德军的医务人员也接到指示，告诉他们如何消除前线官兵心中关于芥子气会导致阳痿和生殖器损伤的忧虑。

### 大战末期协约国军的防护

德军在1918年的"春季攻势"中大肆使用芥子气，令协约国军的伤亡人数迅速飙升，防护的短板就此显露无遗。

实际上，早在1918年年初法军就已经发现有些士兵即便戴着长筒手套工作，还是被芥子气严重烧伤，因此有必要对现有防护措施进行改进。当年5月，曾设计过唐蓬T型防毒面具的天才装配工唐比特中士研制了一款由双层油布制作的工作服。这种工作服由连帽夹克和长裤组成，其特殊之处在于两者能牢牢地固定在一起，还可以用大量扣钩、拉链及松紧带等紧固件收紧，以实现密封，从而为士兵提供最大限度的保护。与ARS防毒面具一样，新型工作服的所有缝线和接合处都用清漆进行了密封处理。1918年7月，法军推出了一种新型双层防毒手套，为阻挡芥子气液滴从外向内渗透，这种手套的内层和外层完全分离。此外，法军还研制了一款药膏来保护皮肤免遭芥子气的侵袭，缓解起泡、溃烂等症状。这款药膏被称为"Pommade Z"，由10%的漂白粉和90%的凡士林组成。为研制"Pommade Z"，德格雷（Desgrez）、拉巴（Labat）和吉耶马尔（Guillemard）三位药剂师付出了艰辛的努力——为测试药膏的效果，他们甚至曾经将自己的前臂暴露于芥子气中。

像法国人一样，英国人也发现在受芥子气波及的广大地区内全都撒上漂白粉是不可能的事情。1918年7月，根据一份报告，一个直径为7.7厘米的弹坑就需要11磅甚至更多漂白粉才能处理。取决于天气状况，经过处理的弹坑会在未来2小时到2天内完全消毒，但未处理的弹坑在3周以后还可能非常危险。为防止将芥子气蒸气带到工事内部，其入口处通常都准备了一堆漂白粉，士兵们被命令必须踩过它才可以进来。即便皮肤沾染到芥子气，如果用干漂白粉立即擦拭，就可以避免出现起泡发炎的症状，但受害者通常不可能立即分辨出自己是否中毒，等到出现症状往往为时已晚。8月，随着协约国军队长驱直入，节节败退的德军开始利用巨量芥子气作掩护，面对大片染毒区，英军的漂白粉和新军服库存都开始变得捉襟见肘。

1918年3月月初，黑格元帅要求军方为机枪手特别设计一款防毒手套。与法军类似，英军的防毒手套也分为内层和外层，而且完全分离，内层由浸泡过熟亚麻籽油的皮革制作；外层棉制，可以轻松拆卸并清洗。1个月内，英军就将42000双皮手套和84000双棉手套运往了前线。3月月末，随着德军使用芥子气炮弹的规模越来越大，前线迫切需要防毒工作服，英军赶忙将1917年设计的黑色油布工作服运往战场，但很快就发现了问题——它们太笨重了。当年6月，英军推出了一款用熟亚麻籽油处理过的夹克，这种夹克由棉斜纹布制作，质地非常轻盈；同时推出的还有一款及膝的束腰大衣和裤子。值得一提的是，士兵从露天的堑壕进入工事之前，都要脱下这些大衣和夹克并悬挂在通风良好的空地上，而且还要注意放置的时候不能翻转。如果被芥子气严重污染，这些衣物还得用肥皂和水清洗，否则通风几天就够了。防毒工作服的问题在于除了那些专门从事清理的人员之外，其他人在急需的时候不能立即取用。另外，防毒工作服的维护流程过于复杂，这显然使它们在战地的价值大大下降；而且由于穿在身上非常不舒服，这种衣服在任何时候都是不受将士们欢迎的。

1918年秋天，美国远征军遭受了惨重的伤亡，这表明低估芥子气的威力是非常危险的。此后，吸取教训的美军采取了彻底的反制措施，包括一种能抵御芥子气长达60—90分钟的浸渍防毒服，还有便携式冲淋设备，后者可以在短短18分钟内对500人进行皮肤消毒并冲去衣物上残留的芥子气液滴。

1918年年初的时候发生了一个小插曲，福克斯旅旅部的一名军官——亨利·西森（Henry Sisson）从德军的一枚"蓝十字"炮弹中小心翼翼地刮下了一小撮DA（二苯氯肿）颗粒，并将其放在自己房间的火炉上。随后，情形大大出乎他的预料：毒烟开始弥漫，它的毒性是如此之强，以至于必须立即疏散整栋建筑物的人员，而且没有任何防毒面具挡得住它。英国人终于意识到这种含砷的烟雾具有可怕的威力——足以穿透他们所有的防毒面具。为此，英军专家对过滤器做了改进：在原有过滤器的前端罩上一个由织物制作的"防护罩"，其内部有多层纤维素填充物。蓝十字毒气"防护罩"于 1918 年年初就完成了原型设计，4 月月初才少量发放给前线部队，但不久后就在 5 月被全部收回，原因可能是当时德国人尚未充分发掘蓝十字毒气的潜力，为避免刺激德国人加强对这种毒气的重视，最好的策略就是隐藏对它的恐惧。与此同时，为进一步增强对德军新型毒气的防护力，米尔班克（英国皇家陆军医学院所在地）的哈里森和兰伯特对小型盒式防毒面具进行了重新设计。从 1918 年 3 月开始，英军更换了防毒面具的目镜，原本的赛璐珞镜片由三层无裂痕玻璃取代。米尔班克的新设计最初被称为"XY 防毒面具"，不久后得到了"绿条防毒面具"的昵称，因为它被涂成黑色的过滤盒中间有一条醒目的绿色色带。绿条防毒面具于 1918 年 9 月 9 日开始量产，停战时，它们大部分被封存在法国的仓库内，一旦英军决定使用"M 装置"（见后文）就立即重新启用。

如前文所述，第一次世界大战中，小型盒式防毒面具挽救了成千上万名英军官兵的生命，米尔班克的天才专家爱德华·哈里森为此殚精竭虑，做出了杰出的贡献。但 1918 年 11 月 4 日，由于长期过度劳累，以及在试验时吸入过量毒气，哈里森因肺炎与世长辞，没能看到战争胜利的一天。

▲ 1918 年年底，法国某地，佩戴小型盒式防毒面具的加拿大医疗队担架手们正在抬着伤员行走在断壁残垣之间。这张照片显示，在毒气弹的威胁下，即使身处战线后方的人也要穿戴全套防护装备

▲ 图为正在维修线路的美国远征军信号兵，注意他俩都佩戴着小型盒式防毒面具。1917 年美军生产了一种名为"SBR"的防毒面具，但首批型号在测试中失败。随后，1917 年 10 月，美国人开始生产经过改进的英式防毒面具，整个第一次世界大战期间共制造了 180 万副；1918 年 2 月，美军推出了"RFK"式防毒面具，由理查森、弗洛里&科普斯工厂生产，在停战前共制造了 300 万副。两者的外形与 SBR 防毒面具都很相似，但可以通过呼气阀的金属护件来区分

▲ 1918年，一名佩戴小型盒式防毒面具的美军士兵

## 大战末期毒气战的装备

到 1918 年 11 月 11 日两大战争集团签订停战协议时，协约国的毒气产量已经赶上了德国，甚至有超过德国的趋势，特别是美国唤醒了超强的产能之后。美军首次使用芥子气弹是在 11 月 1 日，当天美军炮兵向凡尔登以北的德军阵地发射了 36000 枚炮弹。1918 年 11 月，埃奇伍德兵工厂（位于美国马里兰州，专门生产化学武器）已经具备了每个月装填 270 万枚 75 毫米毒气炮弹的能力。这座兵工厂"或许是为了这个特殊目的而建立的最大的研究机构"，囊括了 1200 名技术人员和 700 名辅助人员，对 4000 多种潜在的有毒物质进行了研究。在 25 年后研制原子弹的"曼哈顿计划"开始之前，这项科研计划的规模之大，无出其右者。此时，美军将毒气弹的数量维持在全部炮弹总量的 20%，预计从 1919 年年初开始提升至25%。到 1919 年 5 月，美国的芥子气产量将达到每天 200 吨，而德国在停战前夕只有每天 18 吨。英国也计划在 1919 年将毒气产量提高 3 倍。

1918 年，英军研发了一种被称为"M 装置"的大型手榴弹（因外形得到绰号"热偶发电机"），其内部可以装填 DA（二苯氯胂）并产生高浓度"砷烟"。其灵感来自于西森的"蓝十字炮弹填充物试验"，除了他们自己的绿条防毒面具，试验中产生的含砷烟雾可以在 15 秒内穿透当时世界上任何已知的防毒面具，1 分钟内即令受害者痛苦不堪。英国著名科学家老霍尔丹曾描述过中毒后的头痛："就像洗澡时淡水呛进了鼻子，但比那还要厉害得多。"这种毒烟不但可以造成鼻窦和头部的剧烈疼痛，还能引发暂时但极端的精神烦躁和痛苦。这些症状的强度在波顿的实验室内得到了证明：一些被当作"小白鼠"笼罩在毒

Clearing a small unprotected dugout

▲ 图为著名的"艾尔顿风扇"。它实际上是一种帆布挡板，于 1915 年 5 月由艾尔顿·赫塔提出概念设计，作为驱除毒气的一种手段。值得一提的是，艾尔顿也是英国电气工程师学会的第一位女性会员。尽管在测试中遭遇失败并屡次被军方拒绝，1916 年 4 月，艾尔顿还是利用她在高层的关系令远征军接受了这种装备。实际上，作为一种从堑壕和工事中清除毒气的装备，它的作用甚至还不如点一把火更有效。最终，英军一共使用了大约 10.4 万个艾尔顿风扇，当美军决定采取英式防毒措施后又订购了 5 万个。艾尔顿从不接受她的发明毫无价值的现实，甚至还宣称可以用它来清除芥子气蒸气。前线部队则发现了这种风扇的真正用处——生火

▲ 1918年9月12日，圣米耶尔战场上的美军斯托克斯迫击炮组

烟下进行测试的志愿者们突然具有严重的自杀倾向，试验人员不得不将他们看护起来；其他一些人则在一段时间里如痴如狂，想钻到地里去逃避想象中的追捕者。福克斯准将打算在1919年利用"M装置"发动一次大规模进攻，以他的特别工兵旅为主导，全面突破德军防线，但突如其来的停战使这个计划成了泡影。

1918年春，华盛顿天主教大学的一个工作组发明了"路易士气"，其毒性反应比芥子气来得更快，"中毒时眼睛立即疼痛难忍，皮肤感觉如同针扎，打喷嚏，咳嗽，吸气时胸部紧张，经常伴随有恶心和呕吐"。签署停战协定时，第一批150吨路易士气正在运往欧洲的海路上。

1918年，德国人也成功研制出新型抛射炮——毒气抛射炮1918。把浸有光气的细小浮石装在霰弹中，这种发射器可以将炮弹掷射到2英里远的地方，而且既能用毒气也能用弹片来杀伤敌人。

战争末期，毒气战装备向前跨了一大步，其威力之大，已经远不是战争初期的催泪手榴弹和氯气钢瓶所能比拟的。4 年前出现的这些"与文明背道而驰"的武器，在战争结束前夕，几个交战国都雇用了大批的科学家、技术工人和士兵对其进行大规模的研制工作。

## 一战毒气战术的总结

第一次世界大战期间，战场上的毒气攻击采用了各种不同的方法，按照发展顺序，分为毒气（瓶）施放、毒气弹射击（炮兵）、毒气抛射炮掷射及空中毒气攻击四种，一战中的大多数毒气攻击都采用前两种手段发起。下面，笔者以时间为轴，对整个一战的毒气战术做个总结。

1914 年，毒气首次作为近战武器使用。欧洲大战爆发之后不久，毒气仅装填在手榴弹和枪榴弹内，作为近战武器在战场的局部地区使用，带有很浓厚的试验性质，如法军将毒气手榴弹用于阿尔萨斯—洛林战线。但东西两翼战场的战斗日趋阵地化，各参战国的野战炮、迫击炮和机枪的技术水平和使用数量都穷增猛长。各国把自己战前多年的技术积累全都发挥出来，将武器的射速、射程及破坏力都提到当时的巅峰，然而还是不能深入对方的深层掩体，杀伤躲在其内的士兵。另外，利用地形优势掘壕据守的敌军士兵也不易受到攻击。因此，交战各国急需威力更强的武器，对毒气的重视程度随之陡然上升。在大战初期，已经有了在野战炮和迫击炮的炮弹中装填毒气的势头，但还是有很多限制，不但装填毒气的弹头数量少，而且弹体容量也很小，就当时的技术条件来说，想发挥毒气集中攻击的威力并非易事。

1915 年，出现大规模毒气瓶施放战术。对毒气早就加以留意并深入研究的德国吸取了战争初期法军的教训，为了弥补局部及分散使用毒气的缺陷，德军探索出利用风力将毒气递送至敌方阵地的战术。德国当时的化学工业冠绝世界，利用这一优势，在 1915 年 4 月，德军已经贮藏了大量挥发性极强的毒气，并发展出步兵紧跟在毒气烟云之后突袭敌军的战术。首次毒气瓶施放在伊普尔附近进行，德军使用"云状毒气攻击"奇袭了英法军的阵地。毒气作为一种新武器就此登上了

▲ 战争初期，在战场上施放烟雾的德军士兵。这种方式完全"靠天吃饭"，具有很大的局限性

▲ 1915年2月10日，法国瓦恩，佩戴"德尔格"氧气呼吸器的德军工兵正在进行氯气钢瓶施放演习。4月2日，在比利时弗洛训练场进行的另一次大规模毒气施放演习过程中，风向突然改变，亲身参与演习的哈伯教授侥幸逃脱

世界战争舞台。如同遭到当头一棒的协约国急于复仇，但因为国内毒气的产量不足，也无可奈何。半年以后，英军才逐渐报仇雪耻。此后，同盟国和协约国两军均采用毒气结合炮兵的办法攻击对方，渐渐形成一套固定的战术。德军在初次施放成功以后，屡次在西线和东线以这个战术威胁协约国军。到了 1915 年夏季，德军还使用毒气炮弹进行试验性射击，实战证明，榴霰弹装填毒气的效果不好，遂采用榴弹。到了 1915 年 6 月，德军将改良的毒气用于攻击阿尔贡的协约国阵地，由于地形有利，收到了奇效。于是这场战役成了毒气和炮兵相结合战术的发端。但因为受限于当时使用的弹种——150 毫米榴弹炮炮弹，德军炮兵并没有完全发挥毒气集中攻击的威力。

1916 年，毒气攻击的技战术继续演进。鉴于敌方防护技术的发展，德军继续改进毒气瓶施放技术。同时，英军、法军和俄军也发展了自己的毒气战术，可以说，1916 年是毒气攻击技战术发展最快的一年。但毒气的一些缺点也暴露了出来，例如需要长时间的准备，耗费大量人力物力，还受天气和地形等自然条件的影响。因此各国都大力增加毒气烟云的浓度，还有毒气攻击波的次数。当时毒气瓶的施放技术还是较为原始的，落后于经过改进的防护手段。为了解决这个问题，已经有半年毒气战实战经验的德军率先发展出毒气弹大规模射击战术，打破了攻弱防强的状况。德军将毒气的装填范围由特定的弹种扩展到普通弹种，以增强毒气弹集中攻击的威力。德军还将毒气战的重点由毒气瓶施放转到毒气弹射击，前者逐渐被后者取代。除此之外，德军还更新了毒气的种类，不但仿制了1915年2月间法军使用的光气，还研制出双光气，并填充到150毫米榴弹中。当年，德军将光气、双光气等组成的混合物——绿十字毒气投入凡尔登战役，取得了巨大成功。其后，德军将绿十字毒气用于各种炮弹，乃至手榴弹中，而且将毒气的使用范围从特种兵科扩大至全军，在炮兵中尤为普及。毒气的集中攻击能力大大增强。在德军毒气战战力取得长足进步的同时，法军则裹足不前。

▲ 这张照片拍摄于1916年3月，图中人物为特别工兵旅D连的杰弗里·希格森中士，他当时正手持扳手，准备打开毒气瓶的阀门，注意他头上戴着一顶PH兜帽

1916年，各国所用毒气的威力显著增强，由刺激性毒气发展为带有剧烈毒性的光气（其毒性是氯气的18倍），于是迈入了窒息性毒气时代。为了对付防毒面具中的中和剂，更出现了所谓的"混合型毒气"。

　　1917年，毒气抛射炮出现。随着毒气攻防技术的进步，各国均不满足于当前的战术。1917年，英军将原来大型掷弹筒的发射装置改装，制成专门的毒气抛射炮。这种较为简易的装置可以在短时间内产生高浓度的毒气云。由于其射程较近，无法在进攻时攻击敌人的纵深火力点，因此更适用于掩护防守的一方；而且受天气和地形因素影响较小，利于奇袭敌军。1917年4月，英军就在阿拉斯一带用毒气抛射炮突袭了德军，取得较大战果。之后，其余协约国纷纷效仿。德军在受此痛创之后，把1915年5月编成的毒气迫击炮营改为毒气掷射营，将专门从事毒气瓶施放的2个毒气工兵团也改为掷射任务。1916年，英军曾在索姆河战役中使用大量迫击炮发射毒气弹。此后这项任务逐渐交给毒气抛射炮，而迫击炮则主要负责用弹片杀伤敌人。但是，毒气抛射炮仍然只能作为战场局部的辅助兵器来使用，主导毒气战的依然是炮兵。随着战争日趋激烈，毒气攻击越来越集中，受自然条件的影响也越来越小。在德军中，毒气甚至成为炮兵战的主要力量。

随着德军毒气化学的进步，协约国方面的防护手段也日趋完善，不但针对德军绿十字毒气改良了防毒面具，以避

▲ 1917年，正在操作毒气抛射炮的德军工兵。注意引燃发射药包所用的电线

免成为这种混合型毒气的牺牲品，还致力于分散己方人员、增强阵地隐蔽性，乃至制造假阵地欺骗德军，来降低德军毒气攻击的威力。面对这种状况，德军的应对手段是继续增强毒气的毒性，为使协约国改进过的防毒面具里的中和剂失效，德军相继研制出蓝十字和黄十字毒气，毒气战全面迈入混合毒气时代。为了增强原有绿十字毒气的威力，德军还在其主要成分双光气之外加入了氯化苦（称之为绿十字一号），或将蓝十字与绿十字毒气装填于同一枚炮弹（称之为绿十字二号），还将这两种毒气弹（绿十字一、二号）用于攻击同一处阵地。在攻击中，先用蓝十字毒气穿透敌军的防毒面具（蓝十字毒气受天气、地形等影响较小），再使用绿十字毒气杀伤敌军；或掺杂使用毒气弹和高爆弹，以扰乱敌军的防御。德军还将毒气弹推广至各种口径的火炮，从此毒气弹成为德军炮兵的基础弹种。法军对此也有所领悟，于1917年7月月末颁布了训令，同样将炮兵战的重点转移到毒气弹射击上，法军炮兵的毒气战术虽然大有进步，但距离实战还有相当的距离。

1918年，毒气战进入高潮。德军炮兵的毒气战术进一步发展，趁着协约国军的毒气战术相对落后这一契机，在西线肆虐。从当年3月至7月的5次大攻势中，德军以最新研制的化学武器进行了史上最大规模的毒气弹射击，遂成为毒气战的巅峰。德军的毒气急袭战法发挥了巨大威力，足以证明即便是坚如铁壁的堡垒也能攻破。但后勤补给问题逐渐限制了毒气战发挥更大的威力。毒气战中，不论是攻击一方，还是防守一方，皆需要大量的人力物力。战争末期，遭遇多年封锁的德国物资消耗殆尽，尤其是在圣米耶尔和阿尔良战线，黄十字毒气极度缺乏；而

且蓝十字毒气的主要原料——砷，也已经耗尽。根据美军的情报，战争末期德军的残存弹药中，毒气弹的比例仅剩下 1%。反观协约国一方，在 1918 年的后半年，仰赖美国的大力援助，其毒气生产能力大幅增强，使得德军的大攻势成为强弩之末，从而夺得大战的最后胜利。

战争末期，毒气瓶施放和抛射炮掷射又有所抬头。已经在战场上销声匿迹的毒气瓶施放，因英美军的新计划（即"毒气集束行动"）而枯木逢春。毒气抛射炮的数量和射程继续增大，表现出相当的威力。但这两者还是不足以支配战场的局势。

▲ 随着技术不断进步，毒气逐渐成了反炮兵作战的首选武器，防毒面具也就此成为炮手必须随时佩戴的装备。图为1917年德军一门重炮的阵地，注意其炮手都佩戴着M17皮制防毒面具

美军对协约国胜利的贡献毋庸置疑，自1917年4月参战以来，美军就成为协约国军的主力，更在1918年后半年协约国军的大反攻中成为坚实的后盾。从毒气战角度来说，美军参战时拥有一个毒气团（第35工兵团，下辖6个连），到了1918年夏，这个毒气团竟扩展到54个连之多，士兵达到18000人，军官达到1500—2000人。这些特别毒气连负担毒气掷射任务，使用铝热剂、石油及硫化物、磷等制成的燃烧弹。其中的磷可以在燃烧弹爆炸时四处飞散，引燃敌军防毒面具吸收剂，使其无法发挥防护效果。除了毒气抛射炮之外，美军还可以用野战炮和迫击炮投掷这种武器。美军铝热剂燃烧弹遂成为大战期间最有效、最可怕的兵器之一。除了直接参与作战之外，美军对协约国的支持还体现在后勤补给上。当时世界上最大的军火厂克鲁林公司就位于埃奇伍德，该公司的弹药装填工厂平均每

▲ 两名佩戴M15橡胶防毒面具的德军士兵和佩戴同型防毒面具的驴

▲ 1918年，一名身穿护甲、背背步枪、手持手榴弹、佩戴M17皮制防毒面具的德军暴风突击队员，这也是大战末期德军突击队员的典型形象

▲ 佩戴M2防毒面具的法军军官和他的军犬，注意军犬的防毒面具同样以M2为原型设计

天能生产25万发各种子弹和炮弹。如当时的美国将领弗里斯所说："全团（54个连）在一年间虽然昼夜不停地作战，后勤也足以保证其补给，甚至尚有富余。"美国还成功研制出大批量制取芥子气的方法。停战3个月后，美军每个月的毒气制造能力，按品种而言，已经达到德军的2倍乃至20倍。时刻处于协约国空中威胁的德意志工业被全面压倒。在短短1年间，美军在毒气战术方面亦有重大进展，在实战中不断对各种毒气进行评估并制订详细计划是其一大特点。1918年8月至9月15日，在马斯河右岸高地，美军第1军第9师所属的第6毒气连，与协约国军配合，活跃于圣米耶尔争夺战当中。在制订作战计划的时候，美军明确了炮兵和专门的毒气部队在毒气及烟雾使用上的分工，以使其更适合与其他兵种协同。当年11月，美军与其他协约国军队一起发动的对德军的反攻，也处于缜密的计划之下。美军还实施了毒气弹射击：10月3日，在阿普勒蒙，美军炮兵连协同法军实施了有计划的毒气弹射击。虽然有"美军自制的毒气弹没有一发用在战场上"的说法，但对于整个协约国军而言，美军有形和无形的贡献可以说非常巨大，以至于英国人常说："1918年，因美军

▲ 展示一战各种防毒面具的英军士兵，包括德制M17皮制防毒面具（前排左一）、俄制"泽林斯基—库玛安特"式防毒面具（前排左二）、法制M2防毒面具（前排左三和中排左四）、英制小型盒式防毒面具（前排左四、中排左三和后排右数四人）、德制M15橡胶防毒面具（中排右一和后排左一）、PH兜帽（中排左二）等等

出现于战场，胜负已定。"

## 毒气战的余波

　　由于害怕作为战犯遭到逮捕和审判，"毒气之父"弗里茨·哈伯教授给自己安了一撇假胡子，在战争刚结束的时候就逃到了瑞士；德国化学工业巨头卡尔·杜伊斯贝格也化装潜逃。两人在战争结束后都没有受到审讯。事实上，1919年哈伯还由于研制出合成氨而荣获诺贝尔奖。无论如何，哈伯和杜伊斯贝格已经永远地改变了人类战争史。整个第一次世界大战中，至少有130万人受到毒气伤害，其中9.1万人死亡。德国、法国和英国都有大约20万人伤亡，而俄国的伤亡人数在40万人以上。据估计，战争中总共使用了11.3万吨化学战剂。毒气的受害者即便侥幸生还，也要在余生里面对无穷无尽的病痛折磨，很难完全康复。这给因多年战乱而萧条动荡的欧洲社会增添了不安定因素，甚至可以说是孕育下次世界大战的温床之一。

　　毒气特别适用于静态的堑壕战，一旦恢复运动战，就几乎没有机会再使用它。根据《凡尔赛和约》，德国被永久禁止使用毒气，1925年的《日内瓦公约》也禁止使用任何形式的化学武器和细菌武器。但是，在接下来的第二次世界大战中，欧洲参战各国没有在战场上使用毒气更多是由于这种武器已经失去了价值，并非出于道德方面的约束。德军"装甲兵之父"古德里安就在他的名著《注意，战车！》中将毒气归入了"不适当的武器"。可以说，大规模毒气战伴随着一战这种大规模静态战争的结束走向了终结。在各国军队的战场机动性均大大提高之后，使用毒气的机会已经越来越少了。但各国暗中研制毒性更强、效果更持久的毒气的脚步并未因此停止。二战前夕，德国率先研制出神经性毒气，把这种"杀人魔术"的威力提高到无以复加的程度，还利用"毒气卡车"和"毒气浴室"进行了骇人

▲ 展示各种防毒面具的德军士兵，从左至右分别为德制"德尔格"氧气呼吸器、英制海波兜帽、德制M15橡胶防毒面具、德制"Atemschützer"式防毒面具

▲ 佩戴各型防毒面具的军犬

听闻的种族大屠杀

直到今天，距第一次世界大战结束已经过去了 100 年，毒气战却并没有完全消失，这个由一战的潘多拉魔盒中放出的恶魔仍然活跃在世界的各个角落。它们时而在战场的断壁残垣之间徘徊游荡，时而作为暗杀和舆论战的先锋，不断张开血盆巨口，肆意地吞噬着生命。

▲ 头戴防毒面具，在毒气烟云中近距离肉搏的德军和英军，这成为第一次世界大战中的一段残酷记忆，其影响甚至一直持续到了今天

# 参考文献

[1] 罗伯特·哈里斯, 杰里米·帕克斯曼. 杀人魔法——毒气战和细菌战秘史 [M]. 路明军, 译. 北京: 群众出版社, 1988.

[2] 训练总监部军学编译处. 毒气战史 [M]. 南京: 军用图书社, 1935.

[3] 夏治强. 化学武器兴衰史话 [M]. 北京: 化学工业出版社, 2008.

[4] 谭中英. 人类忌日: 毒气大战纪实 [M]. 北京: 军事谊文出版社, 1993.

[5] Simon Jones, Richard Hook. *World War I Gas Warfare Tactics and Equipment*[M]. Oxford: Osprey Pubishing, 2007.

[6] Stephen Bull, Adam Hook. *World War I Trench Warfare (2): 1916−18*[M]. Oxford: Osprey Pubishing, 2002.

[7] Michael Freemantle. *Gas! Gas! Quick, Boys: How Chemistry Changed the First World War* [M]. London: The History Press Ltd., 2014.

[8] Thomas Wictor. *German Assault Troops of World War I: Organization Tactics Weapons Equipment Orders of Battle Uniforms*[M]. Atglen: Schiffer, 2012.

# 《世界军服图解百科》丛书

**巨资引进，专业翻译**
众多历史学家、考古学家、军事专家、作家、画家、编辑历时多年深度还原

## 史实军备的视觉盛宴
## 千年战争的图像史诗

本书用600多幅插画展示了罗马世界的甲胄、兵器、舰船、攻城器械与防御工事。

# 罗马世界
# 甲胄、兵器和战术图解百科

罗马世界甲胄、兵器和战术图解百科，罗马军队及其敌人的装备详解，包括伊特鲁里亚人、撒姆尼人、迦太基人、凯尔特人、马其顿人、高卢人、日耳曼人、匈人、波斯人和突厥人。

《罗马世界甲胄、兵器和战术图解百科：罗马军队及其敌人的装备详解》
《美国独立战争军服、武器图解百科（1775—1783）》
《拿破仑时期军服图解百科：革命战争与拿破仑战争中的官兵（1792—1815）》
《19世纪军服图解百科：克里米亚战争、德意志与意大利的统一、美国南北战争、布尔战争、殖民战争》
《第一次世界大战军服、徽标、武器图解百科：英国、法国、俄国、美国、德国、奥匈及其他协约国与同盟国》
《第二次世界大战军服、徽标、武器图解百科：英国、美国、德国、苏联及其他盟国与轴心国》

近四百张图片及战时地图、七十多万文字，
展示百年战争中英王亨利五世等一批杰出人物的
功业与光辉事迹，
细致勾勒法兰西王国新君主体系建立的
关键走向与曲折过程

ENGLAND

英法百年战争
1415-1453

THE HUNDRED YEARS WAR
BETWEEN
ENGLAND AND FRANCE

王一峰 著

[上卷]

FRAN

指文